KB236856

택스 헤이븐

택스 헤이븐

세계의 금융 안정성을 위협하는
조세회피처에 대한 종합 보고서

초판 1쇄 펴낸날 | 2013년 11월 14일

지은이 | 로넌 팰런 · 리처드 머피 · 크리스티앙 샤바뉘
옮긴이 | 노형규
펴낸이 | 조남철
펴낸곳 | (사)한국방송통신대학교출판문화원
      110-500 서울시 종로구 이화장길 54
      전화 02-3668-4764
      팩스 02-741-4570
      홈페이지 http://press.knou.ac.kr
      출판등록 1982년 6월 7일 제1-491호

출판문화원장 | 김무홍
기획 | 장웅수
편집 | 신경진 · 양영희
편집 디자인 | 티디디자인
표지 디자인 | 예진디자인
인쇄 | 한국소문사

ISBN 978-89-20-00588-6 03320

값 19,000원

■ 잘못 만들어진 책은 바꾸어 드립니다.

택스 헤이븐
TAX HAVENS

로넌 팰런 · 리처드 머피 · 크리스티앙 샤바뇌 지음 | 노형규 옮김

지식의날개

서문

그동안 경험했던 것 중 가장 큰 금융위기가 발생하고 한 달이 지난 2007년 9월 영국의 은행인 노던록Northern Rock이 파산위기에 몰렸다. 노던록은 파산 전까지 영업 영역을 급속히 늘렸다. 국제 부채담보부증권Collaterized Debt Obligation; CDO★ 시장에서 공격적인 참여자로서 자금을 조달해 성장했고, 영국에서 다섯 번째로 큰 모기지 제공자로 부상했다. 그러나 이 부채담보부증권은 노던록이 발행한 것이 아니라 노던록의 그림자 회사shadow company로 알려진 그래닛Granite Master Issuer plc and Associates이 발행한 것이었다. 이 과정에서 흥미로운 것은 그래닛의 소유자가 노던록이 아니라 노던록이 설립한 영국의 자선 신탁이라는 점이다. 노던록과는 구조적으로 독립되어 있는 것처럼 보이는 이 회사의 관리는 대부분 잘 알려진 유럽의 조세회피처 중 하나인 저지에서 이루어졌다.

2008년 3월 미국의 선두적인 투자은행인 베어스턴스Bear Stearns가 파산했다. 베어스턴스는 소유하고 있던 헤지펀드를 통해 대부분의 자산이 손실되었는데, 이런 헤지펀드 대부분은 역외금융센터로 잘 알려진 케이맨 제도와 더블린의 국제금융센터에 등록되어 있었다.

이렇게 잘 알려진 조세회피처가 금융위기 과정에 연루된 것은 우연이 아니다. 만약 조세회피처를 몇몇 억만장자나 마피아 집단 혹은 부패한

★ 회사채나 대출채권 등 기업의 채무를 기초자산으로 하여 유동화증권을 발행하는 금융 기법의 한 종류. 수익을 목적으로 발행하는 것(Arbitrage CDO)과 신용위험을 투자자에게 전가하기 위하여 발행하는 것(Balance Sheet CDO)으로 구분됨. 회사채를 기초자산으로 하는 경우에는 회사채담보부증권(Collateralized Bond Obligation; CBO), 대출채권인 경우에는 대출채권담보부증권(Collateralized Loan Obligation; CLO)이라고 함. — 번역자

관료가 부정한 소득을 숨겨 놓는, 에덴동산을 연상시키는 이국적인 섬으로 생각한다면 다시 생각할 필요가 있다. 조세회피처는 2008년부터 2009년까지 발생한 금융위기에서 꼭 짚고 넘어가야 한다. 파산하면서 한 달간 전 세계적인 금융공황을 몰고 온 리먼브러더스^{Lehman Brothers}는 델라웨어 주에 등록되어 있었는데, 이 주는 19세기 후반부터 미국의 내부적 조세회피처의 역할을 하던 곳이다. 리먼의 파산 이후 매도프 스캔들이 발생했는데, 이 스캔들은 유명한 월스트리트의 금융가인 버나드 매도프가 꾸민 500억 달러에 해당하는 피라미드형 사기 행각이었다. 매도프의 사기와 조세회피처 간의 연결고리를 발견하는 데는 그리 많은 시간이 걸리지 않았다. 2008년 12월 3일 〈뉴욕타임스〉는 "매도프에 대한 스포트라이트가 역외펀드 역할로 옮겨졌다"라는 기사로 헤드라인을 장식했다.

우리는 이 책에서 조세회피처가 2008년에서 2009년까지 벌어진 금융위기를 초래했다고 말하려는 것은 아니다. 다만 조세회피처가 금융위기를 초래하는 데 가장 중요한 역할을 한 요인 중 하나라고 믿을 뿐이다. 그리고 조세회피처에 대한 적절한 규제가 향후 금융시장을 안정시키기 위한 계획에서 핵심이 된다고 주장한다.

이런 주장은 우리만 하는 것이 아니다. G20과 함께 프랑스·독일·영국·미국 정부는 조세회피처를 압박하기 위해 많이 노력하고 있다. 이것은 금융안정화를 위한 것이기도 하지만 전통적인 이유도 한몫을 한다. 즉, 사람이 살아가면서 꼭 내야 하는 '세금'을 피할 수 있는 조세회피처는 대부분 국가 재정을 악화시키는 역할을 하기 때문이다. 또한 그곳을 이용하는 사람들이 규제를 피하고 돈을 세탁하며 파트너나 배우자로부터 돈을 숨기고 상업적 활동에 관련된 비밀을 유지하는 데 도움을 준다.

프랑스에서는 조세회피처를 금융낙원 또는 금융천국^{paradis fiscaux}이라고 부르는데, 아마도 이것이 더 적절한 용어일 것이다. 왜냐하면 조세회피처는 조세뿐만 아니라 다른 형태의 금융 목적과도 관련되어 있기 때문이다. 사실상 조세회피처의 개념을 여러 언어로 번역하다 보면 약간의 차이점을 발견할 수 있는데, 이는 나라마다 조금씩 다른 조세회피처의 역할이나 기능을 반영한 결과다. 스페인 사람들은 조세회피처를 asilos de impuesto(조세회피처)로 생각하지만 프랑스와 마찬가지로 paradisos fiscales(조세천국)이라는 말을 사용하기도 한다. 이탈리아에서는 rifugio fiscale를 사용하는데 금융피난처라는 의미이며, 독일에서는 영국에서 사용하는 조세회피처와 유사한 의미인 Steuerhafens를 사용한다. 그리고 러시아에서는 조세회피처가 "특별조세구역"이 되는데, 이것은 세금을 적게 부과해서 자본에 대한 조세 유인을 제공하는 지역을 의미한다. 국제기구들은 이렇게 많이 쓰는 용어보다는 역외금융센터 또는 국제금융센터를 선호한다. 이는 조세회피처가 다른 금융센터와 크게 다르지 않다는 것을 의미하며, 이것이 바로 우리가 이 책에서 보여 주고자 하는 것이다. 현재 이 지역에 대한 개혁을 요구하는 사람들은 조세회피처를 비밀행정구역으로 부르고 있다. 용어에서 드러나는 차이는 결국 조세회피처가 복잡할 뿐만 아니라 여러 가지 목적을 내포하고 있음을 의미한다.

조세회피처에 대한 증거를 찾는 일은 그리 어렵지 않다. 만약 당신이 모나코의 유명한 부두를 따라 걸으면서 여기서 언급할 주요 조세회피처, 예를 들어 케이맨 제도나 버뮤다, 맨 섬, 저지, 룩셈부르크의 국기를 달지 않은 요트를 발견하기란 쉽지 않을 것이다. 조세회피처가 가지고 있는 전형적인 특징인 느슨한 규제 덕분에 바다에 접하지 않은 룩셈부르크가 세계 최대의 선박 등록국 중 하나로 부상했다.

그 대신 인터넷 카지노 주소를 보고 그것이 조세회피처에 등록되어 있는지 여부를 살펴본다면 조세회피처가 단지 조세 회피만 목적으로 하는 것이 아니라는 사실을 알 수 있다. 오히려 조세회피처는 여러 분야의 규제를 무력화하는 것을 중요한 비즈니스 모델로 삼는다. 하지만 조세를 적게 부과하는 정책은 여전히 그들의 사업에서 가장 핵심적인 특징이다.

조세회피처를 개별적으로 보면 크기도 작고 그렇게 중요해 보이지도 않는다. 하지만 그들이 합쳐지면 세계경제에서 중요한 역할을 한다. 첫째, 그들은 이른바 "어떤 규제도 적용받지 않는 일종의 허가증"을 제공해서 주류 경제의 규제와 조세 부과 과정을 심각하게 훼손하는데, 그 허가증은 은행과 다른 금융기관, 다국적기업과 부자에게 주어진다. 둘째, 그렇게 하면서 조세회피처는 세계화에 따른 편익과 그 비용을 왜곡시키는데, 극소수 엘리트 집단에게는 좋은 쪽으로, 대다수 보통 사람에게는 나쁜 쪽으로 왜곡시킨다. 이런 점에서 조세회피처는 세계화 과정에서 대단히 중심적인 위치에 있거나, 적어도 1980년대 이후 나타난 특별한 형태의 세계화 과정에서 중심에 있다고 할 수 있다.

조세회피처는 주권국가이거나 종주권을 가진 지역이어서 자신들의 국내법을 제정할 권리를 가지고 있는 합법적 독립체다. 그들은 다른 국가들이 문제가 된다고 간주하는 방식으로 조세 조항이나 금융법을 제정할 수 있다. 이런 맥락에서 적법하다는 것은 '법에 허용되는 것', '법원에 의해 인정되거나 확립된 것' 혹은 '공식적으로 허용되는 것'을 의미한다. 물론 적법성 그 자체는 의견 또는 윤리와 전혀 관계가 없다. 이런 조세회피처는 자신들의 권리를 행사할 때 국제법이 이를 허용한다는 방어논리를 펼친다.

그들이 주권적으로 법률을 제정하는 것을 비난한다면 그것은 논의의 지나친 단순화라고 생각한다. 조세회피처는 대부분 아주 작은 규모의 행정구역을 가지고 있으며, 그중 세계적 기업을 유지하는 데 필요한 기술을 뒷받침할 대학이나 연구소가 있는 곳은 거의 없다. 또한 높은 생활 수준을 지탱할 만큼 역내 자원을 보유한 곳도 없는 편이다. 조세회피처는 다른 나라 국적을 가진 회계사, 법률가, 은행가 또는 금융 관련 업종 종사자에게 일종의 수수료를 받는 대신 그들이 원하는 대로 조세회피처가 가지고 있는 가장 중요한 자산인 주권을 이용하도록 하는 하나의 금융 경로일 뿐이다.

19세기 말 현대적 의미의 '규제' 국가가 그 형태를 갖출 때쯤 선진화된 많은 산업국가가 그들의 재정수입 기관을 다시 조직화하는, 길고 힘든 과정을 시작했다. 1930년대 대공황 이전까지 전체 국가경제에서 정부의 역할은 중요하지만 그렇게 크지는 않았다. 시간이 지나면서 정부 지출은 20세기 초 GNP 대비 평균 10% 수준에서 점차 증가해 21세기 초에는 30~40% 수준을 차지하게 되었다. 이렇게 발달하면서 조세 회피와 탈세는 상당히 관심을 끄는 주제가 되었다. 하지만 조세회피처는 변호사나 회계사 또는 조세 전문가만 관심을 가지는 특별한 주제에 머물러 있었다. 1970년대에 지속된 스태그플레이션과 정부 재정 위기로 인해 조세회피처가 새로운 관심을 받게 되었는데, 이번에는 탈세와 조세 회피를 용이하게 할 뿐만 아니라 새롭게 떠오르는 금융 중심지였기 때문이다. 그러나 조세회피처에 대한 연구는 전문가에게 부차적인 연구 영역이었고 주류 학계에 거의 영향을 미치지 못했다. 상황은 1990년 이후 급격히 변했다. 1998년에 출판된《유해한 조세 경쟁에 대한 OECD 연구》를 시작으로 많은 국제금융기구가 조세회피처를 그들의 중요한 연구 과제의 하나로 다루었다. 동시에 언론과 더 많은 학자들이 시민단체가 했던 것처럼 조세회피처에 대해 좀 더 많은 관심을 가지기 시작했다 (74쪽 box 2.1 참조). 그 결과 새로운 정보와 이론적 논쟁이 폭발적으로 증가했다.

이 책에서는 세계경제에서 조세회피처가 차지하는 역할이나 기능에 대한 2009년까지의 평가를 정리한다. 그리고 19세기부터 시작된 조세회피처를 비롯해 최근 구 사회주의권 국가들과 중동, 아프리카에서 생겨난 조세회피처의 기원과 발달에 대해서도 다룬다. 또한 조세회피처와 관련된 현상의 규모에 대해 최근까지의 추정치를 보여 주고, 조세회피처의 다양한 용도를 설명하며 국가와 산업에 미치는 영향에 대해 분석한다. 결론에서는 역외 금융권에 대한 OECD와 유럽연합 국가의 공격이 어떠한 영향을 미치는지 알아보고 그 이후에 어떤 일이 벌어질지에 대해 논의해 본다. 조세회피처에 관한 문헌이 속속 발표되고 있지만 우리가 알고 있는 한에서 이 책은 조세회피처에 대한 연구 결과를 포괄적으로 종합하는 최초의 종합 연구서다.[*]

우리가 내린 가장 중요한 결론은 지금까지 조세회피처에 대한 일반적인 생각이 잘못되었다는 것이다. 조세회피처는 세계경제의 변방에서 활동하는 것이 아니라 현대 산업의 관행에서 필수 요소다. 더구나 그들은 국가와 반대되는 위치에 있는 것이 아니라 국가와 함께한다고 할 수 있다. 정말 우리는 조세회피처가 조세 회피와 탈세의 경로가 될 뿐 아니라 좀 더 넓게 보아서 금융의 세계, 즉 국가와 기관 그리고 개인의 금융자산을 관리하는 산업에 속해 있다고 본다. 조세회피처는 현재 세계화된 금융시스템에서 가장 중요한 도구이자 금융 불안정성의 주요한 원인 중 하나이기도 하다. 주권적 지위가 있다는 점은 조세회피처가 다른 곳에 종속되지 않고 주체성이 있는 것처럼 보이게 한다. 하지만 바로 그런 점이 세계경제와 조세회피처를 연결해 주는 도구가 되기도 한다.

★ 원서가 발간된 2009년 12월 당시에는 최초의 종합 연구서였으나 그 뒤로 다양한 도서들이 출간되었고, 그중 《보물섬》(부키, 2012)은 우리나라에도 번역 출간되어 있다. ─ 편집자

:: 돈, 부 그리고 조세회피처

역외 지역의 이름은 과거 20년 동안 금융위기나 금융 스캔들이 터질 때마다 규칙적으로 등장했다. 동아시아, 러시아, 아르헨티나에서 금융위기가 발생했을 때나 롱텀캐피털매니지먼트^{Long Term Capital Management}, 파르말라트^{Parmalat}, 레프코^{Refco}, 엔론^{Enron} 같은 회사가 대형사고를 경험할 때, 2008~2009년 금융위기 당시 노던록, 베어스턴스, 매도프의 피라미드 사기 등을 설명할 때도 나타났다.

대형사고의 의미를 가장 잘 보여 주는 사건은 2008년 2월 군터라는 개가 1,400명의 독일 시민과 함께 독일의 세금을 회피하기 위해 리히텐슈타인의 LGT 은행이 관리하는 신탁 펀드를 만든 일이라고 할 수 있다 (Dinmore and Williamson, 2008). 그리고 2008년 6월 스위스의 선도은행인 UBS 직원이, 미국에서 수백만 달러의 조세를 회피할 수 있도록 러시아의 독재자를 도운 혐의로 유죄를 선고받았다. 2008년 11월에는 같은 은행의 임원급 직원이 미국에서 탈세 혐의로 기소되었다. 그 직원은 총 200억 달러의 자산에 관련되어 있으며 매년 UBS에 들어오는 수수료 수입이 2억 달러에 달한다고 증언했다. UBS는 공식적으로는 조사에 협조했다(Balzli and Hornig, 2008). 그는 UBS가 역외계정의 운영에 대한 규제를 무시하는 방법으로 미국 고객들이 쉽게 탈세할 수 있도록 했다고 진술했다.

조세회피처에서 탈세를 용이하게 하는 것이 중요한 사업임은 명백한 사실이다. 양적 성장이 지속되다 보면 어느 순간 질적 성장으로 이어지는데, 조세회피처와 관련된 통계를 보면 그들이 현재 세계에서 종종 간과되기도 하지만 중요한 역할을 하고 있음을 알 수 있다. 현재 조세회피처가 돈 많은 저명인사의 사교장일 뿐 크게 중요한 문제는 아니라고 생각하는 사람들은 이 책을 읽고 그런 생각을 바꾸기 바란다.

관련 통계는 분명 인상적이다. 우리가 추정한 바에 따르면 2009년 기준 전 세계적으로 46~60곳의 조세회피처가 활동 중이다(66쪽 표 1.4). 그들은 약 200만 개 정도의 국제비즈니스회사^{International Business Company; IBC}와 수천 개의 신탁, 뮤추얼펀드, 헤지펀드, 전속보험회사의 근거지가 되고 있다. 여기서 국제비즈니스회사는 극히 불투명한 사업에 종사하고 있어서 정확히 파악할 수 없는 회사다. 국제 은행 간 대출의 50%와 전 세계 외국인직접투자의 30% 정도가 이 지역에 등록되어 있다. 아주 작은 섬들이 세계 최대 금융센터 중 하나인데 그곳은 케이맨 제도다. 이 섬들은 카리브 해에 있는 영국의 해외 영토 중 하나인데, 세계에서 다섯 번째로 큰 국제금융센터다. 조세회피처의 리스트에는 영국의 자치령인 저지·건지·맨 섬과 중급 조세회피처라 하는 스위스·룩셈부르크·아일랜드·싱가포르가 포함된다.

〈월스트리트저널〉의 칼럼니스트 로버트 프랭크가 리치스타니스^{Richistanis}라고 부르는 세계 최고의 갑부들은 2007년 기준 약 12조 달러에 달하는 부를 조세회피처에 묻어두고 있다. 즉, 미국의 연간 GNP 전체를 조세회피처에 묻어둔 셈이다.

헤지펀드 산업은 조세회피처가 가져다주는 즐거움을 발견했다. 어떤 통계에 따르면 세계 헤지펀드 산업의 52% 정도가 카리브 해 지역에 있는 4개의 큰 조세회피처, 즉 케이맨 제도, 영국령 버진아일랜드, 버뮤다, 바하마에 근거지를 두고 있다. 그러나 이런 수치에 모두가 동의하지는 않는다. 케이맨 제도의 금융당국은 세계 헤지펀드의 35%가 자신들의 영토 내에 있다고 주장한다(Cayman Islands Monetary Authority, GAO 2008). 어떤 사이트에서는 80%라는 믿기 힘든 수치가 제시되기도 한다(Zuill 2005). 이처럼 아직 결론이 나지 않고 있다는 것은 당황스러운 일이다. 이것을 보면 우리가 헤지펀드에 대해 알고 있는 것이 거의 없다는 것을 알 수 있다.

관련 통계는 믿기 힘들 정도지만 이는 단지 숫자에 지나지 않는다. 숫자에는 해석이 필요한데 이것이 바로 이 책에서 우리가 하려는 작업이다. 우리는 이 숫자 뒤에 감춰진 정치적·사회적 경향을 판독하려 한다. 이 숫자들은 현대 세계가 가지고 있는 심오한 역설을 나타낸다. 한마디로 요약하면 그것은 바로 '회피'다. 전 세계의 국가, 기업, 기업가 들이 법이나 규제를 회피하기 위해 다 함께 노력한다는 뜻인데, 그 법과 규제라는 것은 바로 전 세계의 국가, 기업, 기업가 들이 함께 고안해 낸 것이다.

이런 엘리트 그룹은 처음에는 단순히 조세를 회피할 목적으로 조세회피처를 찾았다. 예를 들어 국가안보와 경제·정치·사회적 안정성, 건강, 교육, 사회기반시설 등과 같이 국가가 제공하거나 제공하기로 되어 있는 공공재의 비용을 부담하는 노력에서 자신들은 빠지거나 자신들의 몫을 줄일 목적을 가지고 있었다. 하지만 한편으로는 규제를 회피할 목적도 있었다. 그들이 회피하려는 규제는 국가가 질서와 안정을 유지하기 위해 도입한 금융 또는 사업 관련 법률이나 원칙인데, 사실 그것이 없었다면 부자들은 처음에 그렇게 돈을 많이 벌 수 없었을 것이다. 또한 조세회피처는 사람들이 좀 더 은밀하고 비밀스러운 사회적 규제를 피할 수 있는 기회를 제공했는데, 예를 들어 도박이나 포르노와 관련된 규제였다.

물론 모든 세금이나 규제가 반드시 필요하거나 사회적으로 이득이 되는 것은 아니다. 1970년대까지만 하더라도 가장 선진화된 자본주의 국가조차 오직 공영 방송국만 허용할 만큼 방송산업에 엄격한 규제를 가했다. 그래서 라디오 룩셈부르크와 라디오 캐롤라인 같은 역외 라디오 방송이 조세회피처의 원칙에 따라 운영되고 성장했는데, 이들의 성장은 뒤돌아보았을 때 유익한 발전인 것처럼 보인다. 일단 정부는 역외 방송국이 얼마나 인기가 있는지, 전파를 통제하는 것이 얼마나 부질없는 짓인지 깨닫고 나서 방송 규제를 완화하기 시작했다. 여기서 정부가 과도한 규제를 철폐하도록 하는 현대화된 힘을 '역외'가 가지고 있음이 증명되었다. 하지만 방송은 모든 사람이 쉽게 접근할 수 있는 것이다. 사실 이 책에서 언급하는 모든 경우에 조세회피처가 제공해 주는 이득을 얻는 데 대한 진입장벽이 높아서 극히 소수의 부자들만 그 혜택을 누릴 수 있다. 그 결과 불행하게도 조세회피처는 돈 있는 사람, 힘 있는 사람에게 혜택을 제공하고, 그 혜택을 제공하는 데 드는 비용은 나머지 사회가 부담한다.

조세회피처는 세계화에 대한 논의에서 그 중요성이 간과되어 왔다. 하지만 세계화의 중심에 있다는 것은 조세회피처가 세계화에 따른 혜택과 비용이 전 세계 사람들 사이에 어떻게 나누어지는지 결정하는 가장 중요한 구조적 요인 중 하나임을 의미한다. 조세회피처의 세계화에 따른 혜택이 전 세계의 극히 일부인 힘 있는 부자에게 편중되어 돌아가도록 한다는 것은 정치적으로도 상당히 중요하다.

우리들은 물론 사회의 모든 계층에 있는 사람들이 개인적인 이득을 위해 공공재를 이용하는 예는 찾을 수 있다. 하지만 조세회피처에 따른 현상은 지금까지 전혀 보지 못했던 대단한 규모의 돈을 가진 힘 있는 사람들이 공공재를 이용하려는 대규모의 조직화된 시도라고 할 수 있다. 게다가 이런 현상은 세계적으로 처음 일어난 일인 듯하다. 그러므로 조세회피처는 특별한 형태의 세계화의 중심에 있게 되는데, 특별한 세계화란 것은 돈을 가장 많이 가진 사람들과 나머지 사람들 사이의 격차를 벌려 주는 특징을 지닌다. 이는 결코 필요한 것도 아니고 필연적인 것도 아니다. 오히려 아주 복잡한 여러 요인의 복합물이라고 할 수 있는데,

그중 특히 중요한 것은 (특히 미국이 관련된) 국제 정치의 특징이라고 할 수 있는, 조세회피처를 너그럽게 용서하는 태도다.

:: 규제적 대응

관련 통계를 보면 조세회피처가 세계경제의 발전을 어느 한쪽으로 편중하게 만드는 데 중심적인 역할을 했다는 것을 알 수 있다. 첫째, 그들은 세계화에 참여하는 모든 국가나 지역뿐만 아니라 세계화에 참여하지 않는 국가와 지역의 국제 금융 규제 환경과 조세 정책을 심각하게 훼손하는 데 일익을 담당한다. 둘째, 그들은 세계화에 따른 비용과 혜택을 나눌 때 어느 한쪽으로 편중하게 만든다. 기업이 그 규모와 관계없이 조세회피처와 얼마나 통합되어 있는지는 놀랍게도 거의 알려지지 않았다. 현재 조세회피처와 전혀 관련 없는 국제기업이나 사업은 찾아보기 힘들다. 하지만 조세회피처가 우리에게 미치는 영향은 1980년대 이후 전 세계적으로 빈부 격차의 지속적인 증가를 보여 주는 통계를 통해 간접적으로 알 수 있다(Dumenil, Levy 2004). 조세회피처가 금융 규제를 훼손하는 데 큰 역할을 하고 있다는 사실은 아주 최근에 와서야 드러났다.

그러나 이런 모든 사실이 최근에 알려진 것은 아니다. 그렇다면 어떻게 세계 선진국은 이렇게 작은 지역이 생겨나고 번영하도록 내버려 두었을까? 물론 그들이 그렇게 했을 수도 있고 그렇지 않을 수도 있다. 미국이나 영국, 프랑스, 독일 같은 국가는 때때로 세금이 빠져나가는 구멍을 막으려 했는데, 그런 노력이 바로 여러 조세회피처가 그들의 규칙이나 정책을 바꾸도록 하는 압력으로 작용했다. 사실 그렇게 강하지는 않았지만 조세회피처에 대한 국제적 대응 노력이 제1차 세계대전과 제2차 세계대전 사이의 시기에 있었던 것도 사실이다. 하지만 솔직히 말해서 제대로 이루어진 것은 거의 없었다. 오히려 더 나빠진 것은 프랑스와 독일을 제외하고는 조세회피처에 반대했던 국가들이 제2차 세계대전 이후 조세회피처라는 현상이 발전하는 데 중요한 역할을 했다는 점이다.

나중에 이 책에서 언급할 이유들 때문에 1990년대 말이 되면서 조세회피처에 대한 정서가 변하기 시작했다. 그 이후로 '유해한 조세 경쟁 harmful tax competition'에 대항하는 OECD의 여러 제안이 동력을 받기 시작했다. 그러나 제이슨 샤먼(2006)은 자세한 분석을 통해 이런 노력이 대부분 쓸모없었음을 진술한다. 3년이 지나서야★ 조세회피처는 전에 없던 큰 위협에 처한 것처럼 보인다.

조세회피처에 대한 관심이 오랜 기간에 걸쳐 커져 왔지만 그것이 세계경제에 미치는 영향을 완전히 깨닫기까지는 많은 시간이 걸렸다. 그 중 유럽연합의 지도자들이 가장 먼저 인식한 것으로 보인다. OECD의 노력이 큰 성공을 거두지는 못했지만, 유럽연합은 조세회피처에 대항해서 싸우는 전 세계적인 투쟁에서 가히 효과적인 리더로 떠올랐다. 그리고 미국의 2008년 선거 결과에도 불구하고 미국이 이런 역할을 이어받을 것 같지는 않다. 조세회피처에 관련된 문제는 클린턴 정부나 조지 W. 부시 정부 모두가 잘 알고 있었다. 그리고 클린턴 정부는 조세회피처에 대항하는 데 다각적인 노력을 기울였다. 하지만 부시 행정부가 들어서면서 처음 제정한 법 중 하나가 바로 유해한 조세 경쟁에 대항해 싸우는 다각적인 노력에 대한 지지를 철회하는 것이었다. 새로운 오바마 행정부에서는 완전히 다른 상황이 전개되고 있다. 오바마 대통령은 상원의원 시절 조세회피처에 대항해 싸우는 여러 계획에서 중요한 역할을 했다. 일단 정권을 잡자 조세회피처와의 전쟁에서 미국이 프랑스, 영국과 정책적으로 연합할 것이라는 중요한 변화를 내보였다.

★ 원서가 발간된 2009년도를 말한다. ─ 편집자

2007년부터 2009년까지의 위기가 조세회피처에 대한 규제적 대응이 발전하는 데 중요한 분수령이 될 것으로 보인다. 우리는 이 책의 결론에 서 최근 일어나고 있는 규제적 대응의 전개에 관해 논의할 것이다.

:: 조세회피처는 무엇인가

조세회피처를 정의하는 것은 쉽지 않아서 실제로 우리는 제1장 전체에서 이 주제에 대해 다룰 것이다. 여기서 우리는 조세회피처가 조세와 금융을 포함한 여러 분야의 법률이나 규제를 제정할 수 있는 충분한 자치권을 가진 장소 또는 국가(모두 다 주권국가는 아님)라고 주장한다. 그들은 모두 이런 자치권을 이용해 비거주자인 개인이나 기업이 실제로 경제적 거래를 하는 지역에서 부과되는 규제적 의무사항을 회피하는 데 도움을 줄 목적으로 법률을 제정한다.

대부분의 조세회피처가 가진 또 다른 특징은, 이렇게 제정된 법률에서 제공하는 제도를 이용하는 개인이나 기업이 거의 완벽한 익명성 아래 행동할 수 있는 환경을 제공하는 것이다. 마지막으로 공통된 특징은 쉽고 저렴하게 지역 내에 법인체를 창업할 수 있다는 점이다.

:: 탈세와 조세 회피

조세회피처는 그 이름이 의미하는 것처럼 조세 회피나 탈세 목적으로 사용된다. 그러나 이 두 가지 용어는 종종 혼동되므로 이 단계에서 그 차이를 명확하게 할 필요가 있다.

전 세계 어떤 개인이나 회사는 자신들이 거주하거나 활동하는 지역 내의 법 아래에서 이른바 '조세축소활동^{tax planning}'*을 한다. 적당한 수준의 임금을 받는 대부분의 선진국에 사는 사람들을 포함해 전 세계 대부분의 사람에게는 사실상 이런 활동이 큰 의미가 없다. 왜냐하면 일반적으로 세금은 수입의 원천에서 징수되고 그렇게 하면서 조세 부과 의무가 청산된다고 볼 수 있기 때문이다.

반면 세계 인구 중 극히 일부분인 대부호와 대부분의 회사에게 조세축소활동은 그들의 사업이나 개인 생활에서 중요한 부분을 차지한다. 심지어 그런 사람의 일생을 묘사하는 특별한 용어도 따로 있다. 바로 '영원한 여행자' 혹은 조세 목적으로 '영원히 그곳에 존재하지 않는' 사람들을 의미하는 PT^permanent tourist라는 용어다. 하지만 이것은 너무 극단적인 예이고 실제로 조세 전문가들은 조세 전략에 대한 접근을 크게 세 가지로 구분한다.

첫 번째 전략은 조세 준수다. 이는 개인이나 회사가 그들이 활동하는 국가에서 정한 세법을 준수하며, 조세 부과에 관련된 모든 정보를 완전히 공개하고, 올바른 시간에 올바른 장소에서 세법이 요구하는 올바른 금액의 세금을 납부하는 것을 의미한다. 여기서 '올바르다'는 의미는 거래의 경제적 실체가 그들이 세무당국에 신고하는 형태와 일치한다는 것이다.

조세 준수의 정반대편에 있는 두 번째 전략은 탈세다. 탈세는 개인이나 회사가 조세 납부액을 줄이기 위해 행하는 불법 행위다. 이는 납부자가 소득을 정확하게 신고하지 않거나, 과세 소득을 감소시키기 위해서 발생하지 않은 비용 또는 조세 목적상 비용 항목에 속하지 않는 비용을 보고하는 경우에 발생한다. 탈세는 대부분 국가에서 형사 범죄에 속하지만 스위스와 리히텐슈타인 같은 몇몇 국가에서는 민사 범죄에 속하

★ tax planning은 일반적으로 세금을 어떻게 납부할지에 대한 계획으로서 조세 계획으로 번역되는데 반드시 부정적인 것은 아니다. 하지만 여기서는 이 용어를 세법이나 규제의 허점을 이용하여 조세를 회피하거나 탈세하는 활동으로 사용하고 있으므로 조세축소활동으로 번역한다. ─ 번역자

기도 한다. 그 차이는 중요하다. 민사적 문제에서는 국가 간 법적인 협조가 이루어지지 않기 때문이다. 따라서 탈세와 관련된 사건에서 다른 나라의 협조 요구에 대해 스위스 당국의 가장 흔한 반응은 이렇다. 일단 잘못된 관행에 대해서 응징해야 한다는 의지나 열망을 보여 주지만, 안타깝게도 결론은 스위스 연방국가에서는 탈세가 민사적 문제이기 때문에 협조할 수 없다는 것이다.

이런 특징적 대응은 최근 여러 사건에서 강하게 부각되었다. 2008년 지극히 비밀스러운 리히텐슈타인 내의 재단을 통해 대규모 탈세 사건이 일어났다는 사실이 밝혀졌을 때 리히텐슈타인 정부의 대변인은 그들 역시 1926년 통과된 법 아래에서 조직된 비밀스러운 재단이 탈세 목적으로 외국인들에게 남용될 수 있다는 것을 발견하고 나서 많이 놀라고 실망했다고 발표했다. 대변인은 이 사건이 전 세계 모든 사람이 리히텐슈타인의 국민처럼 조세 의무를 기쁘게 이행하리라 믿은 순진함에서 비롯된 일이라고 하면서, 이런 순진함이 결코 범죄는 아니라고 덧붙였다. 이 발표가 가진 의미는 단순하다. 즉, 못된 외국인들이 리히텐슈타인을 기만했다는 사실을 사람들이 믿어 주길 원했던 것이다. 그러나 이런 반응에 속아 넘어가는 사람들은 거의 없었다.

마지막으로 조세 회피가 있다. 조세 회피는 조세 준수와 탈세의 중간쯤 되는 회색 지대라고 할 수 있다. 이 지대는 많은 회계사, 법률가, 은행가, 조세 전문가 들이 차지하는 영역으로 그들이 가장 좋아하는 지대다. 엄격히 이야기해서 조세를 회피하려는 개인이나 회사는 다음과 같은 세 가지 중 하나를 추구한다. 첫째, 거주하는 국가의 법을 합리적으로 해석했을 때 내야 하는 금액보다 적게 세금을 내려고 한다. 둘째, 실제로 이윤을 벌어들인 국가가 아닌 다른 국가에서 이윤을 신고하고, 신고지에서 세금이 부과되기를 원한다. 셋째, 실제로 이윤이 발생한 시기보다 어느 정도 뒤에 세금을 내기 위해 조정을 한다.

법적으로 탈세와 조세 회피 간에는 명확한 차이가 있다. 조세 전문가는 조세 회피의 적법성을 지지하는 것처럼 보이는 주요 국가의 판례를 인용하는 것을 좋아한다. 하지만 현실은 훨씬 더 복잡하다. 첫째, 거의 모든 국가에서 조세법은 복잡하다. 그래서 조세 회피는 대부분 규정의 애매모호함에 의존한다. 둘째, 전 세계에서 공통적으로 적용되는 조세법이 없는 상태에서 국가 간의 거래가 일어나면 각 국가의 조세법 중 더 좋은 것을 이용하려는 행동(이것을 조세 전문가는 조세 차액 거래arbitrage라고 한다)을 막기가 어렵다. 결과적으로 탈세와 조세 회피를 명확히 구분하는 선은 종종 일반적인 용어로 결정하기가 너무 어려워서 조세회피처를 이용하는 대부분의 사람이 정확히 이해할 수 없다. 이런 사실로 인해 조세 전문가는 쉽게 이익을 취한다. 앞에서 설명한 이유 때문에 우리는 이 책에서 조세 회피와 탈세를 크게 구분하지 않고 논의할 것이다. 영국의 전 재무장관 데니스 힐리는 탈세와 조세 회피의 차이는 '감옥 벽의 두께 차이'라는 유명한 금언을 남겼다.

:: 대영제국의 반격

금융이란 위험 거래를 담당하는 극히 유동적이고 분산적이며 세계화된 비인격적인 단위가 서로 연결되어 있는 거미줄 형태의 네트워크로 알려져 있다. 이런 네트워크에서 런던은 전 세계 도매 금융시장에서 가장 크거나 혹은 두 번째로 큰 금융센터로 순위가 정해져 있다(Yeandle et al. 2005). 우리는 실제로 국제간 은행 신용거래 활동, 외환거래와 장외 파생상품 거래, 해운 선박보험 시장, 국제 채권발행 시장 등을 고려했을 때는 런던이 국제 금융에서 선두적인 센터라고 본다.

국제금융센터로서 일반적으로 생각하는 순위는 논쟁적인 가정, 즉 저지, 건지, 맨 섬 같은 영국 왕실보호령과 케이맨 제도, 버뮤다, 영국령 버진아일랜드, 혹은 지브롤터 같은 영국의 해외 영토가 영국에서 독립·분리되어 있다는 가정에 근거하고 있다. 이 가정을 제거하면 훨씬 더 큰 국제금융센터의 연합이 등장하는데, 이것은 2008년 6월 기준 전 세계의 국제간 거래를 하는 은행의 총자산과 총부채의 1/3 정도를 차지한다. 만약 우리가 싱가포르나 홍콩 같은 과거 영국 식민지까지 포함시킨다면 정치적으로는 이미 의미가 퇴색된 대영제국이 현대 금융 시스템에 미치는 영향은 막대하다고 할 수 있다. 왜냐하면 국제간 거래에 참여하는 은행이 보유한 총부채의 37%, 총자산의 35%를 차지하기 때문이다.

국제금융센터의 리스트를 잘 살펴보면 두 가지 더 특이한 점을 발견할 수 있다. 하나는 스위스, 베네룩스 3국, 아일랜드 같은 중급 유럽 국가가 국제금융시장에서 상당히 중요하다는 점이다. 이들 국가는 각각이 중요한 금융 중심지이며 모두 합쳤을 때 국제은행 총부채의 20% 정도를 차지한다.

두 번째 특이점은 현대에 와서 그렇게 중요하지 않다고 생각되던 정치적 영역, 즉 도시국가에 관련된 것이다. 이 중에서 가장 잘 알려진 나라는 싱가포르, 홍콩, 룩셈부르크인데 여기에 도시국가의 현대적인 변형인 케이맨 제도, 저지, 건지, 바레인, 모나코, 시티 오브 런던을 포함시킬 수 있다. 시티 오브 런던을 제외했을 때 이 도시국가들은 2008년 3월 기준 국가 간 거래에 참여하는 은행 총부채의 17% 정도를 차지하며, 시티 오브 런던을 포함시키면 총부채의 28% 정도가 된다.

물론 어느 정도 이런 숫자에서 약간의 오차나 중복 계산은 있겠지만 잘 알려진 통계를 다시 나열해 보면 몇 개의 흥미로운 질문이 생긴다. 먼저 우리는 영국이 주도적으로 지배하는 역외경제를 창조하는 데 대영제국이 수행했던 역할을 특별히 염두에 두어야 한다. 또한 유럽의 중급 조세회피처가 수행했던 역할에도 주목해야 한다. 두 지역 모두 조세 회피와 탈세 목적으로 사용되었다. 하지만 영국의 영향권 아래 있었던 지역이 1980년대 이후 투자은행의 성장과 밀접한 연관을 맺고 있는 데 반해 유럽의 조세회피처는 로고나 브랜드네임처럼 무형적인 것에서부터 이윤을 창출하는 쪽으로 전문화했다. 그리고 기업들이 자기 영역으로 들어와 저세율 특별회사로 등록하도록 장려했다.

:: 조세회피처와 전문가 집단

지금까지 조세회피처를 하나의 국가적 전략 측면으로 접근했다. 그렇게 접근하는 것이 일반적이지만 자칫 아주 잘못된 결론이 나올 수 있다. 만약 우리가 조세회피처 내에서 서비스를 제공하는 회사에 주목하지 않는다면 조세회피처의 아주 중요한 면을 놓칠 수도 있다.

조세회피처에는 최대 규모의 회계법인, 변호사, 은행가, 조세 전문가, 금융 중개업자와 그들이 관련되어 있는 신탁과 기업 서비스 회사corporate service company가 있다. 이런 전문가 집단은 매우 중요한데 적어도 그들은 조세와 규제를 회피할 수 있도록 설계되는 모든 법률적 혁신 과정에 참여하고 있다. 그들은 거래를 추진하는 데 필요한 법률을 제공하도록 조세회피처의 정치가에게 조언하면서 그들을 부추긴다. 그리고 때로 자신들이 있는 국가의 법률에 대한 초고를 제공하기도 한다. 또한 이런 전문가 집단은 역외 지역에서 법률의 초고를 다시 검토할 때 빠짐없이 참석하고, 그런 법률이 허용하는 역외 시설을 실제로 설립하기도 한다. 그들은 조세를 회피하거나 탈세하는 새로운 방법을 고안해 내어 고객에게 팔고, 조세회피처에 해가 되는 법률 제정에 반대하는 로비 활동을 하며, 조세회피처가 전적으로 적법한 형태의 사업이라고 주장한다.

　그러므로 이런 전문가들은 절대로 다른 것으로 대체될 수 없다. 바로 그들이 조세회피처의 사업을 번창하게 만들기 때문이다. 대부분의 조세회피처는 관할 지역이 극히 적어서 세계적 규모의 사업을 할 만한 인력이나 기술이 부족하다. 저지를 예로 들어보자. 저지에서 '역외금융사회'가 어떻게 작동하는지 또는 그 사회 안에 있는 사람들이 진짜 어떤 일을 하고 있는지 완벽하게 이해하는 사람은 아마 저지 정부 내에 없을 것이다. 저지 정부는 단순히 그들에게 주어진 일을 하는, 즉 고용된 입법부일 뿐이다. 예를 들어 악명 높았던 저지의 2006년 신탁법trust law은 저지 의회에서 표결 없이 통과되었다. 왜냐하면 아무도 반대하지 않았거나 우리가 아는 바로는 아무도 거기에 대해 코멘트조차 하지 않았기 때문이다. 결과적으로 그들은 해야 할 일을 한 셈인데, 그것은 지역 내 금융산업이 원하는 것을 제공하는 것이었다. 이 과정에서 알 수 있는 원리는 간단하다. 즉, 역외 사회가 원하는 법률을 제정하고 조세회피처는 드러나는 비용 없이 역외 사회가 가져오는 활동에서 수입을 올린다는 사실이다. 이는 모두에게 이익이 되는 윈-윈 상황처럼 보인다. 그런데 무엇 때문에 신탁법의 자구에 신경을 쓰면서 시간을 보낼 것인가.

　이런 전문가 집단은 이른바 역외금융센터 공동체를 구성하고 있다. 돈을 따라가는 것에만 관심이 있어서 각 국가를 옮겨 다니지만 한곳에 오래 머무르지 않는다. 만약 어떤 이유로 돈이 어떤 조세회피처를 떠난다면 분명 이들도 돈을 따라갈 것이다. 이런 형태의 행동에 대한 완벽한 예는 가장 규모가 큰 4대 회계법인에서 발견할 수 있다. 그들은 모두 예외 없이 중요한 조세회피처, 특히 탈세 행위가 매우 심각하게 발생하는 조세회피처에서 사업을 하고 있다. 이 회사에서 일하는 사람은 거의 그 지역 사람이 아니며, 그들이 지역사회에 통합되지 못한다는 것은 명백하다. 그들이 서비스를 제공하는 고객 집단은, 역외 고객에게 서비스를 제공하는 지역 내 변호사를 제외하고 전적으로 그 지역과 전혀 관계가 없는 사람들이다. 그들이 거기에 있는 것은 단지 그들이 관리하는 돈이 거기에 있기 때문이다.

이 사람들은 정말로 한곳에 머물지 않기 때문에 그 지역의 규제에 대해서는 거의 신경을 쓰지 않는다. 그들은 거기에서 활동하는 비용의 일부분으로써 규제를 준수하겠다는 사탕발림을 할지도 모르지만, 미국에서 UBS가 했던 것처럼 규제를 너무나 쉽게 무시할 수도 있다. 그들의 생각은 아주 단순하다. 만약 준수해야 하는 문제가 생기면 다른 곳으로 옮겨가면 된다. 결과적으로 준수 그 자체는 그들에게 전혀 중요한 문제가 아니다. 따라서 지역 내 규제 시스템이 아무리 이론적으로 견고하다 하더라도 실제로 준수하는 정도는 매우 낮아질 수밖에 없다.

역외 세계를 효과적으로 규제하기 위해서는 조세회피처뿐만 아니라 전문가 집단의 활동 역시 규제해야 한다. 또 그들이 그런 장소에서 무엇을 하는지가 아니라 그들이 무엇을 가능하게 하는지에 관해서 규제해야 한다(역외 세계의 규제는 1998년 OECD 보고서가 발간된 이후 뜨거운 논쟁의 주제였는데, 앞으로도 그럴 것이다). 전문가 집단은 이런 정책에 강력히 저항하겠지만 이것은 반드시 승리해야 하는 전투다. 이는 통계가 보여 주는 엄청난 액수의 돈이 실제로 조세회피처에 존재하지 않기 때문만은 아니다. 이 책을 통해서 설명하겠지만 조세회피처는 그 지역이 아닌 다른 지역에서 발생한 계약 관계를 법적으로 등록하는 지역의 역할을 하는 '기록 천국' 혹은 은어로 '장부기입센터'인데, 물론 그런 역할을 통해 등록비나 다른 수입을 확보할 수 있다. 그러나 통계만 보면 다음과 같은 사실이 잘 드러나지 않을 수 있다. 그것은 핵심적으로 조세회피처라는 게 오직 한 가지 목적만 지닌 아주 막강한 가공의 세계라는 점이다. 여기서 한 가지 목적이란 조세회피처에서 기록된 거래가 실제 일어났거나 실제로 영향을 미치는 세계에 존재하는 조세나 규제를 회피하는 것이다. 그들의 행동은 전적으로 세계경제와 국가 시스템에 기생하는 기생충과 같다. 이 점에서 조세회피처는 현재 우리 시대에서 꽤 중요한 정치적 이슈다.

Tax Havens | 차례

제 1 장

조세회피처란 무엇인가

———

세계에서 규모가 큰 기업 대다수가 케이맨 제도에 설립되었다.
그러나 거기서 그 회사의 로고가 있는 건물, 직원들,
안내원의 인사와 미소를 실제로 볼 수는 없을 것이다.
케이맨 제도에서는 그런 회사의 이름을 많이 볼 수 있는데
이 이름 자체만 기능을 하고 있다.

———

조세회피처라는 용어는 1950년대 이후 널리 사용되어 왔다. 하지만 그 의미에 대해 아직도 모두가 동의하는 정의는 없다. 미국 재무부가 발표한 영향력 있는 《고든 보고서*Gordon Report*》는 다음과 같이 결론을 내리고 있다. "어떤 하나의 국가를 조세회피처로 식별할 수 있는 단 하나의 명확하고 객관적인 테스트는 존재하지 않는다"(1981, 21). 25년 뒤 제이슨 샤먼도 비슷한 결론에 도달했다. 그의 결론은 다음과 같다. "조세회피처라는 용어 자체는 여전히 명확한 정의가 없으며, 그 적용 또한 종종 논쟁거리다"(2006, 21). 이런 논쟁이 있지만 조세회피처로 간주되는 국가의 리스트는 1980년대 이후 거의 변한 게 없고, 그들의 역할이나 기능 역시 큰 변화가 없다.

:: 통합된 세계에서의 경쟁 정책

조세회피처에 대한 연구는 대부분 조세회피처 역할을 하는 지역 자체에 초점을 맞춘다. 그러나 조세회피처를 이해하기 위해서는 처음에 어떤 지역을 조세회피처로 만든 지정학적·환경적 조건을 정확히 이해할 필요가 있다. 조세회피처가 그런 환경을 조성한 것은 아니며, 또 그들이 그런 환경에 특별히 중요한 영향을 미친 것도 아니다. 단지 그들은 자신에게 주어진 조건을 어떻게 이용할지 배웠을 뿐이다.

현대 국가 시스템은 자주권의 원칙과 주권평등sovereign equality★의 원칙에 근거한다. 모든 주권 국가는 조세 법률이나 규제 등을 포함해서 그들 영토 내에서 적용되는 법을 제정하고 정책을 추구할 권리가 있다. 20세기 동안 각 국가는 자신들만의 조세와 규제 시스템을 개발했고, 이를 통해 국내에서 서로 경쟁하는 이익집단 간에 서로 다른 균형을 이루게 되었다. 결과적으로 전 세계에는 국가 수만큼이나 다양한 조세와 규제 체제가 존재하게 되었다. 한 걸음 더 나아가 특히 19세기 후반 이후부터 기업이 쉽게 이동할 수 있게 되면서 국제화되었다. 따라서 국가 간의 거래뿐만 아니라 외국인직접투자Foreign Direct Investment; FDI와 증권투자 역시 빠른 속도로 증가했다. 이와 관련해 대규모의 경제적 단위(내부적으로 차별적·계급적·관료적인 경제 단위)인 다국적기업이 등장하게 되었다.

전통적으로 숙련공이 자본가가 된 경우에는 그 사람에게 모든 기술이 있다. 즉, 그는 자본 소유자이자 원료 구입자, 생산자, 디자이너, 판매원, 금융 담당자, 법률에 대한 조언자로서 혼자서 여러 가지 역할을 해냈다. 하지만 현대 기업은 서로 다른 부서가 서로 다른 기능을 수행하는 매우 전문화된 관료적 기계로서 진화되었다. 현대의 전형적인 다국적기업은 여러 국가에 공장을 설립하고, 본사와 설계부서, 기술부서, 금융부서, 영업부서는 또 다른 지역에 둔다. 그 결과 전체 국제무역의 60% 정도가 국가 간의 거래지만 동일한 회사의 서로 다른 부서 간의 거래에서 발생한다고 추정된다(OECD 2002). 많은 다국적기업은 기업의 각 부서를 여러 지역에 두는 형태의 대안으로 일종의 '속이 빈' 길을 선택하는데, '속이 비었다'는 것은 제조업, 금융업, 법률 서비스, 광고, 판매에 관

★ 각 국가는 법적으로 평등하다는 주권 평등의 원칙은 국가 기본권의 하나인 국가 평등권이라는 형태로 예전부터 언급되어 왔지만, 그 구체적인 내용이 반드시 명확하지는 않았다(《21세기 정치학대사전》). – 번역자

련된 거의 모든 업무를 다른 기업에 하청을 준다는 의미다.

이런 형태로 다국적기업이 발전하면서 상호의존성과 세계화라는 현상이 나타났다. 미국이나 중국처럼 세계에서 가장 큰 경제조차도 상품이나 서비스를 생산하는 데 전문화되었다. 역사적으로 특정 분야에 대한 국가적 전문성은 국가나 지역의 정책 또는 원재료에 대한 접근성, 지리적·지형적 우위, 풍부한 인적 자본 같은 다양한 이유에서 비롯되었다.

많은 국가는 자주권을 이용해 그들의 특정 경제 분야가 세계경제에서 성공적으로 경쟁할 수 있도록 혹은 새로운 분야가 경쟁력을 가질 수 있도록 법을 제정한다. 그들은 종종 자본을 유치하기 위해서 조세 감면(때때로 비공식적이며 아주 불투명한 형태로 세금을 줄여 준다)과 규제 제거와 같은 재정적 보조와 행정적 유인 정책을 사용한다.

그런 정책 중에서 재정부문은 조세특례제도Preferential Tax Regimes; PTR라고 하는데, 이는 외국자본을 유치하기 위해 디자인된 여러 제도를 포함한다. 1990년대 후반 유럽위원회에서 유럽연합 회원국 간에 조세 남용을 조사하기로 결정했을 때 유럽위원회는 총 206개의 조세특례제도를 발견했다. 그런데 거기에 채널 제도나 지브롤터 같은 유럽연합 회원국의 속국이 가지고 있는 조세특례제도는 포함되지 않았다. 이런 제도는 감가상각 공제를 관대하게 처리하는 것부터 주변 지역에 대한 보조금과 여러 다른 형태의 면세 기간 처리 방법을 포함한다(ECOFIN 1999). 이런 정책은 유럽연합 회원국만 사용하는 것은 아니며 사실 세계 많은 국가가 아주 다양한 형태의 조세특례제도를 사용한다. 그리고 이런 정책은 국가 간의 상당한 정치적 긴장뿐만 아니라 유해한 경쟁, 덤핑, 무임승차, 사기 등에 대한 각종 비난으로 이어지고, 종종 보호주의와 경제적 보복 정책을 유발한다.

조세회피처는 단지 국가가 제공하는 경제적 특산물의 또 다른 형태일 뿐이다. 그리고 아주 공격적이고 또 어떤 사람은 악질적이라고까지 말하는 조세특례제도의 도움을 받아 만들어지고 유지된다. 또한 세계에서 가장 작은 규모의 독립적인 지역을 선호하며 결과적으로 수치상 가장 인기 있는 경쟁 전략의 형태다(Palan and Abbott 1996). 다마팔라와 하인스는 인구 100만 명 이하의 국가가 조세회피처가 될 확률이 24%에서 63%로 상승했다고 계산했다. 만약 케이맨 제도와 저지가 리스트에 포함된다면 확률은 훨씬 더 높아질 것이다. 다른 국가 경쟁 전략과 마찬가지로 조세회피처는 그들이 역외부문이라고 하는 분야를 유치하고 성장시키기 위한 목적으로 조세 규칙이나 법률을 제정한다. 그들 역시 유해한 경쟁, 무임승차, 기생 활동, 사기 행위 따위를 저지른다는 비난에서 자유롭지 않다.

금융, 무형자산(intangibles), 그리고 조세회피처

세계적으로 조세특례제도의 대부분은 제조업이나 조립산업을 유치할 목적으로 만들어졌다. 이와 대조적으로 조세회피처는 완전히 다른 분야를 목적으로 한다. 조세회피처가 무엇을 제공하는지 이해하기 위해서 금융 분야의 엄청나고 비밀스러운 발전에 대해 살펴볼 필요가 있다.

금융 시스템은 일반적으로 소매와 도매로 나뉜다. 보험 등과 같은 소매 금융은 상당한 수익을 가져다주는 비즈니스로서 개별 예금주와 대출자의 요구를 충족시켜 준다. 도매 금융은 전문화된 대규모의 금융 거래를 취급하는데 종종 금융기관 간에 상상할 수 없을 정도의 금액이 거래되며 소매 금융보다 더 많은 수익을 내는 것으로 알려져 있다. BIS는 매일 외환시장에서 약 3조 달러가 거래되며 전 세계 GDP의 12배에 달하는 600조 달러 이상의 미결제 파생상품계약이 이루어지고 있다고 추정했다(BIS 2007). 2008~2009년에 발생한 금융위기에서 '얼어붙었다'고 표현된 시장이 바로 도매 금융시장이다.

제2차 세계대전 종전 이후부터 도매 금융시장에서 국가 간 장벽이 사라지기 시작했다. 1960년대 이후 도매 금융시장은 어느 정도 전 세계적으로 통합된 하나의 금융 시스템으로 작동해 왔다. 도매 금융시장은 주로 무형자산을 거래하는데, 그 자산에는 화폐, 주식, 채권, 현재 존재하는 수익 또는 미래에 발생할 수익에 대한 권리, 위험 회피를 위한 계약, 각종 지수가 포함된다. 이런 금융상품은 매우 복잡하고 의미가 명확하지 않은 것처럼 보이지만 결국 모두 재산권 거래에 대한 계약이다. 글로벌 시장이 존재한다는 것은 이런 거래를 뒷받침해 주는 법적인 틀 역시 글로벌함을 의미한다. 무형자산은 손으로 만질 수 있는 형체가 없고, 계약적 동의의 형태로 나타나는데, 계약적 동의는 종이에 인쇄되어 있거나 혹은 현재 더 일반적인 형태인 전자 데이터로 저장되어 있다.

소매 금융이든 도매 금융이든 이런 무형자산을 거래하는 금융센터는 그들이 속해 있는 경제의 금융 필요성을 충족시키기 위해 발전해 왔다. 이론적으로 금융센터의 크기는 금융센터가 서비스를 제공하는 경제의 크기와 연관되어 있다. 그런데 금융상품의 복잡성과 엄청난 거래 금액으로 인해 은행의 여러 부서, 자본시장과 대출시장, 보험, 증권거래, 회계, 법률회사에 필요한 대단히 숙련된 노동력이 발달하게 되었다. 결과적으로 금융 시스템은 세계의 주요 도시로 집중되는 경향을 띠게 되었다. 이런 금융센터에서 발생하는 이윤에 대해서는 금융센터가 있는 국가가 과세하고, 또 그 국가는 이런 금융센터에 대한 규제 당국의 역할을 해 왔다.

도매 금융시장은 매우 유동적인 무형자산을 거래하기 때문에 다른 시장이 누릴 수 없는 유연성을 가지고 있다. 다른 경제 활동과 마찬가지로 금융 거래에 대해서도 일반적인 경제 원칙이 적용되는데, 그것은 비용과 소득이 발생한다는 것이다. 비용은 거래를 마케팅하고 조정하는 데 투입되는 지적 노동력의 비용과 매몰된 간접비용을 포함한다. 소득은 계약이 성사된 시점에만 발생하기 때문에 상당한 리스크가 있다. 그런데 금융 거래 참여자는 실제 금융 거래 장소가 아닌 다른 곳에서 계약이 성사된 것으로 장부에 기재해서 규제뿐만 아니라 이윤에 대한 과세도 피할 수 있다. 예를 들어 하나의 금융 거래가 관련 전문가가 많이 모여 있는 런던이나 뉴욕, 프랑크푸르트에서 진행될 수 있다. 하지만 영국이나 미국, 독일의 조세와 규제를 피하기 위해서 케이맨 제도처럼 규제가 약하고 세율도 낮은 지역에서 거래가 성사된 것으로 등록하거나 장부에 '기재'할 수 있다. 이런 금융센터의 은행 지점은 대부분 '명의'뿐인 활동을 한다. 즉, 지점은 존재하지만 실제로 하는 것은 아무것도 없고 자산도 가지고 있지 않다.

은행이나 금융기관만 장부 기재를 목적으로 조세회피처를 이용하는 것은 아니다. 많은 국가에서 다국적기업은 자회사, 계열사, 하청기업 등으로 이루어진 복잡한 기업구조로 활동하는데, 각 국가에서 발생한 이윤에 대해서는 그 국가가 과세하도록 되어 있다. 따라서 다국적기업 역시 규제가 약하고 세율이 낮은 국가에서 금융 거래가 일어난 것처럼 기재하려고 한다. 더불어 대형 다국적기업은 연금 기금을 보유하고 있는데, 이런 기금을 관리하는 데 들어가는 비용을 줄이기 위해 규제가 약하고 세율이 낮은 국가를 이용한다. 다국적기업은 여러 국가에서 활동하기 때문에 자신의 특화된 지주회사를 통해 언제든지 경영과 금융 활동을 세율이 낮은 국가에 등록할 수 있다. 은행과 기업은 이런 목표를 달성하는 데 아주 다양한 수단을 사용한다. 기업이나 금융기관, 부자가 세금이나 특정한 종류의 규제를 피할 수 있도록 도와주는 많은 기술이 있다. 이에 대해서는 제3장에서 다룰 것이다.

조세회피처는 유동적인 자본을 유치할 목적으로 특별히 공격적인 조세특례제도를 제공한다. 그들은 주로 계약 관계를 모아 놓는 곳이며 거의 전적으로 기재 도구로서의 역할을 담당한다. 조세회피처에 기재된 거래가 실제로 조세회피처에서 발생하는 경우는 거의 없다. 즉, 조세회피처는 실질적인 활동이 거의 일어나지 않아서 종종 "가상 센터"로 묘사된다(Palan 2003). 그러므로 우리는 조세회피처를 '법률적 공간'으로 규정할 수 있다. 조세회피처는 그 영역 안에 거주하지 않는 사람들이 쉽게 거래할 수 있는 법률을 의도적으로 제정하는 지역이다. 그곳에서 국제적 거래는 거의 어떤 규제도 받지 않으며, 조세회피처는 일반적으로 그런 거래를 수행한 사람들이 조세회피처와 연결되어 있지 않음을 확인시켜 주는, 법적으로 보호되는 비밀보장을 제공한다. 이런 거래를 '역외'라고 하는데, 이는 실제 위치와 법적인 위치를 분리해 주는 법적인 공간에서 거래가 발생한다는 의미다. 우리는 여기서 정의하는 역외라는 의미가 지리적인 것과는 거리가 멀고 법적인 공간과 관련 있다는 것을 주목해야 한다(Palan 2003).

정의상의 문제: 조세특례제도와 조세회피처

조세회피처에 대한 기본 정의는 몇 가지 실질적인 문제를 일으킨다. 몇몇 조세회피처는 우리가 쉽게 인식할 수 있지만, 조세특례제도의 확산과 함께 지역 간 이동이 쉽게 이루어지는 환경이 있으면 어떤 국가든 다른 국가의 조세를 회피할 수 있는 잠재적 조세회피처가 될 수 있다. 결과적으로 일반적인 조세특례제도와 공격적인 조세특례제도, 조세회피처를 구분하기는 매우 어려워졌다.

1980년대에 벌써 미국 국세청의 고위 관료인 빈센트 벨롯스키가 미국을 포함해 많은 국가가 조세회피처의 전통적인 정의에 부합한다고 말했다. 그는 미국이 "비거주자인 외국의 개인이나 기업이 은행과 저축기관에게 받는 이자소득을 포함해 특정 종류의 소득에는 0%의 세율을 적용한다"고 했다(1987, 59). 외국인은 저축에서 발생하는 소득에 대해 그들 자국이 부과하는 세금을 피하기 위해 미국의 은행 시스템을 이용할 수 있다. 이와 함께 "미국의 은행은 외국 고객에게 높은 수준의 비밀보장을 제공한다. 국내 고객과 달리 외국인 고객은 납세자 식별번호 취득이 면제되고, 그들의 계정이 미국 국세청에 보고되지 않으면 원천징수세도 부과되지 않는다"(1987, 60). 벨롯스키는 미국이 조세회피처가 되기 위해 아주 적극적으로 시도하고 있다고까지 했다(1987, 60). 실제 1980년대 후반 독일 당국이 그들의 과세 기반이 침식되고 있음을 걱정하면서 문제 국가로 꼽은 리스트 상단에는 스위스나 케이맨 제도가 아닌 미국, 벨기에, 네덜란드, 아일랜드가 포함되어 있었다(Weichenrieder, 1996).

조세회피처와 다른 조세특례제도를 구분하는 경계는 매우 모호하다. 그것은 단지 '정도의 문제'일 뿐이다(Irish 1982, 452). 어떤 조세회피처는 공격적인 조세특례제도는 고사하고 일반적인 조세특례제도조차도 사용하지 않는다고 주장한다. 콜린 파월은 저지의 최고행정관 대행으로 있을 때 다음과 같이 말했다. "이 섬이 점점 더 매력적인 존재가 되는 이유는 주요 공업국이 상대적으로 높은 세금을 부과해서 점점 더 매력을 잃어 가고 있기 때문이다"(Jeune, 1999). 실제로 우리는 많은 조세회피처가 겉보기만큼 순진하다고 생각하지 않는다. 때때로 특정한 법률이나 조세 규칙이 조세 회피나 탈세 목적 아래 기회주의적으로 사용되었다는 것에는 동의하지만, 이 책에서 논의하는 국가들이 의식적·의도적으로, 그리고 장기적인 발전 전략의 하나로 조세회피처에 관한 법률을 채택했다고 본다.

조세회피처 체제는 학계가 좋아하는 분류화classification에 맞추기 위해 만들어진 것이 아니라 이동 가능한 자본에서 발생하는 "지대rent"를 획득할 목적으로 만들어진 것이다. 기술 발전으로 이동이 가능해진 산업이 민첩한 조세회피처의 목표가 되었다. 조세는 명백히 첫 번째 목표이며 이런 법률적 공간을 만들게 되는 가장 주요한 합리적 근거다. 그런데 많은 조세회피처가 해운이나 카지노 혹은 포르노그래피처럼 또 다른 이동 가능한 산업에까지 조세회피처에 대한 법률 원칙을 확장해 얻을 수 있는 사업적 가치를 깨달았다. 예를 들어 인터넷은 원격 카지노라는 새로운 기회를 만들어 냈는데, 그 기회는 버뮤다, 코스타리카, 그리고 알도니라는 작은 섬에서 포착되었다.

이런 일이 일어나면 조세회피처의 소비자, 즉 부자와 기업 그리고 조세회피처에 법인을 세운 전문가 집단은 종종 그 조세회피처를 혁신적으로 이용하는 방법을 발견해 내어 일석이조의 효과를 거두곤 했다. 예를 들어 다이아몬드와 다이아몬드(Diamond and Diamond 1998)는 1980년대와 1990년대에 부자들이 그전보다 훨씬 더 많이 카리브 해의 조세회피처를 이용하게 되었는데 그 주된 이유는 조세 그 자체보다 부부 간이나 가족 간의 문제 또는 파산 때문이라고 믿었다. 사람들은 자기 자산을 조세당국이 모르게 하기 위해서가 아니라, 배우자나 다른 가족 구성원 혹은 빚쟁이가 알지 못하게 하기 위해서 조세회피처에 자산을 묻어 두었는데, 물론 어느 정도 세금도 줄일 수 있었다. 이와 비슷한 예로 100명 이상의 파트너가 참여하는 헤지펀드의 경우 미국의 규제에 따르면 미국 은행과 금융 규제의 대상이 된다. 하지만 조세회피처는 이 규칙을 따르지 않고 좀 더 나은 조세상의 대우를 제공한다.

조세회피처 간의 경쟁, 기술 진보, 시장 수요 때문에 많은 조세회피처는 새로운 활동으로 영역을 넓혀 왔다. 조세회피처에 관한 문헌에서는 이런 발전을 두 가지 측면에서 접근하고 있다. 하나의 접근법은 이런 모든 새로운 사업을 '조세회피처'라는 포괄적 용어에 포함하는 것이다. 예를 들어 어떤 전문가들은 라이베리아 혹은 파나마 같은 국가가 사용하는 편의 치적flag of convinience★을 조세회피처의 한 형태로 인정한다(Irish 1982). 따라서 세금이 중요하기는 하지만 더 이상 조세회피처의 특성을 설명하는 단 하나의 요소는 아니라는 주장이 성립된다. 또 다른 접근법은 조세회피처가 제한된 범주에 포함되지만 몇몇 조세회피처는 다른 서비스도 제공한다는 주장이다. 이러한 접근법은 역외금융센터로서 조세회피처의 역할에 대해 논의할 때 특히 유용하다.

정의상의 문제: 조세회피처와 역외금융센터 간의 혼동

조세회피처는 대중 홍보의 목적으로 그들이 수행하는 일의 확산을 자연스럽게 이용한다. 조세회피처는 그들이 탈세, 돈세탁, 범죄 행위, 횡령 등과 연관되어 있다는 것을 알기 때문에 조세회피처임을 자신 있게 드러내는 국가는 거의 없다. 사실, 전부는 아니더라도 조세회피처는 대부분 탈세와의 관계를 부정하고, 그들의 정책이 조세특례제도의 좋은 형태라는 것을 보여 주려 한다. 기껏해야 몇몇 조세회피처는 '역외금융센터'라는 완화된 표현을 받아들일 준비가 되어 있다. 어떤 조세회피처는 공식 웹사이트에서 역외사업 분야를 광고하고 있으며, 과거 몇 년에 걸쳐서 역외금융센터는 IMF, 국제자금세탁방지기구, 금융안정포럼 같은 국제경제기구가 선택한 표현이었다. 그러나 역외금융센터의 개념은 그 자체로 끔찍한 정의상의 문제를 일으켰고 결과적으로 2008년 IMF가 역외금융센터 프로그램을 폐기하기에 이르렀다.

제2장에서 살펴보겠지만 조세회피처와 역외금융센터는 다른 목적으

★ 세금이나 규제 측면에서 자국보다 더 유리한 조건을 제공하는 타국에 선박을 등록하는 것 – 번역자

로 다른 시기에 발전했다. 그러나 현재 조세회피처의 활동과 역외금융센터의 활동을 구분하기는 어렵다. 조세회피처는 20세기 초부터 존재해왔는데, 탈세와 조세 회피만 목적으로 한 것은 아니지만 주로 그런 활동에 사용되었다. 또한 돈세탁이나 자본도피 등을 포함하는 다른 목적도 수행하면서 아주 엄격한 비밀보장을 제공했는데, 이는 징벌적인 이혼합의를 피하려는 부부에게는 대단히 매력적이라는 것이 증명되었다.

이와 달리 역외금융센터의 개념은 좀 더 최근에 확립되었다. 이 용어는 1980년대 초에 사용되기 시작했는데, 명확하고 일관된 형태로 사용된 것은 아니었다. 역외금융센터라는 용어는 특히 유로시장 거래처럼 비거주자의 금융 거래를 전문화한 금융센터를 나타내는 데 가장 흔히 사용된다. 제5장에서 살펴보겠지만, 역외금융센터는 1957년 9월 런던에서 처음으로 생겨났다. 시장이 역외라고 알려진 것은 거의 모든 형태의 금융 감독과 규제에서 벗어나 있기 때문이다. 이것은 규제받지 않는 시장으로서 곧바로 세계적인 시장이 되었다. 이런 기준을 따른다면, 현재 가장 큰 역외금융센터는 영국의 시티 오브 런던^{City of London}★과 미국의 역외금융시장^{International Banking Facilities; IBF}, 일본역외시장^{Japanese Offshore Market; JOM}이다.

조세회피처는 비밀보장, 느슨한 규제, 거의 0%에 가까운 조세, 그리고 자본에 대한 무통제를 바탕으로 유로시장 거래를 자석처럼 흡수하는 것으로 나타났다. 사실상 역외금융센터의 발전은 논리적으로 전통적인 조세회피처에서의 연장선상에 있다고 볼 수 있다. 왜냐하면 둘 다 무언가를 피하기 위한 목적으로 만들어졌고, 또 거기서 이득을 보기 때문이

★ 런던탑에서 세인트폴대성당에 이르는 템스 강 북안의 '1제곱마일'이라고 통칭되는 지역으로 수십 개의 동업자 조합이 운영하던 자치도시의 전통은 현재도 계승되고 있으며, 시장·시의회의원 등의 선거는 동업자 조합원만으로 이루어지는 독립행정구를 이루고 있다. 뉴욕과 함께 세계 최대의 금융 시장으로, 은행 보험·유가증권·상품·해운 등의 기능이 집중되어 있다. ─ 번역자

다. 더군다나 역외금융센터의 특징이라고 할 수 있는 미흡한 규제 혹은 느슨한 감독 체계는 조세 회피나 돈세탁을 위한 목적으로 쉽게 활용, 남용될 수 있다. 예를 들어 영국의 은행과 기업은 조세회피처의 장점을 바로 인식했다. 그들은 1960년대 초 유로시장 거래를 장부에 기입하는 역할만 하는 지점을 왕실보호령*에 설립했다. 그리고 곧이어 카리브 해의 조세회피처를 선호하는 북미 지역 은행이 그들을 뒤따랐다. 따라서 여러 조세회피처가 자신의 역외금융센터를 발전시켰는데, 그들은 주로 장부기입센터 아니면 자금조달센터로 알려졌다.

BIS와 IMF를 포함해 국제금융조직은 조세회피처에서 생겨나서 발전한 금융 서비스만 나타내는 좀 더 제한적인 의미로 역외금융센터를 사용하기 시작했다. 이 용어는 조세회피처를 점잖게 표현할 때 사용되는데, 이것이 일반적인 의미가 되었다.

동시에 국제금융조직은 가장 규모가 큰 역외금융센터가 런던, 뉴욕, 도쿄에 있다는 특이성을 인식했다. 이 때문에 개념이 혼동되었는데, 조세회피처라고 해서 모두 역외금융센터는 아니었고 또 어떤 역외금융센터는 조세회피처가 아니었기 때문이다. 역외금융센터가 아닌 조세 피난처는 자신들이 역외금융센터 개념과는 상당히 동떨어져 있다는 것을 보여 주는 캠페인을 시작했다.

문제를 좀 더 복잡하게 만드는 것은 역외금융센터가 조세회피처에 있는 전문가들의 사회와 금융 서비스를 나타내기도 한다는 점이다. 이 경우 역외금융센터는 전문 서비스를 제공하는 사람들의 사회를 의미한다. 즉, 금융센터로 탈바꿈한 섬 안에 자신들만의 거주지를 만들어 사는 외국인으로 구성되어 있고, 그들은 그 지역 사람들과 전혀 관계가 없다. 조

★ 외교와 방위는 영국이 책임지지만 스스로의 헌법과 법률이 있어 원칙적으로 영국 본토의 법률이 적용되지 않는 지역을 의미함. ─ 번역자

1982년 발표된 중요한 논문에서 박(Y. S. Park 1982)은 역외금융센터를 네 가지 유형으로 분류했다.

첫 번째 유형은 런던이나 뉴욕에 있는 역외금융센터로서 전 세계 고객을 대상으로 하며, 그 지역의 금융시장에 대해 국제 금융 중개지 기능을 한다. 이는 은행센터일 뿐 아니라 금융 자본시장센터이기도 하다. 윌리엄 클라크는 다음과 같은 점을 지적한다. "성공적인 센터의 핵심 요소는 새로운 돈을 공급하는 것인데 이는 은행의 유연한 자금공급과 대규모의 유가증권이 거래되는 자본시장으로부터의 자금공급에 의존한다"(2004, 42). 예를 들어 런던의 경우 자본시장은 주식시장(stock market), 은행 간 시장(inter-bank market), 화폐와 증권시장(currency and securities market), 파생상품시장(derivatives)으로 구성되어 있고, 투자은행, 헤지펀드, 보험회사, 연기금 펀드, 투자 신탁, 사모투자펀드회사(private equity firm) 같은 다양한 금융기관을 포함한다.

두 번째 유형은 바하마나 케이맨 제도 같은 장부기입센터다. 거래기록센터, 수금센터, 자금조달센터의 경우 자본시장의 능력을 보유하는 것이 그렇게 중요하지 않다. 그들은 잘해야 은행센터이고 자본시장센터로 성장하지 않았다.

세 번째 유형은 싱가포르나 파나마 같은 자금조달센터인데, 그 지역 내부에서 사용하기 위해 외부로부터 역외 자금(혹은 유로 자금)을 끌어오는 내향적 금융 중개자(inward financial intermediaries) 역할을 한다. 예를 들어 싱가포르는 1968년 아시아통화단위(Asian Currency Unit; ACU)를 설립했는데, 이것은 유로시장 거래를 처리하는 지점 기능을 해 달라는 뱅크오브아메리카(Bank of America)의 요청을 수용하기 위한 것이었다.

마지막으로 바레인 같은 수금센터는 주로 외향적 금융 중개(outward financial intermediation)를 하고 있다. 아이리시(1982)는 장부기입센터와 자금조달센터 두 유형을 장부 기입과 운영 활동을 합친 것으로 본다. 그러나 첫 번째 유형을 제외한 나머지 유형은 자본시장센터보다는 은행센터로 남아 있다.

세회피처에 반대하는 여러 운동이 생겨나면서 의미상의 혼동을 더 이상 내버려 둘 수는 없게 되었다.

은행의 국제 자산과 부채에 관한 BIS 자료를 보면 몇몇 조세회피처는 세계에서 선두적인 금융센터 자리를 차지하고 있음을 알 수 있다. 자산 크기로 보았을 때 케이맨 제도는 세계에서 6번째로 큰 금융센터이며, 저지는 16번째, 바하마는 17번째 자리를 차지한다. 사실 스위스(7위), 네덜란드(8위), 룩셈부르크(9위) 같은 중급 금융센터(때로 역내/역외로 불리는 지역)까지 포함한다면 조세회피처는 역외금융센터의 리스트를 지배한다고 할 수 있다.

용어 자체의 의미론적 차이는 뒤로하고, 더 중요한 것은 이 지역들이 순수한 역외금융센터로 발전해 왔는지, 아니면 명의만 있는 회사, 신탁, 대리 은행, 전속보험회사가 있는 단순히 서류상으로 존재하는 금융센터로 발전해 왔는지 하는 것이다

1980년대 초 아이리시는 다음과 같이 기술했다. "전형적으로 케이맨 제도에 있는 이런 지점은 사업상의 거래가 발생한 물리적인 위치가 아니고 대리인이 관리하고 유지하는 원장에 지나지 않는다. 예금과 대출 수치가 이 원장에 기록되어 있지만 실제 거래는 다른 곳에서 성사되었으며 그 돈은 절대 이 지역에 존재하지 않는다"(1982, 464). 15년이 지나서 리치먼드의 연방준비은행 의장인 마빈 굿프렌드는 "런던 혹은 그 외의 장소에서 거래되는 유로달러의 예금이나 대출은 종종 더 좋은 조건의 조세 관련 대우를 받기 위해 바하마의 수도 나소나 케이맨 제도 같은 곳에서 거래된 것처럼 기재된다"고 주장했다(1998, 50). 2001년 영국 중앙은행이 발표한 보고서는 많은 역외금융센터(즉, 조세회피처)에 있는 법인이 수행한 금융 중개가 거의 전적으로 화물 통과항의 성격이라는 견해를 보여 준다(Dixon 2001, 104).

표 1.1 모든 분야에서 은행의 재외자산(external asset) 크기에 따른 금융센터 순위

(단위: 10억 달러, 2007년 12월)

자산(Asset)		부채(Liabilities)	
영국	6,844,744	영국	7,310,789
독일	3,561,009	미국	3,717,692
미국	2,959,285	프랑스	2,806,73
프랑스	2,816,618	독일	1,992,697
일본	2,401,783	케이맨 제도	1,864,468
		스위스	1,393,45
케이맨 제도	1,927,233	네덜란드	1,192,895
		아일랜드	1,151,69
스위스	1,539,29	벨기에	968,998
네덜란드	1,341,471	이탈리아	941,947
벨기에	1,162,452	싱가포르	802,822
룩셈부르크	1,063,835	룩셈부르크	732,594
아일랜드	1,029,579	일본	711,981
홍콩	798,302	스페인	701,686
싱가포르	785,447		
이탈리아	646,663	호주	495,631
스페인	612,778	홍콩	476,490
		바하마	413,923
저지	518,968	스웨덴	405,35
오스트리아	483,104	저지	348,968
바하마	407,3	덴마크	343,63
스웨덴	340,698	오스트리아	324,341
캐나다	302,618	캐나다	263,118
건지	246,337	포르투갈	241,884
덴마크	222,926	건지	204,686
바레인	208,26	한국	203,683
호주	184,963	바레인	201,587
대만	177,271		192,5
포르투갈	138,932	노르웨이	173,06
그리스	124,202	그리스	143,92
핀란드	101,712	핀란드	120,417
맨 섬	93,469	인도	97,917
노르웨이	85,675	브라질	92,167
한국	82,178	대만	83,701
브라질	65,192	맨 섬	68,571
터키	44,05	터키	54,228
파나마	28,416	멕시코	25,704
인도	27,737	파나마	23,363
멕시코	26,734	네덜란드령 안틸레스	20,643
마카오	25,169	마카오	12,987
네덜란드령 안틸레스	23,02	칠레	9,182
버뮤다	11,027	버뮤다	3,241
칠레	6,293		

출처: BIS 2008

실라(2002)는 초기에 바하마나 케이맨 제도 같은 조세회피처에 금융 활동이 유입된 이유를 조세에 대한 관심이라기보다는 이 지역에 은행 지점을 세우는 데 비용이 적게 들고, 뉴욕과 시차도 없기 때문으로 보았다. 이와 함께 제5장에서 설명할 기술적 이유 때문에 영국의 은행과 회사는 오직 역외 지점을 통해서만 영국의 역외시장에 접근할 수 있었다(왜냐하면 역외 지점을 통해 기술적으로 비거주자 지위를 획득할 수 있기 때문이다).

좀 더 순수한 형태의 조세회피처에서 발생한 것처럼 장부에 기재되는 많은 금융 거래가 여전히 다른 곳에서 발생했음을 알 수 있는 충분한 이유가 있다. 케이맨 제도의 자산과 부채 규모는 영국 금융센터의 약 1/3 정도다(표 1.1). 그러나 시티 오브 런던 지자체는 이 지역에서 직접 일하는 사람들이 33만 8,000명이라고 발표했는데(이 수치는 청소부나 보안요원을 포함한 모든 근로자를 나타내기 때문에 실제 금융부문에서 일하는 사람들보다 과대 추정된 것이다), 영국의 회계감사원은 단지 5,400명이 케이맨 제도의 역외금융센터에서 일한다고 보고했다(NAO 2007, table 15). 이렇게 숫자가 일치하지 않는 것은 케이맨 제도가 매우 효율적으로 작동하고 있거나 아니면 여전히 실제 은행 거래는 거의 없고 단지 장부상에만 존재하는 센터라는 사실을 보여 준다.

또 다른 유용한 숫자는 케이맨 제도 자체에서 발간한 금융 보고서에서 찾아볼 수 있는데, 그 보고서는 2005년 12월 말 그 지역 내에 7만 개 이상의 기업이 법인으로 등록되어 있고, 여기에 430개 은행과 신탁회사, 720개 전속보험회사, 7,000개 이상의 펀드가 포함되어 있다는 것을 자랑한다. 이 숫자에 따르면 모든 국제비즈니스회사를 제외하고 은행과 전속 보험회사, 펀드(대부분이 헤지펀드)를 더하면 약 8,000개의 법인이 되는데, 결과적으로 하나의 법인이 평균 반 명을 고용한 셈이다. 즉, 평균적으로 한 사람이 은행, 전속 보험회사, 헤지펀드 중 2개를 운용하고,

동시에 두 곳에 고용되어 있다는 것이다.

저지는 약 118km² 면적에 8만 7,000명의 인구를 가진 섬인데, 약 1만 2,000명이 역외부문에 고용되어 있다. 이 숫자는 그곳에 있는 국제투자은행들이 고용한 인력 수와 비교했을 때 큰 차이가 나지 않는다. 490억 파운드를 운용하는 노던록의 특수목적법인^{Special Purpose Vehicle: SPV}인 그래닛은 저지에 있는데, 기자들이 인터뷰를 위해 그래닛의 직원을 찾았을 때 아무도 발견할 수 없었다. 사실상 그래닛은 영국에서 노던록의 직원이 관리하고 있었기 때문이다. 그레그 롤링스의 조사에 따르면 응답자의 97%가 이런 형태의 역외금융센터를 사용하는 가장 중요한 이유로 '세금'을 꼽았다(2005, 305). 이와 유사하게 심층취재기자인 브리튼 케이틀린은 다음과 같이 쓰고 있다.

세계에서 규모가 큰 기업 대다수가 케이맨 제도에 설립되었다. 그러나 거기서 그 회사의 로고가 있는 건물, 직원들, 안내원의 인사와 미소를 실제로 볼 수는 없을 것이다. 케이맨 제도에서는 그런 회사의 이름을 많이 볼 수 있는데 이 이름 자체만 기능을 하고 있다.

〈표 1.2〉를 보면 명목상 세계에서 가장 큰 금융센터에 포함되는 그 어떤 작은 섬의 조세회피처도 상당한 규모의 국제은행을 발전시켜 오지는 못했음을 알 수 있다. 사실 조세회피처가 보유하고 있는 은행의 전체 자산은 포르투갈 은행 제도의 1/20에 지나지 않는데, 포르투갈 은행 제도도 이 책의 표에 포함될 정도의 규모는 아니다.

스위스, 룩셈부르크, 아일랜드, 싱가포르 같은 중급 금융센터의 상황은 더 복잡하다. 가장 두드러진 지역은 스위스인데, 스위스는 매우 규모가 크고 강력한 국제 은행을 만들어 냈다(표 1.2). 그리고 훨씬 낮은 수준

표 1.2 은행 소유권의 국적에 따른 국가 간 비교

(단위: 10억 달러)

		자산		부채	GDP 순위	2006년 GDP
독일	(1)	4,763.6	(1)	3,811.4	3	2,906
스위스	(2)	3,569.4	(2)	3,593.5	20	380
프랑스	(3)	3,227.8	(3)	3,062.0	6	2,230
미국	(4)	3,075.4	(4)	3,442.0	1	13,201
영국	(5)	3,020.0	(5)	3,178.8	5	2,345
일본	(6)	2,316.7	(6)	1,236.7	2	4,340
네덜란드	(7)	2,056.1	(7)	1,885.7	16	657
벨기에	(8)	1,255.3	(8)	1,185.7	18	392
이탈리아	(9)	863.0	(9)	858.2	7	1,844
스페인	(10)	654.8	(10)	703.2	9	1,223
역외센터들		11.9		21.7		

출처: BIS 2007

의 성공 사례인 영국은 이 기준에 따르면 세계에서 5번째다(이것은 국가별 GDP 순위와 일치한다). 중급 금융센터는 자신의 조세회피처적 지위에서 편익을 누릴 수 있었고, 원활하게 돌아가는 역외금융센터를 발전시켜 왔다. 하지만 룩셈부르크, 스위스, 싱가포르 같은 역외금융센터가 조세회피처로서의 조건을 제공하지 않고도 살아남을 수 있을지는 논란거리다. 많은 사람들은 그들이 조세회피처라는 조건을 제공하지 않고서는 주요한 역외금융센터로 생존할 수 없을 것이라고 믿는다.

∷ 조세회피처의 이상적 형태에 대한 묘사

위의 논의에서는 우리가 조세 이론에서 실제 조세의 세계로 옮겨가려 할 때 부딪힐 수 있는 어려움을 보여 준다. 학자들이 선호하는 하나의 분석 방법은 베버^{Weber}식의 이상적 형태의 정의를 사용하는 것이다. 이상적 형태란 주어진 현상의 특성과 요소에서 형성되지만, 그것이 현상의

IMF는 조세회피처에 대해 경종을 울린 첫 번째 국제기구다(Cassard 1994). 21세기 초반까지 IMF는 조직 자체의 위기에 직면해서 조세회피처에 대한 이론적 연구에서 다른 조직을 앞서려고 노력했다. 그 이후 IMF는 조세회피처에 대한 새롭고 이론적인 연구에서 선두를 차지하고 있다. 널리 인용되는 논문에서 IMF는 역외금융센터를 다음과 같이 정의한다.

"역외금융센터란 대차대조표의 양변에 기재되는 많은 금융부문의 거래가 그 역외금융센터에 살지 않는 개인이나 회사 간에 발생하고, 거래가 다른 곳에서 시작되었으며, 거래에 관계된 대부분 기관을 비거주자들이 통제하는 곳이다. 즉, 많은 역외금융센터는 다음과 같은 특징을 가지고 있다(IMF 2000).

1. 금융기관들이 주로 비거주자들과 사업적 거래를 하는 지역
2. 국내 경제에 자금을 공급하기 위한 국내 금융 중개에 비해 훨씬 더 많은 비율로 외부적 자산과 부채를 가지고 있는 금융 시스템
3. 낮은 수준의 과세 또는 비과세, 느슨한 금융 규제, 은행의 비밀주의와 익명성 등의 기회를 제공하는 센터"

2007년 IMF는 아메드 제롬이 작성한 논문을 일반에 공개했다. 이 논문에서 그는 현존하는 모든 정의가 역외금융센터 현상의 본질을 파악하지 못하고 있고 역외금융센터 현상의 본질은 결국 "비거주자에게 금융 서비스를 제공하는 것, 즉 금융 서비스의 수출"이라고 주장했다(2007, 8). 또한 그는 역외금융센터의 독특함은 바로 "그들이 자신들의 경제 규모나 필요성을 훨씬 초과하는 규모로 금융 서비스를 공급하는 데 전문화되어 있는 것"이라고 주장했다. 제롬은 다음과 같은 정의를 내놓았다.

"역외금융센터란 국내 경제에 대한 자금 공급량이나 국내 경제의 규모와는 비교가 되지 않을 정도로 큰 규모로 비거주자에게 금융 서비스를 제공하는 나라 또는 지역이다(2007, 12~13)."

제롬의 방법론은 여러 측면에서 부족하다.

첫째, 그가 제시한 통계적 방법론은 비교적 성공한 조세회피처만 보여
준다. 그러나 실패한 사례도 꽤 있는데, 대부분의 태평양 섬들과 카리브
해의 몇 곳(예를 들어 안티과), 과거 소비에트연방에서 분리된 국가 중 몇
곳(예를 들어 몰도바), 아프리카에 있는 몇 곳 등이 조세회피처가 되려고 노
력했으나 결국 실패했다.

둘째, 그는 '내부적인' 조세회피처를 인식하는 데 실패했다. 미국(네바
다, 델라웨어)이나 러시아 (잉구셰티야) 혹은 말레이시아(라부안) 같은 연방
국가에는 자치권을 이용하여 조세회피처와 관련된 형태의 법률을 제정할
수 있는 주나 지역이 있다.

셋째, 우리는 역외금융센터를 전통적인 용어의 의미인 서비스 경제로
생각하거나 조세 문제를 완전히 무시하는 그의 사고방식에 대해 의문을
품지 않을 수 없다.

2008년 대부분의 IMF 이사들은 역외금융센터라는 용어가 가진 의미론
적이고 개념적인 어려움을 인식해 별개의 역외금융센터 프로그램을 포기
하기로 결정했다(IMF 2008).

모든 특성이나 특질과 정확히 일치하지는 않는다. 우리가 보여 주려는
조세회피처의 이상적 형태에 정확히 부합하는 조세회피처는 거의 없다
고 본다. 조세회피처는 아주 작은 규모의 지역이고 더 작을수록 더 성공
적이라는 것도 이런 이상적 형태에 포함될 수 있다. 왜냐하면 50만 명에
서 1,000만 명의 인구를 가진 좀 더 큰 국가나 지역이 더 다양한 경제활
동을 펼치고 있어 그들이 조세회피처가 아니라는 것을 의미하지는 않기
때문이다. 조세회피처의 "이상적 형태"의 특성은 다음과 같다.

낮은 수준 아니면 제로 수준의 세금

전형적인 조세회피처는 비거주자 지위에 있는 회사나 예금주에게서
세금을 걷지 않거나, 걷더라도 아주 낮은 세율로 세금을 걷는 국가다.

이는 조세회피처에 대해 가장 잘 알려진 특성이지만 여러 면에서 상당히 잘못된 것일 수 있다. 현실에서는 조세회피처가 아무리 작고 또 효율적으로 유지되더라도(혹은 유지된다고 주장하더라도), 어느 누구든 과세를 통한 재정수입 없이도 국가가 잘 기능하게 만드는 기적을 행할 수는 없다. 결과적으로 우리가 가진 조세회피처 리스트 중에 세금을 아주 적게 부과하는 지역이 있지만, 이런 지역은 살기에 불편할 뿐만 아니라 성공적인 조세회피처가 될 수도 없는 국가다. 하지만 영리한 조세회피처는 자신들이 거의 세금을 걷지 않는다는 것을 보여 주는 동시에 국가 활동에 충분한 수입을 조달한다. 그리고 다음과 같은 세 가지 방법을 이용한다.

첫째, 조세회피처는 일반적으로 거주자와 비거주자에 대한 과세를 차별화한다. 비거주자 과세자에게 적용하는 세율은 명백히 아주 낮거나 거의 0에 가깝다. 조세회피처는 이른바 '울타리'(특정한 사람들을 보호하거나 특정한 용도로 보호하기 위해 제한하는 조치)라고 하는 것을 통해 내국인과 비거주자를 구분한다. 이 울타리란 조세회피처가 자신들이 제공하는 서비스를 이용하는 사람, 즉 비거주자에게는 세금을 걷지 않지만 거주자에게는 세금을 걷는 것을 의미한다. 저지, 건지, 맨 섬, 스위스, 리히텐슈타인과 같이 잘 알려진 조세회피처는 자국민이 얻는 소득에 대해서는 그것이 어디에서 발생하든 상관없이 소득세를 부과하지만, 그 지역을 조세회피처로 이용하는 사람한테는 이런 세금을 부과하지 않는다. 영국 역시 주소지 규정을 적용해서 울타리 정책을 시행하는데, 이것이 영국을 조세회피처의 하나로 간주하는 이유가 된다(box 1.3 참조). 영국의 왕실보호령 국가와 몇몇 다른 조세회피처는 그 지역 내 주민이 소유한 회사가 획득하는 이윤에 대해서는 법인세를 부과하지만 비거주자가 소유한 회사에 대해서는 세금을 부과하지 않는다. 저지는 세계에서 가장 엄격한 반조세 회피 법률을 제정했는데, 이는 다른 조세회피처의 서비스를 이용하려는 자국민에게 불이익을 주기 위한 조치다.

하지만 비거주자에게 전혀 과세를 하지 않는 것으로 생각하면 오산이다. 현실에서 비거주자도 면허나 등록 관련 비용을 부담하거나 혹은 그 지역의 가공의 직원을 고용해야 한다는 의무조항을 준수하는 등의 다른 형태로 세금을 부과한다. 모든 조세회피처는 비거주 법인의 활동에 요금을 부과한다. 예를 들어 바누아투에서 회사 하나를 등록하려면 150달러의 비용이 들고, 그 등록을 유지하기 위해서는 1년에 300달러를 부담해야 한다. 맨 섬에서 비거주회사가 1년에 지불해야 하는 돈은 약 320파운드 정도다. 이에 더해 가장 완벽한 형태의 조세회피처조차 비거주사업자에게 고용 관련 세금이나 관세, 재산세를 부과하는 경향이 있고, 거의 모든 조세회피처에서는 비거주사업자에게 지역주민을 고용하고 그 지역에서 작은 사무실을 운영하도록 요구하는데, 결국 이를 통해 간접적으로 세금을 납부하게 된다. 이렇게 납부되는 금액은 작은 조세회피처의 경제에 상당한 공헌이 될 수 있다. 만약 조세회피처가 페이퍼컴퍼니나 명의만 있는 회사를 많이 유치할 수 있다면, 그 금액은 직접적인 조세 수입의 손실을 충분히 보상하고도 남을 만큼 커질 수도 있다. 역외부문에서 발생하는 수입은 재정 수입에 도움을 주므로 내국세를 줄여주는 역할도 한다.

조세회피처는 순수입 측면에서의 이득을 거의 드러내지 않아서 그 크기를 측정하기가 매우 어렵다. 예를 들어 케이맨 제도의 2004 · 2005년도 예산서의 수백 쪽에 달하는 데이터에는 정부 수입이 어떻게 구성되어 있는지가 나와 있지 않은데, 이런 케이맨 제도가 조세회피처 중에서는 그래도 상당히 투명한 국가다. 정확한 데이터가 없더라도 우리는 케이맨 제도가 조세 수입 대부분을 관광객에 대한 세금과 관세에서 충당한다는 것을 알고 있다.

둘째, 많은 조세회피처는 좀 더 큰 국가에게서 보조금을 받기 때문에 세금을 줄일 수 있다. 가장 성공적인 '완벽한' 조세회피처 중 몇 곳은 식민지 형태다. 그들은 국가안보, 외교관계, 통화 유지, 거시경제정책, 부가가치세 징수 등을 자신이 속한 국가에 의지하고, 이렇게 얻은 이득을 거주자와 비거주자에게 제공한다. 이런 조세회피처에는 저지, 건지, 맨 섬 같은 왕실보호령 국가, 유럽의 지브롤터, 카리브 해의 케이맨 제도, 버뮤다, 영국령 버진아일랜드 등이 포함된다. 이 외에도 네덜란드령 안틸레스, 대부분의 핵심 서비스를 프랑스에 의지하는 모나코와 안도라, 스위스에 의존하는 리히텐슈타인 등이 있다.

맨 섬은 특히 이런 게임에서 성공적이었다. 맨 섬은 해마다 영국에서 2억 파운드에 달하는 보조금을 받아 왔는데, 이 사실은 가장 직접적인 경쟁자라고 할 수 있는 저지나 건지에도 알려지지 않았다. 이는 이른바 공유지갑협정common purse agreement의 결과인데, 이 협정에 따라 영국과 맨 섬 사이에 발생하는 수입은 서로 공유하도록 되어 있다. 이 협정은 맨 섬의 주민들이 거의 아사 직전에 이르렀던 1911년 이후, 맨 섬에 보조금을 지급할 목적으로 체결되었다. 또한 영국의 회계감사원은 영국령 버진아일랜드 같은 곳의 민간항공 분야 규제에 필요한 비용처럼 액수는 작지만 또 다른 형태의 보조금을 지급하고 있다고 발표했는데, 영국령 버진아일랜드는 1인당 국민소득이 영국보다 많은 곳이다(NAO 2007).

역설적으로 조세회피처가 조세회피처로서 남용되는 것을 막기 위해 설계된 몇몇 형태의 규제는 오히려 조세회피처의 재산을 늘리는 데 기여해 왔다. 예를 들어 제10장에서 논의되겠지만, 유럽연합의 저축세 지침에 따르면 영국과 네덜란드가 책임지고 있는 조세회피처의 은행과 금융기관, 스위스와 리히텐슈타인에 있는 은행과 금융기관이 유럽연합 국가의 거주자에게 이자를 지급할 때는 20%의 세율로 세금을 공제하도록

되어 있다. 이는 예금주가 자신의 소득 정보를 자국에 제공하는 것을 거절하는 경우에 적용되는 타협적 처리 방식이다. 이런 조세회피처는 공제된 총액의 25%를 행정비용 명목으로 받는다. 한 유럽연합 보고서에 따르면 2005년도에 리히텐슈타인은 250만 유로, 저지는 4,800만 유로, 건지는 450만 유로, 스위스는 무려 1억 5,940만 파운드를 이런 명목으로 징수했다(European Commission 2006, 16).

세 번째 방법에 대해서는 이미 언급했다. 몇몇 드문 경우에, 낮은 과세 체제는 역사와 관련되어 있을 수 있다. 예를 들어 모나코 공국은 1869년부터 어떤 종류의 수익에도 세금을 부과하지 않았다. 그들의 재정 수입은 그전부터 가장 인기를 누려 온 관광 상품인 카지노와 지방세에서 충당되었다. 하지만 모나코 같은 지역이 낮은 세금을 부과하는 지역으로 보였던 것은 단지 아주 높은 지방세 때문인 것도 사실인데, 일반적으로 지방세는 공식적인 통계에서 세금으로 취급되지 않는다. 지방세는 일반적으로 역진적이므로 모나코는 대부호에게 대단히 매력적인 곳이었다. 그들에게는 지방세로 내는 금액이 다른 국가에서 지불해야 하는 세금에 비해 상대적으로 아주 적은 금액이기 때문이다. 또 앞에서 언급한 것처럼 모나코는 가장 핵심적인 행정 서비스의 대부분을 프랑스에 의존한다.

결론적으로 상호의존적인 세계의 현실에서 보면, 한 사람이 세금이 적거나 전혀 없는 지역으로 들어가면 누군가가 다른 지역에서 추가로 세금을 지불해야 하고, 그 결과 그 지역이 낮은 세금으로 서비스를 제공하게 된다는 것이다.

비밀보장법

조세회피처를 정의하는 또 다른 중요한 특징은 엄격한 비밀유지다. 어

떤 사람들은 얼마 안 되는 세금 수준보다는 오히려 불투명성이 이 지역을
다른 조세특례제도와 구분하는 가장 중요한 특징이라고 주장하면서 조세
회피처를 오히려 '비밀의 천국'으로 부르기를 원한다(Hampton 1996).

불투명성은 세 가지 방법으로 실현된다. 첫 번째 방법은 가장 흔히 접
할 수 있는 은행의 비밀보장법이다. 은행이 고객의 비밀을 지켜 주는 것
은 정상적이다. 하지만 많은 곳에서 이는 단지 상업적 관습으로 간주될
뿐 법으로 정해져 있지 않다. 결과적으로 은행의 비밀보장이 신성불가
침한 것은 아니다. 예를 들어 영국의 모든 은행은 영국 내의 모든 계정
에서 발생하는 이자소득을 매년 영국 국세청에 보고하게끔 되어 있다.
이는 많은 조세회피처뿐 아니라, 비록 조세회피처로 여겨지지는 않지만
은행의 비밀보장이 법으로 보호되는 곳과 직접적으로 대조된다. 스위스
는 은행의 비밀보장에 대한 법적 개념을 처음으로 도입한 국가로 알려
졌는데, 그 개념은 1934년 은행법에 명시되어 있다(제4장 참조). 그 법에
따르면 은행 직원이 어떤 이유에서라도 은행 정보를 누설할 경우 이는
범죄 행위가 된다. 또한 정부가 은행에서 정보를 획득할 수 있는 권리
역시 극도로 제한되어 있다.

그러나 지금은 스위스에만 이런 제도가 있는 것이 아니다. 리히텐슈
타인, 바하마, 케이맨 제도, 그리고 다른 조세회피처는 훨씬 더 엄격한
법률을 채택했다. 어떤 국가에서는 은행의 비밀보장에 법률적 보호가
너무 강해서 그것을 없애려면 헌법 개정까지도 필요하다. 칠레는 조세
회피처에 포함되지 않지만 이런 경우의 하나다. 법제화된 은행의 비밀
보장과 정부조사권의 제한(현재 보통 범죄 사건은 조사가 가능하지만 여기에
탈세는 포함되지 않는다)이라는 두 가지가 결합된 것이 대부분 조세회피처
의 표준이다.

비밀보장법은 과거 몇 년 동안 많은 비판과 정치적 압력에 직면했다.

오스트리아는 2000년에 은행비밀보장법을 폐기했고 스위스는 범죄 사건에 관해서는 외국의 당국과 협조할 준비를 하고 있다. UBS는 최근 루체른에서 열린 주주총회에서 미국의 압력을 수용해 자산을 숨겨서 조세를 포탈한 미국 고객들의 이름을 발표할 준비가 되어 있다고 발표했다. 2008년 10월 6일 리히텐슈타인의 수상은 그 지역 은행의 고객에 관한 조세 정보를 미국과 공유하기로 하는 새로운 협정 체결이 임박했다고 말했다. 그러나 여전히 이 부분에서 변하지 않는 곳들도 있다. 그중 하나인 파나마는 정보교환규정이 전혀 없다. 싱가포르는 의심의 여지없이 새로운 스위스라고 할 수 있고 두바이도 그다지 뒤지지 않는다. 안도라 역시 현재로서는 잘 버티고 있다.

비밀보장이 절대적인 것으로 여겨지는 몇몇 지역에서 위와 같은 변화의 기운이 서서히 퍼지고 있지만, 변화다운 변화는 극단적인 상황에 부딪혀야만 일어날 것이다. 대부분의 사람에게 비밀보장은 여전히 효과가 있다. 자동적인 정보 교환이란 존재하지 않고 조세정보교환협정^{Tax Information Exchange Agreement; TIEA}은 아주 드물게 사용된다. 저지가 미국과 맺은 협정은 지난 5년 동안 단지 네 번만 사용되었을 뿐이다. 우리는 약간의 균열은 나타날 수 있지만 그것이 역외경제의 전체 구조를 허물어뜨릴 수는 없다고 본다.

두 번째 방법은 소유자나 설립 목적을 알기 힘든 법인의 설립을 허용하는 것이다. 신탁은 이 목적을 달성하는 가장 잘 알려지고 인기 있는 메커니즘이다(제3장 참조). 대부분의 지역은 신탁 등록을 전혀 요구하지 않고, 설사 신탁 등록을 요구하더라도 이는 전혀 공개되지 않는다.

신탁과 회사는 역외 법인의 가장 인기 있고 흔한 형태다. 조세회피처에 등록된 회사는 대부분 유한책임회사 형태고 역내회사와는 대조적으로 지배구조, 소유주, 설립 목적에 대한 정보가 통상 비밀로 유지되고 있다. 또한 무기명 금융상품이 매우 자주 사용된다(돈세탁에 대한 국제자금세탁방지기구 규정으로 인해 최근 이런 상품에 대한 접근이 제한되는 경향이 있다). 무기명 금융상품은 그것을 가지고 있는 사람이 소유권을 갖게 되는 상품인데 주식이나 채권이 여기에 포함된다. 이 상품은 소유권에 대한 기록이나 소유권 이전과 관련된 거래 기록이 보존되지 않는다는 점에서 일반적인 등록식 상품과는 다르다. 누구든지 그것을 가지고 있는 사람이 소유권을 가진다.

이런 금융상품은 분실이나 절도의 경우 소유권을 되찾기가 매우 어렵지만 익명성을 원하는 투자자나 회사 임직원에게는 매우 유용하다. 이것을 사용하면 회사의 소유주가 감추어질 뿐 아니라 인지세나 자본이득에 대한 세금을 지불하지 않고도 소유권 이전이 마음대로 이루어질 수 있고, 그 회사와 거래하는 어떤 조직도 소유권 이전을 알기 어렵다. 사실상 이런 경우에는 돈세탁에 관련된 규제를 적용할 수 없다. 결과적으로 조세회피처의 회사는 자기들과 거래하기 원하는 누구에게든 무기명 금융상품을 남용할 수 있는 기회를 제공한다.

마지막으로 재단 역시 비밀스러운 구조를 가지고 있다. 리히텐슈타인과 파나마에서 흔히 볼 수 있는 재단은 유한회사와 유사하게 별개의 법적 존재를 가진 것으로 인식되는 하나의 신탁 형태로 묘사될 수 있다. 리히텐슈타인에 대한 안 좋은 평판이 단기적으로 재단의 시장을 축소시킬 수 있지만, 최근 저지 같은 곳이 자신의 지역에 있는 전문가 회사 professional companies의 고객에게 재단 설립 허용을 검토 중이라는 것은 주목할 만하다.

세 번째 방법은 비활동성 혹은 의도적인 태만에 의존한다는 점에서 수동적인 것으로 묘사될 수도 있다. 많은 조세회피처는 당연히 규율해야 할 것을 게을리하며 느슨한 규제 운영을 완벽히 수행해 왔다. 다른 국가와의 정보 교환을 저해하는 관료적 장애물을 만들었고, 그들의 규제당국은 관련 자료를 거의 가지고 있지 않으며 아무런 질문도 던지지 않는다. 예를 들어 국제비즈니스회사가 가장 많이 등록되어 있다고 자랑하는 영국령 버진아일랜드의 경우, 더 이상 활동하지 않는 회사의 기록을 전혀 가지고 있지 않다. 영국령 버진아일랜드는 공식통계에 잡혀 있는 국제비즈니스회사 중 얼마나 많은 국제비즈니스회사가 현재 활동하고 있는지는 전혀 모르기 때문에, 영국령 버진아일랜드가 그들을 제대로 관리하고 있는지는 알 수 없다.

쉽고 유연한 창업

조세회피처의 또 다른 특성은 법인을 쉽게 설립할 수 있고, 그 과정에서 익명성이 보장되어 결과적으로 창업한 유한회사가 쉽게 활동할 수 있다는 점이다. 조세회피처에서는 회사나 신탁, 은행조차도 싸고 쉽게 만들 수 있다. 회사는 말 그대로 기성품을 구매하듯 즉시 설립할 수 있고 창업비용은 매우 낮다. 많은 조세회피처는 금융기관이나 회사가 그들의 영역 내에 실제로 존재할 것을 요구하지 않는다.

> **Box 1.3 중급의 조세회피처**
>
> 50만 명에서 1,000만 명 정도의 인구를 가진 좀 더 큰 국가나 지역은 좀 더 다양화된 경제구조를 가지고 있어 처음 보기에는 이상적인 조세회피처와 일치하지 않을 수도 있다. 그러나 몇몇 국가는 스스로는 부인하지만 조세회피처로 간주해야 할 정도로 조세회피처의 특징을 잘 보여 준다.
>
> 세계에서 가장 유력한 조세회피처 중에서 스위스, 룩셈부르크, 싱가포르는 자신들이 세금을 적게 부과하는 지역이 아니라고 주장한다. 엄격히 말해서 그들이 틀린 것은 아니다. 그들은 분명 자국민에 대해서는 그렇게 세

금을 적게 부과하지 않는다. 하지만 복잡한 세법상의 허점과 공식적 또는 비공식적 규정을 통해서 비거주자에게는 상당히 적은 세금을 부과하는 지역에 포함된다. 또한 이 세 국가는 모두 엄격한 비밀보장 조항과 더불어 비거주자들이 쉽고 저렴하게 회사를 설립할 수 있는 메커니즘을 제공한다.

언뜻 보기에 룩셈부르크의 세율은 특이한 점이 없다. 지방 사업세를 포함해 정상적인 법인세율은 약 37.5%이다. 하지만 룩셈부르크는 이른바 통합센터에 적용되는 세율처럼 아주 다양한 종류의 조세특례조항을 가지고 있다. 이 센터는 개별적으로 승인되며, 적어도 2개 이상의 국가에서 활동하는 회사가 설립해야만 한다. 또 룩셈부르크에 세금을 납부할 의무가 있지만, 그 이윤은 비용 포함 기준으로 결정되고, 최소한 5%의 경비가 공제 가능하다. 이런 방식으로 이윤을 계산하면 명목상으로는 37.5%의 세금이 부과되지만 이 조항을 이용하는 회사는 아주 적은 세금만 부담하면 된다.

룩셈부르크의 지주회사는 특히 중요한데 그들은 1%의 세율로 자본출자세를 부담해야 하고, 주식의 납입된 가치의 0.2% 세율로 가입비를 부담하고 있기 때문이다(ECOFIN 1999, 37). 룩셈부르크는 그런 형태의 다른 많은 처리 방식을 제공한다. 그중 많은 것이 지난 10년 동안 정밀하게 검토되었지만, 여전히 작동하고 있다.

벨기에도 똑같은 통합센터의 처리 방식을 제공한다. 이런 센터는 명목적으로는 40.17%의 세율로 벨기에에 소득세를 납부할 의무가 있다. 하지만 재무제표상에 나타난 실제 이윤에 세금이 부과되지 않고 대신 영업비용에 일정 비율로 결정되는 개념적인 과세표준에 따라 소득세액이 결정된다(ECOFIN 1999, 30). 그래서 실제로 벨기에의 통합센터는 아주 가벼운 세금만 부담한다.

홍콩, 파나마, 코스타리카는 모두 소득세를 가지고 있지만, 조세 부과 지역의 범위를 결정할 때 속지주의 원칙을 따르기 때문에 외국에서 벌어들인 소득은 일반적으로 전혀 과세하지 않는다. 중급 조세회피처가 의도적으로 채택하는 이런 처리 방식은 그들이 조세회피처 리스트에 한 자리를 차지하는 데 한몫을 한다.

조세회피처 간의 경쟁과 틈새 전략의 발전

조세회피처의 숫자가 엄청나게 많아졌기 때문에 경쟁이 심화되었다. 결과적으로 많은 조세회피처는 차별화를 통해 틈새 전략을 발전시키게 되었다. 이런 틈새 전략을 기초로 조세회피처를 다음과 같이 분류할 수 있다.

a) 창업 지역

창업 지역은 주로 역외 회사와 같은 법인을 등록하는 데 사용되는데 여기에 등록된 회사는 다른 조세회피처와의 거래에 쓰인다. 이 지역은 대체로 매우 낮은 실효 규제하에 있는데, 예로서는 몬트세랫과 앵귈라를 들 수 있고 이렇다 할 역외금융센터는 없다.

b) 등록센터

이 분류에 포함되는 조세회피처는 조세특례제도에서 이득을 취하기 위해 역외지를 경유해 원래 국가에 투자되는 돈 혹은 이른바 '왕복여행'과 관련된다. 중국 사람들이 그런 목적으로 영국령 버진아일랜드의 법인을 이용한다고 알려져 있다. 또 다른 예로는 미국 시장을 위한 파나마와 런던 시장을 목표로 하는 저지, 그리고 호주 시장을 위한 바누아투가 있다. 창업 지역과 다르게 이런 지역은 그 지역에 등록된 법인을 이용하는 고객에게 서비스를 제공하는 지역 전문업을 발전시켜 왔다.

c) 비밀보장 지역

리히텐슈타인, 터키, 터크스케이커스 제도, 싱가포르, 두바이 등이 포함되는데 여기서는 비밀보장이 절대적으로 중요해서 엄격히 보호된다.

표 1.3 아일랜드 금융서비스센터의 주요 해외 계열사의 자산과 종업원 수

모기업의 이름	계열사명	세전이익 (백만)	총자산 (백만)	종업원 수
3Com. U.S.	3Com. (Cayman)	$4.6	$153	0
Albany Inter. U.S.	A1 fin. Service (Switzerland)	€3.0	€117	0
Airbus, France	Airbus, fin. ser (Netherlands)	0	€2	0
Analog Development, U.S.	Annalog Development Int. finance (Netherlands)	$11.6	$592	6
BBA, UK	BBA finance (Luxembourg)	0	$433	0
Boston Scientific, U.S.	Bost. S. Int. Fin (Netherland)	$2.8	$312	0
Tyco Inter. Bermuda	Brangate (Lux)	$26.6	$907	6
Bristol-Meyers Squibb, U.S.	BR. Mey, Sq. Int (Switzerland)	€15.1	€947	4
Cisco Systems, U.S.	Cisco Fin Int. (Bermuda)	$ −109.0	$235	27
Coca-Cola, Greece	Coca-Cola hoding (Cyprus)	€−3.7	€2179	0
CNH, Netherlands	CNH, Capital (Netherlands)	€−6.3	€94	49
IBM, U.S.	IBM, Int, fin. hoding (Netherlands)	$50.2	$2653	4
Eli Lilli, U.S.	Kinsale Fin. (Switzerland)	$21.9	$1409	1
Pfizer, U.S.	Prizer, Services (Isle of Man)	$33.6	$6501	10
	Pfizer int bank, Europe (Isle of Man)	$23.6	$485	0
Vivendi, France	Ploygram int. (Luxembourg)	$22.0	$3919	0
Sea Container, Bermuda	See Container, fin. (Bermuda)	€0.5	€26	0
Black&Decker, U.S.	Balck&Decker, int. (Netherlands)	$5.9	$888	7
Volkswagen, Germany	Volkswagen, inv. (Cayman)	€15.9	€566	7
Xerox, U.S.	Xerox leasing (Jersey)	€29.7	€645	0
General Motors, U.S.	RFC (Ireland)	$2.1	$108	0
Sigma-Aldrich, U.S.	Sigma-Aid. serv (UK)	£1.2	€645	0
INGKA, Holdings, Netherland	IKEA, Invest. (Netherlands)	SEK 53.7	2052 SEK	1

출처: Stewart 2005, 281

d) 특별 서비스 공급지역

특수한 형태의 사업 활동 보장을 목적으로 하는 조세회피처를 말한다. 예를 들어 버뮤다와 건지는 재보험 시장을 목표로 하고, 케이맨 제도는 헤지펀드 산업을 목표로 한다. 그리고 맨 섬은 영국의 대체 투자 시장에 상장된 회사들이 참여하는 시장을 제공할 준비가 되어 있다.

e) 시장 진입 도관

이 분류에 속하는 조세회피처는 그들 영역을 경유하는 거래에서 이득을 취할 목적을 가지고 있다. 그리고 대부분 경유하는 과정에서 이중과세협정 네트워크를 이용하려고 한다. 여기에는 개발도상국에서 유럽연합으로 경유하는 자금에 대해 서로 경쟁하는 몰타와 키프로스, 인도에 대한 투자의 도관 역할을 하는 모리셔스, 유럽 전체에 대한 투자를 수행하는 지주회사의 근거지 역할을 하는 네덜란드, 여러 시기에 위에서 열거한 메커니즘을 사용해서 그들 스스로에 대해 유사한 역할을 수행했던 벨기에와 룩셈부르크가 포함된다.

f) 높은 순가치 공급자

스위스, 뉴욕, 런던 같은 조세회피처는 세계에서 가장 돈 많은 사람들이 맡겨 놓은 자금을 운용하는 데 필요한 자원을 발달시켜 왔다. 그리고 고객이 자신의 펀드 매니저가 하는 활동을 비교적 쉽게 볼 수 있는 환경을 만들었다. 이들은 높은 순가치 공급자로 분류된다.

g) 조세 침입자

이 분류에 속하는 국가는 기업의 이윤이 자신들의 영역에 재배치되도록 노력한다. 이곳에서는 다른 지역보다 더 낮은 세율로 과세하고 높은 수준의 금융 안정성을 제공하며, 거래가 조세회피처에서 이루어진 것이 알려질 수 있는 리스크가 제한적이다. 이런 조세회피처 중 가장 앞서가는 곳은 아일랜드다.

미국의 조세 관리들은 미국이 조세회피처로 간주될 수 있음을 인정한다. 그런데 영국이 조세회피처라는 주장에는 더 강력한 근거가 있다. 제4장에서 보겠지만, 영국은 역외 회사라는 개념을 고안해 냈다. 역외 회사는 회사의 등록지와 실제 거주지가 서로 다른 회사다. 또한 영국은 신탁이라는 개념을 도입했고, 지금도 여전히 사용되는 1925년에 제정한 Trustee Act에 신탁 사용에 관련된 규제를 성문화했다. 결정적으로 영국은 신탁의 비밀보장을 명문화하고 있는데, 이에 따라 신탁이 만약 과세 대상이 아니라면 등록하지 않아도 될 뿐만 아니라 계정을 공개하지 않아도 된다. 이렇게 영국은 역외 비밀보장(offshore secrecy)에 대한 완벽한 수단을 창조했다. 그래서 영국은 IMF에 의해서 역외금융센터로 분류되고 있다(Zorome 2007).

1957년 9월 영국 중앙은행(Bank of England)이 거래는 런던에서 이루어졌지만 거래 쌍방 당사자가 영국 밖에 거주하여 영국의 금융 규제에 저촉되지 않는 거래를 인정했는데, 이때 자신도 모르게 역외라는 규제적 개념을 창조해 낸 듯하다. 이런 거래는 런던이 아닌 '다른 곳'에서 일어난 것으로 간주되는데 이는 누가 봐도 사실이 아니다.

마지막으로 영국은 문자 그대로 그 어떤 국가보다 더 많은 조세회피처를 만들었다. 오랫동안 영국에 의존하고 있는 작은 섬 국가들이 조세회피처로 발전하도록 유도하는 것이 영국 외무성의 의도적 정책이었다.

영국에 주소를 둔 은행이 종종 돈세탁 활동을 한 것으로 발각되었다. 2001년 프랑스 의회는 시티 오브 런던에 대한 400쪽에 달하는 조사보고서를 발표했는데, 이 보고서는 런던이 조세회피처 못지않게 비밀이 보장되는 공간이며 종종 정보 교환에 대한 외국의 요청을 어쩔 수 없이 받아들인다는 것을 보여 준다.

주소지 규정은 영국이 조세회피처라는 것을 보여 주는 전형적인 증거다. 2008년 4월 수정되고 그 범위가 축소되었지만, 영국의 주소지 규정에 따르면 영국으로 이주했지만 미래 어느 시기에 고국으로 돌아갈 의사가 있다고 선언하는 사람은 세계 어디에서 버는 소득이든 영국의 지방세를 납부할 의무가 없다. 그 사람이 실제로 고국으로 돌아갈 필요가 없고 단지 그럴 의도가 있다는 것만 선언하면 된다는 것을 주목하라. 사실상 그런 사람의 자녀들은 영국에서 태어났더라도 일반적으로 다른 나라에서 벌어들이는 소득에 대해서는 세금이 면제된다. 러시아 독재자, 아랍 족장, 미국 기업사냥꾼, 유럽 대부호가 이 규정을 이용하는데, 이들은 영국에 떼 지어 몰려와서 언젠가는 고국으로 돌아갈 의도가 있다는 것을 선언하는 방법으로 영국을 조세회피처로 이용하고 있다.

영국에서는 회사를 설립하기가 매우 쉽다. 몇 시간 안에 회사 하나를 만드는 것이 가능할 정도다. 영국의 담당 국가기관인 기업청은 신원 확인도 요구하지 않는다. 등록대행업자들(registration Vagents)도 신원 확인 없이 즉시 회사를 판매할 수 있다. 따라서 잘못된 이름이나 정보를 이용해서 쉽게 회사를 설립한다. 또한 영국 회사에서는 잘못된 관행이지만 무기명 주식을 발행하는 것도 가능하다. 이것은 실수도 아니며 간과된 것도 아니다. 무기명 주식을 발행할 수 있는 권리는 2006년 회사법 조항 779조에서 살아남았다. 또한 영국의 회사들은 이사나 총무부장, 주주를 대신해 명목 소유자(nominee)*를 사용할 수 있는데, 이들 모두는 임시 주소에 거주하는 것으로 기록할 수 있다.

실제로 누구나 영국 내에서 기업의 활동 뒤에 누가 있는지에 대해 기업청이나 일반 대중이 전혀 모르게 기업을 만들고 운영할 수 있다.

또 다른 형태의 영국 법인인 유한책임파트너십은 '세금 투명성'의 성질을 가지고 있다. 이것은 그 법인 자체가 영국 법 아래에서 유한회사로 창업되었지만 과세하지 않음을 의미한다. 대신 그 회사의 이윤은 회사의 주주들에게 배당되는데, 그들이 만약 영국에 거주한다면 그때 세금이 부과된다. 따라서 법인은 조세 납부 의무를 피하기 위해 영국에서 소득이 발생하는 것처럼 장부에 기입할 수 있다.

여러 경제학자의 연구에서 영국을 조세회피처로 분류한 것이 놀라운 일은 아니다(Becht, Meyer, and Wagner 2006).

2007년 7월 영국 재무장관 달리스 저달링은 이렇게 말했다. "영국이 조세피난처라는 주장은 대단히 잘못된 것이다. 영국 정부는 모든 사람이 공평한 몫의 세금을 내도록 최선을 다한다"(Noveling 2007b). 영국 정부는

★ 비록 소유권은 다른 사람에게 있지만 이름이 증권에 등록되어 있는 사람 또는 단체 － 번역자

:: 전 세계의 조세회피처

오랜 기간 동안 어떤 지역이 조세회피처인지 여부를 식별하기 위해
다양한 리스트가 만들어졌다. 66쪽 〈표 1.4〉에는 각 국가가 과거 30년
에 걸쳐 이루어진 조세회피처 리스트에 올라간 횟수가 나와 있다.

어떤 지역에 대해서는 주목할 만한 수준의 동의가 이루어지고 있다.
바하마, 버뮤다, 케이맨 제도, 건지, 저지, 말타, 파나마는 모든 리스트
에 나타난다. 22개 국가 또는 지역은 적어도 8개 리스트에 나타난다. 실
제로 1~2개 리스트에 나타나는 지역 중 두바이, 라트비아, 우루과이,
미국, 영국령 버진아일랜드, 네덜란드, 벨기에를 제외하고는 크게 중요
한 것 같지 않다. 또한 오스트리아는 조세회피처의 특징을 상당 부분 가
지고 있지만, 어떤 리스트에도 나타나지 않는다. 아프리카 대륙의 유일
한 조세회피처인 소말리아와 더불어 가나 또한 비록 지금은 어떤 리스
트에도 나타나지 않지만 조세회피처가 되기 위한 기초를 다지고 있다.
요약하면 우리는 2009년도에 약 56개국을 조세회피처로 고려할 수 있
다고 본다. 하지만 이 리스트에는 OECD가 조세회피처로 분류하지만
조세회피처로서의 활동이 크게 중요하지 않은 통가 같은 국가는 제외했
다는 점을 주목해야 한다.

:: 결론

조세회피처에 대해 모두가 받아들일 수 있는 정의는 존재하지 않는다. 정의를 제공하는 것이 어려운 이유는 두 가지 측면에서 찾을 수 있다. 첫째, 세계 대다수 국가는 특정 산업이나 부문에 대하여 과도하게 많은 재정적 인센티브, 즉 조세특례제도를 제공한다. 조세특례제도와 조세회피처를 구분하는 명확한 선이 없기 때문에 어떤 지역이 금융시장에서 의문스러운 역할을 하는지를 판단하는 기준으로 '세금'을 이용한다면 많은 어려움이 따를 수밖에 없다. 둘째, 조세회피처 또는 어떤 사람들이 '비밀의 천국'(예를 들어 Hampton 1996)이라고 부르는 지역이 제공하는 독특한 비밀보장 원칙은 이 지역에서 공급하는 가장 중요한 생산물을 더 잘 나타내 주고, 공격적 조세 회피나 탈세를 포함해 그 지역에서 허용하는 모든 불법적 남용을 쉽게 저지르게 만든다. 이렇게 비밀보장에 초점을 맞추더라도 정의상의 문제가 완벽히 해결되지는 않는다. 많은 국가는 국가안보 문제(많은 국가는 무엇을 국가적·전략적 이익으로 고려해야 할지를 판단할 때 매우 광범위한 시각을 가지고 있다)뿐만 아니라 상업과 관련해서도 매우 다양한 비밀보장 조항을 제공하기 때문이다.

따라서 조세회피처에 대한 정의는 필연적으로 주관적일 수밖에 없다. 우리는 조세회피처를 그 지역에 거주하지 않는 사람이 조세와 규제를 피할 목적으로 수행하는 거래가 쉽게 이루어질 수 있도록 법률을 의도적으로 제정하고, 또 그런 거래의 수혜자가 누구인지 알 수 없게 만드는 비밀의 장막을 법적으로 보장해서 조세와 규제를 쉽게 피할 수 있는 지역으로 정의한다. 하지만 이 정의를 따르더라도 어떤 국가가 조세회피처인지 아닌지에 대한 판단은 견해 차이가 있을 수 있다. 그래서 우리는 〈표 1.4〉를 통해 조세회피처를 식별하는 방법으로 조사 당국이 대체

로 동의하는 방법을 채택했다. 어떤 국가가 조세회피처의 역할을 한다
고 보는 당국이 더 많을수록 그 국가가 진짜 조세회피처가 될 가능성이
커진다.

표 1.4 전 세계 조세회피처

순위	지역	Int'l Bureau Fiscal Docs 1997	Charles Irish 1982	Hines Rice 1994	OECD 2000	IMF 2000	FSF 2000	FATF 2000/02	TJN 2005	IMF 2007	STHAA 2007	Low-TaxNet 2008	Total
1	바하마	1	1	1	1	1	1	1	1	1	1	1	11
2	버뮤다	1	1	1	1	1	1	1	1	1	1	1	11
3	케이맨 제도	1	1	1	1	1	1	1	1	1	1	1	11
4	건지	1	1	1	1	1	1	1	1	1	1	1	11
5	저지	1	1	1	1	1	1	1	1	1	1	1	11
6	말타	1	1	1	1	1	1	1	1	1	1	1	11
7	파나마	1	1	1	1	1	1	1	1	1	1	1	11
8	바베이도스	1	1	1	1	1	1		1	1	1	1	10
9	영국령 버진아일랜드	1	1	1	1	1	1	1	1		1	1	10
10	키프로스	1		1	1	1	1	1	1	1	1	1	10
11	맨 섬	1		1	1	1	1	1	1	1	1	1	10
12	리히텐슈타인	1	1	1	1	1	1	1	1		1	1	10
13	네덜란드령 안틸레스	1	1	1	1	1	1		1	1	1	1	10
14	바누아투	1	1	1	1	1	1		1	1	1	1	10
15	지브롤터	1		1	1	1	1	1	1		1	1	9
16	홍콩	1	1	1		1	1		1	1	1	1	9
17	싱가포르	1	1	1		1	1		1	1	1	1	9
18	세인트빈센트그레나딘	1		1	1	1	1	1	1		1	1	9
19	스위스	1	1	1		1	1		1	1	1	1	9
20	터크스케이커스 제도	1	1	1	1	1	1		1		1	1	9
21	앤티가바부다	1		1	1	1	1	1	1		1		8

(리스트)

번호	국가												합계
22	벨리즈			1	1	1	1	1	1		1	1	8
23	쿡 제도			1	1	1	1	1	1		1	1	8
24	그레나다	1		1	1	1		1	1		1	1	8
25	아일랜드	1	1	1			1		1	1	1	1	8
26	룩셈부르크	1		1		1	1		1	1	1	1	8
27	모나코	1		1	1	1	1	1	1			1	8
28	나우루	1	1		1	1	1	1	1		1		8
29	세인트키츠네비스			1	1	1	1	1	1	1		1	8
30	안도라	1		1	1	1	1		1			1	7
31	앵귈라		1	1	1	1			1		1	1	7
32	바레인		1	1	1	1	1		1	1			7
33	코스타리카	1	1	1	1		1		1			1	7
34	마셜 제도			1	1	1	1	1	1			1	7
35	모리셔스 제도			1	1	1	1		1	1		1	7
36	세인트루시아			1	1	1	1	1	1		1		7
37	아루바			1	1	1			1		1	1	6
38	도미니카			1	1	1		1	1		1		6
39	라이베리아	1	1	1	1				1			1	6
40	사모아			1	1	1	1		1		1		6
41	세이셸 공화국	1		1	1	1			1			1	6
42	레바논			1	1	1	1		1				5
43	니우에 섬				1	1	1		1	1			5
44	마카오			1	1	1			1				4
45	말레이시아(라부안)				1	1			1			1	4
46	몬트세랫			1	1	1			1				4
47	몰디브			1	1				1				3
48	영국		1						1	1			3
49	브루나이	1										1	2

순위	지역	Int'l Bureau Fiscal Docs 1997	Charles Irish 1982	Hines Rice 1994	OECD 2000	IMF 2000	FSF 2000	FATF 2000/02	TJN 2005	IMF 2007	STHAA 2007	Low-TaxNet 2008	Total
50	두바이								1				2
51	헝가리							1	1				2
52	이스라엘							1	1				2
53	라트비아									1	1		2
54	마데이라								1			1	2
55	네덜란드	1							1				2
56	필리핀		1					1					2
57	남아프리카 공화국		1						1				2
58	통가				1				1				2
59	우루과이								1	1			2
60	미국령 버진아일랜드			1					1				2
61	미국		1						1				2
62	올더니 섬								1				1
63	앙주앙 섬											1	1
64	벨기에								1				1
65	보츠와나											1	1
66	캄피오네디탈리아								1				1
67	이집트							1					1
68	프랑스		1										1
69	독일								1				1
70	과테말라							1					1

No.	국가	32	29	40	41	46	42	37	72	22	34	41	436
71	온두라스		1										1
72	아이슬란드								1				1
73	인도네시아							1					1
74	잉구셰티야								1				1
75	요르단			1									1
76	마리아나 제도								1				1
77	멜리야								1				1
78	미얀마							1					1
79	나이지리아							1					1
80	팔라우					1							1
81	푸에르토리코		1										1
82	러시아							1					1
83	산마리노				1								1
84	상투메프린시페								1				1
85	사크 섬								1				1
86	소말리아								1				1
87	스리랑카		1										1
88	타이베이								1				1
89	트리에스테								1				1
90	북키프로스터키 공화국								1				1
91	우크라이나							1					1
		32	29	40	41	46	42	37	72	22	34	41	436

출처: 경제분석국(Irish 1982 ; Hines and Rice 1994 ; OECD, IMF, FSF, FATF ; Hampton and Christensen 2005 ; Stop Tax Haven Abuse Act 2007 ; Tax Net, http://www.lowtax.net/lowtax/html/jurhom.html.

제 2 장

통계와 자료로 보는 조세회피처

전 세계 화폐 잔액의 반이 조세회피처를 경유한다는 말은
엄밀히 따지면 잘못된 것이지만,
그 정도로 많은 돈이 조세회피처와 역외금융센터를
통과한다는 것은 결코 틀린 말이 아니다.

OECD에서 역외부문을 담당하는 부서의 책임자인 제프리 오웬스는 2007년에 "5조에서 7조 달러의 금액이 조세회피처에 있다"고 발표했다. 어떤 사람들은 전 세계 돈의 절반이 역외를 거쳐 간다고 주장한다(Cassard 1994). BIS 자료는 케이맨 제도에 등록된 은행에 1조 5,000억 달러 이상의 예수금이 쌓여 있고, 룩셈부르크에 등록된 뮤추얼펀드가 2조 3,000억 달러 이상의 자산을 보유하고 있으며, 스위스의 프라이빗뱅크들이 약 4조 달러의 자산을 관리한다는 것을 보여 준다(Sullivan 2007a). 이는 조세회피처에 관련된 엄청난 숫자들의 일부분일 뿐이다. 이런 숫자는 얼마나 믿을 만한 것인가? 그리고 이 숫자에서 우리는 무엇을 알 수 있는가?

조세회피처에 관한 통계는 끔찍할 정도로 혼란스럽다. 우리는 이미 조세회피처에 대한 정의가 명확히 이루어질 수 없고, 결과적으로 조세회피처에 대한 통계 역시 어떤 정의가 사용되는가에 따라 달라질 수밖에 없다는 사실을 알고 있다. 더불어 조세회피처는 종종 역외금융센터와 혼동되고 있는데, 그 혼동은 통계에서도 반복적으로 나타난다. 공식 데이터를 수집하는 방법 역시 표준화되어 있지 않으므로 더 많은 혼동이 초래된다. 설리번이 언급한 것처럼 "케이맨 제도에서 통화 당국은 비은행 활동을 금액 기준으로 보고하지 않는다. 그래서 이곳의 막대한 투자와 헤지펀드 산업은 공식적인 레이더에서 벗어나 있다"(2007b). 대부분의 지역은 명의만 있는 회사나 개인 신탁을 통해 운용되는 부에 대해서 정보를 거의 제공하지 않는다. 문제를 더 혼란스럽게 만드는 것은 탈세와 조세 회피를 분리하는 경계선이 뚜렷하지 않을 뿐 아니라(구분은 국가마다 다르다), 조세 회피나 탈세가 대부분 이전가격 조작transfer pricing ★의 형태를 띠는데 그것을 식별하고 계산하는 것이 무척 어렵다는 점이다.

어떤 조세회피처는 관련 통계를 과장하거나 조작하는 것으로 알려져 있다. 설리번이 언급하기를 "역외금융 서비스에 대해 매우 경쟁이 심한 상황에서 부풀려진 숫자는 그 지역이 유력한 장소임을 나타내 주고, …… 그래서 종종 역외금융 서비스가 실제보다 더 중요한 것처럼 보이게 해 주는 데이터가 제시된다"(2007b). 현재 우리가 가진 데이터나 헤드라인을 장식하는 숫자는 잘못된 것일 수 있으므로 비판적인 시각과 수준 높은 이해가 필요하다.

이 장에서는 현재 가진 데이터를 통해 조세회피처가 세계경제에 미치는 영향의 추정치를 제공하려 한다. 이 믿을 만한 데이터를 모으는 데 엄청난 어려움을 겪었다.

Box 2.1 조세회피처에 대한 정보의 출처

조세회피처를 연구하는 데 가장 큰 방해물은 자세하고 정확한 정보를 얻기가 쉽지 않다는 점이다. 조세회피처를 이용하는 대다수 '소비자'인, 기업, 금융기관, 부자 들은 범죄자를 제외하더라도 무언가를 피하려고 그곳에 왔기 때문에; 자신의 활동에 대한 정보 제공을 극도로 꺼린다. 엄격히 말해 그들 대부분이 어떤 법을 어긴 것은 아니지만, 여전히 무언가를

★ 특수 관계에 있는 둘 이상의 기업 간 거래에서 가격 설정을 조작하여 조세 부담을 경감하려는 행위
 - 번역자

회피하기 위해 조세회피처와 역외금융센터에 거주하면서 활동을 지속하고, 익명으로 남으면서 어떤 주목도 받기를 원하지 않는다.

조세회피처의 서비스를 제공하는 국가나 전문가 집단 역시 그들의 고객을 잃을 두려움 때문에 역외부문에 대한 정확하고 자세한 정보 제공을 꺼린다. 또한 대부분의 조세회피처는 심도 있는 연구는 차치하더라도 역외부문의 규제에 대한 강력한 인센티브를 갖고 있지 않을 뿐만 아니라 규제할 만한 충분한 능력도 없다. 그 결과 조세회피처에 대한 자세하고 정확한 정보를 획득하기가 어려워서 이 분야는 오랜 시간 동안 베일에 가려 있었다. 하지만 조세회피처의 현상에 대한 우리의 지식은 최근 몇 년간 급속도로 증가했다.

조세회피처에 대한 7개의 중요한 정보 출처가 있다. 첫 번째, 조세회피처에 대한 많은 정보를 실무자를 겨냥한 여러 매뉴얼이나 참고 도서에서 수집하여 제공했는데, 실무자란 조세회피처를 회피 목적으로 사용하는 사람들이다. 특정 국가에 대한 연구는 주로 독립적인 출판사에서 공급되었다. 여러 종류의 책, 안내서 그리고 백과사전은 "여러 조세회피처의 법이나 그 지역 내 규정(예를 들어 어떻게 창업하고, 그 비용이 얼마나 드는지에 관련된 것들)에 대한 자세한 설명을 담은 몇 개의 섹션을 포함하고 있는데, 이것들은 특정한 독자를 목표로 하는 것은 아니었다"(Ramati, 1991, 19). 가장 잘 알려진 것은 톨리(Tolly, 2003), 그룬디(Grundy, 1987)의 시리즈, 이코노믹인텔리전스유닛의 보고서(Doggart, 2002), 긴스버그(Ginsburg,1991), 보샹(Beauchamp, 1983), 챔보스트(Chambost, 1997), 그리고 이른바 조세회피처 연구의 할아버지로 불리는 월터 다이아몬드(Walter Diamond, Diamond and Diamond 1998)의 논문이다.

두 번째, BIS, IMF, 금융안정포럼, 국제연합무역개발협의회, OECD 같은 여러 국제기구가 많은 통계적 정보를 제공할 뿐 아니라 조세회피처와 역외금융센터가 세계경제에서 차지하는 역할이나 기능에 대한 분석과 토론을 제공한다. 국제기구는 한 국가의 자료를 그 국가의 통계 부서에서 제공받기 때문에 학자들은 국제기구가 사용하는 자료의 신빙성에 의문을 품고 있다. BIS는 정보를 모으는 방법에 대한 자세한 가이드라인을 국가 통계 부서에 제공해 전 세계에 걸쳐 자료 수집에 대한 표준화된 원칙을 세우려 한다. 최근 몇 년 동안 이런 기구들이 제공한 통계 정보나 역외센터에 대한 분석은 현저하게 개선되어 왔다. 특히 IMF와 BIS는 세계화된 금융 시스템 내에서 현존하는 지역적 통계 혹은 국가 중심적 통계에 관련된 분석적이고 개념적인 문제를 연구하는 데 상당한 자원을 투입했고, 그 결과 세계적인 금융 흐름에 대해 다양하고 자세한 자료를 훨씬 더 많이 제공하게 되었다. 경제학자들과 회계사들은 국제적으로 집계된 가치 있는 자료에 혁신적인 통계 기법을 적용하여 작업하는 방법을 배워 왔다. 이들 중에서 드사이 등(2002, 2004, 2006), 다마팔라와 하인스(2006), 반 디크(2006), 하인스(1999), 하인스와 라이스(1994), 머피와 칼리그스(2006, 2007, 2008), 슬렘로드(1994), 슬렘로드와 윌슨(2006), 설리반(2004a, 2004b, 2007a, 2006b) 등의 논문을 특별히 언급할 필요가 있다. 현재 이런 국제기구, 연구자, 시민사회단체 간에 벌어지는 논쟁이 연구 영역을 확장시키고 있다. 결과적으로 우리는 세계경제에서 역외부문이 차지하는 역할이나 기능에 대한 매우 자세한 윤곽을 알게 되었다.

세 번째 정보원은 조세회피처 그 자체다. 주요한 조세회피처는 대부분 그들의 영역 내에서 가능한 창업 형태, 관련되는 세금과 금융 관련 법률에 대한 정보를 포함해 그들이 보유한 역외부문에 대한 연간 보고서를 제공한다(어떤 조세회피처는 그들의 조세제도와 규제제도 발전에 대한 유용한 역사적 설명까지 제공하기도 한다). 또한 조세회피처는 OECD, IMF, 국제금융포럼의 요구사항에 대한 대응 내용을 출판하기도 한다. 어떤 조세회피처는 그들 영역 내에 있는 회사나 은행에 대한 연간 보고서도 출판한다. 이런 연간보고서는 부분적으로 더 많은 사업을 유치하기 위해 사용되기도 한다. 그러므로 어떤 조세회피처는 경쟁자보다 더 우위를 차지할 목적으로 그들 영역 내에 존재하는 역외 기관의 수를 과다 보고한다는 비난을 받아 왔다. 좀 더 성공적인 조세회피처라고 할 수 있는 케이맨 제도나 채널 제도 등은 협조적이 됨으로써(혹은 그렇게 보임으로써) 더 많은 것을 얻을 수 있음을 알아 왔다. 이런 기구와의 논의에 좀 더 적극적으로 참여하고 자료 수집이나 정보 교환에서 기구가 권고하는 방법을 채택하면서 그들은 주권 국가로서의 대우를 받을 수 있게 되어, 핵심 이익도 더 잘 보호할 수 있게 되었다. 또한 조세회피처 당국은 아주 조금이라도 조세회피처를 지지하는 논의를 제공할 수 있는 학자들과 협조하는 것이 유리하다는 것을 깨달았다. 심지어 저지나 맨 섬 같은 조세회피처는 조세회피처의 개혁 방안을 어떻게 수용할지에 대한 자문을 구하기 위해 이 책의 저자 중 1명인 리처드 머피를 포함해 조세정의네트워크의 멤버들을 초대하기도 했다. 그 결과 새로운 정보가 더 풍부해졌다.

네 번째 유용한 정보원은 역외부문에 전문화하고 있는 은행, 금융기관, 법률법인, 회계법인으로서 이들은 새로운 고객을 유치하기 위해 역외 활동에 대한 보고서를 출판한다. KPMG와 언스트앤드영(Ernst & Young)같이 잘 알려진 회사들은 역외금융부문과 조세회피처에 대한 여러 측면의 연구 논문을 출간하고 있다. 이런 종류의 연구들은 조세회피처를 역외금융센터로서 법적으로 정당화하고 특정 은행이 믿을 만하다는 것을 보여주기 위한 국제적인 노력의 한 부분으로 수행되는 듯하다. 또한 lowtax.net이나 슈미트 보고서같이 이 분야에 전념하는 웹 저널도 기업 고객에게 정보를 제공한다. 비록 이런 기관이나 웹 저널이 제공하는 보고서나 연구가 한쪽으로 편향되는 경향이 있지만, 그들은 조세회피처 내의 사업과 조세회피처의 '소비자' 부문에서 현재 진행되는 주요 이슈나 논쟁이 무엇인지 보여 준다.

다섯 번째 가치 있는 정보원은 국가 조세 당국, 특히 선진국의 내국세와 관세 서비스를 담당하는 조세 당국인데, 그들은 조세회피처 현상의 크기에 대한 자신들의 추정치를 제공한다. 프랑스 의회는 웹사이트상에 런던을 포함해 5개의 주요한 유럽의 조세회피처에 대한 연구를 발표했다(Peillon and Montebourg 2000, 2001). 미국 의회는 유명한 《고든 보고서(1981)》에서 시작해 일련의 연구보고서를 의뢰했는데, 사실상 《고든 보고서》는 조세회피처에 대한 최초의 상세한 연구를 제공했다. 미국의 조세 관료는 조세회피처 현상에 대한 상세한 연구를 발간한 최초의 연구자에 포함된다(Belotsky 1987; Irish 1982). 미국과 아일랜드의 국세청은 그들의 조세 수입에 조세회피처가 미치는 영향을 연구하는 사업에 자금을 제공하고 있다. 노르웨이 정부는 조세정의네트워크에게 주요한 연구논문들의 용역을 발주했다. 그러나 국가기관이 한목소리를 내는 것은 아니다. 미국과 영국의 재무국은 역외금융센터에 대해 대체로 찬성하는 태도를 유지하지만 이와 반대로 영국과 미국의 국세청, 영국의 회계감사원은 조세회피처에 대해 훨씬 더 비판적이다. 미국, 영국, 아일랜드를 포함해 몇몇 국가의 국세청은 국세 수입에 대한 조세회피처의 영향을 좀 더 잘 이해하기 위해 은밀하게 이루어지는 기업과 개인의 조세 환급을 샅샅이 찾아야 하는데, 이 부분에 대해 학계에 도움을 요청하고 있다. 물론 자료는 기밀사항이지만 몇 가지 발견된 사항은 국제 콘퍼런스에서 발표되고 있다. 각 기관이 정치적 입지를 좀 더 굳건히 하기 위해 연구 결과나 자료를 발표하다 보면, 내부 논쟁을 통해 새로운 정보가 더 풍부해질 것이다.

여섯 번째 정보원은 최근 몇 년간 크게 번성한 학문적 작업이다. 조세회피처는 더 이상 조세 전문가만의 독점적인 영역이 아니라 경제학 · 지리학 · 사회학 · 국제관계학 심지어 인류학 연구자까지 관심을 보였다. 1980년대와 1990년대 초반에 진행되었던 조세회피처에 대한 선구적인 연구(Johns 1983; Johns and Le Marchant 1993; Naylor 1987, 2002; Picciptto 1992, 1999; Roberts 1994)에 1990년대 후반, 21세기 초반에 수행된 정치학, 국제관계학의 연구를 추가해야 한다(Hampton 1996, 2007; Hampton and Christensen 1999; Chavagneux and Palan 2006; Palan 2002, 2003; Vleck 2008). 최근에 와서 학문적 연구가 크게 늘어나고 있는데 그중 호주 학자 3명이 이루어 낸 훌륭한 연구를 주목해야 한다. 제이슨 샤먼(2005, 2006; Sharman and Mistry 2008; Sharman and Rawlings 2006 참조), 그레그 롤링스(2004, 2005; Rawlings and Unger, 2005 참조), 그리고 앤서니 반 포센(2002, 2003)이 그것이다. 또한 미국의 로레인 이든과 밥 쿠드르(2005)의 연구, 브레멘의 필립 겐셀(2002, 2005)과 토머스 릭센(2008)의 연구, 캐나다의 마이클 웨브(2004)와 롤런드 패리스(2003)의 연구, 영국 엑서터 대학의 클라우디오 라다엘리(2004)의 연구도 주목할 가치가 있다. 우리는 취리히의 세바스티엥 귀엑스(1998, 1999)와 파리의 크리스티앙 샤바뇌(2001)가 수행한 연구 덕분에 스위스의 조세회피처로서의 기원에 대해 많은 것을 알게 되었다. 또한 경제학자 짐 스튜어트(Jim Stewart 2005)의 뛰어나고 자세한 연구 덕분에 더블린의 국제금융센터에 대해 상당히 많은 정보를 갖게 되었다.

파리 정치대학의 연구 그룹이 돈세탁과 범죄 간의 관계에 대해 오래 전부터 연구를 수행하고 있다(Godefroy and Lacomes 2004). 레이먼드 베이커와 그의 동료들은 포드 재단의 도움을 받아 연구를 수행했으며 (Baker, 2005; Kar and Cartwright-Smith, 2008), 펜실베이니아 주립대학의 사이먼 팩과 그의 동료들(Boyrie et al. 2001, 2005)의 연구와 리처드 블럼

:: 전 세계 화폐 잔액의 절반이 조세회피처를 통과한다

1994년 보고서에서 IMF는 전 세계 국가 간 대출의 반 이상이 역외 지역을 통해 이루어진다고 발표해서 많은 사람을 놀라게 했다(Cassard 1994). IMF의 발표로 인해 그동안 전문가들 사이에서만 떠돌던 그 숫자에 대해 일반인이 주목하기 시작했다(Ginsburg 1991).

BIS는 1983년 마지막 4/4분기부터 역외금융센터라고 불리는 곳에 관련된 데이터를 수집하기 시작했는데, 흥미롭게도 BIS 통계에 따르면 그 시기는 이 지역을 경유한 화폐 흐름이 갑작스럽게 상승한 시기와 일치한다(그림 2.1 참조). 영국은 1979년에 미국은 1980년에 환율 통제를 중단했으며, 곧이어 프랑스도 환율 통제를 중단했다. 이런 정책 변화가 갑작스러운 상승을 촉발했는지도 모른다. 하지만 이 상승은 단순히 BIS가 그 시점과 가까운 시기에 데이터를 수집하기 시작했기 때문에 과장

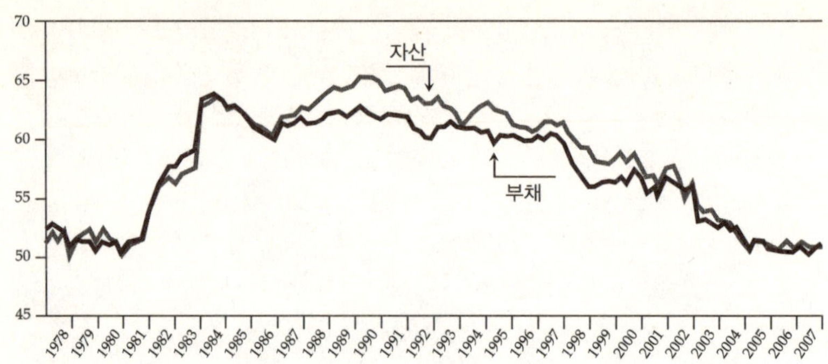

그림 2.1 1977~2007년까지 역외금융센터의 은행 자산과 부채의 변화
출처: BIS 2007

된 자료일 수도 있다. BIS가 제공하는 원래의 자료는 국제자산(은행 대출과 채권)과 국제 채무(예금, 주식, 채권)에 관한 정보로 구성되어 있었다. 이 자료를 보면 은행을 통한 국가 간 금융 거래에서 발생한 전체 자산과 부채에서 역외금융센터를 통과한 거래의 자산과 부채 비중이 1980년 후반 65%로 최고치를 기록했다가 그 후 감소해 2007년에는 57%를 기록했다. 1995년 이후 BIS가 정리하기 시작한 또 다른 관련 통계치는 2007년 말에 평균적으로 역외은행이 총 국가 간 예금의 47%를 약간 웃도는 정도를 받고 있고, 총 국가 간 대출의 43%를 약간 웃도는 정도를 다른 조세회피처에 있는 은행에서 받고 있음을 보여 준다.

2007년도 전 세계의 국가 간 대출에 대한 추정치가 약 24조 5,000억 달러이므로 여기에 앞의 비율을 적용하면 역외은행이 차지하는 금액은 약 12조 2,000억 달러다. 하지만 BIS는 역외금융센터와 조세회피처를 구분하지 않았다. 그러므로 "전 세계 화폐 잔액의 반"에 해당하는 상상을 초월하는 숫자는 케이맨 제도나 버뮤다뿐만 아니라 런던, 미국의 역외금융시장, 도쿄의 일본역외시장까지도 포함해서 나온 숫자다.

전 세계 화폐 잔액의 반이 조세회피처를 경유한다는 말은 엄밀히 따

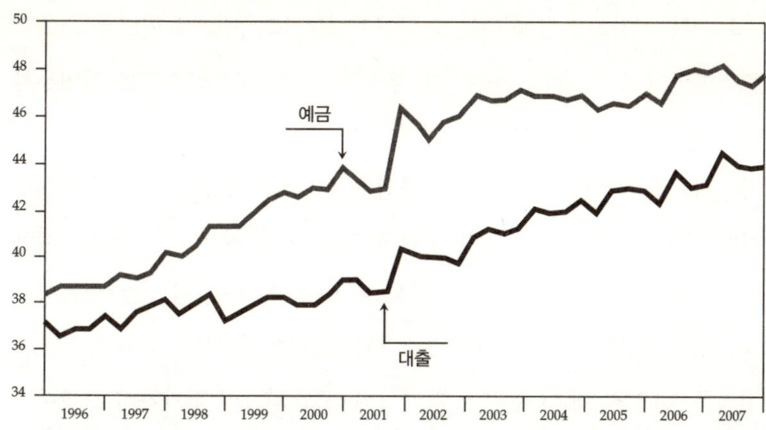

그림 2.2 전 세계 은행 예금과 대출에서 조세회피처와 역외금융센터에 예치된 예금과 그곳으로부터의 대출의 비중
출처: BIS 2008

지면 잘못된 것이지만, 그 정도로 많은 돈이 조세회피처와 역외금융센터를 통과한다는 것은 결코 틀린 말이 아니다. 하지만 이런 숫자조차도 단지 추정에 불과하다. BIS 자료가 완전하지 않고, 그 자료도 주요한 조세회피처에 한정되어 있다. 더군다나 대차대조표에 기록되지 않는 사업(장외시장)에 대해서는 보고된 자료가 없지만 떠도는 이야기나 서브프라임위기를 통해 그 규모가 엄청나다는 것을 짐작할 수 있다.

조세회피처와 외국인직접투자

또 다른 놀라운 통계는 글로벌 투자와 관련되어 있다. 현재 우리가 가진 자료들은 아주 일관성 있게 모든 외국인직접투자[FDI]의 약 30%가 조세회피처를 통해 투자되거나 최소한 조세회피처를 통과한다는 것을 보여 준다. UNCTAD 자료는 1990년대 중반 이후 조세회피처를 통한 외국인직접투자의 흐름이 약간 증가했음을 보여 준다. 왜 조세회피처들이 글로벌 외국인직접투자에서 그렇게 중요한 역할을 하고 있는가?

논의를 시작하면서 우리는 외국인직접투자의 기술적 의미가 오해를 불러일으킬 수 있음을 분명히 할 필요가 있다. 경제학자들은 해외투자를 크게 증권투자와 외국인직접투자 두 종류로 구분한다. 증권투자는 전통적으로 주식이나 채권, 금융자산을 수동적으로 보유하는 것을 의미한다. 반면 외국인직접투자는 외국의 영토 내에 '실제' 존재하는 시설에 관련된 투자다. 이런 시설에는 공장, 사무실, 유통망, 지점 등이 포함된다. 그러나 1970년 중반 이후 OECD는 외국인직접투자에 대해 새로운 정의를 채택했는데, 이는 "어떤 기업에 대해 외국인 투자가가 보통주를 10% 이상 보유하거나 의사 결정권의 10% 이상을 보유하는 것"(OECD 1999, 8)이다. OECD는 10%라는 경계선이 임의적이라는 것을 잘 알고 있다. 그런데도 외국인직접투자라는 용어는 현재 외국기업의 주식 10% 이상을 능동적 혹은 수동적으로 소유하는 것을 의미한다. 그 결과 외국인직접투자의 수치는 더 이상 외국 영토 내에 존재하는 생산, 제조, 서비스 시설에 대한 실질적 투자를 나타내지 않고 단지 소유구조를 나타낼 뿐이다. 이런 중요한 차이는 조세회피처에서 외국인직접투자와 관련된 통계를 설명하는 데 도움이 된다. 그리고 이 수치는 다국적기업이 외국에 대규모로 투자할 때 조세회피처에 있는 자회사를 이용한다는 것을 나타낸다.

이 통계를 보면 다국적기업이 진짜 역외금융센터에 투자하는 것인지 아니면 단지 다른 곳에 투자하기 위해 조세회피처에 있는 자회사를 이용하는 것인지[즉, 딕슨(Dixon, 2001)이 믿는 것처럼 조세회피처가 단지 화물 통과항의 역할만 하는 것인지], 그리고 그렇다면 왜 다국적기업이 그들의 투자를 조세회피처를 통해 우회시키려고 하는지 의문을 품게 된다.

우리는 그들이 주로 세금 때문에 그렇게 한다고 본다. OECD는 외국인직접투자 관련 통계가 비정상적인 것은 논란이 있지만, 오직 세금이 관련되어야만 설명할 수 있다는 점을 주목한다. 1968년 미국이 외국인직접투자에 대해 법적 규제를 도입해 미국에 등록된 기업이 해외 활동에 대한 자금을 국내에서 조성하기 힘들어졌을 때, 미국 통계국은 네덜란드령 안틸레스에 등록된 미국 은행의 계열사 수가 의심스러울 정도로 늘어난 것을 발견할 수 있었다. 이 계열사는 유로시장에서 자본을 조성했는데, 미국과 네덜란드의 조약 때문에 네덜란드령 안틸레스에 있는 계열사를 통한 대출 이자에는 원천징수세가 부과되지 않았다. 더군다나 네덜란드령 안틸레스에 있는 계열사에 부과되는 세금은 대부분 미국의 모회사에 그만큼의 세액 공제를 발생시킨다. 외국인에게 지급되는 이자소득에 대해 30%의 원천징수세를 부과하는 법이 폐지된 1984년까지 미국은 네덜란드령 안틸레스에 대해 외국인직접투자에서 251억 달러의 누적 적자를 기록하고 있었다. 이에 더해 미국의 모회사는 네덜란드령 안틸레스에 있는 그들의 금융 계열사에서 420억 달러를 '차입'했다. 일단 원천징수세법이 폐지되자 상황은 급격히 역전되었다. 1993년 말 미국 회사가 네덜란드령 안틸레스의 계열사에 대해 갖고 있는 순채무가 87억 달러로 감소했고, 누적 적자 폭도 거의 무시할 정도가 되었다 (OECD 1999, 43). 미국 원천징수세법의 폐지는 역외금융센터로서의 네덜란드령 안틸레스의 중요성이 감소하는 데 상당한 역할을 했다(제6장 참조).

이는 네덜란드령 안틸레스만의 동떨어진 이야기가 아니다. 다국적기업이 조세회피처를 통해 대규모 투자를 우회시켰다는 증거는 다수 존재한다(Vleck 2008). 경제분석국(Bureau of Economic Analysis; 법률에 따라 미국 내 다른 기관과 정보를 공유하지 않고 전문가들이 비교적 신뢰하는 부서)의 자료에 근거한 미국 계열사에 대한 자세한 연구가 이 견해를 지지한다. 이 분석은 미국의 다국적기업이 "광범위하게 조세회피처를 사용

표 2.1 미국 다국적기업의 투자금액이 많은 조세회피처
(2006년 외국인직접투자금액, 단위: 10억 달러)

영국	364
캐나다	246
네덜란드	215.7
오스트리아	122.6
버뮤다	108.5
독일	99.2
일본	91.8
스위스	90.1
멕시코	84.7
아일랜드	83.6
룩셈부르크	82.6
카리브 해의 영국령	80.6

출처: 경제분석국(Bereau of Economic Analysis, 2006)
참고: 고딕체로 표시된 지역은 조세회피처로 간주되는 곳임

표 2.2 중국에 대한 최대 외국인직접투자국

지역	2006 (10억 달러)	2007 (10억 달러)
홍콩	21.31	27.70
영국령 버진아일랜드	11.68	16.55
한국	3.99	3.68
일본	4.76	3.58
싱가포르	2.46	3.18
미국	3.00	2.62
케이맨 제도	2.13	2.57
사모아	1.62	2.17
대만	2.23	1.77
모리셔스	1.11	1.33

출처: Mofcom 2007

하고 있음을 보여 준다. 1999년 중대한 해외 활동을 하는 미국 기업 중 59%가 조세회피처에 자회사를 가지고 있다"(Desai et al. 2006, 514).

　미국 의회예산국의 보고서는 역설적인 상황을 보여 준다. 2004년 말까지 외국인은 미국 내에 12조 5,000억 달러의 자산을 가지고 있는데 이 금액은 미국이 외국에 보유한 자산의 가치보다 2조 5,000억 달러가 더 많은 것이다(CBO 2005). 하지만 미국에 거주하는 사람은 계속해서

미국 내에서 더 많은 자산을 가지고 있는 외국인이 벌어들이는 것보다 해외투자에서 더 많은 소득을 얻고 있으며, 이는 미국의 경상수지 적자폭을 줄여 주고 있다. 2007년 말까지 외국인은 미국인이 해외에 가지고 있는 것보다 2조 5,000억 달러나 더 많은 자산을 미국 내에서 보유하고 있다. 그런데도 미국인은 여전히 그들이 외국에 지불해야 하는 것보다 900억 달러를 더 많이 벌어들이고 있다.

미국 의회예산국(2005)은 수익률 차이에 대해 여러 가지 설명을 제공하는데, 거기에는 정치적으로 불안정한 국가에 대한 투자에서 발생하는 리스크 요인이 포함된다(이론적으로 그런 나라에서는 더 높은 수익률이 보장되어야 한다). 미국에서의 투자는 리스크가 낮은 투자로 가정할 수 있다. 흥미롭게도 이 연구에 따르면 외국에 있는 미국의 자회사는 세금 때문에 해외에서 버는 이윤을 과장보고하고 그 결과 수익성이 더 높은 것처럼 보인다. 반면 미국에 있는 외국인 보유 자회사는 똑같이 세금 때문에 이윤을 과소보고한다. 아일랜드에 등록된 미국 자회사는 평균적으로 미국의 전반적인 외국인직접투자에 비해 3배 더 많은 이윤을 창출하며, 버뮤다에 등록된 미국 자회사는 평균적으로 2배 더 많은 이윤을 창출한다. 왜 아일랜드나 버뮤다에 있는 자회사가 다른 곳에 있는 자회사보다 더 많은 이윤을 창출하는 것일까? 미국 의회예산국은 어떤 결정적인 데이터를 제공하지는 못하지만 이전가격 조작이 이런 이윤 차이를 가져오는 주요 이유라고 본다. 반면에 드사이 등(2006)은 이전가격 조작보다 본국의 세금 납부 연기가 조세회피처에 자회사를 설립하도록 유도하는 더 강력한 유인책이라고 설명한다(이것은 미국에서는 사실일지 모르나 세금 납부 연기의 가능성이 많지 않은 다른 국가에서는 사실이 아닐 것이다). 어떤 동기든 아니면 여러 동기들이 합쳐진 것이든(아마 합쳐진 것이 맞겠지만) 엄청난 액수의 외국인직접투자가 조세회피처를 거쳐 가는 데 대해 세금은 가장 그럴듯한 이유가 될 것이다.

미국 의회는 회계감사원에 1996~2000년 사이에 외국인이 보유한 미국 기업에 대한 연구를 의뢰했다. 회계감사원 보고서는 외국인이 통제하는 회사들(여기에는 조세회피처를 통해 미국이 보유한 회사들도 포함된다)이 이윤을 더 낮은 세율이 적용되는 나라로 이전할 것이라는 가정 아래 작업했다(GAO, 2004). 연구에서 이 기간에 대다수 회사(외국인이 통제하는 회사의 71%와 미국이 통제하는 기업의 61%)가 어떤 납세 의무도 보고하지 않았다는 것이 발견되었다. 정말로 적어도 2억 5,000만 달러 이상의 자산을 가진 미국 회사(모든 기업 자산의 93%)의 60% 이상이 미국 국세청에 납세 의무를 보고하지 않았다. 외국인이 통제하는 회사의 경우에는 더 높은 비율의 회사가 미국 내에서 그 어떤 조세도 납부하지 않았음을 쉽게 예상할 수 있다. 조세정의시민단체의 보고서도 유사한 결론에 이르렀다. 2002~2003년 사이 미국의 상위 275개 기업 중 82개 기업이 세전 이윤으로 1,020억 달러를 신고했지만 세금을 한 푼도 내지 않았다. 또한 총 426억 달러의 이윤을 창출한 46개 기업이 2003년 한 해 동안 연방 소득세를 전혀 납부하지 않았다. 오히려 그들은 54억 달러에 달하는 세금 환급을 받았다.

이에 추가해 2004년 말 부시 대통령이 외국인이 벌어들인 이윤 중 미국에 재투자되는 것에 대해서 35% 대신 5.25%라는 낮은 세율을 적용하는 조세 사면을 발표했는데 이는 큰 성공을 거둔 것으로 판명되었다. 2006년 초까지 840개 이상의 회사가 3,100억 달러에 달하는 금액을 미국으로 송금했는데 이는 미국 대외적자의 40%에 달하는 금액이다(Browning, 2008). 조세 사면은 미국 회사가 대규모로 조세회피처로 이전하면서 미국의 외국인직접투자 증가에 기여하고 있다는 믿음을 강화시켰다. 이 연구들은 조세회피처가 미국 기업의 조세 회피를 도와주고

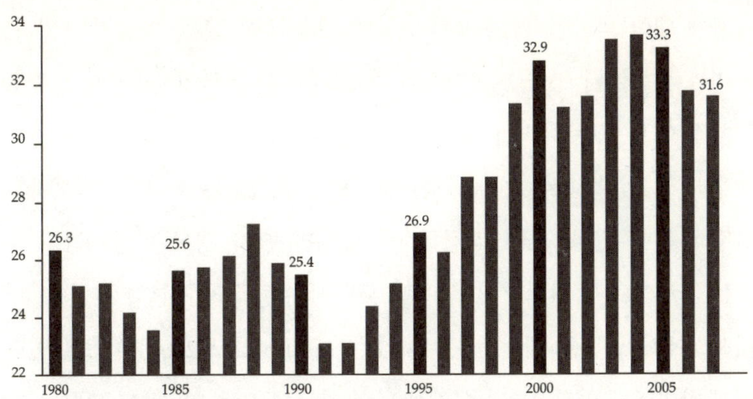

그림 2.3 1980~2000년까지 전 세계 외국인직접투자 중에서 조세회피처의 외국인직접투자가 차지하는 비율
출처: UNCTAD 2008

있다는 것을 보여 주지만 그 액수는 명확하지 않다.

유럽의 외국인직접투자 지도도 미국과 거의 비슷한데 유럽의 다국적 기업에 의한 외국인직접투자 중 약 30%가 역외금융센터를 통하고 있다. 예를 들어 프랑스에 들어오는 전체 외국인직접투자 중 47%를 조세회피처에 세워진 회사가 보유하고 있으며, 이 중 1/3은 네덜란드(1위 보유국)와 영국(2위 보유국) 같은 중급 조세회피처에 있다. 유럽연합의 다른 국가도 프랑스와 크게 다르지 않다.

그러나 이런 통계치가 오직 세금 때문에 나온 것은 아니다. 카리브 해에 있는 영국의 속국 중 몇몇 나라는 미국의 외국인직접투자를 가장 많이 받는 국가에 포함되고, 영국령 버진아일랜드는 여전히 중국에 대해서 두 번째로 많은 외국인직접투자를 한 국가다. 비록 세계경제에서 중국의 부상에 대해 많이 이야기하지만, 2006년 버뮤다는 중국보다 5배나 더 많은 미국의 외국인직접투자를 받았다. 이와 비슷하게 영국(1위 투자국), 네덜란드(3위), 스위스(5위), 아일랜드(6위), 룩셈부르크(10위)에 관련된 자료도 오해를 불러일으킬 수 있다. 영국은 별개로 하더라도 이런 국가에 대한 외국인직접투자가 그곳에 계속 남아 있을 것 같지는 않다. 우리는 홍콩이나 영국령 버진아일랜드로부터의 외국인직접투자가 주로 정치적 이유 또는 유리한 조세 혜택 때문에 이곳을 우회하는 중국 자본임을 알고 있다(Vleck 2008). 즉, 중국으로 유입되는 외국인직접투자의 상당 부분이 전혀 외국인직접투자가 아니라 단지 '왕복 여행'이라고 불리는 과정으로서 역외 지역을 통해 투자되는 중국의 자본일 뿐이다. 모리셔스에서도 같은 패턴을 볼 수 있는데(Srinivasan 2005) 이곳은 인도에 대하여 외국인직접투자를 가장 많이 하는 곳으로 미국보다 50%나 더 많이 투자하고 있다(Rixen 2008). 많은 전문가는 이런 대규모 투자는 전적으로 인도와 모리셔스 간에 체결된 조세 협정에 포함된 조세 특례 때문이라고 본다.

그러므로 조세회피처는 전 세계 외국인직접투자 흐름에서 중개자 혹은 화물 통관항으로 사용되고 있다. 그들은 가장 많은 외국인직접투자를 받는 곳일 뿐 아니라, 가장 많은 외국인직접투자를 제공하는 곳이기도 하다. 중국 상무부가 발표한 2007년도 첫 5개월간의 자료는 이 기간 동안 새로운 중국의 벤처 기업에 대한 투자 총액에서 10개국이 86%를 차지하고 있다는 것을 보여 주었다. 그 국가들을 금액순으로 열거하면 홍콩, 영국령 버진아일랜드, 일본, 한국, 싱가포르, 미국, 케이맨 제도, 사모아, 대만, 모리셔스다.

역외 법인의 수

대부분의 조세회피처는 그들 지역 내에 등록된 법인의 숫자에 대한 정보를 제공한다. 〈표 2.3〉의 내용은 주로 미국 국무부의 국제마약과법집행국이 작성한 돈세탁에 대한 국제마약통제전략보고서를 인용한 것이다(INCSR 2008). 이 보고서는 주로 돈세탁에 관련된다. 모든 조세회피처가 돈세탁에 대한 심각한 위협으로 간주되지는 않으므로 이 보고서의 적용 범위가 포괄적이지는 않다. 우리는 역외 지역에서 활동하는 국제비즈니스회사의 수에 대해서는 2004년판 《스텝》 지를 참고했다.

영국령 버진아일랜드는 세계에서 국제비즈니스회사를 가장 많이 공급하는 지역으로 2007년 현재 그 수가 80만 개에 달한다. 그 뒤를 이어 홍콩이 50만 개, 파나마가 37만 개, 바하마가 11만 5,000개의 국제비즈니스회사를 공급한다. 이 수치는 어느 정도 가감해 받아들여야 한다. 우리는 그 수치가 얼마나 믿을 만한지 알 방법이 없기 때문이다. 예를 들어 우리는 영국령 버진아일랜드가 자신의 지역 내에서 더 이상 활동하지 않는 기업의 수를 정확히 파악하지 못한다는 사실을 알고 있다. 이와 대조적으로 바하마는 관련 자료를 제공하고 있는데, 이 자료에 따르면 현재 이 지역에 등록된 12만 5,000개의 국제비즈니스회사 중에서 단지 4만 2,000개만 활동하고 있다. 우리는 이런 비율이 다른 국가에도 적용될 수 있는지 알지 못한다.

계산상의 오류로 인해 우리의 정보가 부정확할 수는 있지만 국제비즈니스회사의 숫자는 매년 10~15% 정도 증가하는 것처럼 보인다. 예를 들어 2006년 케이맨 제도에 있는 8만 1,783개의 국제비즈니스회사는 2005년 통계보다 27% 증가한 것이다(Ridley 2007). 우리는 현재 전 세계의 국제비즈니스회사 수가 200만 개는 넘을 것이라고 추산한다.

설리번(2007a)은 두 가지 추정치를 통해 현재 활동 중인 역외 헤지펀드의 수에 대한 조사를 수행했다. 헤지펀드리서치는 2006년 말 현재 총 7,241개의 헤지펀드가 있다고 보고했다. 또 다른 유용한 자료원은 리퍼타스데이터(Lipper Tass Data, www.lipperweb.com/products/tass.asp)에 의해 정리된 것이다. 설리번은 카리브 해의 4개의 큰 섬인 케이맨 제도, 버뮤다, 영국령 버진아일랜드, 바하마가 2006년 기준 세계 헤

표 2.3 각 조세회피처에 있는 역외 법인 수

	국제비즈니스회사 (IBC)	은행	신탁	보험 회사	뮤추얼펀드/ 헤지펀드	인터넷 도박 회사
앵귈라	7,400 STEP					
앤티가바부다	3,255	17	3	2		23
아루바	372 NVs 2,763 Aruba 면제회사(exempt companies)	2	4 전속(captive)			11
바하마	115,000 중 42,000이 활동 중	139a				4 카지노 10 게임 도시들
바레인	n/a	54 OBUs				n/a
바베이도스	4,635	55	7 뮤추얼펀드 1 면제(exempt)	164 면제 55 면제 자격		0
벨리즈	32,800	8	30	1	1M	
영국령 버진아일랜드	802,850	9	208	402 전속	2,550m	
브루나이	2,500					
케이맨 제도	62,572	450		740 전속	8,600	
코모로	1,200	300				
쿡 제도	15,000					
코스타리카		6				250
키프로스	54,000	26e				
도미니카	12,787	1		20		3
지브롤터	31,142					

그레나다	1,580[f]		1			
건지	18,800	47		632	851	
홍콩	500,000[g]					
맨 섬	35,821(STEP)	53			177 전속	164
저지	33,936(STEP)	48	953	2	175	1,086
라부안	4,915					
리히텐슈타인	75,000[i]	16				
룩셈부르크	15,000				95 보험 260 재보험	2,238 세계에서 두 번째로 규모가 큰 뮤추얼펀드
모나코		60[k]		164 면제 55 면제 자격		
모리셔스	21,392(STEP)			1		
네덜란드	20,000[l]			402 전속		
네덜란드령 안틸레스	14,191	18	84		15	
니우에 섬	9,678(STEP)			740 전속		
파나마	369,652(STEP)	34				
사모아	25,383	6	182		3	
세이셸 공화국	34,000		160		3	
싱가포르		82[m]				12
세인트키츠네비스	33,165 국제비즈니스회사 9,840 유한회사 1,201 면제회사	1	3,684	20	90	257 면제 재단
세인트루시아	2,851[n]		66		24	
세인트빈센트 그레나딘	8,573	6	154	632	13	55
스위스		331				

	국제비즈니스회사 (IBC)	은행	신탁	보험 회사	뮤추얼펀드/ 헤지펀드	인터넷 도박 회사
터크스케이커스 제도	17,000	4	20	2,500		
바누아투	3,603	5		70		

출처: International Narcotics Control Strategy Report(INCSR) 2008. INCSR 수치가 존재하지 않거나 불완전한 경우, Step Survey 2004와 lawtax.net, 2004가 제시한 수치를 사용했는데 이것은 STEP로 표시되어 있다.

[a] 이 수치는 은행과 신탁을 합한 것이다. 그 수가 2003년 301개에서 129개로 감소하였는데, 그 이유는 중앙은행이 2001년 "관리되고 있는 은행들(managed banks)"은 현지에 물리적 실체가 있어야 된다는 규정을 신설하였기 때문이다.

[b] 벨리즈는 1996년 역외은행법(Offshore Banking Act)을 도입하였다. 그 법에 따르면 벨리즈의 시민이나 법적인 거주자는 역외은행을 이용할 수 없다.

[c] 케이맨 금융보고 당국(Cayman Financial Reporting Authority; FRA)이 활동을 시작하면서 다음과 같은 6명의 스태프가 있었다. 국장(director), 법률고문(legal adviser), 간부 회계사(senior accountant), 간부 분석가(senior ananlyst), 일반 분석가(junior analyst), 사무국 직원(administration officer)

[d] 1999년에 제정된 은행 및 은행 유사기관의 설립에 관한 규제(Regulation of Banks and Comparable Establishment)를 통해 역외은행이 허가된다. 국제비즈니스회사는 2001년에 도입되었다.

[e] 이 수치는 주로 비거주자가 운영하는 은행을 나타낸다. 이들의 총누적 자산은 1,120억 달러다.

[f] 그레나다에 있는 국제비즈니스회사의 수가 2006년 6,000개에서 대폭 감소했다.

[g] 홍콩의 국제비즈니스회사는 대리 사장하에 설립된다. 그리고 많은 국제비즈니스회사가 보통 영국령 버진아일랜드에 등록되어 있는 다른 국제비즈니스회사에 의해 소유된다. 홍콩과 영국령 버진아일랜드는 모두 돈을 빼돌리기 위한 목적으로 사용되고 있다.

[h] 2004년 9월 30일 자료가 가장 최근 자료다.

[i] 이 수치는 기업과 신탁의 수를 보여 준다. 230개의 허가받은 금융회사와 60명의 변호사가 이 모든 법인의 대리인 역할을 하고 있거나 직접 관리하고 있다.

[j] 현지가 주소지인 자산이 총 3조 1,000억 달러다.

[k] 은행 시스템이 약 1,028억 달러를 운용하고 있다. 은행 고객의 약 85%는 비거주자다.

[l] 이 수치는 특수금융기관(Special Financial Institutions; SFI)에 대한 것이다. 반 디크 등(2006)은 네덜란드 현지에 실제로 존재하는 시설을 가지고 있지 않은 약 2만 개의 우편함 회사(mailbox companies)가 있다고 추산했다.

[m] 싱가포르에서 운용 중인 총자산은 2005년부터 2006년 사이에 24% 성장하여 5,810억 달러에 이르렀다.

[n] 이 수치는 2006년 동안 49% 증가한 수치다.

표 2.4 2006년 말 현재 주소지에 따른 헤지펀드 자산 추정액　　　　(단위 : 백만 달러)

주소지	방법 Ⅰ	방법 Ⅱ	방법 Ⅲ
바하마	24,172	24,531	24,531
버뮤다	107,028	64,321	85,675
영국령 버진아일랜드	129,384	171,733	150,559
케이맨 제도	470,450	497,977	525,503
합계	**731,035**	**761,558**	**746,296**

출처: Sullivan 2007b

지펀드의 52.3%를 유치하고 있으며, 그 뒤를 이어 미국이 30.1%를 유치하고 있다는 결론을 내렸다. 이 지역 헤지펀드 자산에 대한 추정액은 〈표 2.4〉에 있다. 사람들은 헤지펀드 산업의 총규모가 2006년 약 1조 5,000억 달러에 달한다고 본다.

:: 조세회피처를 통해 얼마나 많은 탈세가 벌어질까?

얼마나 많은 탈세 혹은 조세 회피가 조세회피처를 통해 벌어질까? 현재 우리가 줄 수 있는 가장 정직하고 정확한 답변은 '모른다'는 것이다. 최근 리히텐슈타인과 UBS가 관련된 스캔들은 많은 사람이 오랫동안 의심해 온 것들을 재확인시켜 주었다.

이 책의 저자인 팰런이 2003년에 역외부문에 대한 연구를 할 때는 조세 회피나 탈세에 대해 대략적인 추정치도 존재하지 않았다. 그 이후 여러 명의 헌신적이고 조세회피처에 대해 비판적인 회계 전문가가 조세 회피나 탈세에 대한 유용한 추정치를 만들어 냈는데, 그것을 여기서 보여 줄 것이다.

조세회피처와 돈 많은 사람들

수준 높은 회계 기법을 통해 한 국가의 조세 회피 금액에 대한 추정치를 계산할 수 있다(Murphy 2008a). 하지만 전부는 아니더라도 상당히 많은 개인의 조세 회피가 조세회피처를 통해 이루어지기 때문에 한 개인의 탈세와 조세 회피에 대한 가장 믿을 수 있는 추정치는 역외 지역에 보유한 자산의 가치를 추정해서 계산할 수 있다.

하지만 그 자료를 얻기는 어렵다. 각국 정부나 국제금융기관 중 전 세계를 포함하는 연구를 수행할 능력을 갖춘 곳은 없을 뿐만 아니라 그럴 의향도 없기 때문이다. 현재 우리가 사용할 수 있는 가장 좋은 추정치는 다음과 같다. 하나는 이 책의 저자 중 하나인 리처드 머피(2006)가 계산한 것이고, 다른 하나는 《택스 노트》지의 편집장인 마틴 설리번이 수행한 일련의 연구인데, 마틴 설리번은 저지, 건지, 맨 섬, 스위스 그리고 헤지펀드 산업에 관한 연구를 수행했다(Sullivan 2007a, 2007b).

머피는 개인이 조세회피처에 보유한 자산의 추정치를 얻기 위해 공개된 세 종류의 자료를 가지고 삼각측량^{triangulated}했다. 첫째 자료는 BIS에서 나온 것이다. 2004년 6월 현재 전체 은행 예금액인 14조 4,000억 달러 중에서 역외은행의 예금 잔액은 2조 7,000억 달러에 달한다. 이는 전체 은행 예금의 20% 정도가 역외에 보유되고 있음을 의미한다. BIS의 이 수치는 단지 현금만 포함하며, 주식이나 채권 같은 금융자산, 부동산과 금, 역외 지역에 정박되어 있는 요트 같은 실물 자산, 개인 회사의 지분의 가치는 제외한 것이다. 이런 자산들은 주로 역외 회사, 재단, 신탁 등을 통해 관리되는데, 특히 신탁의 경우 매년 연차회계보고서를 제출할 필요가 없는 것은 물론이고 등록조차 필요없다. 따라서 이런 자산의 가치를 알 수는 없으며 그 크기를 결정하는 것은 더욱 어려운 일이다.

머피가 사용한 두 번째 자료원은 메릴 린치/캡 제미니^{Merrill Lynch/Cap}

Gemini의 《연차 세계 부(富) 보고서》에 포함된 것이다(2002). 1998년도 보고서는 세계 최상위 부자들(high net-worth individuals; 은행은 이들을 HNWI로 부른다)의 부 중 1/3 정도를 역외 지역에서 보유하고 있다고 추산했다. 2002년도 보고서에 따르면 100만 달러 이상의 유동 금융자산을 가진 최상위 부자들이 보유한 자산의 가치는 2002·2003년에 27조 2,000억 달러 이상인데, 이 중 31%인 8조 5,000억 달러를 역외 지역에서 보유하고 있다. 더 최근의 추정치는 현재 우리에게 없지만 머피는 이 수치가 매년 6,000억 달러씩 증가해 2008년에는 9조 7,000억 달러에 이를 것이라고 주장한다.

한편 약간은 다른 추정치지만 보스턴컨설팅그룹^{Boston Consulting Group; BCG}이 발간한 《2003년 세계 부 보고서》에서도 이런 자료를 찾을 수 있다. 보스턴컨설팅그룹은 세계 최상위 부자들이 가지고 있는 현금성 예금과 증권의 총액이 38조 달러에 달한다고 추산했다. 지리적으로 어디에 있는지는 〈표 2.5〉를 보면 알 수 있다. 이 수치에 부동산, 비금융자산 그리고 개인적으로 소유하고 있는 사업은 포함되지 않는다.

위의 추정치를 뒷받침하는 또 다른 자료는 글로벌 컨설팅 그룹인 매

표 2.5 세계 최상위 부자들의 총 부(wealth)

(단위 : 조 달러)

대륙	총 부	역외에 있다고 추정되는 금액
북미	16.2	1.6
유럽	10.3	2.6
중동과 아시아	10.2	4.1
남미	1.3	0.7
합계	38	9.0

출처 : Murphy 2006

킨지앤드컴퍼니McKinsey & Company의 리서치 부서에서 발표한 보고서에서 볼 수 있는데, 이 보고서는 전 세계의 금융 자본이 2003년 현재 118조 달러에 달한다는 것을 보여 준다. 매킨지의 자료는 은행 간 대차대조표에 나와 있는 부채를 포함하는데, BIS 자료에는 포함되지 않았던 것이다. 따라서 개인, 비은행 금융기관, 신탁이 보유한 총 금액을 보여 주는 BIS 자료를 사용하면 조세회피처에 보유하고 있는 개인의 자산이 얼마나 되는지 더 정확하게 계산할 수 있다.

매킨지에 따르면 전체 금융자산의 크기는 현금의 3.3배에서 3.85배 정도다. BIS에서 추정한 역외부문의 예금 잔액인 2조 7,000억 달러에 대해 평균 3.5를 적용한다면 역외에서 보유하고 있는 전체 금융자산은 9조 4,500억 달러가 된다. 이것은 우리에게 9조 달러에서 10조 달러 범위에 포함되는 세 번째 추정치를 제공한다.

그러나 이 추정치는 부동산이나 역외에 있는 개인기업에 대한 소유권 같은 유형자산과 로열티나 면허비를 받을 수 있는 권리와 같은 무형자산은 포함하지 않은 것이다. 어느 누구도 이런 자산의 정확한 가치를 알 수는 없지만 보수적으로 추정한다면 역외부문 보유자산액에 최대 2조 달러 정도가 더해질 것으로 추정할 수 있다(물론 이 경우 부동산 가치는 매우 보수적으로 추정된 것이다). 이를 기초로 머피는 역외부문에서 보유하고 있는 전체 자산 가치가 11~12조 달러일 것이라고 결론 내렸다.

BIS의 추정치는 개인저축과 기업저축 간 차이를 구분하지 않으므로 기업저축의 상당 부분을 포함할 수 있다. 하지만 만약 11조 5,000억 달러 정도의 자산이 투자가에게 연평균 7.5%의 수익률을 제공한다면 전체 수익은 연간 8,600억 달러에 달할 것이다. 평균 30%의 세율을 가정할 경우 8,600억 달러에서 발생하는 세금 손실은 얼마나 될까? 돈 많은 사람들(몇몇 기업도 포함하여)이 자산을 역외에 보유하고 있기 때문에 발생하는 조세 손실은 약 2,550억 달러에 달한다.

머피가 도출한 수치는 놀랍게도 레빈 의회위원회의 계산과 비슷한데, 이 위원회는 "2001년 추계치에 따르면 5조 달러의 미국 금융자산이 조세회피처에 투자되고 있다"고 발표했다(Levin 2003). 이 위원회는 평균 5%의 수익률과 25%라는 평균세율을 가정해 매년 625억 달러의 조세 손실이 발생한다고 계산했다. 세계경제에서 미국 경제가 차지하는 비중이 20%라는 점을 고려하면 단순한 계산을 통해 전 세계에서 3,100억 달러의 조세 손실이 발생한다는 것을 알 수 있는데, 이 금액은 머피의 계산 오차범위 안에 포함된다.

설리번(2007b)은 조세회피처에 있는 개인 계좌에 대한 연구를 수행했다. 안타깝게도 그의 연구가 아직 끝나지 않았기 때문에 조세회피처에 대한 가장 중요한 추정치의 단편적인 면만 제공한다.

설리번의 추정치가 그가 조사한 지역에서 일하는 사람에게 비판을 받았다는 것은 놀라운 일이 아니지만, 이 추정치는 그 지역이 자체적으로 발표한 자료를 기초로 했다는 큰 장점을 가지고 있다. 우리는 설리번의 연구가 조세회피처에 대한 이해에 상당한 공헌을 했으리라 믿으며 그의 연구가 다른 지역에도 확장되기를 희망한다.

표 2.6 본국에서의 세금을 피하기 위해 비거주 형태로 보유되는 자산의 추정치

(단위 : 10억 달러)

	2006년 말	2007년 상반기 말 추정치
저지	491.6	500
건지	293.1	300
맨 섬	150.5	200 (2007년 말)
스위스	607.4	
헤지펀드:		
케이맨 제도, 영국령 버진아일랜드, 바하마, 버뮤다	262.8	

출처 : Sullivan 2007b

　머피와 설리번이 주장하는 추정치가 상당히 보수적이라는 것을 보여주는 또 다른 증거가 있다. 아일랜드는 신고하지 않은 소득을 해외에 은닉한 1만 5,000명의 국민에게서 거의 8억 4,000만 유로에 달하는 세금을 징수했다(Benoit and Houlder 2008). 이탈리아에서는 당시 사면으로 인해 역외에 보유한 750억 유로의 자산이 공개되었다. 2007년 영국은 은행이 역외계정에 대한 상세한 내용을 제출하도록 법적으로 규정한 이후에 역외 공시기관에게서 5억 파운드를 징수했다.

다국적기업과 조세회피처

　조세회피처에 대한 연구에서 크고 중요한 부분이 누락되어 있다. 기업의 탈세나 조세 회피액에 대해서는 어떠한 추정치도 없다. 이 장에서 이미 언급된 추정치들과 하인스와 그의 동료들(Desai et al. 2004a, 2006; Hines and Rice 1994; Slemrod 1994; Stewart 2005) 같은 뛰어난 경제학자들의 실증적 연구는 대부분의 회사가 계열사나 자회사를 설립할 때 가장 중요한 고려 요인은 세금이며, 조세회피처가 조세 회피와 탈세를 목적으로 설립된 많은 계열사나 자회사를 보유하고 있다는 것을 결론적으로 보여 준다. 하지만 OECD 또는 미국이나 영국의 국세청, 그리고 조세정의네트워크 같은 단체조차 기업의 조세 회피나 탈세 등에 대한 추정치를 제공하지 못하고 있다. 이는 관심이 부족해서가 아니다. 기업이 조세회피처에서 벌인 활동을 감출 수 있는 연결재무제표를 발표하는 한 그들이 조세회피처에서 수행하는 거래 또는 거기에서 획득하는 이윤에 대한 믿을 만한 추정치를 만드는 일은 거의 불가능하기 때문이다. 이런 이유 때문에 조세정의네트워크와 같은 단체는 조세회피처에서 일어나고 있는 활동을 보여 줄 수 있는 국가별 보고를 요구하고 있다.

법인세에 대한 논쟁

법인세에 대한 논쟁은 상당히 부담스럽고 귀찮은 일이다. 지난 30년
간 법인세가 계속 감소해 왔는지에 대해서 여러 의견이 있고 만약 감소
했다면 어느 정도까지가 조세회피처로 인해 감소한 것인지에 대해서도
여러 의견이 있다. 문제를 더 혼란스럽게 만드는 것은 1980년대 초부터
수집, 가공된 국가 간 비교 통계가 정말 도움이 되는지에 대한 또 다른
논쟁이 있다는 것이다.

경제학자들은 과거 30년 동안 OECD 국가에서 비가중 평균법정세
율이 꾸준히 감소했다는 데는 동의하고 있다(Baldwin and Krugman
2004; Devereux et al. 2002; Garretsen and Peeters 2006). 데브러와 그
의 동료들(2002)은 1982 ~2001년 사이 평균 법정세율이 48%에서 35%
로 감소했다는 것을 계산했다. 다른 사람들은 법정세율이 과세표준 확
장과 함께 감소했으므로 전반적인 법인세율의 하락으로 해석되어서는
안 된다는 점을 지적한다. 볼드윈과 크루그먼(2004)은 유럽연합 국가의
GDP에서 법인세 수입이 차지하는 비중이 1956년에서 2000년 사이 8%
에서 9%로 거의 변하지 않았지만 상대적으로 가난한 유럽연합 국가의
경우 법인세가 꾸준히 증가해 그 비율이 4~5%에서 2000년 8~9%가 되
었다는 것을 발견했다(2004, 7).

조세 분야 경제학자들은 실효평균세율이라고 알려진 다른 종류의 척
도에 더 의존하고 있다. 실효평균세율은 기업 관점에서 실제 조세 환경을
모의실험을 통해 계산한 복잡한 모형이다. 연구자마다 약간씩 다른 형태
를 채택했지만 그들의 공감대는 실효평균세율이 OECD 국가에서 1981
년 40% 정도의 수준에서 2001년 28% 수준으로 감소했다는 것이다.

어떤 증거들은 법인세 수입이 장기적으로 감소했다는 것을 보여 준
다. 미국 의회예산국은 2002년에서 2003년 사이에 미국 연방정부가 징

세한 법인세 세액이 2,070억 달러에서 1,320억 달러로 감소했다고 보고했다. 이 수치는 2004년도 1,838억 달러로 상승했지만 이것은 전체 연방정부 수입에서 9.6%를 차지하는 것으로 1970년 17%와 비교했을 때 절반 수준으로 하락한 수치다. 미국의 법인세율은 경제 규모에 비교했을 때(GDP에 대한 비율)에도 감소하고 있다. 미국 의회예산국의 과거 예산 자료에 따르면 법인세는 1967년 GDP의 4.2%에서 2003년 1.1%로 감소했는데, 2004년에는 1.6%로 약간 상승했다. 법인세의 변동은 경제 변동과 그에 따른 기업의 수익성 변동과 강력하게 연관되는 경향이 있다. 2007년 영국 회계감사원은 영국 대기업의 30%가 그전 해에 세금을 한 푼도 내지 않았다는 것을 보고했다.

조세 격차

법인세 징수액의 상대적인 감소는 다양한 이유로 유발되었을 수 있기 때문에 그 자체로는 조세 회피나 탈세에 대해 알 수 없다. 더군다나 조세 목적으로 신고되는 이윤은 주식시장에서 공시되는 이윤과는 아주 다른 경향이 있다. 실제 납부되는 세금은 종종 기업회계상에서 신고되는 것보다는 낮다. 조세 당국은 신고된 이윤에 따른 납부 세액과 실제 납부 세액 간의 차이를 보여 주는 조세 격차라는 방법을 만들어 냈다. 조세정의네트워크 같은 단체들은 누구나 입수할 수 있는 정보를 기초로 조금은 다른 방법을 고안해 냈는데 이를 기대 격차라고 한다.

기대 격차는 어떤 기업이 활동하는 나라의 정부가 규정한 세율과 그 기업이 실제로 납부한 세율 간의 차이다. 즉, 현재 세율과 신고되는 이윤을 고려했을 때 납부할 것으로 기대되는 세금액을 알 수 있다. 그 차이의 일부분은 조세 회피나 탈세의 결과일 것이다.

미국 국세청의 2005년 봄 보도자료에서는 세금 격차를 "납세자가 납부해야 할 금액과 그들이 실제로 납부하는 금액 간의 차이"로 정의했다. 영국 국세청은 조금 더 복잡하게 정의하고 있는데, 그에 따르면 "조세 격차는 조세 당국이 최종적으로 징수하는 데 실패한 금액, 혹은 다른 말로 교정되지 않은 비준수에 따른 금액을 나타낸다"(HMRC 2008). 조세 격차를 사용하는 것에 대해 논란이 있으나(Murphy 2006) 아직은 우리가 가지고 있는 가장 최선의 측정 수단이다. 머피는 영국의 50개 대기업이 납부한 세금을 연구했는데 그의 연구를 보면 영국이 미국과 흡사한 경향을 따르고 있음을 알 수 있다(Murphy, 2008a). 머피는 이런 회사들이 2000년에서 2006년 사이 실제 보고한 이윤에 따른 세금액보다 평균 5% 정도 세금을 덜 납부했다는 것을 보여 준다. 더군다나 이 기간 동안 이 기업에 적용되는 세율은 일정하게 유지되었지만, 실제로 납부한 세금의 평균 세율은 0.5% 이상 감소했다. 그 결과 2006년 영국 회사에 적용된 사실상의 법인세율은 22.5%였는데 그 당시 의회가 동의한 실제 세율은 30%였다. 이 차이는 주로 조세축소활동 기법을 이용해 납부를 연기하는 능력에서 기인하는데, 이런 기법 중 몇 가지는 의심할 여지없이 세율이 낮은 지역에서의 자금 송금을 연기할 수 있는 역외 지역의 처리 방식과 관련되어 있다. 사실상 2006년 말 영국의 50개 대기업의 대차대조표상에 나타난 납부 연기된 세금액은 그전 해에 기업이 납부한 전체 법인세를 상회한다. 기업은 재무제표상에서 일어나는 여러 차이를 조정하도록 요구하지만 그런 조정 과정은 공개되지 않는다.

　머피(2008)는 영국에서 연간 조세 회피액이 약 250억 파운드에 달한다고 계산했다. 더불어 그는 영국 국세청 자료를 이용한 발표되지 않은 연구에서 탈세가 영국 재무국에 연간 최소 720억 파운드의 손해를 끼친다고 주장했다. 그는 결론적으로 매년 전체 영국에서 발생하는 조세 회피와 탈세가 970억 파운드에 달하며 이는 기대되는 조세 수입액의

16.6%이고 GDP의 2%에 해당하는 금액이라고 주장했다. 관련 연구에서 머피는 조세회피처를 통해 발생하는 탈세 또는 그와 관련된 활동으로 인해 영국은 1년에 약 185억 파운드에 달하는 조세 손실을 입는다고 계산했다(2008b).

미국 국세청은 미국의 조세 격차가 1년에 약 3,300억 달러이고 이것은 전체 연방정부 수입의 16% 혹은 GDP의 2% 정도라고 본다. 전체 조세 손실액의 비중에서 영국과 미국은 놀라울 정도로 비슷한 수준을 보여 준다. 프랑스의 공식 자료는 프랑스 정부가 매년 400~500억 유로의 손실을 보고 있음을 알려 주는데, 이 금액은 GDP의 3% 정도다. 유럽연합은 유럽연합 전체에 대한 조세 격차가 GDP의 2~2.5% 정도라고 추정한다. 이 추정치는 주 정부보다 하위 단계에 있는 지방정부가 부과하는 조세는 제외하고 있는데, 이런 지방정부의 조세가 영국을 제외하고는 실질적으로 더 중요하므로 영국과 그 외 국가 간에는 GDP에 대한 비율이 다를 수밖에 없다. 조세 격차는 국내의 탈세 및 조세 회피와 역외의 탈세 및 조세 회피 간의 관계에 대해서는 아무런 단서도 제공하지 않는다.

법인세와 조세회피처

법인세의 손실 중 얼마나 많은 부분이 조세회피처에서 기인하는가? 드사이 등은 다음과 같이 주장했다. "미국의 사용 가능한 자료에 따르면 최근 이윤을 조세회피처로 재배치하는 것이 크게 증가했다. 1990년 저세율 국가는 미국의 다국적기업이 해외 제조업에서 획득한 이윤의 20.7%를 차지하고 있었고, 2000년도에는 이 비율이 46.8%로 상승했다"(2005, 188). 2002년 캐나다, 프랑스, 독일, 이탈리아, 영국 같은 고세율 국가가 미국의 해외 판매, 설비, 장비의 44%를 차지하고 해외 직원에 대한 보수의 56%를 차지하는 반면에, 그들이 미국 기업의 해외 이윤에서 차지하는 비중은 단지 21.2% 정도다(Sullivan, 2004a). 기업이 조세회피처의 이용을 증가시킴에 따라 최근 미국 정부가 걷는 법인세액이 급격히 감소했는데, 특히 세전 소득을 역외로 이전할 능력이 있는 다국적 기업이 이 변화에 큰 영향을 미쳤다. 미국 기업은 2003년도 그들의 과세 대상 이윤 중 750억 달러를 조세회피처로 이전했고, 그 결과 설리번에 따르면 100~200억 달러 정도의 조세 예상 수입이 감소되었다. 동일한 시기에 18개의 조세회피처가 있는 미국 기업의 자회사가 획득한 이윤은 1999년 880억 달러에서 2002년 1,490억 달러로 급격히 상승했다(Sullivan, 2004a). 저세율 국가의 세전 수익률이 고세율 국가보다 훨씬 높다는 것은 기업이 실제 그들의 경제 활동은 그대로 둔 채 이윤만 조세회피처로 옮기고 있음을 보여 준다(Sullivan, 2004a). 그리고 여기서 주목해야 할 점은 설리번이 제시한 이런 수치에는 기업의 역외 보유액이 포함되지 않는다는 것이다.

또 다른 흥미로운 연구(Becht et al., 2006)는 최근 유럽 내에서 법인 창업의 자유를 허용하는 유럽연합 법원의 판결이 가져온 영향을 평가하고 있다. 1999년 센트로스Centros 판결은 유럽연합에 속한 국가는 다른 유럽연합 국가의 법에 따라 만들어진 자회사의 등록을 거부하지 못하도록 하고 있다. 그 자회사가 설사 법이 적용된 그 국가에서 전혀 기업 활동을 하지 않더라도 이 판결은 적용된다(Looisjestijn-Clearie 2000 참조). 베흐트 등의 분석은 1997년에서 2005년 사이 영국에서 창업한 214만 개의 개인과 공공 유한회사의 자료를 사용하고 있다. 이 분석은 다음과 같은 사실을 보여 준다. "센트로스 판결은 기업들이 국가 간에 대규모로 이동하게끔 하였다. 2002년에서 2005년 사이 5만 5,000개 이상의 새로운 개인유한회사가 다른 유럽연합 국가들에 의해 영국에 창업되었다.

표 2.7 2004년 미국 계열사들에 대한 실효 과세

순위	국가	세전이익 (단위 : 백만 달러)	실효세율(%)
1	아일랜드	26,853	8
2	버뮤다	25,212	2
3	네덜란드	20,802	9
4	영국	19,717	31
5	캐나다	19,626	26
6	룩셈부르크	18,405	1
7	스위스	14,105	4
8	일본	11,526	39
9	멕시코	7,699	37
10	싱가포르	7,533	11
11	독일	5,371	27
12	케이맨 제도	2,809	5

출처: Sullivan 2004 1190

절대치로 보았을 때 독일, 프랑스, 네덜란드, 키프로스에서 가장 많은 회사가 유입되었는데, 독일에서만 2만 6,000개 이상의 기업이 유입되었다. 새롭게 창업한 해외 유한회사 대부분은 매우 규모가 작아서 한두 명의 관리자만 가지고 있었다"(Becht et al. 2006, 7).

우리는 법인세 수입 하락의 상당 부분이 조세회피처를 사용하는 데 따른 결과라고 본다. 하지만 이런 조세 수입의 감소에 대해 믿을 만한 추정치는 없다.

:: 이전가격 조작

조세회피처를 통한 조세 회피, 탈세, 자본유출에서 중요한 수단은 이전가격 조작이라는 것이 모든 증거에서 나타나고 있다. 이전가격이란 한 기업 그룹 내에서 국가 간에 거래되는 상품이나 서비스에 대해 그 기업이 책정하는 가격이다. 레이먼드 베이커(2005)는 모든 자본도피의

70% 정도가 이전가격 조작을 통해서 이루어진다고 본다. 2007년 언스트앤드영이 24개국 850개 다국적기업에 대해 시행한 조사에서 응답자의 77%가 2008년에서 2009년 동안 세금을 줄이기 위한 전략의 핵심이 이전가격 조작이라고 답했다. 이 결과는 산업 간에 차이가 있다. 예를 들어 제약산업에서 세금 담당자의 76%가 이전가격 조작이 대단히 중요하다고 생각하는 반면, 보험업에서는 단지 8%의 담당자만 그렇게 생각한다. 2005년 후반에 시행된 조사에서 다국적기업의 68%(2000년에는 43%)가 제품 디자인 단계에 이전가격 조작을 고려한다고 말했다. 특히 미국 기업이 이전가격 조작에 적극적이다. 이전가격 조작에 참여하는 기업의 비율은 2000년 40%에서 2005년 80%로 2배 상승했다. 2007년의 조사는 잘못된 조세 관행에 제동을 걸기 위해 정부도 적극적으로 나서고 있음을 보여 준다. 2003년 이후 52%의 기업이 이전가격 조작의 남용에 대해 조사를 받아 왔다고 보고했으며, 그중 27%가 조세 납부액 조정을 받았다.

앞에서 언급한 것처럼 전체 국제 거래의 60%가 기업 내부 거래로 여겨지며 그 결과 이전가격 조작을 남용할 가능성은 상당히 크다. 이전가격 조작은 이른바 '공정 원칙'에 따라서 사용되는 한 정당한 관행인데, 공정 원칙이란 기업이 자신들과 관계없는 다른 기업이 공개시장에서 책정하는 가격과 동일한 가격을 책정하는 것을 의미한다(OWCD 2001).

실제로 매우 복잡한 국제 생산 네트워크 안에서 이 원칙에 기초해 가격을 책정하는 것은 때로 쉽지 않다. 왜냐하면 이 네트워크에서 각 기업은 트레이드마크나 특허권, 브랜드, 로고, 그 회사만이 가지고 있는 무형자산을 사용하기 때문이다. 따라서 이전가격 조작은 악용될 가능성이 크다. 이전가격 조작의 남용은 다국적기업의 계열사 간 거래에서의 가격 조작을 포함한다. 이런 관행은 광범위하게 퍼져 있어서 한 기업의 두 계열사 간에 조세회피처와 관계없이 적용될 수 있다.

　이전가격 조작의 기술은 거래 시에 의도적으로 틀리게 청구하는 것이다. 이는 다음과 같은 방식으로 이루어진다.

(a) 현금이 유출될 국가에서 조세회피처로 가는 수출품의 가치를 원래 가격보다 낮추어서 청구한다. 그 상품은 조세회피처에서 원래 가격으로 팔리게 되는데 그에 따른 초과이윤이 유출된 자본의 가치가 된다.

(b) 현금이 유출될 국가에서 들어오는 수입품의 가치를 원래 가격보다 높여서 청구한다. 초과분이 유출되며 이것은 종종 수입업자의 역외 은행계좌에 예치된다.

(c) 원래 가격보다 낮추거나 높이는 데 도움이 되도록 수입품의 품질이나 등급을 틀리게 보고한다.

(d) 원래 가격보다 낮추거나 높이는 데 도움이 되도록 양을 틀리게 보고한다.

(e) 지급이 이루어지는 가짜 거래를 만들어 낸다. 잘 알려진 방법 중 하나는 전혀 존재하지 않는 재화가 수입된 것으로 하고 돈을 지불하는 것이다.

　사이먼 팩과 존 다노위츠(2002)는 미국 다국적기업의 모기업과 자회사 간에 사용된 이전가격 조작 방법을 연구했다. 그들은 체코 공화국에서 수입하는 플라스틱 물병을 모기업이 1개당 972.98달러라는 천문학적인 가격을 책정한 사례와 중국에서 수입하는 장갑에 1kg당 4,121.81달러를 책정한 사례, 그리고 프랑스에서 수입하는 자물쇠에 1kg당 3,067.17달러를 책정한 사례와 같은 악명 높은 변칙적 수단을 찾아낼 수 있었다. 그동안 미국의 미사일은 이스라엘에 1개당 52.03달러라는 저렴한 가격에 수출되었고 다이아몬드는 인도에 1캐럿당 13.45달러에, 35mm 카메라는 콜롬비아에 1개당 7.44달러에, 카시트^{car seat}는 벨기에에 1개당 1.66달러에 팔렸다. 이는 이전가격 조작이 남용되고 있음을 잘 보여 주는 예다. 이와 같은 사례를 종합해 두 연구자는 이런 관행 때문에 미국의 조세 수입 손실이 1998년 357억 달러에서 2001년 531억 달러로 증가했다고 주장했다.

이전가격 조작은 수익성 있는 사업을 저세율 국가로 이전하는 데 사용될 뿐만 아니라 보조금을 지급하는 국가에서 비용을 부풀리는 데도 사용된다. 이런 관행은 특히 천연자원 채굴산업에서 선호한다. 논리적으로 광산에서 사용되는 발굴 장비는 그것이 사용되는 국가에서 소유한다. 그러나 세금을 줄이는 데는 그 어떤 것도 단순하지 않다. 많은 국가에서는 자본재에 투자하는 기업에 특별 인센티브를 제공하는데, 이는 장비를 소유한 회사의 재무보고서에 기재된 장비 사용에 따른 회계적 비용보다 훨씬 더 관대한 조세 경감과 공제 혜택을 주는 것이다. 이런 세금 경감 혜택은 자산의 임대 방식과 합쳐질 때 남용될 수 있다.

예를 들어 어떤 국가에서는 임차된 자산의 법적 소유자인 임대인에게 자산의 비용에 대한 세금 공제 혜택을 제공한다. 또 다른 국가에서는 자산을 임차하는 임차인에게 세금 공제 혜택을 제공한다. 이런 종류의 규정은 많고 나라마다 다르다. 기업은 이득을 취하기 위해 어떤 규정을 이용할지 결정할 수 있다. 그들은 이른바 '조세 차액 거래'라는 과정을 통해 결정을 하는데, 조세 차액 거래란 한 국가의 규정과 다른 국가의 규정을 비교해 교환함으로써 기업이 최대한의 세금상 이득을 얻을 수 있는 거래장소를 고르는 것을 의미한다. 또한 세금의 차액 거래는 이중 혜택을 받는 데도 사용할 수 있는데, 이중 혜택은 두 종류의 조세 경감이 하나의 비용에서 발생하는 것을 의미한다.

Box 2.2 조세회피처와 범죄 행위

미국 마피아의 회계원으로 알려져 있고 영화 〈대부 2〉에서 배우 리 스트라스버그가 연기한 극중 하이먼 로스라는 인물의 모델인 메이어 랜스키(Meyer Lansky)는 1930년대부터 범죄 집단과 스위스, 바하마 사이에 연결고리를 구축한 전설적인 인물이다. 랜스키와 동료들이 조세회피처를 어떻게 이용했는지, 즉 단지 돈세탁 목적으로 이용했는지(Maillard, 1998) 아니면 좀 더 일반적인 금융범죄 행위를 위해 이용했는지(Blum 1984; Dupuis-Danon 2004; Naim 2005; Naylor 2002)에 대해서는 약간의 논쟁이 있다. 하지만 조직범죄가 몇몇 조세회피처에서 분명히 존재했다는 사실에는 모두가 동의한다.

메인고트는 "잘 조직된 마약 밀거래 활동의 약 75%가 비밀스러운 역외의 조세회피처를 이용한다"고 주장한다(2005, 181). 또한 유로시장의 자금보다는 마약 거래에서 생겨난 자금이 1970년대와 1980년대 카리브 해에 있는 조세회피처의 획기적인 성장에 가장 중요한 요인이라고 본다(Naylor 2002 참조). 그는 "역외은행사업을 연구해 온 모든 사람에게 미국의 마약 거래에서 유입된 현금이 획기적으로 증가함에 따라 조세회피처가 발전했다는 것은 너무나 명백하다"고 했다(Maingot 2005, 181). 1978년부터 1983년 사이 카리브 해 지역에서 미국 국세청의 조사를 통해 범죄 행위로 확인된 사건 중에서 45%가 정당한 소득에서 발생한 위법적 거래(예를 들어 탈세)와 관련되어 있었다. 나머지 55%는 불법적인 소득과 관련되어 있었는데, 그중 161건이 마약 거래와 관련된 것이었다. 이 사건 중에서 29%는 케이맨 제도, 28%는 파나마, 22%는 바하마, 11%는 네덜란드령 안틸레스와 연관되어 있다. 이 4개의 역외 지역이 불법적 소득의 거래와 관련된 사건의 85%를 차지한다.

조직범죄는 조세회피처에서 사용되는 은폐 기술을 이용하며, 또 개인이나 기업이 사용하는 조세회피처의 전문 서비스를 이용한다. 2005년 말 영국 금융 서비스 당국의 책임자인 캘럼 매카시는 런던의 잘 알려진 금융기관에 조직범죄 집단이 침투해 있다는 정보를 가지고 있다고 공개적으로

:: 돈세탁과 자본도피

자본도피가 종종 돈세탁과 관련되지만 돈세탁과 자본도피는 결코 같은 것이 아니다. 자본도피란 원래 거주하고 있어 세금을 내야 하는 국가에서 의도적이고 불법적으로 돈을 빼돌리는 것이다.★ 우리는 제8장에서 자본도피에 대해 논의할 것이다. 국가 간 불법적인 화폐 흐름에 대해 현재 우리가 가진 가장 좋은 추정치는 매년 1조 달러에서 1조 6,000억 달러 사이이다(Baker 2005).

미국의 대외원조법Foreign Assistance Act에 따르면 돈세탁 국가는 "그 국가의 금융기관이 국제 마약 거래에서 발생하는 상당한 수익과 관련된 화폐 거래에 참여하는 국가"로 규정되어 있다(INCSR 2008, 3). IMF는 전 세계의 돈세탁 규모가 전 세계 GDP의 3~5%라고 추정하는데, 이것을 금액으로 환산하면 매년 2조 1,700억~3조 2,100억 달러에 이른다(INCSR 2008, 5). 이 금액은 미국 연방예산보다 큰 규모다. 전 세계 GDP의 3~5%라는 수치를 많은 사람이 인용하는데, IMF의 전 사무총장인 미셸 캉드쉬도 그중 1명이다. 하지만 그는 자신의 주장을 뒷받침할 만한 어떤 특별한 연구 결과도 언급하지 않았다. 톰 네일러(2002)는 이런 추정치에 관련된 어려움을 강조했는데, 이는 전체 돈세탁 케이스와 발각된 돈세탁 케이스 간의 일정 비율을 가정해서 나온 수치이기 때문

★ 자본도피의 개념은 무척 복잡하다. 예를 들어 자본도피와 단순한 자본유출(capital outflow)의 차이를 구분하기란 매우 어려운 일이다(Beja 2005).

이다. 돈세탁에 관한 신뢰할 만한 추정치를 얻기 위해서는 범죄산업의 전체 매출액, 그 산업의 평균수익률, 저축률, 총 저축액 등을 알아야 하는데, 이를 알아내기란 불가능하다. 진실은 조세회피처를 통해 얼마나 많은 돈이 세탁되고 있는지 아무도 모른다는 것이다.

모든 돈세탁이 조세회피처를 통해 이루어지는 것은 아니다. 국제마약 통제전략 보고서에서 '주요 돈세탁 국가'로 규정한 국가 중 조세회피처에 포함되는 국가는 그렇게 많지 않다(표 2.8 참조). 돈세탁과 관련된 주

표 2.8 돈세탁 요주의 지역

지역	조세회피처 여부	지역	조세회피처 여부
아프가니스탄	×	이탈리아	×
안티과	○	일본	×
호주	×	저지	○
오스트리아	×	케냐	×
바하마	○	라트비아	○
벨리즈	○	레바논	○
브라질	×	리히텐슈타인	○
미얀마	×	룩셈부르크	○
캄보디아	×	마카오	×
캐나다	×	멕시코	×
케이맨 제도	○	네덜란드	○
중국	×	나이지리아	×
콜롬비아	×	파키스탄	×
코스타리카	○	파나마	○
키프로스	○	파라과이	×
도미니카 공화국	○	필리핀	×
프랑스	×	러시아	×
독일	×	싱가포르	○
그리스	×	스페인	×
과테말라	×	스위스	○
건지	○	대만	×
하이티	×	태국	×
홍콩	○	터키	×
인도	×	우크라이나	×
인도네시아	×	아랍에미리트	×
이란	×	미국	×
맨 섬	○	우루과이	○
이스라엘	×	베네수엘라	×

출처: INCSR 2008

요 국제기구는 국제자금세탁방지기구인데 이에 대해서는 제9장에서 다시 살펴볼 것이다. 국제자금세탁방지기구가 작성한 15개의 비협조적인 국가 또는 지역에 관한 최초의 리스트(조세회피처와 돈세탁이 연결되어 있다는 일반적인 인식을 확인시켜 주는 리스트)에서 조세회피처가 아니라고 간주되는 곳은 단지 2개뿐이다.

2001년 2월 미국 상원의원 칼 레빈은 미국 은행이 돈세탁 비밀거래에 참여하고 있다는 깜짝 놀랄 만한 보고서를 의회에 제출했다. 대부분의 주요 금융기관이 그 보고서에 열거되어 있는데, 거기에는 시티그룹Citigroup, 뉴욕은행Bank of New York, 뱅크오브아메리카, JP 모건 체이스JP Morgan Chase 등이 포함되어 있다.

리스트에 포함된 주요 은행은 전 세계의 다른 은행과 거래하고 있으므로 레빈은 실제로 전체 국제 금융산업이 돈세탁에 깊숙이 관여하고 있다는 것을 제시했다. 이 보고서는 역외은행이 제공하는 여러 서비스 중에서 자금이나 증권을 국가 간에 이전시켜 주는 전자 네트워크에 대한 접근을 돈세탁에 대한 가장 중요한 수단으로 지목했다. 돈세탁을 하려는 사람은 종종 조세회피처에 대형은행의 고객 역할을 하는 자신의 자회사를 설립하여 자신을 보호하는데, 그 대형은행은 주요 금융센터에 있는 다른 은행과 연결되어 있다. 레빈의 보고서를 보면 주요 미국 은행들이 이런 관행을 알고는 있지만 수익성 있는 사업을 잃지 않기 위해 별다른 조치를 취하지 않고 있음을 알 수 있다.

유럽연합 의회는 이런 관행에 대해 직접 조사를 시작했다. 유럽연합의 보고서가 레빈 보고서보다 더 강력한 결론을 보여 줄 것 같지는 않지만 유럽에서도 비슷한 관행이 존재한다는 결론에 이를 것으로 보인다.

조세회피처는 그들을 대상으로 하는 여러 캠페인에 대응해 현재 규제를 강화하고 있다고 주장한다(제9장과 제10장 참조). 이제 돈세탁이 훨씬 더 어려워졌으며 분명히 그들 지역 내에서 이런 돈을 취급하는 경우가 1980년대에 비해 많이 줄었다고 주장한다. 어떤 조세회피처는 돈세탁 문제를 매우 심각하게 받아들였다. 예를 들어 룩셈부르크에서는 과거 몇 년 동안 룩셈부르크 당국이 엄격한 고객 실명 확인 절차를 도입하여 실행에 옮기고 있다. 샤먼과 미스트리(2008)는 바베이도스와 바누아투가 규제를 강화했다고 보고했다. 영국의 해외 영토를 포함해 그렇게 하지 않는 지역도 있다. 영국 회계감사원(2007)의 보고서는 모든 주요 영국령 조세회피처에서 행해진 돈세탁에 대한 규제가 제대로 이루어지지 않고 있음을 영국 정부가 알고 있다고 보고했다. 동시에 쉽게 전자이체를 이용할 수 있게 됨에 따라 마약 거래를 적발하는 것이 더욱 어려워졌다. 국제마약통제전략의 보고서(2008)는 다음과 같이 선언한다. "우리는 역외금융센터(즉, 조세회피처), 카지노, 인터넷을 통한 돈세탁이 빠르게 증가하고 있다고 단언할 수 있다"(2008, 4).

롤링스와 웅거(2005)는 어떤 조세회피처가 범죄 자금을 발전 전략의 대상으로 한다고 주장한다. 1995년 세이셸 공화국 정부는 경제발전법안을 통과시켰다. 이 법안은 외국 투자가에게 특별히 규정된 특혜와 인센티브를 줄 수 있는 권한을 가진 위원회를 설치하는 것이었다. 그들은 "이런 특혜 중 하나가 범죄 수익에 대해 완전히 기소를 면제해 주며, 비록 투자가 세이셸 공화국 밖에서 행해진 범죄의 결과로 이루어진 것이라고 해도 몰수하지 않고 보호한다"는 것이라고 설명했다(Rawling and Unger 2005, 5). 이런 면책특권을 획득하기 위해 개인은 최소한 1,000만 달러를 세이셸 공화국에 투자해야 한다. 경제발전법안이 강력한 비난을 받았고 위의 조항은 2000년에 폐지되었지만 그때까지 이미 많은 자금이 세이셸 공화국로 유입되었다.

태평양의 섬으로 이루어진 조세회피처는 돈세탁과 밀접한 관련을 맺고 있다. 태평양의 작은 산호섬 나우루는 1990년대 후반 역사상 가장 큰 돈세탁 사건인 속칭 러시아 게이트 스캔들과 관련되어 있는데, 이 스캔들은 미국의 뉴욕은행(Bank of New York)과도 관련되어 있었다. 미국의 사법기관은 은행이 나우루에 있는 계정을 통해 최소한 8만 7,000번에 달하는 전자이체를 했으며 이는 총 150억 달러에 이른다고 주장했다. 어떤 이체는 자본도피를 위한 것이고 다른 이체는 탈세를 위한 것이었지만 또 다른 이체는 청부살인, 마약 거래, 매춘 같은 범죄 행위에서 파생된 것이었다. 러시아의 모기업인 DKB가 소유한 나우루의 사이넥스(Sinex)은행은 뉴욕은행에 30억 달러를 예금한 것으로 보고되었다. 사이넥스은행에는 의문스러운 고객들이 있었는데 이들 중 돈세탁 혐의에 대해 유죄를 인정한 뉴욕은행의 부회장인 루시 에드워드는 다음과 같이 시인했다. "DKB의 사람들은 종종 은행 밖으로 나가기를 두려워했는데, 자동소총을 든 사람들이 그들을 기다리고 있기 때문이었다고 알고 있다"(Van Fossen 2003, 244).

러시아 중앙은행 부총재인 빅터 멜니코프는 1998년 러시아에서 나우루로 700억 달러가 이체되었다고 했는데, 그 당시 총 러시아 수출이 740억 달러 정도였다. 이 금액은 1988년 러시아를 뒤흔든 금융위기에 대응해 그해 7월 IMF가 러시아에 제공한 금융 지원액과 놀라울 정도로 비슷한 금액이다. 이것은 IMF가 제공한 돈의 많은 부분이 아무런 흔적도 없이 역외 계정으로 사라졌으며 이렇게 사라진 돈의 일부분이 나우루를 통과했음을 암시한다. 1999년 3월 러시아 금융국 장관 알렉산더 포치노크는 러시아은행의 90%가 나우루에 6,600개의 역외 은행계좌를 가지고 있으며 나우루는 매달 러시아에서 100억 달러의 자본도피를 받아들이고 있다고 주장했다.

나우루에 못지않게 이웃에 있는 섬인 팔라우와 바누아투도 예전 소비에트연방으로부터의 자본도피에 연루되어 있었다. 그 결과 1999년 12월 뉴욕은행, 리퍼블릭뱅크오브뉴욕, 도이치뱅크, 그리고 도이치뱅크가 새롭게 획득한 자회사인 뱅커스트러스트는 나우루, 팔라우, 바누아투와의

★ 이 box의 내용은 주로 Van Fossen 2003을 인용한 것이다.

모든 미국 달러 거래를 정지시켰고, 이 지역들에 대해 그 어떤 자금의 유출입도 호주를 경유하지 않고서는 이루어질 수 없도록 만들었다. 하지만 이것이 탈세를 중단시킨 것으로 보이지는 않는다. 2001년 1월, JP 모건 체이스와 뉴욕은행은 나우루와의 금융 거래를 거부했다. 2008년 PKF라는 국제 회계법인의 지점과 연계되어 있는 대규모 돈세탁 스캔들이 바누아투에서 터졌다. 이에 대응해 바누아투 정부는 조세회피처의 활동을 중지할 계획이라고 말했다. 그러나 이게 무엇을 의미하는지는 아직 명확하지 않다.

독일판 뉴욕은행 스캔들이라 할 만한 사건이 2001년 언론에 등장했는데, 그 내용은 1999년 러시아 기업이 사모아에 있는 유나이티드글로벌은행을 이용해 러시아가 그곳에 예치한 70억 마르크 중 일부분인 12억 마르크를 구서독 란데스방크에 이체했다는 것이었다. 2001년 2월 우크라이나의 조세경찰은 전 부수상이자 후에 정치적으로 반대편에 선 율리아 티모셴코를 라트비아를 경유해 우크라이나의 유나이티드에너지시스템으로부터 나우루에 있는 퍼스트트레이딩뱅크로의 불법 이체를 주선한 혐의로 고발했다. 나우루에 있는 퍼스트 트레이딩뱅크는 티모셴코가 1996~1997년에 유나이티드에너지시스템의 회장으로 있을 때 우크라이나의 전 수상인 파블로 라자렌코가 소유한 은행이었다. 이체된 10억 달러는 러시아의 천연가스를 매입하는 데 사용하는 것으로 되어 있었다. 조세경찰은 돈이 티모셴코와 라자렌코를 포함한 여러 사람의 개인 계좌로 이체되었다고 기소했는데, 그들은 모두 그런 혐의가 정치적 의도에서 나온 것이라고 주장했다.

나우루의 역외은행과 관련되어 있는 수백만 달러짜리 사기 사건들이 (반드시 구소련과 연관되지는 않지만) 1999년 이후 전 세계 신문에 보도되었다.

:: 횡령

최근 발생한 모든 금융 스캔들이 세계적으로 유명한 은행그룹의 역외 자회사와 관련되어 있다는 것은 걱정스러운 일이다(시티그룹과 파르말라트

및 엔론 스캔들, 체이스 맨해튼과 엔론 스캔들, 소시에테제네랄과 비방디 스캔들 등이 있다). 그러나 이것은 조세회피처 활동에서 극히 일부분일 뿐이다.

2004년 세계은행은 전 세계에 걸쳐 매년 1조 달러 이상이 뇌물로 수수되는데, 여기에 공금 횡령이나 공공 재산의 절도는 포함되지 않는다고 추정했다. 대부분의 자료는 국민소득계정의 '오차 및 누락' 항목을 들여다보아서는 계산할 수 없다. 따라서 그런 활동은 국가통계에 전혀 기록되지 않는다.

세계 최고 은행의 역외 자회사들이 횡령과 돈세탁에 깊숙이 연루되어 있다. 옥스팜Oxfam은 1993년에서 1998년 사이, 즉 나이지리아의 독재자인 사니 아바차의 집권 기간에 약 50억 달러가 정부 금고에서 사라졌는데, 이 중 25억 달러를 아바차 또는 그 가족이 횡령했다고 추정했다(Hodess 2004, 5). 스위스의 연방은행위원회는 2000년 9월 나이지리아 독재자가 횡령한 돈을 관리한 은행을 발표했다. 그 명단에는 크레디트스위스Credit Suisse, 크레디아그리콜엥도수에즈Credit Agricole Indosuez, BNP, 베어링브러더스Baring Brothers처럼 국제적으로 잘 알려진 은행이 포함되어 있었다. 그 이후 나이지리아 정부는 그 돈을 되찾으려 했으나 큰 성공을 거두지는 못했다. 2005년 12월까지 스위스는 5억 550만 달러만 나이지리아로 송금했다(World Bank 2006). 저지도 돈을 송금했지만 영국은 지금까지 그렇게 하지 않고 있다. 규제 당국인 영국 재정청은 나이지리아의 불법적 활동과 관련되어 있는 23개 은행에 대한 자체 조사를 시작했다. 15개 은행이 돈세탁에 자금을 쉽게 받아 주었다고 발표했다. 그 보고서에서는 특정 은행을 거론하지 않았지만 일부 신중하지 못한 언론이 규제에 저항한 은행을 발표했다. 여기에는 바클레이스Barclays, HSBC, 스탠더드차타드Standard Chartered, 메릴린치Merrill Lynch 등 영국의 대표은행이 포함되어 있었다. 하지만 폭로 이후에도 이런 돈을 취급한 것에 대해 어떠한 기소도 없었다.

이 에피소드에서 한 가지 이상한 점이 있다면 스위스가 갑작스럽게 투명성을 강력히 촉구했다는 점이다. 왜 스위스가 입장을 바꿨을까? 아마도 스위스는 그동안의 이미지에서 벗어나 자신들이 단지 더러운 돈의 국제적인 게임에서 후보 선수일 뿐이고 실제로 시티 오브 런던의 단순한 하수인으로 보이기를 원했던 것 같다. 스위스로 들어온 40억 달러 중 59%는 런던에서 온 것이었고, 이후에 45%는 런던으로 되돌아갔다.

조세회피처는 의심할 바 없이 탈세, 조세 회피, 돈세탁, 부패가 쉽게 일어나도록 한다. 하지만 아무도 여기에 관련된 총액을 정확히 추정할 수는 없다. 결과적으로 아무도 이 시장을 뒷받침하는 부정부패에 대해 정확히 말할 수는 없다.

:: 결론

조세회피처 현상에 대한 수량적 연구는 몇몇 회계사와 경제학자의 노력으로 과거 몇 년 동안 크게 향상되었다. 그런데도 우리가 사용할 수 있는 자료는 여전히 현재 가지고 있는 국가 자료와 기업 자료를 창조적으로 가공해 찾아낸 개략적인 추정치에 지나지 않는다. 하지만 이런 개략적인 추정치만 보더라도 조세회피처라는 것이 사소한 문제가 아니라는 결론이 나온다. 조세회피처는 현대의 세계화된 경제에서 핵심적인 부분으로 이해되어야 한다.

이런 추정치는 범죄 행위에서 발생한 돈이 종종 사람들이 생각하는 것처럼 실제로 조세회피처를 통과하고 있음을 보여 준다. 그러나 그것은 문제의 일부분일 뿐이다. 부자들은 저축을 전 세계에 불투명한 방식으로 분산해서 조세 차이를 가져온다. 더군다나 다국적기업이나 은행이 조세회피처를 집중적으로 사용함에 따라 조세회피처는 현재 세계화 과정에서 없어서는 안 되는 요소가 되었다.

제 3 장

조세회피처는 어떻게 작동하는가

———

지식이 풍부한 세무 전문가는 한 국가 세법 내에 존재하는
애매모호함을 이용할 뿐만 아니라 서로 다른 몇 개 국가의 세법이
서로 충돌할 때 발생하는 불확실성도 이용할 수 있다.
국제 조세축소활동은 세계에서 가장 많은 보수를 받는 전문가 집단이
운영하는 수익성 높은 사업으로 떠올랐다.

———

조세회피처를 둘러싼 비밀스러움에도 불구하고 세계화 과정에서 조세회피처가 어떤 역할이나 기능을 하는지는 잘 알려져 있다. 그렇다면 오슨 웰리스가 인용한 "밝지만 죄 많은 세계bright guilty world"는 어떤 수단을 통해 작동할까?

개인과 기업 두 그룹이 조세회피처를 이용한다. 두 그룹은 모두 조세회피를 위해 역외 회사나 역외 신탁 같은 유사한 방법을 사용하지만 그 의도는 서로 다르다.

이 장에서는 조세 회피 원칙에 대한 묘사를 시작으로 조세회피처에서 조세 회피에 사용되는 다양한 수단과 그 수단을 이용하는 데 도움을 주는 여러 전문가 집단에 대해 설명할 것이다. 논의 과정을 통해 드러나겠지만 조세 회피와 탈세의 차이를 구분하는 것은 전문 회계사가 설명하는 것처럼 선명하지 않다. 국제 조세의 복잡성 때문에 이런 수단을 사용하는 개인 혹은 회사조차도 탈세와 조세 회피를 정확히 구분했을 때 자기가 어느 편에 있는지를 알지 못하는 경우가 많다.

:: 주권, 영토권, 세금 : 기본 원칙

역외 세계의 성장을 가져온 구조적 조건은 세계의 지배구조를 이루는 기본적 구성 요소와 연결되어 있는데 이는 주권과 영토권이다. 주권과 영토권은 주로 정치적 개념으로 취급되지만, 경제학적 개념으로도 중요하다. 진화론적인 경제학자 존 R. 커먼스([1924] 1959)는 주권, 영토권 시장 사이의 연계성을 설명하는 중요한 아이디어를 도입했다. 커먼스는 경제적 거래가 두 공간에서 동시에 일어난다고 주장했는데, 하나의 공간은 상품이나 서비스, 금융상품이 거래되는 물리적 공간이고, 다른 하나는 소유권이 거래되는 법적인 공간이다. 전통적인 경제학은 첫 번째 공간만 별도로 떼어내어 연구하는 경향이 있지만, 변호사나 회계사는 두 번째 공간에 초점을 맞추고 있다. 커먼스는 경제학자들이 이 두 가지 공간을 동시에 고려해야 한다고 주장했는데, 우리는 그의 주장이 매우 설득력 있다고 생각한다.

모든 교환은 소유권의 이전이고 이것은 명시적이든 묵시적이든 두 명 혹은 여러 명의 거래 당사자 간에 계약적 동의를 요구한다. 결과적으로 공인된 정치적 당국이 그런 동의를 가져올 수 있는 '게임의 규칙'을 모든 사람이 받아들일 수 있도록 정의할 수 있을 때 경제적 활동에 대한 법적인 공간이 잘 작동한다. 그리고 정치적 당국은 계약의 규칙뿐만 아니라 계약 당사자의 본질이나 권리, 의무에 대해 정의한다. 또 일단 계약이 체결되면 이행될 수 있도록 하고, 만약 이행되지 않았을 때 피해를 보는 거래 당사자가 보상을 받을 수 있도록 하는 등 계약이 법적으로 실행되도록 할 수 있는 위치에 있어야만 한다. 정치학자들이 '지배구조'라고 하는 이런 당국은 시장 경제가 제대로 작동하도록 보장한다는 점에서 반드시 필요하다.

원칙적으로 여러 종류의 당국이 시장 관계를 규제할 수 있다. 현대에 와서 국가가 가장 중요한 당국으로 떠올랐지만 지배의 유일한 원천은 아니다. 국가 당국은 경계가 있는 영토를 갖고 있는데 이는 적어도 이론적으로는 각각의 주권 국가는 자신만의 주권적 공간, 즉 영토를 규제한다는 것을 의미한다. 국가는 계약법을 포함해 주어진 영토 내에서 사용되는 법률을 제정한다. 국가는 자신들이 제공하는 각종 서비스에 대해 요금을 '부과'하는데 이 수입에서 세금은 가장 중요한 원천이다.

이런 시나리오는 세계가 국가 단위로 잘 구분될 수 있다고 가정한다면 잘 작동할 것이다. 물론 현실은 다르다. 더 많은 경제생활이 서로 다른 국가에 위치한 계약 당사자 간에 발생함에 따라, 세계 시장이 잘 작동하려면 법적인 공간이 국제적으로 확장되어야 한다. 점점 더 많은 국가, 특히 경제적으로 선진화된 국가 대부분이 국가 간의 거래나 투자의 발전을 지지하기 때문에 그들은 경제적 거래를 통제하는 규정이나 법을 국제화하려 한다. 세계경제가 지금 세계화되어 있는지 아닌지를 알려면 국가 간의 거래에서 이미 체결되고 일반화된 협정의 존재 여부를 보면 된다. 사실상 그런 계약 체결이 이루어지는 방법을 통해 조세회피처가 생긴 것이다. 왜 그럴까?

세계 대부분의 정부는 개방된 시장 경제의 장점을 받아들이게 되면서 딜레마에 직면했다. 모든 사람이 동의하는 국제적 계약 규칙과 계약법을 설정하기 위해서 계약 관계의 법적 공간을 국제적으로 확장하는 가장 효율적이고 논리적인 방법은 서로 조정된 글로벌 지배구조를 만들어내는 것이다. 이는 공권력과 사법적 권력까지 포함해 주권을 지키는 수단을 가진 국제기구의 형태를 가질 수 있고, 국가 간의 시장 거래를 유지하기 위한 법적·정치적·강제적 메커니즘을 제공함으로써 전 세계에 걸쳐 계약법이 잘 작동하도록 해야 할 것이다. 그런데 이렇게 하려면 국가 주권의 일부분을 초국가적인 기구로 이전해야 하는데 이는 사실상 세계 국가의 설립이라고 할 수 있다. 국제연맹과 유엔이 정확히 이런 목적으로 설립되었지만, 대다수 국가는 아직 이런 기구에 주권을 이전할 준비가 되어 있지 않다.

그래서 다른 지배구조가 생겨났는데 그 원리는 간단하다. 개인 혹은 기업과 서비스와 금융상품을 포함해 거래 대상이 되는 물건은 그것이 있는 주권적 영토의 규정에 따르게 하는 것이다. 개인 혹은 기업이나 재화가 다른 영역으로 옮겨가면 옮겨간 지역의 규칙을 따라야 한다. 이렇게 간단하지만 영리한 해법으로 인해 세계 시장은 세분화된 정치 시스템 내에서 작동할 수 있게 되었다.

그러나 경제적 거래는 시공간과 법적 공간에서 동시에 일어난다. 시공간의 세계에서 재화나 경제 주체의 위치는 그렇게 중요하지 않지만, 법적 공간에서는 중요하다. 즉, 모든 경제적 거래는 법적 공간에서 주권이라는 도장으로 표시된다. 경제 주체나 거래되는 재화를 법적 공간에서 식별하는 새로운 시스템은 19세기 초반 이후로 발전해 왔다. 개인은 신원을 확인할 수 있어야 하는데, 시민권·국가신분증·여권·국가보장번호 등을 통해 신원을 확인할 수 있고, 회사, 은행, 다른 금융기관은 창업해서 활동하려면 국가의 허락을 받아야 한다. 자동차, 비행기, 선박처럼 이동하는 물건은 정부 당국이 발행한 면허증을 지참해야 하며 어디로 가든 그 면허증을 보여 주어야 한다. 이론적으로 서비스나 금융상품을 포함해서 거래되는 모든 재화는 그것이 속해 있는 국가를 가지고 있어야 한다. 이를테면 상품에는 제조국이 표시되어 있다. 사실 모든 유효한 계약은 반드시 계약의 이행 여부를 통제하는 국가를 명시해야 하는데, 그렇게 명시된 국가는 계약에 따른 분쟁을 해결할 때 자신의 법률이 적용된다는 것을 전혀 알지 못하는 경우도 종종 있다.

경제 주체나 재화에 영토를 가진 국가가 표시되면 그 경제 주체나 재화는 표시된 영토 내의 조세 규칙을 적용받는다. 국가 간에 개인과 재화가 좀 더 쉽게 이동할 수 있게 되면서 어떤 국가가 어느 부분에 대해 세금을 징수해야 하는지는 첨예한 문제가 되었다(Rixen 2008). 간단히 말해 국제적인 경제 활동에 대해 조세권이 겹치게 되고 조세는 경제 활동의 국제화에 장애물이 되었다.

겹친다는 문제는 명백한 해답을 갖고 있다. 국제적인 활동을 통해 나온 소득이나 이윤에 대해 그것을 벌어들인 국가인 원천국가나 그것을 받는 사람이 현재 거주하는 곳인 거주국가에서 과세하면 된다. 나중에 살펴보겠지만 이런 해법에는 문제가 발생하는데, 각각의 해법은 조세 회피나 탈세에 대한 기회를 제공하기 때문이다. 조세회피처 전문가 사이에 이 두 가지 원칙에 대해 상당한 논란이 있는 것은 놀라운 일이 아니다. 하지만 중요한 것은 조세회피처의 전략이 이 중 어느 것에도 의존하지 않는다는 점이다.

주권과 과세 거래(taxable event)의 위치

각 개인은 여기저기 옮겨 다닐 수 있고 자본 역시 옮겨 다닐 수 있기 때문에 과세 거래가 발생하는 위치는 법적 공간에서 공식적으로 확립되어야 한다. 조세축소활동과 관련해서 다음과 같은 말이 있다.

> 납세 의무가 발생하려면 한편으로는 세금을 부과하는 지역과 다른 한편으로는 납세자 혹은 과세 거래를 서로 연결하는 요인이 있어야 한다(Schmidt report 1999).

한 국가는 그들의 납세자에 대해 연결 요인의 본질을 확립하는 규정을 주장할 수 있는 주권적 권리를 갖고 있으며, 한 국가가 다른 국가에게 그런 규정을 따르도록 명령할 수 없다는 것은 보편적으로 받아들여졌다. 그러나 문제는 조세를 부과하는 지역과 납세자 혹은 과세 거래 사이를 연결해 주는 요인을 성립시키는 바로 그 원칙이 거래의 물리적 공간과 법적 공간의 분리 가능성을 열어 놓았다는 점이다. 결과적으로 하나의 거래가 물리적으로는 A 국가에서 일어났지만, 법적으로는 B 국가에서 등록될 수 있다는 것이다.

19세기와 20세기에 주권국이 급증함에 따라 그런 연결 관계를 성립시키는 규정도 급증했고, 그 결과 조세 제도와 규제 제도에서 의도하지 않았던 여러 허점이 만들어졌다. 이런 허점은 이른바 '국제 조세축소활동' 기회를 제공하는데, 국제 조세축소활동은 전 세계적인 소득에 대한 세금 축소를 목적으로 하는 활동이다. 선호되는 한 가지 방법은, 이윤은 세율이 낮은 국가로 옮기고 비용은 세율이 높은 국가로 옮길 목적으로 지역과 납세자, 과세 거래 사이를 연결하는 규칙 중 가장 좋은 것을 고르는 것이다. 이런 조세 차액 거래는 과학이 아니라 서로 다른 국가의 규정이나 규제를 해석하는 문제다. 이는 조세 준수와 탈세 사이의 회색 지대에서 활동하는 사람에게 더 큰 불확실성을 제공한다는 엄청난 혜택을 가지고 있다. 지식이 풍부한 세무 전문가는 한 국가 세법 내에 존재하는 애매모호함을 이용할 뿐만 아니라 서로 다른 몇 개 국가의 세법이 서로 충돌할 때 발생하는 불확실성도 이용할 수 있다. 국제 조세축소활동은 세계에서 가장 많은 보수를 받는 전문가 집단이 운영하는 수익성 높은 사업으로 떠올랐다.

더 문제가 되는 것은 어떤 국가는 과세 거래가 실제로 일어난 장소에 관계없이 납세자와 과세 거래를 그들의 영토로 끌어올 목적으로 규정을 만들고 있다는 점이다. 게다가 과세 거래를 마치 자신의 영토에서 일어난 것처럼 나타내거나 등록할 수 있는 법적 조건을 고안해 내기까지 했는데 동시에 그들은 그 과세 거래가 다른 곳에서 일어난 것으로 간주한다(이 방식의 장점은 그 '어떤 곳'이라는 것이 결코 명확히 표시되지 않고 나중에 살펴보겠지만 종종 그것은 아무 곳도 아니다). 이런 경우 납세자는 세금을 내지 않게 되어 조세 용어로 무인지대, 즉 모순적이지만 수익성이 매우 높은 위치에 있게 된다. 또한 납세자는 이런 방식으로 규제를 피할 수 있다. 나중에 보겠지만 어떤 국가에서는 면제회사라고 적절히 이름 붙인 회사처럼 모든 일련의 면세 조건을 고안해 납세자가 법적인 불모지에 살게끔 한다. 이런 것은 합법적이다. 각각의 주권국은 자신이 원하는 대로 법적 거주에 대한 규정을 만들 권한이 있기 때문이다.

우리는 지금 조세회피처를 다시 정의할 수 있다. 조세회피처는 아주 간단한 아이디어로 귀착된다. 국가는 개인이나 기업이 원래 속한 국가와의 연결 요인을 축소하거나 혹은 완전히 단절할 수 있는 법적 장치를 만들어 낸다. 이런 법적 장치를 통해 연결 요인이 단절되면 개인이나 기업은 조세를 회피할 수 있다. 국가 당국은 연결 요인이 단절되었다는 주장을 수용하려 하지 않거나 조세회피처에 연결되었다는 주장은 무시하고 원천지 혹은 거주지를 기초로 과세할 것을 요구한다. 이에 대응해 조세회피처는 불투명성과 은밀함을 보장하는 장치를 만들어 냈는데, 그것 때문에 원래 정부는 납세자가 연결 요인을 단절했는지조차도 알 수 없게 되었다. 많은 국가에서 이런 행위가 기생충과 같이 해롭다고 생각하는 것은 놀라운 일이 아니다(Palan and Abbott 1996; Slemrod and Wilson 2006).

:: 조세축소활동의 가장 간단한 기술: 저세율 지역으로 이동

납세자와 그가 원래 속했던 국가 간의 연결 요인을 제거하는 가장 단순한 방법은 저세율 국가로 이동하는 것이다. 모나코, 산마리노, 스위스, 영국, 바하마, 두바이를 포함한 몇몇 조세회피처는 돈 많은 사람에게 실질적 혹은 가상적 거주지를 제공하는 일을 전문화했다. 조세 목적으로 이주해 가는 가장 인기 있는 장소 중 하나는 모나코인데, 모나코는 두 가지 뚜렷한 장점을 가지고 있다. 첫째, 모나코는 튜린과 니스에 있는 공항과 멀지 않은 프랑스령 리비에라에 있는 면적 1.95km^{2}의 아름다운 공국이다. 둘째, 모나코는 개인에게 그 어떤 세금도 부과하지 않는다. 이런 장점 때문에 보리스 베커나 제이슨 버튼 같은 스포츠스타나 유명인 그리고 영국 시내 중심가의 상점을 많이 소유한 필립 그린 공의 부인 같은 기업가가 모나코에 거주한다.

스위스는 좀 더 복잡한 대우를 보장하고 있다. 스위스에서는 연방세, 주세, 지방세를 부과하는데, 이런 면에서 조세회피처처럼 보이지는 않는다. 하지만 스위스의 여러 주는 매우 실용적이어서 스위스 국민이 아닌 외국인에게 전반적인 조세 부담을 줄일 수 있는 특별 대우를 보장한다. 예를 들어 1996년에 F1 레이서인 마이클 슈마허가 스위스로 이주했는데, 소득이 전혀 없는 외국인으로 분류되는 특별한 조세 혜택을 받았다. 그는 소득이 아니라 집세와 같은 비용에 근거해 세금을 내는 것이 허용되었다. 또 다른 카레이서 루이스 해밀턴도 스위스로 이주했고, 데이비드 보위, 필 콜린스, 티나 터너, 알랭 들롱, 이사벨 아자니 같은 음악인과 영화배우도 최근 이주해 왔다.

영국은 비거주인에게 스위스와 유사한 특혜를 제공하면서 세계의 많은 부호를 끌어들였다. 두바이는 조세회피처를 무관세 지역과 연결하는 야심찬 계획을 시작했다. 세계 최초의 7성급 호텔, 야자수 모양을 한 인공섬, 데이비드 베컴 같은 유명인과의 교류 등을 내건 현대적 마케팅 기법을 동원해 두바이 자체가 부자들의 놀이터라고 광고한다. 또한 두바이는 개인에 대해 그 어떤 형태의 세금도 부과하지 않는다는 것을 빼놓지 않고 언급한다.

개인에게는 조세회피처로의 이주가 결코 쉬운 일이 아니다. 그 외에 세금을 피하고 규제에서 탈출할 수 있는 좀 더 수준 높은 방법이 있다.

영원한 여행자

과세 목적을 위한 거주 개념에 대한 규정이 서로 상충함에 따라 조세 회피에서 새로운 용어가 생겨났다. 영원한 여행자인 PT[permanent tourists]는 그 어디에도 정착해서 살지는 않지만 다수 전문가의 시중을 받는 돈 많은 유목민이다. 빌 마우러는 이렇게 말한다.

요약하면 PT는 서류 작업을 통해 모든 정부가 여행자, 즉 단순히 통과하는 사람으로 간주하는 사람이다. PT가 되었을 때의 장점은 정부 관료가 그 사람을 잠시 머물렀다 가는 사람으로 생각하기 때문에 세금이나 병역의 의무, 그리고 소송에 대해 신경 쓸 필요가 없고, 금지된 쾌락을 추구한 데 악의가 없었다면 기소되지도 않는다는 점이다(Maurer 1998, 505).

영원한 여행자를 위한 거대한 비즈니스가 존재한다. 수많은 출판물, 웹사이트, 전문 장비업체가 전 세계의 영원한 여행자에게 도움을 준다. 그러나 영원한 여행자가 얼마나 많은지에 대해서는 믿을 만한 추정치가 없다. 제2장에서 언급한 탈세나 조세 회피에 대한 추정치에 단지 부분적으로 영원한 여행자 현상이 포함되어 있다. 영원한 여행자는 레이더 밑에서 움직이고 있다.

어떻게 개인이 자본을 조세회피처로 옮기는가

모든 사람이 영원한 여행자가 될 수는 없다. 돈 많은 사람이 선호하는

또 다른 방법은 이동 가능한 자본을 다음 장에서 논의할 역외에서 조세
회피에 사용되는 여러 가지 수단, 예를 들어 기업, 재단 혹은 신탁의 형
태를 통해 조세회피처로 이동시키는 것이다. 이자 소득이나 배당 소득
같은 자본에서 나온 소득은 일반적으로 거주지에서 신고되지 않는다.
이런 조세 회피는 불법이기 때문에 조세회피처는 납세자가 거주하는 국
가의 조세 당국에 정보를 제공할 의무가 없다는 것을 보증하는 규정을
갖추게 된다.

비밀을 유지하기 위해 역외은행은 개인이 역외 직불카드나 신용카드
를 통해 그들의 돈에 접근할 수 있게 한다. 이 카드는 역내(보통 그들이 사
는 지역)에서 사용되지만 결제는 납세자가 세금을 피하기 위해 자금을 보
유한 역외에 있는 은행 계정을 통해 이루어진다. 직불카드나 신용카드
는 실제로 사용하는 사람의 이름으로 발행할 필요가 없어서 무기명 카
드를 쉽게 사용할 수 있다.

역외 신용카드나 직불카드가 조세 당국의 주의를 끈 것은 놀라운 일
이 아니다. 영국의 대형은행 바클레이스는 2006년 거주자를 상대로 발
행했던 많은 역외 신용카드의 상세 내용을 공개할 것을 명령받았다. (샘
플조사 결과에 따르면 영국에 주소를 갖고 있고 해외 계정과 연결된 카드를 가진
바클레이스 고객의 19%만 영국에서 세금 환급을 신청했다. 다른 말로 바클레이
스의 역외 신용카드를 가진 영국 내 고객의 81%가 영국 내에 과세 대상이 되는
투자 소득이 없다고 보고했다. 영국 국세청은 이 조사에서 적어도 28억 5,000만
달러를 환수할 것으로 기대했다[Gutcher 2006]).

∷ 조세회피처의 수단

조세회피처로 이주하는 것이 개인에게는 쉬운 일이 아니지만 기업

은 조세회피처에 새로운 지사를 만드는 방법을 사용하여 이주할 수 있다. 게다가 몰래 지사를 만들 수 있는데, 첫 번째 이유는 우리가 이미 언급한 그런 비밀스러움 때문이고, 두 번째 이유는 기업이 단지 한 세트의 재무제표만 보여 주면 되기 때문이다. 여기서 재무제표는 연결재무제표다. 연결재무제표를 통해서는 그 기업 내의 서로 다른 부서 간의 거래는 알 수 없다. 하나의 큰 기업을 이루는 소단위 회사가 수백 개 혹은 수천 개가 있을 수 있는데 이들은 이런 회계 관행 때문에 일반인의 눈에는 보이지 않는다.

이런 관행은 몇 가지 또 다른 혜택을 제공한다. 주식시장이나 주주에게 제시되는 재무제표는 마치 하나의 다국적기업이 있는 것처럼 보이지만, 실제로 세금에 관한 한 다국적기업은 존재하지 않는다. 다국적기업을 구성하는 지사 간에 법적으로 경제적 연계성이 유지되고 있지만 세금에 관해서는 각 지사가 별개 법인으로 간주된다. 결과적으로 다국적기업은 경제적 개념이지 법적 개념은 아니다(Robe 1997). 모기업은 보통 그룹 내 다른 법인 전부 혹은 거의 대부분을 소유하고 그 법인을 통제하는데, 기업의 지분을 소유하고 있으면 회사법하에서는 그 법인을 통제할 수 있는 권리가 있기 때문이다. 그러나 조세 측면에서 기업은 법적으로 분리되어 완전히 별개의 기업이다.

이런 기업구조는 조세 당국에게는 문제를 일으키지만 기업에게는 기회를 제공한다. 국제적으로 거래함에 따라 많은 기업은 개인과 마찬가지로 이윤을 획득하는 지역 혹은 기업이나 지사가 근거한 지역에서 과세될 수 있다. 원천지 규정source principle에 따르면 국가는 국내 기업이든 외국 기업이든 상관없이 자신의 영토 내에서 이윤을 창출해 내는 모든 기업에 대해 법인세를 부과할 수 있다. 예를 들어 미국 정부는 일본 회사인 도요타에 대해 미국 내에서 획득한 모든 이윤에 과세한다. 거주지 규정residence principle에 따르면 기업은 실제 어디서 이윤을 획득했는지에 관계없이 그 기업이 등록된 지역 내에서 과세된다. 즉, 미국은 도요타의 미국 법인인 도요타 US(도요타 Japan이 아닌)에 대해서 실제로 그들이 어디서 소득을 획득했는지에 관계없이 이윤에 대해 과세한다.

두 가지 시스템 모두 문제가 있지만 원천지 규정을 따를 경우 특정 지역에 얼마나 많은 이윤을 배정할지를 결정하기 어렵기 때문에(도요타의 전 세계 이윤 중 얼마나 많은 부분이 미국의 사업 활동 결과인가?), 법인세를 부과할 때 보통 거주지 규정을 사용한다. 이 원칙에 따라 기업이나 자회사는 등록지에서 과세되는데 이때 다른 지역에서 과세된 세금은 공제된다.

기업은 매출 총액이 아니라 이윤에 대해 과세되고 다국적기업은 법적으로 별개의 회사로 구성되어 있다. 즉, 그들은 낮은 세율과 비밀보장이라는 장점을 이용하기 위해 조세회피처로 이전할 필요가 없고 단지 조세회피처에 있는 자회사에 이윤과 과세 거래를 넘기면 된다. 연결재무제표는 이런 이전을 숨겨 주는 대신 그 기업이 국경을 넘나들며 활동한다는 인상을 준다.

조세회피처는 기업이 자본이나 이윤을 고세율 국가에서 저세율 국가로 옮기는 것을 도와주는 다양한 종류의 불투명한 기업구조를 발전시켜왔다. 기이하게 변형된 형태 중 하나는 부자들이 직접 조세회피처에서 회사를 설립하고 세금을 회피하는 형태다. 저세율 국가로 옮겨갈 때 가장 선호되는 방법을 살펴본다.

국제비즈니스회사

조세회피처로 이전하는 기본적인 방법은 조세회피처에 자회사나 계열사 혹은 회사를 설립하는 것이다. 조세회피처는 이런 방식으로 이전하려는 법인에게 완벽한 수단을 제공하는데 그것은 국제비즈니스회사

The International Business Corporation; IBC다.

국제비즈니스회사는 역내 기업의 자회사 혹은 독립적인 회사로서 조세회피처에 설립되는 용도가 매우 다양한 유한주식회사다. 이 회사의 가장 중요한 목적은 수익성 높은 사업 분야를 저세율 국가로 옮기는 것이다. 국제비즈니스회사는 역외에서 사업 활동을 할 수 있고, 또 주식이나 채권을 발행해서 자본을 조달할 수 있다. 그들은 법적으로 소유권을 보유하는 데 사용되거나 금융시장의 거래에 참여하는 조직으로서 사용된다. 또한 투자 자금을 관리하기 위해 사용되고 복잡한 금융구조의 한 부문으로 사용된다.

유한책임회사는 법에 따라 책임의 한계가 정해져 있는 기업이다. 일반적으로 역내 환경에서 유한책임회사는 정관에 따라 무엇을 할 수 있는지, 어떻게 비즈니스를 관리해 나갈지에 대해 규제를 받는다. 이 회사는 실제로 이사 혹은 이사회가 운영하며, 법률적 문제는 그 회사의 총무부장이 관리한다. 대부분의 국가는 주주나 거래 참여자를 보호할 의도로 규제를 도입했다. 그런 안전장치로 다음과 같은 것을 요구한다. 회사의 공적인 등록 유지, 회사와 접촉할 때 사용되는 사업의 등록지 보유, 회사의 발행필 주식자본금의 상세내역 공개 및 자본금을 소유한 사람들의 이름과 주소 공개, 이사진과 임원 전원에 관한 정보 기록, 공적인 조사를 위해 해마다 재무제표를 작성할 것 등이다. 조세회피처는 이 중 어느 것도 제공하지 않는다. 전형적인 역외 국제비즈니스회사는 다음과 같은 특징을 가진다.

a) 소유권에 대한 비밀보장

조세회피처에 국제비즈니스회사를 설립할 때 적용되는 규정이나 규제의 종류는 조세회피처의 수만큼 많지만 원칙은 항상 같다. 만약 소유자가 신원을 숨기고 싶다면 매우 효과적으로 그렇게 할 수 있다. 회사와 거래하는 사람들을 보호하기 위해 공개되는 회사의 정보가 조세회피처에서는 공개되지 않거나 소유자의 진짜 신원을 감추기 위해 대리인의 이름을 사용할 수도 있다. 많은 경우에 국제비즈니스회사는 이사 한 사람만 있다(즉, 실제로 1인 기업이 될 수 있는데 이런 형태의 기업은 유한책임 규정을 이용하려는 개인에게 상당히 매력적일 수 있다). 또 다른 경우에는 그 기업이 있는 조세회피처의 국민이 대리이사로서 행동할 수 있다. 그리고 조금 더 조정·합의되면 실제 소유권이 기록되지 않게끔 무기명증권이 사용되거나(이런 활동은 점점 줄어들고 있다), 기명증권이 사용된다면 주주의 이름은 전혀 공개되지 않는다.

b) 재무제표 작성이 필요 없음

국제비즈니스회사는 보통 재무제표를 작성해서 일반에 발표할 의무가 없다. 어떤 지역에서는 어떤 기록도 보유할 필요가 없다. 또한 회사의 정관이 일반 대중에게 발표되는 경우도 거의 없다. 만약 직원의 이름이 필요하면 그들은 지역의 대리인을 사용한다. 이런 관행은 그 지역의 여러 전문가에게 상당한 수입을 가져다주며, 조세회피처의 숨겨진 수입 원천이 된다. 만약 등록된 사무실이 필요하면 종종 가짜 주소를 사용하는데 그 주소는 실제 그 법인의 위치와는 전혀 상관이 없다. 하지만 많은 조세회피처는 그 지역 내에 사무실을 유지할 것을 요구하지 않는다. 어떤 조세회피처는 자신의 지역 주민이 국제비즈니스회사를 소유하는 것을 금지하는데, 이는 지역 주민의 조세 회피를 막고자 함이다.

대부분의 조세회피처에서 기업은 어떤 규제 당국에도 재무제표를 제출할 필요가 없는데, 심지어 조세 당국에조차도 그렇다(왜냐하면 세금을 낼 필요가 없기 때문이다). 이런 지역의 당국은 유한회사의 행동을 거의 감독하지 않는다. 그들은 기업을 평가할 만한 어떤 정보를 가지고 있다는 것을 확실히 보여 주려 하기 때문이다. 따라서 국제비즈니스회사에 대한 신뢰할 만한 정보를 찾기란 무척 어렵다.

c) 채권자로부터의 보호

대부분의 조세회피처에서 주주는 그 회사의 주식을 한 주 혹은 그 이상 취득할 수 있다. 그런데 주식의 액면가를 지불했다면 그들은 그 회사의 채무에 대해 주식 보유액 이상의 어떠한 책임도 없는데, 주식의 액면가는 1달러, 1유로 혹은 1파운드도 넘지 않는다. 회사가 부도나고 채권자에게 빚을 갚을 수 없을 때라도 마찬가지다.

d) 낮은 창업비용

국제비즈니스회사를 설립하는 비용은 극히 낮다. 보통 100~500달러 정도면 충분하다. 국제비즈니스회사는 일반적으로 조세회피처에 매년 최소한의 등록비를 내는 것 말고는 거의 모든 세금을 면제받는다. 많은 조세회피처는 즉시 판매할 수 있는 회사를 만드는 것도 허용한다. 많은 회사는 조세 전문가가 미리 창업한 후 광고를 통해서 그 지역 국제비즈니스회사를 원하는 사람에게 판매한다. 이렇게 국제비즈니스회사는 하루 만에 창업될 수 있다. 또한 규제 없이 마음껏 거래될 수 있다.

위와 같은 특성을 고려한다면 국제비즈니스회사의 엄청난 인기가 전혀 놀랍지 않다. 우리는 조세회피처에 200만 개 이상의 국제비즈니스회사가 있는 것으로 아는데, 그 숫자는 매년 10~15% 증가하고 있다. 90쪽 〈표 2.3〉에는 전 세계 국제비즈니스회사에 대한 가장 믿을 만한 조사 결과가 정리되어 있다.

국제비즈니스회사는 고세율 국가에서 조세회피처로 이윤을 이전하는 데 여러 가지 방법으로 사용될 수 있다. 여기에서 몇 가지 잘 알려진 방법을 소개한다.

인기 있는 한 가지 비법은 조세회피처에 '중간지주회사' 역할을 하는 국제비즈니스회사를 설립하는 것이다. 그러한 지주회사는 모회사가 소유하며 또 자회사를 소유한다. 보통 이 지주회사는 소유하고 있는 자회사에서 배당소득을 모아 런던, 뉴욕 혹은 다른 지역에 있는 모회사에 배당이 아니라 대출의 형태로 돈을 지급하는 활동 말고는 조세회피처에서 아무런 활동도 하지 않는다.

어떤 기업은 한 걸음 더 나아가 조세회피처에 모회사를 설립한다. 이런 관행을 '도치'라고 한다. 국내 회사가 조세회피처에 사서함 역할만 하는 자회사를 설립하고 그 이후에 자회사를 모회사로 바꾸어 회사의 소유구조를 뒤집는다. 이런 기법은 2000년 이후 2~3년 동안 미국에서 매우 인기가 있었는데, 보통 뒤집어진 소유권은 버뮤다로 많이 넘어갔다(버뮤다에 대한 외국인직접투자자가 이례적으로 높은 수치를 보인 것에 대해서는 제2장에서 설명한 바 있다). 이렇게 소유권을 전도하는 이유로서 가장 많이 인용되는 것은 피지배 외국회사 규정(제9장 참조)을 피하기 위함이다. 미국에서는 애국심이 그런 이동을 막는 역할을 했다(Olson 2002). 이런 과정은 2008년 영국에서 영국의 주식시장에 상장된 기업들이 저지에 새로운 모기업을 등록하면서 다시 등장했다.

국제비즈니스회사의 자회사는 다른 목적으로 사용된다. 어떤 제품은 판매한 곳을 임의대로 기록할 수 있고 그런 기록이 사실이 아니라는 것을 증명하기란 어렵다. 특히 소프트웨어같이 온라인상에서 판매되는 제품은 더 그렇다. 이런 경우 회사는 조세회피처에 있는 자회사를 통해 판매한 것으로 하고 세금을 거의 내지 않는다.

다국적기업이 소유한 국제비즈니스회사의 대부분은 이전가격 조작을 위해 사용된다. 한 가지 인기 있는 기법은 지적재산을 역외에 있는 자회사 소유로 하는 것이다. 지적재산은 특허(로열티 수입 발생)와 저작권(저작료 발생)을 포함한다. 어떤 회사든지 특허나 저작권의 소유권을 어디에 둘 것인지를 결정할 수 있는데, 그 위치가 원래 그것이 만들어진 국가일 필요는 없다. 일반적으로 지적재산을 저세율 국가로 이전한다고 해서 세금에 대해 불이익을 받는 일은 거의 없다. 로고와 같은 것도 마찬가지다. 만약 그룹 내 관련 기업이 훨씬 높은 세율의 국가에 있으면 상당한 세금이 부과되겠지만, 조세회피처에 있는 자회사에 지불되는 금액에는 전혀 세금이 부과되지 않는다. 이는 현재 많은 선진국의 조세 수입에 대한 주요한 위협이 되고 있다.

하나의 예로 버진 코퍼레이션(Virgin Corporation)을 들 수 있다. 이 기업은 영국령 버진아일랜드에서의 모든 버진의 활동에 대하여 Virgin이라는 로고 사용에 대한 라이선스를 갖고 있다. 그리고 그에 따른 이윤은 세금이 전혀 부과되지 않는 영국령 버진아일랜드에서 발생하는 것으로 추정된다.

마이크로소프트는 미국 이외의 지역에서 팔리는 거의 모든 제품의 저작권을 저세율 국가인 아일랜드에서 보유하고 있다. 그 결과 마이크로소프트는 아일랜드에서 가장 큰 회사가 되었지만 거기서 벌어들이는 소득 대부분은 그곳의 활동과는 관계가 없다(box 5.2 참조). 마이크로소프트의 조세 전략은 아일랜드에도 수익을 가져다준다. 2001~2004년 사이에 마이크로소프트는 아일랜드의 과세 관청에 대하여 12.5%의 세율로 10억 달러에 해당하는 금액을 세금으로 지불했는데, 12.5%라는 세율은 마이크로소프트가 미국에 있을 때 내는 세율인 35%와 비교하면 상당히 낮은 수준이다.

자금조달 역시 역외에서 일어날 수 있다. 모든 사업 활동에는 회사 설립 시 고정자산을 마련하기 위해 자금이 필요하고, 그 사업의 일상적 활동에 대한 운영 자금도 필요하다. 이러한 자금은 두 가지 방법으로 조달할 수 있는데, 하나는 자기자본(share capital)이고 다른 하나는 타인자본(loan capital)이다. 자기자본에 대해서는 이윤에서 발생하는 배당이 지급되고, 타인자본에 대해서는 이윤의 크기와는 관계없이 이자가 지급된다. 타인자본은 은행이나 벤처 캐피털 같은 외부 자금원 혹은 내부 금융회사에서 공급될 수 있다. 내부 금융회사나 국제비즈니스회사는 종종 네덜란드나 아일랜드 같은 지역의 역외에 설립되는데, 이 지역은 이런 사업을 유치하기 위한 의도로 조세구조를 만든 지역이다.

이자 지급은 대부분 국가에서 이윤을 감소시키기 때문에 세금 납부액
도 감소시킨다. 따라서 이자는 배당보다 조세 측면에서 훨씬 더 선호된다.
다국적기업은 종종 저세율 지역에서 이자를 받고 그 이자에 대해 고세율
지역에서 세금 공제를 확보함으로써 계속해서 조세 감소를 누릴 수 있다.
배당에 대해서는 이렇게 하는 것이 어려운데 특히 배당이 지급되기 전에
원천징수하는 곳에서는 더 그렇다. 이렇게 서로 다르게 취급되는 것에 대
한 결과는 충분히 예상할 수 있다. 기업은 자본차입을 더 선호한다.
　기업들이 조세를 축소하려는 행태는 종종 복잡한 과정을 거친다. 제3
자의 자금이 비교적 고세율이며 효율적인 자본시장을 가진 지역에서 차입
된다. 영국이 그런 지역이 될 수 있다. 그다음 그 자금은 더블린같은 지역
의 금융센터로 아주 낮은 이자를 받고 대출된다. 그러면 거기서 그 자금은
외국 자회사로 대출되고 이자는 훨씬 더 커지는데, 특히 그 자회사가 높은
위험을 가진 지역에 있을 때는 더 그러하다. 사실 이것은 또 다른 형태의
이전가격 조작이지만 이 경우에는 금융상품이 이 목적을 위해 특별히 만
들어진 것이다.
　많은 다국적기업이 역외에서 하는 활동은 속임수다. 기업은 직원을 고
용할 때 그곳에서 살고 있거나 일하는 직원을 고용하는 것이 논리적이라
고 생각한다. 하지만 미국에서는 외국에서 일을 하지만 미국에 근거지를
둔 직원을 고용하면 임금 관련 세금이 기업에 부과된다. 만약 문제가 되는
직원이 조세회피처에 있는 기업에 고용되어 있다는 주장이 받아들여지면
그런 세금은 피할 수 있다. 미국은 2008년에 이런 방식의 조세 회피를 방
지하기 위한 시도를 했다. 그러나 이런 형태의 조세 회피는 다른 곳에서는
흔히 볼 수 있다.
　국제비즈니스회사는 개인이 설립할 수도 있다. 운동선수, 발명가, 기업
의 최고 관리자와 같이 소득이 아주 높은 사람의 경우 조세회피처에 국제
비즈니스회사를 설립해 그들의 보수가 그곳으로 지급되도록 한다. 그리고
그들은 다시 그들이 세운 회사의 고용인이 되어 송금하거나 역내로 가지
고 들어올 때는 이런 회사에서 아주 적은 보수를 받는 것으로 한다.
　개인은 다른 목적으로도 국제비즈니스회사를 사용한다. 국제비즈니스
회사와 역외 신탁을 통해 납세자는 자기 소득이 서로 다른 형태를 가진 것
으로 재분류할 수 있어서 낮은 세율을 적용받거나 전혀 세금을 내지 않을

면제회사

여러 조세회피처에서 허용되는 특별한 기법은 면제회사다. 물론 과세 관청은 가짜로 활동하고 있는 많은 국제비즈니스회사에게 실제 활동에 대한 증거를 요구한다. 만약 그런 증거가 충분치 않을 경우 과세 관청은 피지배 외국회사Controlled Foreign Company; CFC 규정을 이용하여 그 국제비즈니스회사가 자신의 영역에서 활동하는 것으로 취급해 과세한다.

케이맨 제도처럼 좀 더 기민한 조세회피처는 모든 국제비즈니스회사가 자신들의 영토에 있다는 것을 보여 주려고 하는데, 이 때문에 케이맨 제도가 금융산업을 규제한다는 소문이 나게 되었다. 그러나 케이맨 제도를 포함한 조세회피처는 자신들이 만든 규정을 피할 수 있는 방법까지 고안해 냈다. 조세회피처에 거주하지 않는 사람이 소유한 조세회피처의 회사가 비과세로 그 지역의 경제 활동을 하고 있는 것처럼 보여 주는 메커니즘이 필요해진 것이다. 동시에 조세회피처는 그 지역에서 활동하며 그 지역 주민이 소유한 회사에 대해서는 세금을 부과해야 한다. 어떻게 하면 이 두 가지 필요성을 동시에 수용할 수 있을까?

저지는 이 딜레마에 하나의 해법을 제공한다. 한편으로 저지는 회사 창업에 관련된 전통적인 방법을 채택해 허위 창업은 명백히 용납하지 않고 있다. 저지의 세법 중 섹션 123(1)은 만약 "어떤 회사의 사업이 저지 내에서 관리, 통제된다면 그 회사는 저지에 거주하는 것"으로 규정한다. 하지만 동일한 법의 섹션 123(A)(9)는 다음과 같이 규정한다. "면제 회사의 이사 사무실은 저지 내에서 활동하는 사무실이 아닌 것으로 간주된다." 이 규정에 따라 저지 내에서 관리, 통제되는 회사지만 저지 당국은 다른 곳에서 관리, 통제되는 것처럼 '간주'하므로 저지의 세금과는 관련이 없어진다. 그러나 다른 국가에 대해서는 그 회사가 저지에 실제로 '존재'하는 것처럼 보이기 때문에 다른 지역에서도 세금 부과 대상이 아니다. 이러한 상황에서 저지는 다음과 같이 당연히 해야 할 질문을 하지 않는다. 만약 회사가 저지에 없다면 어디에 있는가? 저지 당국은 "그 어디에도 없다"는 것이 해답임을 알고 있다. 하지만 그 회사가 어딘가에 있는 것으로 '간주'하면 그 회사로 조세상의 이득을 가져온다는 것도 알고 있다. 최근 이런 특별한 구조는 유럽연합의 규제 압력으로 인해 점차 사라지고 있지만, 여전히 다른 지역에서 많이 사용된다.

재정착

조세회피처에서 조세 회피와 탈세의 남용 정도는 지난 10년 동안 재정착이라는 새로운 방법으로 확대되었는데, 이는 역외부문의 규제에 대한 반작용으로 나타난 것이다. 재정착의 법률적 기초는 델라웨어의 주법이 제공하는데(제4장에서 논의), 조세회피처 당국자는 이 점을 빠뜨리지 않고 항상 언급한다. 재정착은 한 회사가 등록된 법적 영역을 한 지역에서 다른 지역으로 옮기는 것을 의미한다. 예를 들어 지브롤터에 등록된 한 회사가 맨 섬에 재정착할 수 있다. 이 경우 원래 창업 날짜와 회사 위치는 변하지 않지만, 등록에 관련된 규정과 규제를 관장하는 법, 그 회사를 규제하는 규제 책임자, 등록된 사무실의 위치는 모두 변하게 된다.

현재 대부분의 조세회피처는 이런 과정을 허용한다. 탈세자에게 이 제도의 장점은 명확하다. 일단 처음에 어떤 지역에 대한 조사가 시작되며 그 지역에 있던 회사는 다른 지역에 재정착하기 위해 신청을 한다. 그러면 그 회사는 조사가 진행되는 지역에는 더 이상 법적으로 존재하지 않고 다른 지역에 존재한다. 조사를 담당하는 기관은 회사가 옮겨간 지역에서 다시 조사를 시작하는데 이는 비용이 많이 들고 사람이 많이 투입되는 작업이다. 재정착은 반복해서 일어날 수 있기 때문에 조세회피처를 계속 남용하는 회사에 대한 효과적인 정보를 확보하는 것이 힘들 수밖에 없다. 조세회피처는 쉽게 탈세할 수 있도록 이런 기회를 의도적으로 만들어 냈다. 이외에 재정착에 대한 다른 논리적인 이유는 존재하지 않는다.

유한책임 파트너십

유한책임 파트너십은 과거 10년 동안 비밀보장을 촉진하고 조세회피처에 등록된 회사를 보호할 목적으로 발전한 또 다른 형태의 유한책임법인이다. 유한책임 파트너십은 자산의 소유권에 대해 또 다른 혼동을 추가했다. 그렇지만 세계 4대 회계법인인 딜로이트투시토마츠 Deloitte Touche Tohmatsu, 프라이스워터하우스쿠퍼스 PricewaterhouseCoopers, 언스트앤드영, KPMG는 저지에 그러한 법인을 설립할 수 있게 하는 법률이 통과되도록 로비와 홍보 작업을 벌였고, 심지어 만약 비슷한 기회가 영국에서 제공되지 않는다면 영국을 떠날 것이라고 위협했다(Select Committee on Trade and Industry 1998). 이런 법인이나 여기서 변형된 법인이 현재 조세회피처에 광범위하게 퍼져 있다.

유한책임 파트너십은 "세금 측면에서 투명한 것"으로 여겨지기 때문에 대규모 기업들의 조세축소활동에서 특별한 역할을 한다. 그들은 법적으로는 조세회피처에 존재하지만 그곳에 조세 측면에서 거주하지 않는다. 대신 이런 법인에 속한 멤버들이 유한책임 파트너십의 거래를 수행하는 것처럼 해서 그들에게 세금을 부과한다. 이렇게 되면 자산이 법적으로 소유되는 위치와 그 자산에서 소득이 발생하는 위치가 달라진다. 세금은 국가 간에 나누어지는데 이는 복잡한 조세축소활동을 가능하게 하는 하나의 방법이 된다. 최근 영국에서 제정된 조세 회피에 대항하는 많은 법률, 그리고 2008년에 제정된 프랑스의 관세 회피와 법인세 손실을 근절하기 위한 법은 이런 불법적 남용과 싸우기 위한 목적을 갖고 있다.

PCC

훨씬 더 복잡한 형태의 회사는 1997년 건지가 처음 도입한 PCC Protected Cell Company다. 하지만 지금은 건지만 그런 회사를 공급하는 것이 아니다. 말타, 네덜란드령 안틸레스, 카리브 해의 많은 조세회피처, 그리고 맨 섬 또한 이런 형식의 회사를 허용하며 스위스의 몇몇 주도 그렇게 한다.

PCC는 여러 독립된 회사가 그룹을 이루어 활동하는 회사인데 사실상 독립된 회사들은 한 법인에 속해 있다. 전체 그룹에 대한 관리 업무를 수행하는 모단계가 있고 셀cell이라고 하는 분리된 여러 부문이 있다. 각 셀은 서로 간에 법적으로 독립적이고 서로 분리되었을 뿐만 아니라, 모단계와도 분리되어 있고 독립적이다. 각 셀은 자신만의 독특한 이름과 자산을 보유하며 각 셀의 채무나 활동은 서로 엄격히 구분되어 있다. 그룹에 참여하고 있는 회사가 다른 회사의 셀인지의 여부, 또 그룹 내의 서로 다른 회사들이 어떤 관계에 있는지 알기 힘들다.

PCC는 일반적으로 서로 다른 등급의 위험에 대한 보험으로 사용되거나 서로 다른 종류의 자금을 통합해 투자하는 집합적 투자 방법으로 사용된다. 이런 방식은 한 기업 내에서 자산을 이동시키는 데(셀 간에 자산을 이전하는 것) 드는 거래비용을 낮춰 주고, 다중적 회사구조를 법적으로 보호하는(하나의 셀이 도산하거나 소송을 당할 때 그에 따른 위험이 전체 조직에 미치는 영향을 제한하는) 역할을 한다(Sharman 2006). 이렇게 외견상 적법한 방식으로 PCC를 이용하는 것이 보험산업에서는 특별한 걱정거리가 된다. 그런 법인과 보험계약을 맺은 보험회사는 그 법인이 자신의 위험을 부담할 때 어떤 자산을 사용할지 알 수 없기 때문이다.

더 큰 문제는 PCC가 채권자와 그 회사를 조사하는 사람들이 도저히 뚫을 수 없는 벽을 구축하는 데 도움을 준다는 것이다. 이런 형태의 기업이 가진 '장점'이라면 하나의 셀이 부도나면 채권자는 그 특정한 셀이 보유한 자산만 가지고 변제를 받아야 한다는 것이다. 하지만 채권자는 자신이 PCC에 투자했다는 사실을 너무 늦게까지 모를 수 있다. 원래 PCC는 재보험 산업에서 사용하기 위해 만들어졌으나 지금에 와서 이런 법인을 사용하는 실질적 이유는 다른 나라의 법률하에 발생하는 채무변제 의무를 피하기 위한 것이다. 위험은 명백하다. 자본도피가 기업도피로 이어지면서 세계는 재무구조를 알 수 없이 이리저리 세계를 떠도는 기업으로 가득 찰 것이다.

재단, 신탁, 영조물

조세를 회피하거나 탈세할 때 사용되는 또 다른 인기 있는 수법은 역외 신탁과 재단이다. 신탁제도는 십자군 시대까지 거슬러 올라간다. 영국의 기사는 성지로 긴 원정을 떠나면서 자기 물건을 현재의 신탁제도를 통해 다른 사람이 관리하도록 했다. 이 제도는 특이하게도 앵글로색슨(영국)법에만 남아 있다.

신탁에서 수탁자가 되는 사람이나 법인은 그 신탁 자산에 대한 법적 소유권을 가지고 있지만 수익자가 되는 개인이나 조직의 이익을 위해서 법적 통제를 시행할 의무를 가지고 있다. 다른 식으로 표현한다면 "설정자라는 어떤 사람이 자기 재산을 수익자라는 사람에게 이득이 되도록 관리할 수탁자에게 양도할 때" 신탁이 발생한다(Schmidt Report 1999).

신탁은 자산의 법적 소유자와 그것의 수익자 간에 장벽을 만드는 두 개인 간의 계약적 합의다. 신탁증서를 통해 재산 혹은 금융자산의 법적 소유권이 수탁자에게 이전되면 수탁자는 수익자를 위해 신탁받은 자산을 운용해야 한다. 신탁은 대부분의 지역에서 어떤 형태의 등록도 요구하지 않고, 설사 등록이 요구되더라도 (영국에서는 오직 조세 부과의 목적으로만 등록이 요구된다) 일반에 공개되지 않기 때문에 비밀이 보장된다. 또한 신탁 관리를 규제하는 신탁증서 역시 일반에 공개되지 않아도 되는데 사실 여전히 구두로 신탁을 만드는 것이 가능하다.

신탁은 1920년 이후에 채널 제도와 스위스(스위스는 시민법 국가이고 엄격히 말해 신탁제도를 인정하지 않고 있다)의 역외 지역에서 사용되었는데 1960년대 이후 훨씬 더 광범위하게 퍼졌다. 현재 신탁은 역외 세계에서 흔한 것이 되었으며 저지, 케이맨 제도, 영국령 버진아일랜드 같은 지역은 신탁 공급을 전문화하고 있다. 사실 신탁법이 없는 조세회피처는 거의 없다.

법적으로 좀 더 애매모호한 것은, 신탁 방식은 대개 신탁을 설정한 사람이 거기서 발생한 소득에 대해 어떤 관심도 두지 않을 것을 요구한다는 것이다. 하지만 실제로 역외금융산업은 의도적으로 이런 요구를 무시하고 신탁처럼 보이는 가짜 계약 방식을 만들어서 개인이 조세납부 의무를 피할 수 있도록 도와준다. 이 경우 설정자가 신탁에 대해 아무런 관심이 없는 것처럼 보이지만 사실상 그 신탁은 조세회피처에 거주하는 대리 수탁인이 관리한다. 그러나 일단 자산이 역외 신탁으로 이전되면 원래 소유자를 찾아가는 것이 매우 어렵기 때문에 이전 형태의 신탁도 필요없다. 등록 절차가 없기 때문에 신탁의 원래 주인이 누군지 알기가 더 어렵다. 더군다나 종종 신탁 설정자의 이름이 신탁증서에 나타나지 않거나 신탁 설정자와 재산 간의 관계를 숨기기 위해 대리인이 사용되기도 한다.

만약 신탁 조건에 신탁 자산에서 발생하는 소득을 다른 사람에게 지급해야 한다는 조건이 없을 경우에는 수탁자는 세금을 납부할 의무가 있다. 역외 신탁은 재량적이어서 적어도 개념적으로 수탁자는 자신이 원하는 누구에게든 소득을 배분할 수 있기 때문에 대부분 세금을 내지 않아도 된다. 역외 신탁의 경우 수탁자는 보통 전문가(회계사, 변호사, 신탁회사 직원 혹은 신탁회사)이고, 이들이 신탁된 자산을 통해 벌어들이는 소득은 비과세된다. 또한 신탁이 역외 지역에 있기 때문에 그곳에 살지 않는 수익자에게 돌아가는 소득을 그곳 과세 관청에 보고할 필요가 없으며, 수익자가 거기에 살아야 할 이유도 없다. 소득은 수익자의 역외은행 계정으로 입금되는데 어느 누구도 그가 어디에 살고 있는지 모른다. 이런 절차가 탈세를 비교적 쉽게 만든다.

탈세는 케이맨 제도(Star trust), 영국령 버진아일랜드(Vista Trust), 저지(trust with reservation of powers) 같은 곳에서 지난 몇 년 동안 제정된 법률로 인해 더욱 쉬워졌다. 이곳에서 신탁은 분명 신탁과 부동산업자협회Society of Trust and Estate Pratitioners의 회원에게서 영감을 받아 만들어졌는데, 이는 신탁 개념을 상당히 왜곡하고 있다(Gray 2005). 이런 신탁의 경우에 설정자는 신탁이 설정된 이후 신탁 관리에 상당한 영향력을 가지는데, 그 영향력을 통해 신탁의 투자와 수익자에 대한 지급(설정자가 신탁의 수익자가 될 수도 있다)뿐만 아니라 신탁의 해산까지도 결정할 수 있다. 이런 방식은 거의 신탁이라고 할 수 없고 자산의 소유권을 숨기기 위한 수단에 지나지 않는다. 그래서 탈세를 하려는 사람에게 상당한 이득을 가져다준다.

신탁이 단지 세금을 피하기 위한 목적으로만 만들어진 것이 아니라는 점에 주목해야 한다. 사람들은 배우자에게 재산을 숨기기 위해 신탁을 이용하기도 하고 가족 또는 사업 동업자 역시 그런 이유로 신탁을 이용한다. 또한 신탁은 상속법을 피할 목적으로 이용되기도 한다. 어떤 사람은 규제를 피하기 위해 사용하기도 한다. 그러나 세금이 가장 일반적인 동기다. 위와 같은 목적으로 설정된 신탁은 속임수나 가짜이기가 쉽고 특히 수탁자에 대한 지시가 이면문서를 통해 이루어졌을 때는 더욱 그렇다. 한 추정치에 따르면 2004년에 약 1,000개의 역외 신탁이 약 35만 개의 계정을 관리하는데, 자산 규모는 3~8조 달러로 추정된다(STEP 2004). 《스텝》지 조사에 따르면 신탁 관련 시장에 가장 깊숙이 관계된 31개의 역외 지역에서 신탁은 주로 부의 관리 수단(응답자의 35%)과 세금을 줄이기 위한 도구(25%)로 사용된다.

재단은 재산을 감추기 위한 또 다른 방법이다. 유한책임회사와 유사하게 별도의 법적 존재를 가진 것으로 인정되는 신탁의 한 형태다. 재단의 경우 비밀이 보장되고 법적으로 재단을 관리하는 변호사 또는 재단 설립자 재단이 분리되어 있다는 점에서 성공했다.

재단은 소유주나 주주를 가지고 있지 않다. 재단은 보유 자산을 운용하여 나오는 수익을 특정 목적에 사용하기 위해 설립된다. 선두권에 있는 조세회피처 중 네덜란드령 안틸레스, 오스트리아, 덴마크, 파나마, 네덜란드, 리히텐슈타인, 스위스가 개인 재단 설립을 허용하고 있다. 많은 조세회피처는 재단에 대해서 최소한의 정보공개만 요구하고 있다. 극단적으로 파나마에서는 재단 설립에 대한 승인도 필요없다.

　　재산을 은닉하는 데 사용되는 방법 중 잘 알려진 다른 방법은 리히텐
슈타인이 전문으로 하는 영조물이다. 신탁과 재단이 합쳐진 복잡한 구
조로 된 영조물은 1920년대에 발명되었고 주로 부자들이 상속세를 회피
할 목적으로 많이 사용했다. 리히텐슈타인에 거주하지 않는 사람이 개
인적 용도나 가족 용도로 만든 경우 이런 활동은 거의 공개되지 않는다.
그리고 영조물을 설립한 사람의 이름은 기록으로 남지 않는다. 재단은
그 소유권을 증명하는 증서를 가지고 있어야 하지만, 탈세에 사용하기
위해 설립된 영조물에 대해서는 등록이 필요하지 않다. 영조물이 존재
한다는 것은 운영에 관계하는 변호사나 은행가만 아는데 이들은 법적으
로 절대적인 비밀보장을 할 의무가 있다. 비록 등록이 요구되더라도(예
를 들어 자선 영조물의 경우), 영조물의 이름을 포함해 영조물에 관련된 어
떤 정보도 일반인에게 공개되지 않는다.

　　리히텐슈타인에서 사업을 하지 않는 재단과 영조물은 원하지 않으면
회계자료를 작성할 필요가 없다. 사실상 어떤 회계자료도 관계 당국에
보내지지 않는다. 재단이 보유한 재산가치에 대해 매년 0.5~1% 사이의
세금이 부과되는데 기록이 없기 때문에 세금 부과가 제대로 이행되는
지 감독할 수 없다. 하지만 리히텐슈타인 재정 수입의 30%가 이 세금으
로 충당된다. '영조물'과 세계에서 가장 엄격한 '은행의 비밀보장법' 덕분
에 리히텐슈타인은 어떠한 정보도 제공하지 않을 수 있다. 영조물의 경
우 대단히 성공했지만 그 숫자는 알려지지 않는다. 페일런과 몬테버그
는 2000년에 그 숫자를 1만 3,000개로 추산했으나 언론매체에 발표된
2008 보고서는 8만 개에 육박하는 훨씬 더 많은 숫자를 제시했는데, 리
히텐슈타인의 금융시장 규모를 감안하면 후자가 더 그럴 듯하다. 리히텐
슈타인의 성공을 부러워한 저지는 2008년에 새로운 재단법을 제안했다.

:: 역외은행산업과 다른 금융기관

은행

과거에 조세회피처는 저렴하게 은행을 설립할 수 있는 허가를 내주었고, 그들 지역에 은행이 많다는 것을 자랑스러워했다. 역외은행은 국제비즈니스회사로서의 은행이라고 할 수 있는데 물론 국제비즈니스회사도 금융기관으로서 충분히 여러 용도로 기능할 수 있다. 역외금융센터에 있는 은행의 매력은 명확하다. 자본세가 없고, 배당이나 이자에 대한 원천징수세, 이전에 대한 세금이 없으며, 법인세와 자본이득세도 없다. 또한 환율 규제가 없으며, 규제와 감독은 약하고 거래에 관한 재무회계 보고가 덜 엄격하며 거래에 대한 제약도 덜 엄격하다. 전 세계의 선두권, 중위권에 있는 모든 은행, 작은 규모의 은행 대다수가 적어도 하나의 지점을 조세회피처에 두고 있는데, 이렇게 많은 은행이 여러 지점을 가지고 있다는 것은 놀라운 일이 아니다.

그 결과 조세회피처에는 수많은 은행이 번창하게 되었다. 바하마는 영토 내에 4,300개의 은행이 등록되어 있다고 주장해 왔다. 인구가 5만 1,000명인 케이맨 제도는 2007년에 은행이 427개 있다고 자랑했는데 이는 인구 120명당 하나인 셈이다(Ridley 2007).

세 가지 유형의 금융기관이 조세회피처를 이용한다. 먼저 대다수 조세회피처에 있는 은행은 속이 비어 있는 조개와 같은 은행이다. 그들은 조세회피처 내에 어떤 유형자산도 가지고 있지 않거나 가지고 있다면 최소한의 자산만 가지고 있다. 이런 기관은 범죄적 금융 행위에 깊숙이 관련되어 있는데(BIS 2003a), 특히 이런 은행은 국제자금세탁방지기구나 금융안정포럼과 전혀 협력 관계가 없는 국가에 등록되어 있다. 어떤 전문가들은 이런 은행의 금융 활동 40%가 범죄 행위와 관련되어 있거나 최소한 불법적 성격을 가지고 있다고 본다(Dupuis-Danon 2004). 그래서 이런 은행을 폐쇄하려는 시도가 있었지만 현재까지는 크게 성공하지 못했다.

두 번째 형태는 바젤은행감독위원회가 밝혀낸 역외은행으로 대형 역내은행의 지점 역할을 하는 은행이다. 이런 지점은 많은 경우 잘 알려진 소매은행이 소유하고 있는데 그들이 운영하며 이름도 서로 공유한다(예: 바클레이스 저지). 그러나 법적으로 그들은 별개의 법인이다. 은행은 합법적 행동과 불법적 행동 두 경우 모두 조세회피처에 있는 지점을 사용한다. 역외에 있는 지점은 합법적 또는 준합법적으로 세금이나 규제를 피할 목적으로 사용된다(BIS 2003b). 영국의 주요 소매은행 고객에 초점을 맞추었던 영국의 2007년 조세 사면은 이런 지점이 얼마나 광범위하게 탈세 목적으로 사용되는지 보여 주었다. 다국적기업은 자신의 활동 자금을 조달하는 과정에서 똑같은 목적으로 역외은행을 설립했다.

마지막으로 적절히 규제되는 지역에 있는 진짜 역외은행이 있다. 한 추정치에 따르면 1998년 후반까지 진짜 역외은행 약 4,000개가 60개 지역에 흩어져 있으며, 거의 절반이 남미와 카리브 해에 있었다. 여기서는 약 5조 달러의 자산을 관리한다. 물론 어떤 은행이 어떤 카테고리에 포함되는지를 말하기는 매우 어렵다. 역외 지역과 기업 보고가 가지고 있는 비밀스러움 때문이다.

보험회사

조세회피처에서는 이른바 전속 보험회사도 번창했다. 전속 보험회사는 기업의 리스크를 관리하고 세금을 최소화하기 위해 다국적기업이 역외금융센터에 세운 자회사다. 실제로 모든 역내 보험회사는 모기업이 인수한 리스크를 재보험할 목적과 전반적인 충당금과 자본요구 비율을 낮출 목적으로 역외금융센터에 자회사를 설립한다. 역내의 재보험회사는 대재앙의 위험을 재보험하기 위해 역외금융센터에 자회사를 설립한다. 이 경우 역외금융센터의 장점은 보험금 준비금 비율과 자본금 기준이 느슨하게 규제된다는 점과 소득·원천징수세와 자본세에서 유리한 취급을 받는다는 점이다.

이런 형태의 보험회사는 1920년대와 1930년대에 BP와 ICI 같은 석유 메이저의 부추김으로 처음 생겨났다. 그들은 전통적인 보험회사에 비해 리스크를 더 잘 측정할 수 있어서 더 높은 수익을 올렸다. 과거 30년 동안 전속 보험회사 수는 엄청나게 증가했다. 세계적으로 전속 보험회사의 수는 5,000개가 약간 넘는 것으로 추산되는데, 이들은 200억 달러에 달하는 보험료에 영향을 미치며, 500억 달러 이상의 자산을 운용한다(www.captive.com).

전속 보험회사를 전문적으로 발전시킨 첫 번째 역외센터는 버뮤다였다. 미국 내에서 건강에 대한 리스크, 특히 석면과 관계된 소송비용이 급상승하자 버뮤다가 재빨리 기회를 포착했다. 제조업 분야의 기업에 대한 보험료가 치솟자 미국의 대형 보험회사인 마시앤드맥러넌[Marsh & McLennan]이 버뮤다에 전속 보험회사를 발전시키기 시작했다(Evans 2002).

표 3.1 전속 보험회사의 성장(1989~2007)

연도	전속 보험회사의 수
1989	2,535
1992	2,896
1995	3,199
1997	3,361
1998	3,418
2005	4,772
2006	4,951
2007	5,119

출처: 보험정보원(Insurance Information Institute)

순위	지역	전속 보험회사의 수	
		2006	2007
1	버뮤다	989	958
2	케이맨 제도	740	765
3	버몬트	563	567
4	영국령 버진아일랜드	400[1]	409[1]
5	건지	381	368
6	바베이도스	235	256
7	룩셈부르크	208	210
8	터크스케이커스 제도	169[2]	173[1]
9	하와이	160	163
10	사우스 캐롤라이나	146	158
11	맨 섬	161	155
12	더블린	154[3]	131
13	네바다	95	115
14	애리조나	83[3]	108
15	유타	30	92
16	D.C.	70	77
17	싱가포르	60	62
18	스위스	48	48
19	뉴욕	39	44
20	라부안	26[1]	31
	상위 20지역 합계	**4,757**	**4,890**
	전 세계 합계	**4,951**	**5,119**

[1] Business Insurance 추정치
[2] 신용생명보험회사(credit life insurers) 제외
[3] 정정발표
출처: Business Insurance, 2008. 3. 3

그 이후 버뮤다는 끊임없이 새로운 방법을 고안해 냈고, 2000년대 중반부터 재보험 산업에서 선두를 차지하게 되었다(뮌헨 리와 스위스 리가 선두 업체다). 또한 건지와 케이맨 제도가 이 활동에 합류했고, 룩셈부르크, 더블린, 지브롤터 역시 이 분야에 적극적이다. 조금 뒤에 합류한 영국령 버진아일랜드는 소규모 전속보험회사에 전문화하는 경향을 보이고 있다. 맨섬, 버뮤다, 케이맨 제도는 미국의 다국적기업을 유치하려는 반면에 유럽의 기업은 건지를 선택하고 있다.

맨 섬을 포함해 영국계 섬은 보험시장의 또 다른 분야를 발전시켰는데 그것은 바로 생명보험 계약을 통한 마약 자금의 세탁이다. 많은 보험회사가 돈세탁 과정에 관계해 왔다. 또 다른 조세회피처에서는 세금을 회피할 목적으로 보험회사가 설립되었는데, 이는 35만 달러 이하의 보험료를 받는 보험회사에게 세금이 면제되는 미국 법을 이용하기 위해서다. 소규모 보험회사는 직원 1명 월급을 주기에도 모자라는 적은 수익으로 설립되지만 미래에 발생할 위험에 대비해 매우 많은 준비금을 적립하고 그 준비금을 비과세 지역에 둔다. 종종 이런 회사는 1명이나 2명의 '고객'만 가지고 있을 뿐이다.

이중 조세 혜택을 확보할 수 있다는 것이 재보험 산업의 매력이다. 역외에서 받는 보험료는 그 지역에서 세금이 부과되지 않지만 고세율 국가에서는 세금 공제의 대상이 된다. 이런 방식으로 역외에 있는 재보험회사는 실질적인 조세 보조금을 받는다.

투자 펀드와 파생금융상품

조세회피처는 신규 금융기관을 많이 유치하고 있다. 이들은 조세 혜택을 누리기 위해서 혹은 역내 규제하에서는 실행하기 어려운 위험한 투자를 하기 위해서 모여들었다.

이런 투자기관 중 가장 잘 알려진 것이 제7장에서 논의할 헤지펀드다. 역외 헤지펀드의 수에 대해서는 논란이 많은데, 이렇게 논쟁이 있다는 것 자체가 규제와 감독에 대한 문제를 제기한다. 런던의 국제금융서비스는 2003년 역외에 헤지펀드가 전체 펀드의 40%를 차지하며 운용되는 자산의 55%를 차지한다고 보았다. 2006년 1월 기준으로 헤지펀드의 55%가 역외에 등록되어 있다. 가장 인기 있는 지역은 케이맨 제도(역외 펀드의 63%)이고 그다음이 영국령 버진아일랜드(13%), 버뮤다(11%) 순이다. 미국은 가장 인기 있는 역내지역(대부분의 헤지펀드는 델라웨어 주에 등록되어 있음)으로서 전체 역내펀드의 48%를 차지하며 그 뒤를 이어 아일랜드가 7%의 비중을 차지한다. 헤지펀드의 절대적 가치 역시 현재 약 15조 달러까지 상승했는데, 이는 2006년 전체 역외 헤지펀드의 자산이 2003년 모든 헤지펀드의 자산보다 많다는 것을 의미한다.

역외 지역에서 헤지펀드가 실제로 관리되지 않으리라는 것은 예상할 수 있는 일이다. 2006년 전 세계 헤지펀드 자산의 약 36%가 뉴욕에서 운용되는데 이는 2005년의 45%보다 하락한 수치다. 공식적으로 영국의 법적 시스템은 헤지펀드라고 하는 활동을 인정하지 않았지만 런던은 세계에서 두 번째로 많은 헤지펀드 매니저가 모여 있는 곳이다(Clark 2008). 세계 헤지펀드 산업에서 런던이 차지하는 비중은 2002년에서 2006년 사이 2배로 증가해 21%에 달한다(IFSL 2007). 조세회피처에서의 활동이라는 것은 아마도 다른 곳에서 발생한 거래를 '장부에 기입하는' 정도에 지나지 않을 것이다.

역외에서 가장 최근에 유행하는 것은 사모펀드인데, 이 분야의 상당 부분이 역외에 있다. 《옵서버》지는 주요 영국의 사모펀드에서 수익을 얻는 사람들 중 80%가 영국 외에 주소지를 두고 있다고 추정했다. 그들이 수익을 얻는 사모펀드는 모두 역외에 있어서 영국의 자본이득세를 내지 않아도 된다(Sunderland and Mathiason 2007). 저지에 근거지를 둔 변호사들은 사모펀드 고객을 인터넷에서 광고하고 있다. 그들의 고객은 CVC 캐피털파트너스CVC Capital Partners, 알파그룹Alpha Group, 악사프라이빗이쿼티AXA Private Equity 테라퍼마Terra Firma, 칼라일그룹Carlyle Group, 인베스트인더스트리얼Invest industrial, 머캐피털Mercapital을 포함한다. 영국에 자동차협회를 소유한 퍼미라Permira 같은 주요 사모펀드 그룹 역시 역외에 있다. 2008년 5월 29일 런던 주식시장의 전문투자시장에 처음으로 상장된 회사는 건지에 있는 다빈치CIS펀드^{Da Vinci CIS Private Sector Growth Fund Limited}였다.
전문투자시장은 2007년 11월 런던 주식시장에서 시작했는데 이는 매

Box 3.2 짜맞추기
– 고객의 욕구를 충족시키는 특수목적법인(Special Purpose Vehicles; SPV)

역외금융센터에서 가장 급속하게 성장하는 분야의 하나는 특수목적법인이다. 엔론이 약 3,000개의 특수목적법인을 설립했고 그중 800개가 여러 조세회피처에 있다는 것이 알려지면서 특수목적법인은 유명해졌다.

파르말라트, 월드컴, 잘 알려진 다른 기업도 특수목적법인을 허위 회계 도구로 사용해 파산했다. 그렇다면 특수목적법인은 무엇인가?

특수목적법인은 하이리스크 자산을 분리시킬 때 사용되는 자산지주수단이다. 그들은 대기업의 자회사 또는 계열사가 되는데 보통 대형 프로젝트에 자금을 조달할 때 발생하는 리스크를 관리하기 위해서 설립된다. 그들은 주로 파산비용을 감수시킬 목적으로 사용된다고 주장하는 사람들도 있지만(Gorton and Souleles 2005), 회계규칙이 허술하고 불투명해서 또 다른 목적으로 사용될 수도 있다. 금융기관은 덜 제한적인 규제를 이용하기 위해서 특수목적법인을 설립한다. 특히 은행은 조세회피처의 저세율 환경에서 1등급 자본을 확충할 때 사용한다. 비은행기관은 좀 더 관용적인 규정을 통해 자본금 요구 조건을 완화하기 위해 특수목적법인을 설립한다.

자선신탁(charitable trusts)의 소유하에 있는 복잡한 금융상품을 발행하는 특수목적법인 간에 존재하는 일반적인 관행은 최근까지 거의 알려지지 않았다(제7장의 논의 참조). 그 관행이란 특수목적법인을 설립한 법인이 그 특수목적법인을 소유하거나 통제하지 않는다고 주장할 수 있고 결과적으로 대차대조표상에 그런 특수목적법인이 전혀 존재하지 않을 수 있다는 것이다. 그 목적은 분명하다. 특수목적법인을 만드는 회사는 자신들의 진실한 재무구조를 숨기려 하기 때문이다. 자선신탁은 전문적인 신탁인이 관리해야 하지만, 실제로 특수목적법인이 발행한 증권의 채무를 가지고 있는 법인이 관리한다. 이런 종류의 구조는 지난 100년 동안 영국에서 발생한 가장 큰 은행 파산이라고 할 수 있는 2007년 노던록이 파산하는 데 한몫을 했다.

우 전문화된 투자회사를 규제하는 시장이다. 그 시장은 헤지펀드와 기업 투자펀드를 유치할 목적으로 비교적 느슨한 규제를 하고 있지만 세금 문제도 펀드의 위치를 결정하는 데 영향을 미친다.

역외 목적을 위해 역내 규제를 모방하다

앞에서 이미 설명한 여러 가지 수단과 더불어 조세회피처와 조세회피처를 이용하는 전문가 집단은 또 다른 형태의 계략을 가지고 있다. 매우 다양하고 기막힌 수법이 역외 목적을 위해 역내 규정을 모방한다. 자세하게 설명하기에는 이런 기법이 너무 많고 종류도 다양하다. 영국 언론에 발표된 것으로서 조세 회피를 위해 저지의 주식시장을 이용하는 기법을 살펴보자.

런던 최대 회계법인은 자선 기부금에 대한 재무성의 혜택을 이용하는 세련된 기법을 고안해 냈다. 밴티스Vantis 는 저지의 주식시장에 4개 회사를 상장시켰다. 상장 직후 이상하게도 그 회사들의 주가가 바로 상승했는데 그것도 소폭이 아닌 엄청난 상승이었다. 이런 상승세 이후, 상장 이전에 출자했던 투자가들은 영국에 있는 자선단체에 주식을 기부하고 기부 주식에 대한 조세 경감을 요구했으며, 상당한 규모로 조세 환급을 받을 수 있었다. 그 이후 기업의 주가는 이상할 정도로 하락했다. 문제가 되는 자선단체는 기증받은 주식을 회계상 비용으로 결손 처리했다. 그 주식을 다시 팔 수 없었기 때문이다. 〈선데이타임스〉는 거의 400명이 이런 기법을 이용했다고 보도했다. 영국 국세청은 사기 혐의를 잡고 그 기업의 주가가 조세 목적을 위해 조작되었는지 여부를 조사했다.

:: 역외 세계의 중심을 이루는 전문가 집단

많은 증거에 따르면 역외에 임자가 없는 땅을 만들고 그 땅을 규제하는 복잡한 규정이 자연적으로 나타나지는 않았다. 그런 규정은 그 땅을 이용하려는 고객에게 컨설팅 서비스를 제공하는 전문가 집단이 만들었다.

조세회피처에서 사용되는 수법들의 복합성과 다양성, 그리고 우리가 묘사한 많은 수법이 완전히 불법은 아니더라도 불법과 합법의 경계선에 있다는 사실을 고려해 보라. 이는 분명 전문가들이 고안한 것이다. 의심스러운 절세 수단의 판매가 이제 더 이상 한정된 자원을 가진, 야반도주할 만한 수상한 회사만의 영역은 아니다. 그것은 대규모 사업으로 바뀌어 재능 있는 전문가들이 맡고 있으며, 가장 큰 회계법인, 법무법인, 투자자문회사, 은행 등이 가지고 있는 자원과 명성에 의지한다.

누구나 아는 다국적기업 대부분은 조세 관련 업무를 취급하기 위한 특별 부서를 만들어 왔다. 이런 부서는 이윤센터 또는 가치창출센터로 인식되고 부서의 직원은 회사의 조세를 절약해 주는 능력에 따라 보수를 받는다(Slemrod 2004, 11). 대기업에서 일하는 조세담당 부서의 부서장 1,000명을 조사한 2000년 《포춘》지의 조사에 따르면 그들 중 46%가 회사가 납부해야 하는 실질세율을 감소시키는 능력에 따라 보수를 받고, 16%는 가장 중요한 임무가 조세 납부와 관련해 합법적인 납부 방법을 찾는 것이라고 대답했다. 다음에 설명하는 사람들이 조세회피처 활동의 중심에 있다.

전문가와 법

회계사는 종종 조세축소활동이 두 종류 중 하나에 포함된다고 말한다. 첫째는 탈세인데 이것은 불법이다. 둘째는 조세 회피로 합법적이다. 이 둘의 차이는 명확하며, 탈세를 하지 않고 조세 회피를 하는 한 합법적이라고 한다. 관련된 선례는 지역마다 다르지만 세계의 많은 국가(중요한 조세회피처 대부분)는 조세에 대한 의사결정을 내릴 때 영국 법을 기초로 한다.

이런 관점에 대한 하나의 법적 기초는 클라이드 경이 제공한 것인데, 그는 1929년 상원에서 "이 나라에서 누구도 도덕적 이유, 어떤 다른 이유로 국세청이 가능한 한 많은 세금을 징수하도록 자신의 사업이나 재산에 대해 법적 관계를 처리할 의무를 가지고 있지 않다"고 했다. 모든 사람이 이런 관점에 동의하는 것은 아니다. 템플맨경은 1993년 상원에서 다음과 "내 전임자와 마찬가지로 나는 현재 고안되어 사용되는 어떤 종류의 조세 회피 기법도 국세청을 속이려는 시도와 다르지 않다고 생각한다"고 했다.

대부분의 회계사는 템플맨의 견해에 반대한다. 가장 우세한 의견은 아마도 언스트앤드영 남아프리카의 조세 관련 파트너로 있는 데이비 클레그의 의견인데, 그는 회사를 대표해 "조세 법률을 적용하는 데 도덕성은 전혀 중요하지 않다고 생각한다. 왜냐하면 도덕성은 주로 주관적이기 때문이다. 도덕성이 필요할 때는 조세 수입 확보의 목적이라는 맥락 안에서 명확하고 공정한 방식으로 조세법을 제정할 때다"라고 했다(Clegg 2006). 이런 태도는 사람들이 회계사나 세금 대리인이 적용해야 한다고 생각하는 윤리적 제약은 무시한 채 세금을 줄이기 위해서는 어떤 허점이든 이용하는 것을 보여 준다. 그들은 그렇게 하도록 고객의 압력을 받는데, 그렇게 하지 못하면 고객의 납세 청구액을 최소화시키지 못한 데 대해 법적 책임을 져야 하기 때문이다.

우리는 앞의 견해가 제시하는 것보다 실제 상황은 더 복잡하다고 본다. 모든 국가의 법은 언어로 쓰인 것이며, 언어는 항상 어떻게 해석하느냐에 따라 의미가 달라질 수 있다. (조세 준수와 구별하기 위해 종종 공격적 조세 회피라고도 하는) 조세 회피는 이런 해석상의 불확실성을 이용하려는 것이다. 2005년 3월 영국의 예산안이 처리된 이후 국제 회계법인인 무어 스티븐스의 대변인은 〈가디언〉에서 "어떤 법률이 제정되든 회계사와 변호사는 그것을 우회할 방법을 찾을 것이다. 법률은 법률이지만 그 법률은 위반되게끔 되어 있다"고 했다. 그 회사는 이후에 회사 대변인의 말이 잘못 인용되었으며 그가 결코 위법을 지지하는 것은 아니라는 성명서를 발표했다. 하지만 그 대변인은 조세회피처 근처에서 성장해 온 서비스 산업의 도덕관을 제대로 보여 주었다.

미국과 영국의 조세 관청을 포함해 몇몇 조세 관청은 이에 대항해 조세축소활동 기법의 등록을 요구했다. 그러나 영국에서 보여 준 것처럼 몇몇 세무사는 법으로 정해져 있는데도 협조를 거부했다(Neveling 2007a).

세계 4대 회계법인

의심할 여지없이 조세 회피와 탈세의 게임에서 가장 중요한 선수는 이른바 세계 4대 회계법인이다. KPMG, 언스트앤드영, 프라이스워터하우스쿠퍼스, 딜로이트가 그것이다. 이 4대 회계법인은 글로벌 경제에서 강력한 역할을 하며, 종종 역외금융센터에서 성공의 열쇠를 쥐고 있다. 존 크리스텐슨과 마크 햄프턴(1999)은 1990년 저지의 사례에서 사실상 여러 조세회피처가 이 법인들의 사적 이익에 포획되어 있고, 따라서 이 법인들이 문자 그대로 그 지역의 법률을 자신의 이익에 맞게 제정하고 있음을 보여 주었다. 과거 5대 회계법인이 세계를 무대로 활동하던 시절 그중 하나였던 아서 앤더슨의 실패 사례를 보면 그들이 역외 활동을 추구할 때 짊어져야 하는 위험 부담을 알 수 있다.

전후 세계경제를 미국 기업이 지배하고 시티 오브 런던과 월스트리트의 타의 추종을 불허하는 역량으로 인해서 앵글로색슨계 컨설팅 기업들이 선두에 나서게 되었다. 영국과 미국의 관습법과 규제 당국이 수용 가능한 사업 관행을 정의하는 임무를 민간 전문가에게 기꺼이 위임함에 따라 이런 회사가 적극적으로 애매모호한 행동 규칙을 만들게 했고, 결과적으로 그들은 원하는 것은 무엇이든 할 수 있도록 허용되었다. 똑같은 법인이 조세 회피에 대해 조언하면서 동시에 회계감사를 한다면 이익의 상충이 일어날 수밖에 없다(Strange 1988). 우리가 그동안 반복적으로 보아 왔고 또 지난 서브프라임 위기가 보여 주는 것처럼 4대 회계법인은 사업 관행의 건전성을 확인해 세계 자본주의의 안정을 확보하는 것보다 개인 재산을 지키는 데 더 관심을 가진 것으로 보인다.

이 법인들은 세계 초거대기업의 자문 역할과 동시에 회계감사 역할도 한다. 그들은 약 140개 국가에서 활동하고 있다. 이 책의 한 저자가 조세회피처에서의 활동에 대해 비판을 제기했을 때 KPMG의 세계 조세 담당 부서의 책임자인 러플린 힉키(Loughlin Hickey, 2005년 12월 《비즈니스 택스》에 의해 조세 분야에서 세계에서 가장 영향력 있는 인물로 선정되었다)는 이렇게 선언했다. "나는 그런 지역에 KPMG가 있다는 것에 대해 자부심을 가지고 있다. KPMG의 역할은 규제 시스템과 조세 시스템이 효율적으로 작동하는 데 공헌하는 것이다. 솔직히 말해 만약 우리 회사와 같은 기업이 그 지역에 있지 않다면 우리는 그들을 도울 수 없다." 그런데 흥미롭게도 미국의 조세 관청은 조세회피처의 발전에 대한 그들의 공헌에 대해서는 다른 생각을 하고 있었고, 조사 결과 KPMG가 수백 명에게 탈세 기법을 판매해 14억 달러에 달하는 세금을 내지 않도록 도왔다는 것이 알려진 이후 KPMG는 2005년 미국의 조세 관청과 4억

5,600만 달러의 벌금을 내겠다고 합의했다. 위의 케이스에서 조세 회피를 도와준 대가로 KPMG가 총 1억 2,400만 달러에 달하는 커미션을 받았는데, 이 금액은 거의 조세 회피액인 14억 달러의 9%에 해당하는 금액이다. 영국 세무청의 수석 관리인 코노 나모라토는 "KPMG가 직업의식을 버리는 대신 이윤을 택했다"라는 생각을 밝혔다. KPMG의 수입은 2005년 16.7%가 상승해 156억 9,000만 달러에 달했고 마크 레이크 회장의 말에 따르면 그해는 특별한 해였다.

세금이 이들 기업의 가장 기본적인 사업 전략이라는 데는 논란의 여지가 없다(Strange 1998). 1990년대 후반 딜로이트는 그들의 잠재고객에 대해 간단한 거래 조건을 제시했는데 그것은 고객의 세금 감소분의 30%를 갖는다는 것이었다. 딜로이트는 법정이 아니라 미국의 조세 관청 앞에서 그들의 전략을 옹호하는 변론을 했다(Novack and Saunders 1998). 2005년 유럽연합의 법정은 KPMG가 영국의 판매세나 부가가치세에 대한 회피 방법을 광고하는 것에 대해 의견을 제시했다. 이 광고에서 KPMG는 영국의 조세 관청이 이 방법을 받아들일 수 없는 조세 회피 기법으로 고려하고 있다는 사실을 알고 있다고 인정했다. 그런데도 그 회사는 자기 고객이 아닌 사람에게 이 방법을 광고했다. 법원은 KPMG의 감세 수단이 부가가치세를 회피하는 적절한 수단이 아니라고 결론을 내렸지만 그 당시 KPMG가 서비스를 판매하는 데는 전혀 문제가 되지 않았다.

다. 그래서 미국 산업계의 많은 저명인사들이 미국에서 납부해야 하는 세금 액수를 줄이거나 혹은 전혀 세금을 내지 않도록 하는 포괄적인 탈세수단의 개발, 판매, 시행에 연루되었다는 것을 지적했다.

미 상원에 대한 초기 보고서에서 소위원회는 국제회계기관인 KPMG가 판매된 4개의 인위적인 수법으로 인해 미국 재무국이 적어도 72억 달러의 비용을 지불할 수도 있다는 것을 지적했다(U.S. Senator 2003). 칼 레빈 상원위원은 이들의 활동에 대해서 "너무 복잡해서 눈으로 파악되지 않는 기법이다. 이런 혼합물을 요리한 사람은 그런 복잡함을 이용해 세밀한 조사나 공공의 분노를 빠져나갔다"고 말했다(Levin 2003).

또한 칼 레빈은 탈세수단이 원래 조세법이 의도하지 않았던 큰 조세 혜택을 제공하는 것 말고는 어떤 경제적 실체도 없는 복잡한 거래라는 점을 확실히 했다. 그리고 4개의 대형 회계회사 중 하나인 KPMG가 사용하는 방법이 다음과 같은 네 가지 단계로 이루어진다고 주장했다.

Step 1: 혁신. KPMG는 1997년 조세혁신센터를 설립했다. 그 센터는 세금을 회피할 수 있는 새로운 금융상품을 고안해 냈다.

Step 2: 유효성. 일단 개발이 되면 이런 상품들은 법적인 면에서의 의견을 수렴할 목적으로 KPMG의 내부 통제 부서로 옮겨진다.

Step 3: 마케팅. 판매 활동을 지원하기 위해 세무사들은 '의견서'를 제출하게 되는데, 이는 변호사들이 서명한 법적 문서다. 의견서는 5만에서 7만 5,000달러 사이에서 팔리는데 이 상품이 세법을 위반한 것은 아니라는 점이 명시되어 있다. 그러면 납세자는 "자신이 옳다고 믿고" 조세 관청과 협상할 수 있고 만약 협상이 되지 않았을 때 발생하는 벌금을 경감할 수 있다.

Step 4: 실행. 일단 고객이 걸려들게 되면 기업은 계속해서 상품을 판매하게 되고 일부는 역외시장에서 팔린다.

모든 국제 대형회계 기업이 이런 서비스를 제공하고 있다.

칼 레빈 상원의원은 상원위원 놈 콜먼과 버락 오바마와 함께 2007년 2월 Stop Tax Haven Abuse Act를 제출했다. 만약 법률이 제정된다면 조세피난처에 대한 미국 정부의 정책에 근본적 변화가 생기게 될 것이다.

:: 결론

　　과거부터 지금까지 조세회피처는 비거주자가 조세 회피나 탈세의 목적으로 사용하는 다양한 종류의 조직과 법적 수단을 발전시켜 왔다. 이런 수단 중 많은 것은 실질적 소유자를 가려주는 비밀의 장벽을 실질적으로 (항상 합법적은 아니지만) 제공한다. 1990년대 후반부터 진지하게 시작된 조세 회피와 탈세에 대항하는 전쟁은 지금까지보다 훨씬 더 불투명하고 복잡하며 세련된 조세 회피 수단을 유발시켜 왔다. 새로운 법적 수단이 다양해지고 급속히 발전한다는 것은 조세회피처가 그들 내에 거주하는 국외 전문가 집단의 도움을 받아 주권에 따른 특권을 이용해 조세를 회피할 수 있는 수단을 가능하게 하는 법을 제정하고 있음을 의미한다. 조세 회피에 사용되는 수단의 복잡성은 다시 많은 전문기관에게 큰 혜택이 되고 있다. 그 중심에는 4대 회계법인이 있는데 이들이 없었다면 이 모든 것은 불가능했을 것이다. 이런 전문가는 거대한 역외 세계의 중심에 있다. 역외경제의 범위나 영향력을 가늠하는 것은 어렵지만 그것이 가져온 파장은 2008년과 2009년 경제 위기가 전개되면서 너무나 명확해졌다.

제 4 장

조세회피처의 기원

"만약 당신이 스위스 은행가가
창문에서 뛰어내리는 것을 본다면,
뒤따라 뛰어내려라.
그러면 거기에 돈이 있을 것이다!"

조세회피처의 역사는 신화와 전설로 이루어진 수수께끼와 같다. 해적이나 강도의 은신처에서 출발하여, 수상한 거래, 마피아, 비밀 서비스가 결부되면서 신비롭고 매혹적인 인상이 더해졌다. 조세회피처의 기원에 대해서는 많은 설명이 있지만, 확실한 증거를 가진 것은 거의 없다. 기원에 대한 신화로서 가장 잘 알려진 몇 가지 이야기도 금방 부정할 수 있는 것들이다.

첫 번째 신화는 스위스의 은행가가 유대인의 재산을 나치에게서 보호하기 위해 은행 비밀계좌를 만들었다는 주장이다. 실제로 은행 비밀계좌는 다른 나라의 기소로부터 스위스 은행가의 재산을 보호하기 위해 만들어졌다. 두 번째 일반적인 신화는 자유주의 경제학자와 IMF, OECD(1998) 등이 제기한 설로서 조세회피처가 1960년대 조세 부담의 증가에 대응해 등장했다는 것이다. 이것 역시 사실이 아니라는 것을 쉽게 알 수 있다. 스위스는 1920년대에 이미 조세회피처로 알려졌고, 리히텐슈타인은 1920년 영조물을 도입했으며, 룩셈부르크는 1929년 지주회사법을 통과시켰고, 버뮤다는 1935년 이후부터 조세회피처로 알려져 왔다. 세 번째 일반적인 신화는 조세회피처 스스로가 주장한 것으로서 조세회피처는 이동 가능한 자본에 의해서 이용된 무고한 방관자일 뿐이라는 것이다. 하지만 해외자본을 유치하기 위해 조세회피처가 얼마나 노력하는지를 보면 이런 주장은 근거가 부족하다.

회피와 은폐, 그리고 탈세의 기원은 아주 먼 과거까지 거슬러 올라간다. 그리스와 로마의 시민은 정부당국에게서 자신들의 금융자산을 은폐하는 일에 매우 능숙했다(Doggart 2002). 중세의 대부업자도 그에 못지않게 종교적으로 허용되지 않은 대출에서 받는 이자 수입을 감추는 여러 종류의 수법을 고안해 냈다. 네덜란드, 영국, 프랑스의 상인은 '창고저장'이라고 불리는 관행을 사용했는데, 이를 통해 매매 참가자는 저장 상품이 팔릴 때까지 상품에 대한 세금을 미룰 수 있었다. 은폐는 긴 역사를 가지고 있지만 조세회피처는 최근에 발전했다. 1869년 모나코의 왕자 찰스 3세는 카지노 설립을 승인했다. 그는 카지노에서 나오는 수익으로 모나코의 모든 형태의 소득세를 폐지할 수 있었기에, 의도적인 것은 아니었지만 첫 번째 진정한 의미의 현대적 조세회피처가 탄생하게 되었다.

대략 우리는 조세회피처의 발달을 3단계로 구분할 수 있다. 첫 번째 단계는 19세기 후반부터 1920년대까지로 조세회피처에서 사용되는 대부분의 친숙한 수단이 등장한 시기다. 두 번째 단계는 제1차 세계대전이 끝난 이후부터 1970년대 초기까지로 스위스를 선두로 몇몇 국가가 의도적인 발전 전략으로 조세회피처 체제를 발전시키기 시작한 시기다. 세 번째 단계는 1970년대 초부터 1990년대 말까지로 조세회피처의 숫자뿐 아니라 범위, 활동, 조세회피처를 통과하는 금융자산의 양도 엄청나게 증가한 시기다. 이 시기가 바로 조세회피처의 황금기다.

:: 19세기 후반 미국에서의 창업 게임

아돌프 벌리(1950, 189)는 "주식회사라고 하는 이런 집합체가 어디

에서 왔는가. 아마 그 누구도 잘 모를 것이다"라고 말했다. 어떤 역사학
자들은 현대 주식회사의 시초를 1553년 러시아와 기니가 영국에 설립
한 최초의 주식합명회사joint stock company로 본다. 다른 역사학자들은 현대
주식회사의 시작을 영국 여왕 엘리자베스 1세가 동인도무역회사를 만
든 1601년으로 잡는다. 어떤 것이 맞든 주식회사의 개념은 18세기 초
부터의 투기 바람과 사기성 광고, 즉 남해포말사건South Sea Bubble★으로 통
칭되는 것으로 인해 심각한 타격을 입었다. 1720년 의회에서 통과된 버
블 액트Bubble Act는 "국왕의 허가 혹은 의회의 법률에 따라 창업된 회사만
양도 가능한 주식을 발행할 수 있다고 규정"하고 있었다(Pearson 2006,
xvii). 미국은 이런 주식회사에 대한 영국적 태도를 이어받았다. 1830년
까지 미국에서는 오직 특별한 법률에 따라서만 주식회사 설립이 가능했
다(Epstein 1969, 23).

주식회사는 국왕의 허가나 의회의 법률이 필요했기 때문에 특히 드물
었다. 주식회사법은 19세기 들어 천천히 그리고 마지못해 발전하기 시
작했고, 그 선두에는 미국이 있었다. 첫 번째 주식회사법은 1823년 뉴
욕 주에서 제정되었는데(Lindholm 1944), 그 법은 제조업 주식회사에만
적용할 수 있었다. 1830년대에 반대가 있었지만 주식회사 창업에 대한
일반법이 미국의 많은 주에서 채택되었다. 영국은 1844년 Companies
Registration and Companies Clauses Consolidation Act를 통과
시켰고, 1845년 스코틀랜드에서도 비슷한 법률이 통과되었다. 1844년
과 1862년에 제정된 또 다른 법들은 회사의 성장이나 최종적 규모에 대
한 중요한 제한을 제거해 영국에서 주식회사의 설립이 좀 더 쉬워졌다.

1886년 산타클라라Santa Clara 대 서던퍼시픽레일로드Southern Pacific Railroad

★ 18세기 초 영국 남해회사의 주가가 투기로 인해 지나치게 급등했다가 거품이 빠지면서 주가가 폭
  락한 사건 - 번역자

간의 중요한 판결에서 미국 대법원은 주식회사를 사람으로 취급해 수정 헌법 제14조의 대상이 된다고 판결함으로써 주 정부의 규제를 피하기 위한 주식회사의 노력을 헌법적으로 보호하는 결정을 내렸다. 그 이후로 개인에게 부과되는 의무나 개인이 향유하는 권리는 주식회사에도 적용되었다. 19세기의 마지막 사반세기 동안 영국 정부 또한 '주식회사의 법인격' 개념을 인식하기 시작했다(Couzin 2002, 12).

주식회사의 발전에서 또 다른 중요한 시기는 1875년인데, 이때 뉴저지 주는 현대 주식회사법의 원형이라고 할 수 있는 법을 통과시켰다(Berle 1950). 영국은 새로운 형태의 주식회사법을 채택하는 데 좀 더 오래 걸렸다. 비록 19세기가 시작될 때부터 영국에는 개인 기업이 존재했지만 개인과 공공의 법적인 차이가 1907년 Companies Act가 통과되기 전까지는 명확하지 않았다(Gourvish 1987).

주식회사의 창업과 함께 법인세 문제가 대두되었는데 이 부분에서는 매사추세츠 주가 개척자라고 할 수 있다. 법인세는 과세상에 문제를 가지고 있는데 주식회사의 주주들은 이미 세금을 납부해서 이중과세 문제가 발생하기 때문이다. 1813년부터 대법원은 은행이 1812년부터 세금을 내고 있지만 주식회사에 대해서는 오직 부동산과 개인소유 재산에 대해서만 과세할 수 있다고 결정했다(Lindholm 1944, 55).

주식회사의 소유주와는 별개로 주식회사를 하나의 법인으로 취급해 세금을 부과하는 원칙은 1894년 미국의 Ravenue Act에서 확립되었다. 이 법은 이후 위헌 판결이 났지만, 1909년 합헌적인 방법으로 법인세를 부과하는 법이 제정될 때도 이 원칙은 지켜졌다. 그러나 연방세는 현재 기준으로 봤을 때는 매우 낮은 수준에 머물렀다. 1909년 법인세는 5,000달러 이상의 과세 대상에 대해 1%의 세율이 부과되다가 1918년 2,000달러 이상의 과세 대상에 대해 12% 과세되는 것으로 상승했다.

법인세율은 1940년까지 그 정도 수준에 머물렀는데, 1940년의 경우 3만 5,000달러가 넘는 가장 높은 과세 구간에는 38%의 세율로 세금이 부과되었다. 현재 미국에서 가장 높은 세율은 39%다. 영국에서 법인세가 분리 과세되기 시작한 1965년까지 법인세는 소득세의 한 종류로 취급되었다. 프랑스에서는 시민혁명으로 영업세가 만들어졌는데, 이는 기업 매출액의 일정 비율을 기업이 지불하도록 하는 것이다.

뉴저지와 델라웨어

초기 형태의 조세회피처는 세금보다는 규제에 대응해 등장했다. 제1장에서 논의한 조세회피처를 떠받들고 있는 세 가지 기둥 중 '쉬운 창업'과 '느슨한 규제'가 먼저 국가의 경쟁 전략으로 떠올랐다. 오늘날 벨기에의 협력센터와 관련되어 있고 좀 더 광범위하게는 여러 조세회피처에 흩어져 있는 수백만 개의 국제비즈니스회사와도 관련된 창업 게임의 기원은 19세기 후반 미국으로 거슬러 올라간다. 이 게임은 낮은 법인세율을 낮춰 주는 주(어차피 세율은 매우 낮음)보다는 좀 더 관대한 창업 환경을 제공하는 주에서 발전했다.

뉴저지 주는 1875년에 현재 주식회사법의 원형이 되는 법을 통과시켰다. 뉴저지의 자유주의적 태도는 부유한 이웃 주의 주목을 받았다. 1880년까지 뉴욕 주와 매사추세츠 주는 미국에서 대기업의 본부가 가장 많이 모여 있는 곳이었다. 좀 더 관대한 회사법을 통해 뉴욕에 있는 몇몇 회사를 끌어오겠다는 생각을 처음으로 한 사람은 뉴욕의 회사법 변호사인 제임스 딜이었다. 딜은 뉴저지의 이스트 오렌지에 집을 가지고 있었다. 뉴저지 주지사인 레온 어베트는 그에게 뉴저지의 금융자원을 증가시킬 가장 좋은 방법에 대해 자문했는데, 딜은 완화된 주식회사법을 제안했다(Lindholm 1944, 56). 그러자 딜은 1889년 뉴저지 주식회사 규정의 초안 작성을 요청받았다. 1896년 뉴저지는 General Revision Act 라는 또 다른 법안을 통과시켰다. 그 법은 주식회사의 규모에 대해 아무런 제한을 두지 않고 시장점유율에도 제한을 두지 않으며, 기업설립허가서에 대한 제한도 없애고 주주의 권한을 축소하며 모든 종류의 기업 인수합병과 기업의 판매를 허용하는 것이었다.

1899년 뉴저지에서 통과된 또 다른 법은 주식회사가 다른 기업의 지분을 소유하는 것을 허용하는 것이었고, 이 법으로 인해 뉴욕에 근거지를 둔 스탠더드오일트러스트Standard Oil Trust가 뉴저지스탠더드오일컴퍼니 Standard Oil Company of New Jersey라는 지주회사로 재탄생하게 되었다. 그러자 사람들은 기업 내에 또 다른 기업을 만드는 것, 즉 여러 기업이 경제적으로 연결되어 하나의 그룹을 이루는 것을 생각하게 되었고, 그 결과 이전가격 조작의 가능성이 생겨났다. 유사한 개념은 1893년 네덜란드에 설립된 지주회사로 거슬러 올라간다. 네덜란드는 자기 지역 회사가 아시아로 사업 영역을 확장하는 것을 도울 목적으로 외국에 있는 자회사가 벌어들이는 소득에 대해서는 전혀 과세하지 않았다. 시간이 지나면서 네덜란드의 지주회사는 아주 수익성 높은 조세 회피 기법의 하나로 발전했다. 곧이어 영국에서 미국의 주식회사의 위협에 맞서기 위해 회사 그룹의 원칙이 발전했다. 미국 토바코앤드컴퍼니Tobacco and Co.가 영국 시장을 침략하자 윌스는 1901년 대영 임페리얼토바코Imperial Tobacco Co. of Great Britain를 설립해 이에 맞섰다.

뉴저지의 정책은 크게 성공했다. 곧이어 예산상의 문제를 겪고 있던 델라웨어 주가 뉴저지를 모방하기로 결정했다. 또다시 뉴욕의 변호사들이 훨씬 더 완화된 법률을 작성하는 데 막후에서 핵심적인 역할을 했다. 1898년 제정된 델라웨어 법은 전 세계적으로 조세회피처가 따라 한 하나의 기준이 되었는데, 이는 주식회사가 지배구조에 대해서 자신만의 규정을 만들 수 있는 것을 허용하는 것이었다. 뉴저지의 법은 그 당시 '바닥으로의 경쟁race to the bottom'[*]처럼 보이는 것의 발단이 되었고, 그 결과 미국 모든 주가 가능한 한 회사법을 좀 더 기업 친화적이 되도록 만드는 상황이 되었다. 1902년에는 아주 작은 주에 속하는 델라웨어에 1,407개 회사가 등록되어 있었고, 1919년에는 4,776개 회사가 등록되어 있었다. 뉴저지와 델라웨어의 정책들은 새로운 '창업 게임'을 촉발시켜, 버몬트나 네바다 같은 작은 주가 조세 혜택과 좀 더 완화된 회사법을 제공하면서 더 잘사는 주들과 경쟁하는 법을 배우게 되었다. 오늘날 미국의 포춘 500대 기업의 약 60%가 델라웨어에 근거지를 두고 있다. 뉴저지는 미국에서 '신탁의 고향'으로 남아 있다(Lindholm 1944, 56).

이런 발전에 대응해 미국 기업은 자회사와 계열사 시스템을 갖추기 시작했는데, 이것은 다시 기업 집단이 어떻게 과세되어야 하는가에 대한 문제를 제기했다. 미국은 그동안 다음과 같이 여러 조세 제도를 거쳐왔다. 기업은 세금 목적을 위해서 연결 손익계산서를 제출해야 하다가(1917~1921), 그 뒤에는 철도 회사와 몇몇 다른 회사를 제외하고는 그렇게 하는 것이 금지되기도 했다(1934~1941). 한때는 기업이 어떤 방식으로 손익계산서를 제출할지 선택할 수는 있었지만 더 높은 세율로 납부해야만 했다가(1932~1933, 1942~1963), 현재는 불이익 없이 기업이 선택할 수 있다(1922~1931, 1964~현재).

유럽에 온 창업게임: 스위스의 추크 주

미국의 주들은 조세회피처를 지탱하는 첫 번째 기둥인 기업 친화적인 규제 환경을 제공해서 비거주 회사를 유치했다. 1920년대 이후 몇몇 스

---

[*] 경쟁관계에 있는 국가 또는 지역이 더 많은 기업을 유치하기 위해 경쟁적으로 규제를 완화하고 세금을 깎아주는 상황을 말함 그 결과 모두가 피해를 보게 되는 죄수의 딜레마에 빠짐. ─ 번역자

위스의 주, 특히 취리히에서 멀지 않은 가난한 추크 주가 앞장서서 이런 관행을 모방했다.

스위스가 처음으로 미국의 관행을 모방한 것에 대해서는 그럴듯한 이유가 있다. 스위스는 자치권을 가진 주들의 연합체다. 1848년 지금의 스위스가 만들어졌을 때 직접세는 주정부 관할이었고 간접세는 연방정부 관할이었다. 각 주는 서로 다른 평가 방법과 규정을 이용해 자신들만의 직접세 시스템을 발전시켰다. 그 결과는 "탈세와 은폐의 난장판이었다"(Guex 1998, 105).

추크 주는 특히 관대하게 규정을 적용하는 곳으로 명성을 얻었는데 그 이유는 현재 베일에 가려져 있다. 추크 주의 정부가 그렇게 한 것인지 아니면 누군가가 주정부를 이용해 그렇게 한 것인지는 명확하지 않다. 1920년대 초 추크 주에 있는 가장 큰 기업 중 두 곳이 상당한 양의 조세 환급을 요구했고, 만약 그것이 받아들여지지 않는다면 그 주를 떠나겠다고 협박했다. 그 요구는 받아들여졌고 당시 주정부의 재무장관은 다음과 같이 설명했다. "만약 그 기업이 떠나게 되면 주 입장에서는 500만 프랑의 조세 손실을 봐야 하지만 만약 그들의 요구를 들어 주면 손실액은 150만 프랑 정도다"(Guex 1998, 70).

귀엑스는 스위스에서 조세 혜택이 번창한 이유가 스위스 내의 다른 주와의 경쟁과 관련이 있고 스위스 밖의 세계와는 별로 관계가 없다는 것을 강조했다. 그는 인접한 2개 주인 추크와 (좀 더 잘사는) 취리히의 관계를 보여 주었다. 추크 정부는 종종 취리히의 변호사나 사업가에게 자문을 해 특별히 취리히와의 경쟁을 위해서 세법을 만들었는데 1918년과 1930년에 두 번 있었다. 추크 주 정부는 세법을 수정할 생각으로 취리히에 있는 조세 전문가와 계약을 맺었다. 그 전문가는 다른 주와 경쟁하기 위해서는 낮은 세율이 필요하다고 제안했지만, "그런 장점이 금방 명백히 나타나지 않도록 주의해야 한다"고 경고했다(Guex 1998, 113).

1944년 추크 주는 다시 법인세 세율을 25%에서 17.8%로 낮추었는데, 인하 폭이 그렇게 크지는 않았지만 이를 통해 추크 주는 스위스에서 가장 낮은 세율을 부과하는 주가 되었다. '큰 문제는 사소한 것에서 나온다'라는 말이 있다. 추크를 진정한 조세회피처로 만든 것 중 훨씬 더 중요한 것은 여러 종류의 허점과 규정이다. 예를 들어 매출액의 80%가 스위스 밖에 있는 고객에게 팔린다면 "사업통제센터"로 분류되어 17.8%보다 훨씬 낮은 소득세율이 적용된다. 이와 유사한 규정이 우리가 생각할 수 있는 종류의 기업, 신탁, 그리고 금융기관에 적용된다. 20세기 초만 하더라도 단지 10만 명 정도의 인구만 사는 가난한 주였던 추크는 현재 셸Shell이나 바스프BASF를 비롯한 1만 8,000개 기업이 머무는 곳일 뿐만 아니라, 마크 리치같이 미국에서 세금을 내지 않기 위해 도망친 사람의 거주지이기도 하다.

:: 영국 법정, 최초의 조세회피처를 창조하다

만약 미국의 각 주가 주식회사법을 완화하면서 기업을 유치하는 수법을 내놓았다면, '가상 거주'라는 기법에 대해서는 영국의 법정이 칭찬받아야 할 것이다. 가상 거주는 회사가 영국에 세금을 내지 않고도 영국 내에서 창업하는 것을 허용해 주는 것으로, 한 평론가는 그것이 전체 조세회피처 현상의 발판이 되었다고 보았다(Picciotto 1992). 엄밀히 말해서 가상 거주라는 개념까지 탄생시킨 일련의 법률적 혁신은 영국을 조세회피처로 만들기 위해 의도된 것이 아니었다. 오히려 그것들은 영국 법정이 영국의 세법 틀 내에서 '거주'라는 개념을 명확히 하려는 재판 과정을 통해 천천히 만들어졌다. 법정은 과거에도 그렇고 지금도 그렇지만 조세회피처 게임에서 중요한 영향력을 발휘한다.

영국의 세금은 영국에 있는 원천에서 발생하는 소득에 적용된다(Couzin 2002, 1-2). 그래서 세금 납부 의무는 영국 내에 거주하는 것으로 간주되는 사람이 진다. 영국의 법정은 먼저 영국에 거주하는 개인에 대한 과세 문제를 해결하려 했다. 그리고 점차 기업에도 이 문제를 적용하다 보니 실질적으로 그 과정에서 기업을 가공 인물로 정의하게 되었다. 19세기 동안 영국 기업에 세금을 부과하는 방법에 관한 문제는 주로 영국 내에서 활동하는 기업과 영국 밖에서 활동하는 기업에 관련되어 발생했다. 세금 징수 권한을 가진 관청인 내국세 세무청은 이 문제를 명확히 하기 위해 관련된 여러 케이스를 법정으로 가져갔다. 하나의 중요한 판결은 1876년까지 거슬러 올라간다. 당시 판사들은 캘커타주트밀스Calcutta Jute Mills와 세세나설퍼마인즈Cesena Sulphur Mines라는 두 회사의 케이스를 맡았는데, 이 두 기업 모두 영국에 등록되어 있지만 각각의 생산 활동은 인도와 이탈리아에서 이루어지고 있었다. 이 케이스에서 판사들은 거주의 개념을 다음과 같이 적용했다.

세금에 관한 영국 법의 대원칙은, 세금은 오직 영국 내에 실제로 있는 사람 또는 물건에 대해 과세되어야 한다는 것이다(Couzin 2002, 6).

판사들은 두 회사의 통제와 관리가 실제로 영국에서 이루어지지 않기 때문에 두 회사는 조세 목적으로 보았을 때 영국에 거주하는 것이 아니어서 영국 내에서 과세되어서는 안 된다고 주장했다. 등록되어 있는 곳보다 실효적인 통제가 이루어지는 곳을 거주지로 본 것이었다.

이 원칙은 1901년 "역사에 남는 중요한 판결 중 하나"에서 재차 지지되었다(Couzin 2002, 38). 유명한 다이아몬드 다국적기업인 드비어스

DeBeers는 1888년에 영국의 식민지 영토인 희망봉 내에 등록되어 있었고 본사는 희망봉에 있는 킴벌리에 있었다. 그리고 남아프리카공화국에서 다이아몬드를 채굴했기 때문에 모든 관련 사업이 그곳에서 이루어졌다. 하지만 이 회사는 런던에 세실 로즈 회장을 위한 사무실을 유지하고 있었다. 이 경우 드비어스는 조세 목적상 영국에 거주하고 있는 것인가? 판사들은 그 회사를 실질적으로 통제하는 행위가 런던에서 이루어지기 때문에 영국에 세금을 납부해야 한다고 판결했다. 이런 결정은 영국 재무장관에게는 유용한 것이었다. 당시 런던은 많은 회사가 자금을 조달하는 세계에서 가장 큰 국제금융센터였기 때문이다.

1904년 영국 기업인 이집트 델타^{Egyptian Delta Land and Investment Co. Ltd.}가 이집트 내의 토지를 구입하고 대여해 주기 위해 설립되었는데, 이 회사는 이사회를 카이로로 옮겼다. 그런데 세금 문제 때문에 이 회사의 거주지가 어디냐는 문제가 1929년 법정으로 갔다. 이번에는 판사들이 그 회사가 영국에서 세금을 낼 책임이 없다고 판결했다. 이것은 중대한 판결이었다. 솔 피치오토는 다음과 같이 쓰고 있다. "이집트 델타와 관련된 판결이 영국을 조세회피처로 만드는 법률적 허점을 만들어 냈다. 외국인이 영국 내에 회사를 설립하면서 그것을 외국에서 통제하게 되면, 영국 법 아래에서는 영국에 거주하지 않는 것으로 간주되며 또한 그들은 외국에서 창업되었기 때문에 원천에 따른 조세도 피할 수 있게 되었다." 이 판결이 대영제국 전체에 적용되자 곧 버뮤다, 바하마, 그리고 후에 케이맨 제도와 홍콩이 이를 이용했다. 또한 이 판결은 외국계 기업이 영국 내에 등록되어 있더라도 그들이 주로 외국에서 활동하고 있다면 영국 법이 적용되지 않음을 의미한다.

이집트 델타 판결은 많은 조세회피처가 사용하는 가상 거주라는 관행의 기초가 되었다. 즉, 역외 세계에 '가상'이라는 기법을 제공한 것이다.

세금과 국가 그리고 전쟁의 공통점은 그 역사가 길다는 점이다. 1696년 영국에서 도입되어 1851년에야 폐지된, 악명 높은 창문세에 대한 반작용으로 너무나 생생하게 나타났던 조세 회피와 탈세의 기법 역시 역사가 길다. 그 세금은 한 건물에서 10개를 초과하는 창문에 부과되는 세금이었다. 영국에서 최초의 소득세 시스템은 나폴레옹이 이끄는 프랑스와의 전쟁 자금을 마련할 목적으로 1799년에 도입되었다. 그 당시 전쟁이라는 일시적 상황을 고려해서 1799년의 법은 소득 원천에 관계없이 소득이 60파운드를 초과하는 사람들의 총소득에 대해 10%의 세율을 부과했다. 최초의 항구적인 소득세 체계는 애딩턴의 1803년 법에서 도입되었는데 그 법에서는 의도적으로 '소득세'라는 용어를 피했다.

미국에서 최초의 소득세 체계는 독립전쟁의 비용을 부담하기 위하여 1812년 도입되었지만 1817년 의회가 폐지했다. 1862년 다시 소득세가 남북전쟁의 자금을 마련하기 위해 도입되었는데 몇 년 후 다시 법원이 위헌 판정을 내리면서 폐지되었다. 결국 소득세는 1913년 16차 수정헌법을 통해 미국 조세 시스템에서 영구적인 것이 되었다. 이와 유사하게 캐나다에서는 1917년 개인소득세와 판매세가 도입되었는데, 이는 세계 제1차 세계대전의 비용을 임시로 충당하기 위해 도입되었지만 그 이후 폐지되지 않았다.

프랑스에서는 1792~1914년 사이 네 가지의 세금이 생겨났는데, 이는 "오래된 4가지(four oldies)"라는 별명을 가지고 있다. 그 세금은 보고된 수입이 아니라 재산의 평가액과 조세부담 능력(주택의 문과 창문의 수, 평균 임대료 추정치에 과세되는 토지세)에 따라 과세되었다(Piketty 2001, 234). 최초의 소득세는 1914년 7월 15일 전쟁 자금을 마련해야 한다는 압력을 받고 프랑스 의회가 표결로 통과시켰다.

소득세율은 제1차 세계대전까지는 상대적으로 낮은 수준으로 유지되었다. 1914년 영국의 표준 소득세율은 6%였고, 프랑스에서 가장 부유한 계층에 적용되는 최고세율은 2%였다. 그것이 1917~1918년 사이 20% 세율로 상승했고 영국의 표준세율은 1918년까지 30%로 올랐다.

다른 종류의 세금도 같은 시기에 유사한 이유로 도입되었다. 예를 들어 사망세는 매우 오래된 세금이다. 사망세는 고대 이집트 사람이 최초로 만들었고 그 이후 그리스와 로마 사람이 이어받았다. 1796년 영국은 부인, 자녀, 부모, 조부모를 제외한 다른 사람에게 상속되는 유산에서 20파운드를 초과하는 부분에 대해 유산세를 도입했는데, 이 역시 프랑스와의 전쟁 때문이었다. 1797년 미국 의회도 미국 해군을 창설할 자금을 마련하려고 유산세를 도입했다. 유산세는 1862년 상속세로 바뀌었는데 이는 남북전쟁에 대한 재원을 확보하기 위해서였다. 이런 세금은 20세기 동안 여러 번 변화를 겪었지만 최초의 조세회피처는 상속세를 회피하는 분야에 전문화되었다.
 자본이득세는 미국의 경우 1913년에 도입되었고, 영국에서는 회사세의 일부로 1965년에 도입되었다.

:: 유럽 조세회피처의 등장

스위스 국제금융센터

스위스 은행가는 오랫동안 실용적이라는 명성을 쌓아 왔다. 볼테르는 빈정거리듯 다음과 같이 말한 것으로 알려져 있다. "만약 당신이 스위스 은행가가 창문에서 뛰어내리는 것을 본다면, 뒤따라 뛰어내려라. 그러면 거기에 돈이 있을 것이다!" 스위스에는 19세기 후반 익명으로 사용되는 은행계좌가 존재했고, 스위스 은행뿐만 아니라 프랑스나 독일 은행의 지점도 스위스 각 주정부가 채택한 상당히 느슨한 금융 제도가 가져다주는 이득을 잘 알고 있었다. 페렌바흐(1966)는 1912년까지 스위스에서는 은행의 비밀보장 원칙이 기본적인 것이었다고 주장한다. 유럽이 심각한 변화를 겪으면서 스위스는 프랑스, 독일, 이탈리아, 오스트리아에서 상당히 많은 자본을 유치했고, 그 결과 유럽의 '자본 천국'이 되었다. 그러나 국제적 조세회피처로서 초기에 스위스가 어떻게 발전했는지에 대해서는 명확하지 않다. 1920년대 주로 부유한 이탈리아 사람들이 재산 보호를 목적으로 사용한 역외 신탁이 스위스에 등장했다는 이야기는 있다. 추크는 델라웨어 모델을 따라서 델라웨어와 비슷한 시기에 주식회사 천국으로 발전했다. 하지만 사실상 1934년이 되어서야 스위스가 은행의 비밀보장법을 도입했고, 1944년이 되어서야 추크가 실제 조세회피처가 될 수 있도록 하는 세법을 통과시켰다.

로만 퀸즐러에 따르면 제네바, 바젤, 취리히로 첫 번째 대규모 자본도피가 일어난 이유는 1870년대 전쟁 기간 동안 유럽에서의 급격한 세금 상승 때문이었다. 2개의 대형 프랑스 은행이 제네바에 지점을 개설했는데, 1872년 파리바은행 Banque de Paris et des Pays-Bas과 1879년 크레디트리요네Crédit Lyonnais다. 1872년 서로 독립적인 소형 은행이 모여 바슬러방크페어아인Basler Bankverein을 설립했고, 1862년 설립된 바슬러한델스방크Basler Handelsbank가 더해지면서 바젤은 스위스에서 가장 큰 금융 중심지가 되었다. 스위스로 이전된 대부분의 자본은 해외로 재투자되는 구조였기 때문에 스위스 은행가는 어쩔 수 없이 당시 대영제국이 지배하던 국제금융시장과 친숙해질 수밖에 없었다. 그들은 런던, 베를린, 밀라노, 파리에 지점을 개설했고 전문 분야를 해외 투자자에게 돈을 받아 관리하고 늘리는 분야까지 확장했다.

스위스의 여러 주가 이런 상황을 이용했다. 앞에서 본 것처럼 추크는 미국의 주를 모방해 1920년대 초에 저렴하고 완화된 주식회사 창업 관련 제도를 제공하기 시작했다. 바젤 시는 국제자본에 좀 더 관심을 보이면서 가상지주회사와 신탁이 설립될 수 있도록 허용했다. 이런 전략은 레오폴도 피렐리 같은 기업가가 그 도시에 정착한 것을 보더라도 성공적인 것으로 판명되었다.

페렌바흐(1966)는 스위스가 결코 의도적으로 조세회피처가 되려고 했다고 보지 않는다. 다만 스위스 은행가와 그 뒤를 이어 주정부와 법원이 충분히 실용적이고 기민하며 신중해서 미묘한 법 사이의 틈새를 못 본 채 눈감아주는 방식으로, 리처드 고든의 표현대로 스위스를 '자본 천국'으로 만들었다.

이런 견해는 페렌바흐가 1934년 은행법 뒤에 숨은 의도를 잘못 파악했을 때까지는 사실이었다. 하지만 스위스의 실용성은 의심할 여지없이 중요한 역할을 했다.

리히텐슈타인을 통과하는 작은 우회길

리히텐슈타인은 2008년 초 독일 첩보기관이 전직 은행원에게서 국제적인 탈세자의 명단을 구해 발표했을 때 큰 논란거리가 되었다. 이 국가는 크게 드러나지는 않았지만 조세회피처가 만들어지는 과정에서 상당히 오랫동안 역할을 해 왔다. 리히텐슈타인은 가장 엄격한 비밀보장법을 가지고 있다고 알려져 왔다. 리히텐슈타인의 회사법 발전 뒤에 있는 정확한 동기가 무엇인지는 여전히 논쟁거리로 남아 있다.

스위스와 오스트리아 사이에 있는 작은 공국인 리히텐슈타인은 제1차 세계대전까지는 오스트리아와 밀접한 관계를 맺고 있어서 1918년 이후의 경제적 재앙을 함께 겪었다. 모든 무역 거래는 정지되고 오스트리아 통화는 실질적으로 가치를 잃었다. 리히텐슈타인은 상황을 개선하기 위해서 1919년 오스트리아와 관세동맹을 포기하고 그 대신 스위스와 관계를 강화했다. 1924년 스위스 프랑을 자국통화로 채택했고 동시에 자신의 민법을 제정했다. 글로스는 1926년의 회사법이 "오스트리아에 대한 재앙에 가까운 의존을 포기한 이후 경제 회복을 위한 국가적 전략의 한 부분"이었다고 보았다(1984, 929). 다른 사람들은 베를린에서 온 독일 변호사인 하인리히 쿤츠가 자신의 재산을 보호하기 위해 1920년대 초 리히텐슈타인에 돈을 맡기고 미래에 대한 리히텐슈타인의 전략을 형성하는 데 중요한 역할을 했다고 생각한다.

실제로 리히텐슈타인은 단순히 스위스와 오스트리아의 관행을 종합 편찬해서 영조물이라고 하는 새로운 형태의 회사를 만들었다. 새로운 회사법은 리히텐슈타인에 있는 회사의 주주 국적에 관해서는 어떤 요구나 제한도 가하지 않았다. 한 걸음 더 나아가 기업은 리히텐슈타인의 조세 관청과 자본 및 소득세 납부에 관련된 협정을 맺을 수 있고 이런 협정은 30년 동안 유효했다. 이런 협정 아래 기업은 매년 자본금의 0.1%를 세금으로 내야 하는데 이는 전체 협정 기간 동안 매년 최소한 400스위스 프랑 정도면 된다(Marias 1957, 412).

영조물은 여러 가지 규정을 독특하게 섞어 놓은 것인데, 오스트리아와 독일에서 사법이 아닌 공법의 개념으로 몇 세기에 걸쳐 발전해 왔다. 보통 자선, 의료, 교육 등 공공의 목적만을 위해서 활동하게 되어 있는 기관이다(Glos 1984, 930). 그러므로 양로원이나 고아원, 병원, 대학 등이 전통적인 영조물이다. 1919년 7월 19일 제정된 경제 활동을 영위하는 기업에 대한 오스트리아의 법은 개념을 확장해 "경제적 영조물"의 형성도 허용했다(Glos 1984, 931). 1926년 리히텐슈타인에서 제정된 회사법은 단순히 오스트리아의 경제적 영조물 조항 534~551을 채택해 이를 신탁(시민법 국가에서는 알려지지 않은)에 대한 앵글로색슨 개념과 혼합했다. 1925년 제정된 영국의 신탁법은 과세 대상이 아닌 신탁은 등록할 필요도 없고 정보를 공시할 필요도 없다는 신탁의 비밀보장을 명시하면서 역외의 비밀보장에 사용할 수 있는 완벽한 수단을 제공했다. 리히텐슈타인이 이런 신탁 규정을 채택함에 따라 순수한 영조물은 가장 불법적으로 남용되는 신탁 형태 중 하나가 되었다.

리히텐슈타인의 영조물은 법적 인격을 가진 독립체이고 엄격히 말해서 기업도 아니며 개인적 신탁의 형태도 아니다. 이런 영조물의 핵심적인 혁신은 "그것이 유럽 내의 법학자나 조세 관청에 문제를 야기한다는 것이다"(Glos 1984, 953). 영조물은 "개인이 주식회사의 모든 이점을 얻을 수 있도록" 고안된 '역주식회사'다. 즉, "법인격을 부여받은 1인 주식회사이고 명백한 목적은 사업을 수행하는 주체의 신원을 숨기는 것이다"(Glos 1984, 954). 글로스는 과세 대상이 되는 재산이나 소득을 은폐하려는 것 말고는 영조물의 유용성을 생각할 수 없었다.

오늘날 리히텐슈타인은 스위스 은행의 어두운 면으로 간주될지도 모른다. 라마티가 지적한 것처럼 "리히텐슈타인의 법인이 공식적으로 보유한 많은 자금이 엄밀한 의미로 리히텐슈타인에 직접 이체된 것은 아니다. 많은 금액이 리히텐슈타인을 벗어난 지역에 있는 은행, 대부분은 스위스 은행에 있는 리히텐슈타인 법인 계좌에 입금되어 있다"(1991, 27). 스위스의 변호사가 리히텐슈타인에 법인을 설립하는 것은 허용되는데, 사실상 그 법인은 국제적 압력에 의해 도입된 스위스 법을 피하기 위해 스위스의 은행과 금융기관이 사용했다.

스위스는 민법 국가로서 신탁 제도를 인정하지 않는다. 그렇다면 영조물 같은 혁신적 기법에서 스위스가 리히텐슈타인보다 뒤떨어진 것인가? 실제로 그렇지는 않다. 스위스 은행은 스위스 법정에서 인정되지 않더라도 해외 신탁의 이름으로 계좌를 개설할 만큼 충분히 실용적이었다. 또한 신탁에 관련된 문제가 최종적으로 법정에서 다루어질 때 스위스의 법률가도 똑같이 실용적이어서 소송 절차의 목적으로 이런 신탁을 민법상 가장 비슷한 형태의 계약으로 간단히 바꾸었다. 그렇다면 스위스 은행의 실용적 관행을 채택할 수 있는데도 왜 리히텐슈타인이 신탁에 대한 앵글로색슨 개념을 도입했는가? 우리 생각으로는 리히텐슈타인은 자신이 스위스의 경쟁자라고 생각해서 그런 제도를 광고할 필요를 느낀 것 같다. 그리고 결과적으로 그 전략은 성공했다.

20세기가 시작될 때 스위스는 법률적인 면에서 아직 조세회피처가 아니었지만 이미 실용성 측면에서는 그 명성을 얻었다. 우리는 처음에 해외 신탁이나 재단이 스위스 은행을 이용한 이유는 조세 때문이라기보다는 정치적으로 불안정한 본국에서 가해지는 정치적 보복을 두려워했기 때문이라고 추측한다. 많은 고상한 가문과 전통적인 부자들은 유럽을 휩쓴 혁명 세력에게서 그들의 재산을 보호하려 했고, 스위스 은행과 주들이 그들의 재산을 보호하는 데 도움을 주는 완벽한 파트너가 될 수 있음을 발견했다.

퀸즐러(2007)는 취리히−추크−리히텐슈타인 삼각지대가 1918년 이후 최초의 조세회피처로 등장했음을 보여 준다. 전쟁 이전에도 스위스에는 소수의 역외 지주회사나 신탁이 있었지만 지주회사의 수는 1920년 이후 계속 증가했다. 취리히는 이런 지주회사에 조세 혜택을 주는 데 많이 힘쓰지는 않았지만 이 도시의 금융 분야 엘리트는 좀 더 고분고분하고 훨씬 더 가난한 주인 글라루스와 추크를 이용했다. 이 주들은 반호프거리에서 온 변호사와 은행가에게 자문해 법률을 새로 제정했다. 그리고 같은 법률가와 은행가가 리히텐슈타인에도 자문을 했다. 이런 과정을 거쳐서 취리히는 스위스 주식회사와 사서함 회사의 중심이 되었고 1920년대 말에는 바젤을 능가하게 되었다. 이는 단지 1934년 신은행법으로 인해 등장한 전략의 시작일 뿐이다.

룩셈부르크

룩셈부르크는 조세회피처라는 딱지를 완강히 부인한다. 하지만 ShelterOffshore.com의 전문가들이 룩셈부르크를 2007년 최고의 조세회피처(맨 섬과 공동 수상)로 지명한 것을 보면 그 주장은 설득력이 없어 보인다. 심사위원단은 이렇게 말했다. "이는 일반적인 국제사업과 역외금융산업에 대해 매력적인 곳이라는 것을 보여 주기 위해서 열심히 일한 지역이나 정부에게는 믿을 수 없을 정도로 긍정적인 뉴스다." 1990년 해양 등록이 도입된 이후, 룩셈부르크는 중요한 조세회피처의 하나로 부상했을 뿐 아니라 편의 치적 경쟁에서도 중요한 역할을 했다.

사실상 룩셈부르크는 오래된 조세회피처 중 하나다. 룩셈부르크의 은행비밀보장법은 스위스의 법에 대응하기 위해 1980년 강화되었다. 룩셈부르크는 1970년대까지는 주요 조세회피처로 등장하지 않았지만, 1929년의 지주회사법을 통해 비거주 지주회사에 대해서 조세 특례를 제공한 첫 번째 국가 중 한 곳이다. 1970년 전체 국가의 부가가치에서 은행과 보험회사가 차지하는 비중은 약 5% 정도였고, 1975년에는 13%로 최고치를 기록했다가 1980년 다시 10%로 하락했다(Hubsch 2004). 오늘날 룩셈부르크는 세계에서 1인당 국민소득이 높은 국가 중 하나고 그런 성공은 룩셈부르크의 금융 분야에서 기인했다고 할 수 있다.

룩셈부르크는 1929년 지주회사 개념을 가장 먼저 도입한 국가다. 1929년 7월 31일 제정된 법에 따르면 지주회사는 소득세, 부유세, 지분의 이전에 부과되는 세금과 원천세가 면제된다. 이에 더해 룩셈부르크는 고전적인 1929년의 지주회사법에서 파생된 법률을 제정해 훨씬 더 유리한 조세 혜택을 제공했다(Warner 2004, 556). 유럽연합의 압력으로 1929년의 지주회사법은 폐지되었다. 하지만 룩셈부르크의 역외부문에 전문화한 기업은 잠재고객에게 모든 것이 없어진 것은 아니라고 설명한다. "룩셈부르크는 가까운 미래에 개인 투자에 대한 세금 감면 장치를 도입하면서 세계에서 조세축소활동이 용이한 지역 중 하나로 남을 것이라는 의지를 보여 주었다. 새로운 형태의 기업인 SPF를 통해 개인 투자자들이 금융자산에 간접 투자할 수 있게 되고 세금을 내지 않고 소득을 비축할 수 있게 될 것이다. SPF는 앞으로 룩셈부르크 내에서 소득과 부에 대한 세금을 면제받을 것이다."

:: 1934년 스위스 은행법

스위스의 은행은 이미 그들의 민법에 따라 은행의 비밀이 보장된다는 점에서 이웃 국가에 비해 상당한 이점을 가지고 있었다. 1934년의 은행법 중 27항은 은행의 비밀보장을 형법 보호 아래 두어서 비밀보장 원칙을 더욱 강화했다. 이 조항은 워낙 특별해서 길게 인용할 필요가 있다.

은행의 대리인, 임원, 근로자, 회계사 또는 회계사의 보조원, 은행위원회(Banking Commission) 회원, 사무국 직원 중 그 누구든 직무 관련 비밀유지 의무를 위반한 경우 또는 다른 사람에게 그렇게 하도록 유도하는 경우에는 벌금이 최대 2만 프랑까지 부과되거나 최대 6개월까지 수감되거나 혹은 두 가지 처벌을 다 받는다. 만약 그런 행동이 부주의에 의한 과실 때문이라면 벌금은 1만 프랑 미만으로 한다(Fehrenbach 1966, 64에서 인용).

만약 이런 법률조차 충분하지 않다면 Swiss Penal Code의 273조는 스위스 은행에 계좌를 가진 예금주에 대한 추가적인 보호 장치를 제공한다. 이는 다음과 같이 규정되어 있다.

외국 정부, 외국 기업, 외국 단체가 입수 가능하도록 거래 비밀을 캐내는 사람은 누구든 징역형으로 처벌받으며, 거래 비밀을 외국 정부, 외국 기업, 외국 단체에 제공하는 사람 또한 누구든 징역형으로 처벌받는다(Fahrenbach

1966, 64에서 인용).

스위스의 법은 "직무와 관련된 비밀의 완벽한 보안"을 요구하므로 스위스 은행에 개설된 어떠한 예금계좌에 대해서도 완벽한 보안이 보장된다. 여기서 '완벽함'이란 스위스 정부까지 포함해 어떤 정부를 상대할 때도 규정이 적용됨을 의미한다. 이 법은 은행 혹은 다른 기관의 거래 비밀에 대해 조사하고 연구하는 것조차도 범죄 행위로 취급한다. 연구를 위해 감옥에 갈 정도의 위험을 감수할 만한 학자나 기자는 거의 없다. 이 법은 일단 국경을 통과해 들어온 자본이 형법에 따라 보호되며 스위스 정부의 권력으로 뒷받침되는 신성불가침의 영역에 들어왔음을 확실하게 한다.

왜 스위스 당국은 이런 정도로 은행의 비밀보장을 강화할 필요를 느꼈을까? 미국의 법률, 영국의 가상거주제도와 함께 스위스 은행의 비밀보장제도는 역외 세계의 세 번째 기둥이 되었고, 다른 많은 지역이 이를 모방했다. 이런 법률의 역사를 연구했던 학자의 연구를 좀 더 깊이 살펴보는 것은 가치가 있다.

스위스 은행가는 1934년의 법률이 독일의 나치에 의해서 기소되었던 유대인이나 다른 소수민족의 재산을 보호하기 위해 제정되었다는 신화를 좋아한다. 역사가 피터 허그(2000)와 세바스티앵 귀엑스(1999)는 그 법이 나치와는 관계가 없고 오히려 은행 감독과 관련된 스위스 내부의 논쟁과 더 관련 있음을 설득력 있게 보여 준다. 이 논쟁에서 거의 언급되지 않는 것은 프랑스다. 1934년 법률의 배경은 그 전해에 권력의 최상부로 부상한 히틀러가 아니라 1929년의 금융위기인데, 이는 특히 스위스의 금융 중심지에 심각한 타격을 가했다. 1931년 후반 스위스는 역사상 최악의 은행 위기를 경험했다. 8개 대형 은행 중 3개 은행이 파산했고, 1개는 연방정부의 막대한 지원을 받고서야 생존할 수 있었으며, 나머지는 혹독한 구조조정 과정을 겪었다. 연방정부는 1933년 1월 금융기관의 규제와 감독을 강화할 목적으로 새로운 은행법을 제정하기로 결정했다.

스위스 은행가는 유사한 법에 직면했던 그들의 동지와 마찬가지로 새로운 규제와 감독을 통해 관리가 전례 없이 개인 계좌에 접근할 수 있게 되는 것을 두려워했다. 특히 관련 정보가 본국이나 해외에서 조세 목적으로 사용될 것을 걱정했다. 그래서 금융 시스템에 대한 전반적인 관리 감독에 동의하는 대신, 개인의 계좌나 거래에 대한 접근을 계속 제한해 연방 관리의 접근이 허용되어서는 안 되며 이를 위해 은행의 비밀보장법을 좀 더 강화해야 한다고 요구했다. 1934년 은행법 47조는 사실상 1933년 2월 제정된 법안 초안 중 일부분이었다.

이렇게 은행법이 제정되는 과정에서 프랑스 정치가 어떤 역할을 했는지는 거의 알려지지 않았다. 1932년 6월 프랑스에는 에드워드 헤리엇이 이끄는 중도좌파 정부가 들어섰다. 헤리엇 정부는 재정적자의 급격한 축소를 원했는데, 프랑스 재정을 구멍 나게 한 주범으로 스위스를 통한 탈세를 지목했다.

이 책의 저자인 샤바뇌가 수행한 프랑스 국립기록보관소에 대한 연구(Chavagneux 2001)와 세바스티앵 귀엑스(1998)의 역사적 분석을 통해 다음과 같이 당시 사건을 재구성해 볼 수 있다. 1932년 10월 26일 오후 4시 10분, 파리 경찰의 총경 바틀레는 샹젤리제의 상류층 거주 지역에 위치한 아름다운 아파트에 입주해 있던 바젤상업은행Commercial Bank of Basel의 지점을 급습했다. 놀랍게도 그곳에서 프랑스 상원의원 한 명과 현금 24만 5,000스위스 프랑, 그리고 결정적으로 프랑스 시민 2,000명의 이름이 적혀 있는 노트를 10개 발견했다. 그 노트를 통해 프랑스 시민이 해외투자에 대한 20%의 소득세를 내지 않기 위해 그 은행을 이용한다는 것이 드러났다. 리스트에 포함된 이름에 관한 소문이 들불처럼 번져나 갔다. 그러나 내무장관 카미유 쇼탕은 이름 밝히기를 거부했고 재무장 관 루이 제르맹마르탱은 그 명단을 갖고 있지 않다고 주장했다.

이런 분위기 속에서 사회당 하원의원 파비앵 알베르탱이 의회 연단에 섰다. 파리 항소 법원의 전직 변호사였던 그는 노련하게 노트에 있던 가 장 유명한 사기꾼의 이름을 나열했다. 이 명단은 3명의 상원의원, 12명 의 장군과 판사, 2명의 주교, 주요 신문사의 회장, 푸조^{Peageot} 형제 같은 기업가, 가구회사 라비탄^{Lavitan}의 소유주를 포함하고 있었다.

존경받는 프랑스 시민이었던 이들이 바젤상업은행에 예치한 금액은 20억 프랑(현재 화폐가치로 12억 유로에 해당하는 금액)에 달했다. 프랑스 정부에 대한 총 조세 손실은 매년 40억 프랑에 달하는 것으로 추산되었 다. 곧이어 3개 대형 스위스 은행에 대한 소송이 제기되었고 그들의 자 산은 동결되었다. 1932년 11월 16일, 프랑스 당국은 바젤상업은행의 이 사 2명을 소환해서 바젤 본부에 있는 프랑스인의 계좌에 대한 조사를 요 청했다. 이사들은 그 요청을 거절했고 즉시 두 달간의 징역형에 처해졌 다. 12월 21일, 프랑스는 공식적으로 스위스에 대해 상호협력조약의 체 결을 요청했는데 스위스 정부는 즉각 거절했다.

그런데 스위스도 손실을 입었다. 많은 외국 고객이 스위스 계좌에서 돈을 인출해 간 것이다. 스위스 신문은 이미 사면초가에 빠진 은행산업 에 이런 대규모 인출이 미칠 영향에 대해 걱정하는 기사를 쏟아내기 시 작했다. 바젤상업은행은 큰 금액을 되갚아야만 했고 제네바할인은행 Discount Bank of Geneva은 이런 맹공격에 살아남지 못했다. 스위스 은행업 종 사자들은 또 다른 스캔들이 스위스 은행산업을 완전히 파괴할 수 있다 는 것을 깨달았다. 좀 더 강력한 은행의 비밀보장법을 요구하는 목소리가 나온 것은 바로 이런 전후 사정이 있었기 때문이다. 한참 뒤 미국의 유사한 공격은 케이맨 제도가 유사한 형태로 금융법을 강화하는 계기가 되었다.

피터 허그(2000)는 1966년 스위스 은행가들이 미 의회에서 직면했던 질문 공세에 대응하기 위해 유대인의 재산 보호라는 전설을 고안해 냈음을 보여 준다. 이후로 이 신화는 스위스 은행의 비밀보장을 옹호하는 사람들에게 계속 회자되어 왔다. 그런데 아이러니하게도 스위스 은행은 홀로코스트 생존자에게 돈을 제대로 돌려주지 않는 것을 정당화하는 데도 똑같은 은행비밀보장법을 이용했다. 1988년에 기록을 공개하고 스위스 은행의 금고 안에 보관되어 있던 유대인의 돈을 조사하는 데까지는 60년 이상의 세월과 미국의 강력한 영향력이 필요했다. 이것은 스위스의 전설적인 비밀보장에 상처를 주는 작은 양보였다.

조항 47은 큰 성공을 가져왔다. 그 규정이 제정된 후 3년 동안 스위스 은행의 해외 계좌 수가 28% 증가했다(Hug 2000). 많은 나라가 스위스 은행법에 못지않은 법률 제정을 고려했다. 미국이 스위스 당국에 강력한 압력을 행사했지만 소용없었다. 프랑코가 집권하던 시기의 스페인에서는 그런 계좌의 사용은 스페인 형법으로 금지되었다(Fehrenbach 1966). 베이루트, 바하마, 리히텐슈타인, 우루과이, 파나마, 쿠라카오 등과 같은 지역이 스위스 법을 모방하기 시작하면서 문제가 심각해졌다. 시간이 지나면서 몇몇 유럽 국가가 스위스 법을 '개량'했다. 스위스는 여전히 최소한 2명의 은행 직원이 고객의 신원을 확인할 것을 요구하지만, 룩셈부르크는 오직 1명의 직원이 고객의 신원을 확인할 것을 요구한다. 오스트리아는 특히 '바닥으로의 경쟁'을 논리적 결말로 받아들이고 있다. 즉, 오스트리아의 계좌는 완전히 익명으로 되어 있다(그 이후 유럽연합의 강력한 압력으로 인해 논란이 많던 이 은행법을 폐지했다). 많은 지역이 인터넷을 통한 계좌 개설을 허용하고 있어 익명성의 관행은 여전히 유지되고 있다.

:: 결론

조세회피처의 초기 역사를 보면 19세기 후반 현대 경제가 발전하는 과정에서 현대적인 주식회사 구조의 등장, 현대적인 조세 제도, 조세회피처 간에 뚜렷하게 나타나는 긴밀한 연결 관계가 있음을 알 수 있다. 현대 준조세회피처에 대한 가장 초기의 예는 미국의 작은 주인 뉴저지와 델라웨어에 나타났고, 버몬트, 로드아일랜드, 네바다가 뒤따랐다는 것은 아이러니하지만 크게 놀라운 일은 아니다. 그 이유는 19세기 후반 미국이 세계에서 가장 선진화된 경제였기 때문이다. 유럽에서도 자본주의가 번성하기 시작한 무렵에 '조세회피처' 현상이 나타났다. 유럽에서 미국의 연방제 통치 형태와 가장 유사한 스위스가 역외 세계에서 최초의 핵심 국가로 등장했다. 취리히-추크-리히텐슈타인 삼각지대는 1920년대 비거주자에게서 막대한 양의 자금을 끌어들인 최초의 순수한 조세회피처로 형성되었다. 그동안 영국 법원은 현대적인 다국적기업의 등장을 고려해 영국의 조세 법률과 거주에 관한 법률을 현대화하는 임무를 맡았다. 아마도 그들은 세금이 부과되지 않는 기업 거주라는 개념을 무심코 만들게 되었는데, 이 개념에서 국제비즈니스회사 모형이 시작되었고 이 모형은 오늘날 역외 세계의 핵심이다.

조세회피처의 등장은 현대적인 시각에서 보았을 때 증가하는 세금에 대응한, 유감스럽지만 피할 수 없는 현상이다. 하지만 조세회피처에 대한 역사를 보면 어떤 정부나 개인도 조세회피처라는 전략이 가져오는 금전적 이득에 대한 잠재력을 완전히 이해하지 못했음을 알 수 있다. 사실상 어느 한 국가나 지역이 그 전략을 완벽하게 발전시키지는 못했다. 각각의 국가나 지역은 자신들이 처한 특정한 상황에 반응한 것뿐이었다. 1950년대가 지나서야 비로소 오로지 비거주 자본을 끌어모으려는 목적으로 다시 제정된 조세법이나 규제법을 근거로, 제대로 정비된 전략이 등장했다.

제 5 장

대영제국의 반격

"오직 법률의 조문에 따라서만 과세할 수 있고
법률상 진의나 법률적 공평성에 의거해서 과세할 수는 없다.
의회가 제정하는 그 어떤 조세 법률도
이 원칙에 따라 해석되어야 한다"

스위스가 전형적인 조세회피처였지만 대영제국은 조세회피처가 발전하는 데 기름진 토양을 제공했다는 점에서 그 이상이라고 할 수 있다. 오늘날 영국은 해외 영토를 14곳 가지고 있는데 그중 11곳에 사람이 살고 있다. 이들 중 7곳이 조세회피처다. 버뮤다, 케이맨 제도, 영국령 버진아일랜드, 지브롤터, 터크스케이커스 제도, 앵귈라, 몬트새랫이 그곳이다. 또한 영국은 저지, 건지, 맨 섬 같은 왕실보호령에 대한 주권도 유지하고 있는데, 이들 모두는 세계의 가장 선두적인 조세회피처다. 이에 더해 과거 영국 식민지였던 홍콩은 영국과 법률을 공유하며 주요 금융센터로 발전했다.

대영제국이 조세회피처의 발전에서 왜 그렇게 중요했는지에 대해서는 여러 가지 이유를 찾아볼 수 있다. 첫째, 대영제국은 역사상 지금까지 있었던 그 어떤 제국보다 큰 제국으로 소비에트 제국과 비교하면 거의 2배의 크기였다. 또한 영국은 제1차 · 제2차 산업혁명의 발원지로서, 제2차 세계대전 이전까지 전 세계경제의 상당 부분이 대영제국 내에서 이루어졌다. 둘째, 조세회피처의 발달에서 가장 중요한 요인인 사회 · 경제적socio-economic 구조다(이는 제8장에서 자세히 살펴본다). 조세회피처는 예외 없이 상업 엘리트와 금융 엘리트가 지배하는 국가에서 발전했는데, 바로 대영제국과 그 식민지에 속한 지역이 그랬다. 셋째, 영국의 관

습법은 조세회피처를 발전시키는 데 필요한 세법상의 허점을 만들어 내
는 데 아주 유용하다. 넷째, 너무 커서 통제하기 힘든 제국을 유지하는
데 드는 돈을 빠르고 쉽게 '절약'할 방법을 찾는 과정에서, 쇠퇴해 가던
영국은 자신들의 작은 식민지들이 조세회피처가 되는 것을 바라고 있었
다. 그렇게 되면 지역의 엘리트가 행복해질 수 있고, 런던이 지불해야
하는 금액이 줄어들기 때문이다. 마지막으로 유로시장과 시티 오브 런
던은 제국이 역외 중심지로 살아남는 데 결정적이었다.

이 모든 요인이 섞이면서 강력한 혼합물이 탄생했다. 시간이 지나면
서 시티 오브 런던, 영국 지배하에 있는 지역, 몇몇 이전의 식민지, 스위
스와 룩셈부르크를 중심으로 하는 독특한 정치경제를 만들어 냈다.

> **Box 5.1 파팅턴 대 법무장관, 1869년 – 용어의 문제**
>
> 관습법은 법률, 규정, 해석의 조합을 기초로 하고 있어 엄청나게 복
> 잡하다. 1970~2008년 사이 영국의 조세 법률만 살펴보더라도 주 법령은
> 1,297쪽에서 4,580쪽으로, 2차 법령은 171쪽에서 1,404쪽으로 늘어났다.
> 1970년대 이후만 계산하면 연평균 6%의 증가율이고, 1988년 이후로만 계
> 산하면 연평균 8%의 증가율을 보인 것이며, 1992년부터 계산한다면 연평
> 균 12% 이상 증가한 셈이다. 이런 수치는 450쪽의 프랑스 조세 법률(400쪽
> 의 부록이 더해짐) 또는 450쪽의 독일 조세 법률과 큰 대조를 보인다(Avery
> Jones 1996, 70). 규정이 길고 복잡해질수록 조세를 회피하거나 탈세할 수
> 있는 기회가 더 많이 생겨난다.
>
> 돌이켜보았을 때 영국이 세금에 대해 가진 태도의 핵심은 "법원이 용어
> 의 문제로서 조세 법률을 해석하는 습관을 지녔다는 것이다"(Averly Jones
> 1996, 70). 법원이 조세 법률을 어떻게 해석하느냐에 대한 초기의 진술로서
> 1869년 파팅턴 대 법무장관의 사건에서 케언스 경이 다음과 같이 말했다.
>
> 재정 법률을 제정할 때의 원칙으로 내가 이해하는 바는 바로 이것이다. 만

194

약 어떤 사람이 법률 조문에 따라 세금을 내야만 한다면 사법부 입장에서 그 사람이 아무리 어려워 보일지라도 세금은 부과되어야만 한다. 반대로 세금을 부과하려는 국가가 법률 조문에 따라 세금을 부과할 수 없다면, 그 사람은 법 정신상 명백히 세금을 내야 할 것처럼 보이더라도 실제로 세금을 내지 않아도 된다(Avery Jones 1996, 70에서 인용).

그 이후 영국 법원을 이끌어 온 원칙은 법률 조문에 대한 강조이지, 법률이 지닌 의미나 목적은 아니었다. 이 원칙은 1980년 상원에서 다시 천명되었다. "오직 법률의 조문에 따라서만 과세할 수 있고 법률상 진의나 법률적 공평성에 의거해서 과세할 수는 없다. 의회가 제정하는 그 어떤 조세 법률도 이 원칙에 따라 해석되어야 한다"(Avery Jones 1996, 70에서 인용).
영국이 유럽연합에 가입한 이후, 영국 법원은 그들의 입장을 바꿔 점차 법률이 가진 '목적'의 개념으로 다가서기 시작했다. 목적의 개념에서 법원은 의회의 접근 방식을 해석하려 했고, 이러한 변화는 조세회피처의 미래에 큰 영향을 미칠 수 있다.

:: 대영제국 중심의 경제

대영제국 중심의 정치경제가 언제 시작되었는지 정확한 시점을 찾기는 쉽지 않다. 1929년 이집트 델타와 토드 간의 소송에서 확정된 영국의 거주지 규정(제4장 참조)은 조세회피처의 발전에서 매우 중요하다는 것이 판명되었다. 이집트 델타 소송 이후 그 어떤 식민지 영토도 기본적으로 조세회피처의 역할을 할 수 있게 되었다. 하지만 얼마나 많은 회사나 관리들이 이런 가능성을 알고 있었을까? 그리고 이런 법률이 해외 사업을 유치하기 위해 의도적으로 사용된 것일까?

영국인이 식민지에 정착할 때는 어디든 그들의 관습법을 가지고 갔다. 그러나 "정착한 이후에 영국 의회에서 통과된 규정은 그 규정의 조항이나 자연적 추론에 의해 그 지역에 적용된다는 것이 명확하게 나타나지 않는 한 새로운 식민지에는 적용되지 않는다"(Dill and Minty 1932, 216). 그 결과 제국 전반에 걸쳐 영국의 법률이 도입되는 데는 상당한 시차나 지연이 생겨 조세 회피에 사용될 수 있는 제도적 허점이 생겨났다. 1930년대까지 영국에는 법률 서적에서 논의해야 하는 많은 케이스가 있었다. 수단에 있는 몇몇 회사는 활동에 대한 세금을 피하기 위해 규정 도입이 늦어지는 것을 이용한 것처럼 보인다. 버뮤다는 "부동산 투기꾼이 부동산 회사를 설립하여 토지를 구입하는 것을 막기 위해서" 영국의 회사법 도입을 거부했는데(Dill and Minty 1932, 217), 아이러니하게도 그 자체가 결과적으로 조세 회피 목적으로 사용되었다. 조세 회피를 위한 기법이 널리 퍼져 있었지만 이런 식민지 명소가 현재 조세회피처로 묘사될 정도는 아니었다.

버뮤다, 조세회피처로 떠오르다

버뮤다 보호주의자의 충동적 행동이 그들 자신도 모르게 버뮤다를 카리브 해의 초기 조세회피처 중 하나로 만들었다. 1932년 버뮤다의 법무장관인 딜은 버뮤다가 선견지명이 있어서 영국의 회사법 도입을 거부해 왔다고 생각했지만, 명백히 당시 그 지역에서 일어나는 일에 대해서는 잘 알지 못했다. 1936년 버뮤다의 변호사인 레지널드 코니어스와 검사 헨리 터커는 보호주의적인 법률을 우회해서 미국의 라이프세이버스라는 사탕 회사가 미국 외에서 벌어들이는 소득에 대해 미국 국세청의 세금 부과를 피할 수 있는 방법을 발견했다. 그 결과 많은 사람이 역사상 첫 번째 면제회사라고 믿게 된 회사가 생겨났다. 그 회사의 이름은 엘번Elbon이었는데, 그것은 회사 소유주 성family name의 철자를 거꾸로 한 것이었다. 하지만 로저 크롬비(2008)는 "그 섬에 대한 골드러시를 촉발한

196

것은 바로 두 번째 면제회사인 인터내셔널매치리얼라이제이션International Match Realisation Co.이다"라고 서술했다.

셸Shell이 자신들의 첫 번째 국제회사 사무실을 버뮤다에 설립한 1947년 10월 버뮤다의 역외에 대한 현대 역사는 시작되었다. 1958년 버뮤다는 Exempt Partnership Act를 제정해 비거주자가 그 지역 내에서 동업 관계를 만들어 활동하는 것을 허용했다. 세계의 대부호 중 몇 명은 그들의 재산이 버뮤다에서 관리되도록 했는데, 영국 극작가 노엘 코워드와 그리스 선박 소유주들이 포함되어 있었다. 대부분의 업무는 코니어스Conyers, 딜앤드피어맨Dill & Pearman이라는 법률회사가 처리했다. 1950년대 중반까지 아메리칸인터내셔널American International은 버뮤다 내에 300명 정도의 종업원을 고용했고, 대부분은 생명보험 사업에 투입되었다. 1954년 법률회사인 애플바이Appleby, 스퍼링앤드켐페Spurling & Kempe가 버뮤다 내에 최초로 2개의 뮤추얼펀드를 설립했다.

1956년 런던의 〈타임스〉에 실린 이 지역 해운법에 대한 서신은 또 다른 즉각적인 성공을 가져왔다. 즉, 1년 만에 전 세계 선박의 반이 버뮤다를 근거지로 삼은 것이다. 그다음은 전속 보험산업이었다. 크롬비(2008)에 따르면 오하이오의 전직 손해보험사정인인 프레더릭 마일렛 라이스가 이 사업을 고안했다고 한다. "라이스에게 보험을 든 철강회사는 석탄광산도 소유하고 있었다. 석탄은 철을 생산할 때 사용하는 코크coke로 바뀌어 오직 그 철강회사에만 제공되었다. 이 경우 광산은 전속되었다고 할 수 있고, 라이스의 조카에 따르면 이것이 보험의 맥락 안에 '전속'이라는 용어의 기원이 되었다"(Crombie 2008). 1962년 후반 라이스는 그의 첫 번째 전속 보험회사를 버뮤다에 만들었다. 라이스의 사업은 그 이후에 그가 버뮤다에 설립한 전속 보험 관리·자문 회사인 인터내셔널리스크매니지먼트그룹International Risk Management Group으로 바뀌었다. 그러자 곧 버뮤다는 전 세계 위험관리의 수도가 되었다.

　시간이 지나면서 2008년 버뮤다는 2,100억 달러가 넘는 자산을 가진 2,000개의 투자펀드의 고향이 되었다. 이 섬에 등록된 전속보험회사의 수는 3,000개를 넘어섰다. 버뮤다는 현재 바누아투와 버몬트의 위협을 받고 있지만 여전히 세계 전속 보험산업에서 선두에 있는 중심지다.

　버뮤다는 몇 개의 '완벽한' 조세회피처 중 하나로 남아 있다. 거기서는 소득이나 이윤 그리고 자본소득에 대해 어떤 세금도 부과하지 않고 배당이나 상속에 대한 원천징수세도 부과하지 않는다.

바하마

　바하마 역시 1930년대에 조세회피처로 떠오르기 시작했다. 1937년 미국 대통령에 대한 모겐소 보고서(Morgenthau 2006)는 미국인이 1935~1937년 사이에 바하마에 많은 보험회사뿐만 아니라 64개의 개인 지주회사를 설립했음을 보여 주었다. 바하마는 그 당시 미국인에게 가장 중요한 조세회피처로 간주되었다(Morgenthau 2006).

　바하마에서의 초기 패턴은 다른 많은 조세회피처의 초기 모습과 닮아 있다. 즉, 그 지역의 외부 지향적인 상인과 금융 분야 엘리트가 외국자본을 유치할 수 있는 법적 제도를 만드는 것이었다. 바하마에서는 나소의 베이와 샬롯 거리에 있는 클럽에서 정기적으로 만나는 상인과 법률가로 구성된 베이 스트리트 보이스라는 그룹이, 최초의 흑인 수상이 선출된 1967년까지 바하마 내의 합법적인 발전과 불법적인 발전 모두를 통제했다.

　바하마는 1960년대 초반까지는 낙후된 곳으로 남아 있었는데, 그 당시 시카고 마피아의 은행가로 알려진 마이어 랜스키가 그 지역 엘리트 회원과 함께 쿠바 대신 바하마를 카리브 해의 도박산업 중심지로 만드는 계획을 창안했다(Naylor 1987, 2002). 그들은 항만관리청을 이용해 '그랜드 바하마 개발공사'를 설립하고 랜스키의 동료들로 이사회를 구성했다. 그 뒤를 이어 1965년에 스위스 스타일의 은행 비밀보장법이 제정되었다.

1970년대 초반까지 바하마는 완벽한 조세회피처 중 하나였다. 전체 경제에서 금융산업의 비중이 관광산업에 이어 두 번째로 많았는데, 그 당시 바하마는 전체 카리브 해 여행객의 40%를 유치했다. 노바스코샤은행신탁회사Bank of Nova Scotia Trust Company(바하마)의 회장이자 그 후 캐나다의 법무장관 · 검찰총장 · 금융장관을 지낸 도널드 플레밍이 묘사한 것처럼 바하마는 "조세 파라다이스tax parsdise"였다. 그는 바하마가 그 어떤 소득세나 법인세, 자본이득세, 원천징수세, 부동산세, 상속세도 부과하지 않는다는 것을 확실히 했다. 바하마는 유로시장의 등장으로 엄청난 이득을 얻었다. 1970년대 초반까지 바하마에는 런던에 이어 세계에서 두 번째로 큰 유로시장이 있었다. 그 이후 케이맨 제도가 바하마를 추월했다.

마피아와의 관련성으로 인해 바하마는 미국 대통령 산하 조직범죄위원회와 미국 상원의 영구조사소위원회의 주목을 받았다. 두 위원회는 미국의 범죄자들이 바하마의 역외은행과 산업을 광범위하게 이용하고 있음을 보고했다(US Senate 1983; President' Commission 1984). 1965년 미국 국세청의 첩보국은 바하마에서 미국 범죄자의 활동을 조사하는 무역풍 작전을 전개했다. 1970년대까지 지속된 이 작전의 가장 중요한 성공은 바하마와 케이맨 제도에 지점을 두고 있던 캐슬뱅크Castle Bank라는 작은 은행에 침투한 것이었다. 결과적으로 바하마라는 브랜드는 퇴색했고, 카리브 해의 다른 조세회피처가 바하마의 최고 지위를 이어받았다.

채널 제도와 지브롤터

어떤 전문가들은 처음으로 현대적 의미의 면제회사를 고안해 낸 곳이 버뮤다가 아니라 저지라고 본다(Crombie 2008). 지브롤터에 있는 여러 역외 회사 또한 그런 애매한 명예를 두고 경쟁한다. 우리는 지브롤터의 그런 주장을 곧바로 일축할 수 있다. 지브롤터가 1960년대부터 조세회피처가 되는 길로 발을 내디뎠지만, 그 지역이 발전하기 시작한 것은 스페인과 지브롤터 간의 왕래가 가능해진 1980년대 중반부터다.

저지는 여러 면에서 다른 양상을 보여 준다. 저지의 첫 번째 소득세법은 1928년에 제정되었다. 그 법에 따르면 어떤 회사가 저지 내에서 관리·통제되는 경우 회사의 이윤은 과세 대상이다. 그러므로 원칙적으로 어떤 회사가 저지에 등록되어 있지만 그곳에서 통제되지 않는다면 그 회사는 세금 납부를 피할 수 있었다. 몇몇 회사는 1920년 후반에 이미 이런 세법상의 허점을 이용한 것으로 보인다. 하지만 이런 관행은 1920년에 이집트 델타 소송이 보여 준 것처럼 대영제국에서 그렇게 특별한 것은 아니었다.

채널 제도는 1920년대 이후 조세회피처로 알려져 왔다. 아사프 리코브스키는 영국 정부가 "조세 회피에 대해 강력히 문제를 제기했고 그래서 그들이 이 문제에 대한 법률을 제정하기를 촉구했다"고 서술했다(2007, 206). 그러나 채널 제도에 사는 사람들은 그렇게 쉽게 굽히지 않았다. "그들은 채널 제도가 대영제국 내의 유일한 조세회피처는 아니라고 주장했다. 또한 그들은 대영제국 내의 다른 해외 영토에 비해 불공정하게 차별받고 있으며 영국 정부의 간섭은 그들의 헌법적 권리와 면책 특권을 심각하게 훼손한다고 주장했다"(2007, 206). 동일한 논리가 현재에도 채널 제도에서 적용되는 것을 보면 100년 동안 거의 변한 것이 없

200

는 것처럼 보인다.

저지의 면제회사법exempt company law의 기원은 종종 1940년 독일의 점령 시기까지 거슬러 올라간다. 점령군은 회사조세법Corporation Tax Law을 제정했다. 이 법 조항 중 하나는, 그 섬 내에 등록되어 있지만 대영제국 내의 다른 곳에서 통제되는 회사에 대해서 50파운드의 단일세율을 부과하고, 만약 그 회사가 대영제국 외의 다른 곳에서 통제된다면 소득세와 동일한 세율을 부과하는 것이었다. 1940년의 세법은 1956년에 새로운 법으로 대체되었는데, 이 법은 대영제국 내에서 통제되는 회사에 대해서는 50파운드의 세금을 부과하고 그 외의 지역에서 통제하게 되면 100파운드의 세금을 부과하는 것이었다. 1970년 통제하는 지역의 차이로 발생하는 세금 차이가 없어졌고 200파운드의 단일세로 고정되었다. 아이러니하게도 나치의 회사법을 적용받던 기업이 현재 저지의 면제회사의 조상이 되었는데, 이는 전 세계 면제회사의 기원이라고 할 수 있다. 회사법의 처리 방식에 따른 혜택을 누리기 위해서 통제는 섬 밖에서 이루어져야 한다. 즉, 모든 이사회는 저지 밖에서 열려야 한다. 이는 이른바 사크 라크Sark Lark라는 특별한 관행을 가져왔는데, 이사들이 사크Sark라는 아주 작은 섬에서 만나서 떠드는 것을 의미한다. 1988년 금융법Finance Law을 통해 면제회사를 도입했고 회사조세법은 폐기되었다. 새로운 법에 따라 비거주자를 소유하는 기업의 소득이 저지에서 발생하지 않는다면 소득세를 낼 이유 없이 저지 내에서 이사회를 열 수 있도록 했다. 이렇게 되자 사크 라크 회의는 더 이상 필요 없게 되었다.

버뮤다, 바하마, 그리고 다른 많은 지역과 마찬가지로 저지와 건지의 역외부문은 1960년대에 본격적으로 발전하기 시작했다. 햄프턴과 크리스텐슨(1999)에 따르면 작은 규모의 경제가 처음 '발견'되고 나서 정부 주도의 계획적인 전략보다는 국제금융자본이 그 지역을 금융센터로 발전시켰다.

:: 준조세회피처로서의 중개센터

영국 중심의 조세회피처 발전에서 가장 중요한 세 번째 단계를 알아보기 전에 때때로 조세회피처로 불리는 준조세회피처의 나라들에 대해 살펴보자. 여기에는 베이루트, 우루과이, 파나마, 쿠바, 탕헤르가 포함되는데, 쿠바와 탕헤르에 대해서는 정보가 거의 없으며, 단지 1940~1950년대 금융센터였고 조세회피처로 간주되었다는 정도다. 이들 지역은 과거에 역외부문이었다가 1960년대에는 거의 활동이 멈추었다. 우리는 여기에 네덜란드령 안틸레스를 추가해야 한다. 네덜란드 정부는 이곳을 제2차 세계대전 동안 조세회피처로 발전시켰는데, 독일에 점령당했을 당시 자국민의 금융자산을 보호하기 위한 조치였다고 주장했다.

베이루트, 1943년

상인 단체와 금융업자 단체가 지배하던 마운트 레바논 지역은 19세기 후반부터 중동과 유럽 사이에서 중개무역지 역할을 했다. 1943년 독립한 이후에 지배 계급은 "국제 시장에서 경쟁력 있는 지위를 확보하기 위한 기관을 설립해서 중개무역이나 중개금융 그리고 역외활동에서 좀 더 많은 기회를 제공하려 했다"(Gates 1998, 3). 자유방임적인 환경을 제공해서 외국인, 특히 아랍인의 자본을 레바논 은행으로 유치했다. 베이루트의 역외경제는 1966년 내전이 발발하면서 사실상 끝났다. 레바논은 과거 몇 년에 걸쳐 역외센터로서의 지위를 되찾기 위해 노력해 왔다.

우루과이, 1948년

우루과이는 19세기 영국인의 주도로 남미의 주요 중개무역지로 발전했다. 그곳은 상인과 금융업자가 지배했기 때문에 역외센터로 발전하는 것은 논리적인 발전 단계처럼 보였다. 역외 우루과이 회사[SAFIS]가 설립되었다. 역외 우루과이 회사는 해외에서의 투자를 주 목적으로 했다. 역외 우루과이 회사의 자본이나 준비금에 대해서는 연 0.3%의 세율을 적용한 세금이 부과되었다.

법에 따르면 역외 우루과이 회사는 우루과이를 벗어난 지역에서 주로 활동해야 하며 외국에서 벌어들이는 소득이 전체 소득의 50%를 초과해야 한다. 그들에게는 무기명 주권과 법인이사가 허용되어 주주에 대한 익명성이 보장되고 외부감사도 면제되었다.

파나마

파나마가 편의 치적으로 발전하기 시작한 시기는 1920년대 초까지 거슬러 올라간다. 하지만 대규모 역외금융부문과 35만 개 기업을 자랑하는 파마나 역외부문의 발전은 1970년대에 본격적으로 일어났다. 파나마는 이미 우리가 언급한 세 가지 기둥을 기초로 친숙한 조세회피처 모형을 채택했다. 세 가지 기둥이란 면제회사, 은행의 비밀보장법, 경쟁적인 창업법이다. 1970년 파나마는 은행법을 완화하는 여러 규정을 도입했는데, 이는 스위스 형태의 은행 비밀보장, 통화 규제 폐지, 면제회사 설립 등을 포함한다(Warf 2002).

:: 유로시장의 등장

유로달러시장, 혹은 다른 말로 유로시장 또는 역외금융시장의 기원과 특성은 아직 정확히 알려지지 않았다. 역사가 데이비드 키너스턴(2001)은 1960년대 초반 영국 신문사의 편집실에서 회자되던 농담을 기억한다. 그것은 풋내기 사진사에게 영국은행으로 가서 유로달러의 사진을 찍어 오라는 것이었다. 이게 농담이 되는 이유는 유로달러는 형체가 없고 유로달러시장 역시 물리적 장소가 아니기 때문이다.

몇몇 저명한 경제학자는 유로시장을 단순히 1950년대에 미국 달러의 거래를 시작한 도매 금융시장 혹은 은행 간 시장이라고 본다(McClam 1974; Oppenheimer 1985; Schenk 1998). 시간이 지나면서 유로시장은 비거주자가 경화, 예를 들어 영국의 파운드, 일본 엔, 스위스 프랑, 독일 마르크, 유로와 같은 화폐를 거래하는 시장을 나타내게 되었다.

또 다른 이론은 유로시장이 1957년 런던에서 등장한 아주 독특한 시장이라는 것을 제시한다(Burn 1999, 2005). 수에즈 운하의 위기 이후 파운드에 대한 엄청난 투기에 직면한 영국 정부는 비거주자 간의 무역 신용거래에서 파운드 사용을 엄격히 제한했다. 1세기 이상 국가 간의 대출, 특히 영연방 국가와 남미의 비공식적인 대영제국에 속하는 나라에 대한 대출 전문화를 통해 발전했던 상업도시은행Commercial City Bank은 자신의 핵심 사업이 하룻밤 사이에 사라지는 것을 지켜봐야 했다. 상업도시은행은 이에 대응해 국제간 거래에서 미국 달러를 사용하기 시작했는데 아마도 그런 거래가 영국의 국제 수지와는 아무 관련이 없다고 주장한 것 같다. 이 시점에서 유로시장을 부흥시킨 것이 무엇인지는 명확하지 않다. 하지만 영국 중앙은행이 그런 거래에 개입하지 않기로 결정한 것은 특정 형태로 이루어지는 비거주자의 해외 통화거래를 영국 내에서의 거래로 여기지 않는다는 의미로 해석할 수 있다. 거래는 런던에서 일어났기 때문에 다른 규제 당국의 규제를 받을 수가 없다. 따라서 그 어느 곳에서도 거래가 일어나지 않은 것처럼 되거나 아니면 유로시장 혹은 역외금융시장이라고 하는 새롭고 규제가 없는 장소에서 일어난 것이 된다(Burn 2005).

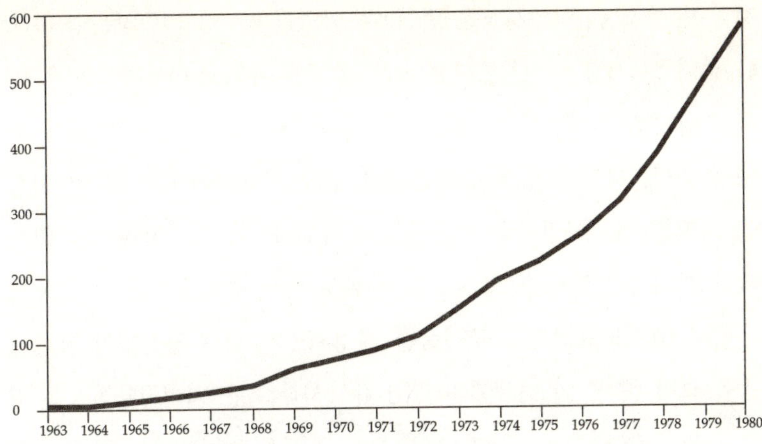

그림 5.1 1963~1980년 동안의 유로시장 확대
(은행 간 거래로 발생한 이중 계산을 제외한 자산, 단위 : 10억 달러)
출처 : BIS 2008

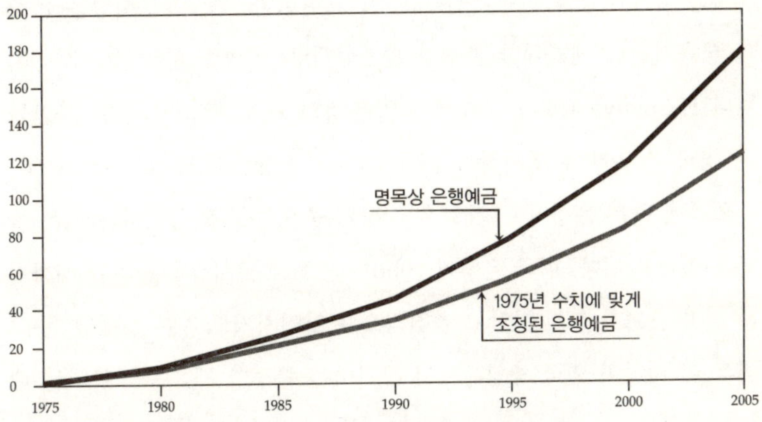

그림 5.2 저지에서 금융시장 자유화 이후 은행예금의 증가량
출처 : Jersey finance data analyzed John Christensen, Tax Justice
Network 2008

어떻게 이런 상황 변화가 정치적으로 가능했을까? 어떻게 국제금융

기관들이 자본시장을 감독하기 위해 도입한 브레턴우즈Bretton Woods 체

제가 절정인 상황에서 중앙은행의 감독을 속이고 국가 화폐당국의 규

제를 받지 않는 역외시장을 만들 수 있었을까? 영국 중앙은행의 도움 없이 그 시장이 번창했다는 것은 상상할 수도 없다. 게리 번은 영국 중앙은행이 개입해 이 새로운 시장에 반대했음을 설득력 있게 보여 주었다. 하지만 영국 중앙은행은 결코 반대하지도 않고 이 시장을 지지한다는 성명서를 발표하지도 않았다. 다만 이탈리아의 역사학자인 지아니 토니올로(2005)는 사실상 영국 중앙은행은 다른 중앙은행이 BIS에 표현했던 두려움을 진정시키기 위해 끊임없이 노력했음을 보여 준다. 이 견해에 따르면 유로시장 혹은 역외금융시장은 영국 중앙은행이 특정 거래가 마치 다른 곳에서 일어난 것처럼 간주하는 관습을 받아들였기 때문에 등장했다(Aitman 1969; Burn 2005; Higonnet 1985;Kane 1983; Robbie 1975/6). 이런 이유로 어떤 전문가는 유로시장을 장부기입 도구로 표현한다. 즉, 유로시장은 은행과 금융기관의 계좌에만 존재할 뿐, 실제로 역외에 존재하는 것이 아니다(Hanzawa 1991).★ 영국 중앙은행의 태도 때문에 어떤 사람들은 영국 정부가 유로시장을 만들었다고 주장한다(Helleiner 1994).

처음에 많은 은행이 이 새로운 시장의 중요성을 잘 몰랐다는 것은 놀라운 일이 아니다. 미국 은행이 1960년대 초 유로시장을 발견할 때까지는 시장 규모가 크지 않았고 실질적으로 알려지지도 않은 상태였다. 그 이후 이 시장이 영국 중앙은행이 부가하는 특정한 제한을 극복하는 데

★ 앞으로 살펴보겠지만 이것은 유로시장과 같은 기능을 하는 미국 역외금융시장과 일본역외시장에도 똑같이 적용된다. 뉴욕 연방준비은행의 보고서는 다음과 같이 설명한다. "별도의 지역에 있는 특별한 사무실이라는 의미를 가지고 있는 '국제은행기구(international banking facilities)', '국제은행지역(international banking zones)', '국제은행지점(international banking branches)', 그리고 '양키 달러 시장(Yankee dollar market)' 같은 용어를 사용하더라도 미국 역외금융시장의 활동은 기존 지역에 있는 기관들이 수행할 수 있다. 그러나 미국 역외금융시장의 거래는 그 기관이 보유한 각각의 거래장부에 나누어서 기입해야 한다"(FRBNY 2007). BIS는 미국 역외금융시장을 "거주자와 거래하는 일반적인 은행에 적용되는 규정이나 규제의 제한을 받지 않고 국가 간 사업을 수행하는 미국 내 은행단위"로 정의한다. 유사한 기관들이 일본에도 존재한다. 미국 역외금융시장과 이와 유사한 기관들은 실제 있는 지역의 거주자로 간주된다(BIS 2000, 67).

206

유용할 뿐 아니라 브레턴우즈 체제에서 도입된 엄격한 자본규제를 극복하는 데도 유용하다는 것이 명백해졌다. 또한 1963년 케네디 정부가 도입한 이자율평형세로 인해 유로시장은 중요한 도약의 기회를 얻었다. 유로시장이 번창하면서 이 시장이 준비금 규제 혹은 그와 유사한 규제를 피하는 데도 사용될 수 있음이 알려졌다. 이런 규제에 적용받지 않는다는 사실은 미국의 엄격한 은행 규제와 금융 규제를 피하기 위해 런던에 지점망을 급속히 발달시켜 온 미국 은행에게 특히 중요했다.

유로시장과 미국의 금융 규제

미국의 금융 규제는 두 가지 경향을 동시에 보인다. 하나는 19세기 후반까지 거슬러 올라가는 것으로서 금융의 독점화를 반대하는 태도다. 또 다른 하나는 1930년대에 도입된 것으로서 이른바 은행 시스템의 뉴딜적 금융 규제다. 이 두 가지가 합쳐져 극히 엄격한 규제 환경이 만들어졌다. 눈에 띄는 예로는 여러 주에 걸친 은행업을 금지하는 법(McFadden Act, 1927)을 들 수 있는데, 여러 주에 걸친 은행업을 금지한다는 것은 미국의 소매은행이 근거지를 둔 주를 벗어나 다른 주에 있는 은행을 매입할 수 없고, 다른 주에 지점도 개설할 수 없다는 것을 의미한다. 예를 들어 뉴욕에 있는 은행은 1945년 이후 빠르게 확장한 캘리포니아의 금융시장을 단지 지켜보기만 할 뿐 참여할 수 없었다. 이런 규제의 또 다른 예는 1933년 Glass-Steagall Act인데 이 법은 상업은행과 투자은행의 경업을 금지하고 있다. 또한 미국의 은행 규제는 한 은행이 보유한 자본의 10% 이상을 1명의 차입자에게 대출할 수 없다고 명시하고 있었다. 더불어 1930년대에 도입된 규제 Q*는 미국 은행이 취급하는 저축성 예금의 이자율에 대해 상한선을 두도록 하고 있다. 이 규제는 저축성 예금의 이자율을 상당히 낮은 수준으로 유지하게 만들었는데 은행은 이런 상황을 거의 반대하지 않았다. 왜냐하면 그들은 저축성 예금에 대해 많은 이자를 지급할 필요가 없고 사실상 고리대금업이 금지되는 것과 같은 효과가 있었기 때문이다.

1950년대 후반 런던에서 유로시장이 본격적으로 기능하기 시작했을 때 미국 은행은 미국의 규제에 압박을 느끼기 시작했다. 미국의 금융 규제는 가장 큰 은행이라도 전체 은행자산 총액의 3% 이상을 보유하지 못하도록 하고 있었다. 따라서 은행은 빠르게 성장하는 대형 기업고객에게 서비스를 제공하기가 어려워지고 자금 운용에서 압박을 받는 상황에 빠지게 되었다. 또한 어느 한 고객에게 그들 자본의 10% 이상을 대출해 줄 수 없었고, 다국적기업에 대해 외국은행이 제공하는 수준의 예금 이자를 지급할 수도 없었다. 일단 기업 고객은 유로시장을 발견하자 미국 은행을 뒤로하고 그곳에서 좀 더 높은 이자를 받기 시작했고, 동시에 자금 차입을 위해서도 유로시장을 찾기 시작했다.

케네디 정부는 미국의 투자가들이 외국 채권 투자에 더 이상 매력을 느낄 수 없게 만드는 한 방안으로, 외국 채권 투자에서 발생하는 이자소득에 대해 15%의 세금을 부과하는 이자율평형세를 도입했다. 이 세금은 미국에서 나가는 자본의 흐름을 막기 위한 것이었다. 하지만 사실상 미국 기업은 이 세금을 피하기 위해 이자소득을 본국으로 송금하는 것을 거부했고 이 과정에서 유로시장에 성장 동력이 제공되었다. 미국 은행은 곧 규제가 없는 런던에서 뉴딜적 금융 규제를 피할 수 있음을 깨달았다. 그들은 금융의 모든 면에서 경쟁력을 갖고 있는 대규모의 다양한 은행을 런던에 설립했다. 그러자 독일과 일본의 은행이 그 뒤를 따랐다.

★ 규제 Q는 회원 은행들이 요구불예금에 대해 이자를 지급하는 것도 금지한다. 연방 규제의 전자 법령집을 참조 바람(e-CFR). 뉴딜(New Deal)하에서 설립된 국가회복행정부(National Recovery Administration)는 "파멸을 가져오는" 경쟁을 막기 위해 가격을 고정하려 했는데, 규제 Q도 은행부문에서 동일한 목표를 가지고 있었다.

유로시장, 시티 오브 런던, 그리고 대영제국

시티 오브 런던에서 유로시장이 발전했다는 것은 통합된 역외경제 뒤에 런던과 나머지 대영제국을 결합시키는 중요한 힘이 있음을 보여 준다. 대영제국은 1960년대에 거의 사라진 것으로 간주되지만 정확한 것은 아니다. 공식적인 대영제국은 멸망했을지 모르지만 영국이 이끄는 역외 세계는 여전히 살아 있고 활기차게 돌아간다.

유로시장과 영국의 위성 조세회피처 없이는 세계의 가장 선두적인 금융센터가 된 시티 오브 런던의 대단한 성공을 이해하기는 불가능하다. 형식적인 것은 제쳐놓고 우리는 시티 오브 런던, 저지, 케이맨 제도, 영국령 버진아일랜드, 버뮤다 그리고 나머지 영국의 해외 영토를 세계에서 가장 큰 조세회피처와 돈세탁의 도관 역할을 하는 통합된 세계적 금융센터로 봐야 한다. 그러면 시티 오브 런던을 중심으로 한 섬들은 어떻게 발전하게 된 것일까?

은행가들은 이런 지역이 매력적이라는 것을 발견했다. 그곳에서 자신들이 원하는 법률이나 규제를 제정할 수 있었기 때문이다. 결과적으로 이런 과정에서 다수의 조세회피처가 생기게 되었고, 조세회피처는 국제 금융 시스템에서 자기만의 특정 분야에 대해 전문화하게 되었다.

:: 그 섬들은 어떻게 조세회피처가 되었나

1단계: 발견

마크 햄프턴은 이렇게 언급했다. 저지의 역외금융센터에 대한 공식적인 설명에는 "이 섬의 정부, 즉 저지 정부는 대단한 선견지명과 리더십을 보여 주었고, 1960년대 초반부터 적극적으로 역외금융센터를 만들어 냈다"고 나와 있다(2007, 4). 하지만 그의 연구는 "저지 정부가 아니라 국제금융자본과 상업은행이 돈 많은 고객에게 서비스를 제공할 목적으로 섬 안에 역외금융센터를 설립"했음을 보여 준다. 영국의 은행은 1960년대 초에 저지, 건지, 맨 섬에서 활동을 확장하기 시작했다. 존스와 르마샹이 언급한 것처럼 "1972년 이전까지는 주로 영국의 역외와 영국을 떠나온 영국 기업을 주축으로 서서히 성장했다"(1993, 54). 사실상 조세회피처가 되기 위해서 의도적으로 전략을 수립한 첫 번째 지역은 맨 섬인데, 이 섬은 1970년대 돈 많은 영국 투자자를 유치하기 위해서 이웃지역과 경쟁하기 시작했다.

1964년까지 미국 3대 대형 은행인 시티은행City Bank, 체이스맨해튼Chase Manhattan, 뱅크오브아메리카Bank of America가 카리브해 지역에 등장했다(Toniolo 2005, 454). 특히 런던에 설립할 때 지불해야 하는 높은 기반 시설 비용에 직면해 몇몇 소형 북미 은행은 "카리브 해의 역외금융센터가 더 저렴하면서도 똑같이 매력적인 규제 환경, 즉 외환 규제와 준비금 규제가 없으며, 이자율 상한제도 없고, 게다가 뉴욕과 시차가 없다는 점을 깨닫게 되었다"(Hudson 1998, 541). 실라(2002)는 "초창기 바하마와 케이맨 제도로 금융기관이 유입된 이유는 런던의 유로시장과 마찬가지로 조세부문의 혜택 때문이 아니라 그 지역에 저렴한 비용으로 지점을 설립할 수 있었기 때문"이라고 추측했다. 1980년 "바하마에서 장부기입 업무를 수행하는 사람의 평균연봉은 겨우 6,000달러에 지나지 않았으며 케이맨 제도의 역외은행업에 대한 연간 수수료는 단지 6,098달러였다. 이런 섬에서 지점을 운영하는 총비용은 유로 화폐가 거래되는 주요 센터보다 훨씬 낮았다"(Bhattacharya 1980, 37).

2단계: 특정 분야에 전문화하다

은행과 다른 금융기관은 이내 조세회피처와 유로시장 사이에 매우 유용한 시너지 효과가 있다는 것을 알게 되었다. 저지와 버뮤다 같은 조세회피처에서는 은행이 엄격한 금융 규제를 피할 수 있었을 뿐만 아니라 그들의 사업에서 '세금을 절약할 수 있는' 방법을 찾을 수 있었다. 이런 역외금융센터는 다음과 같은 이유로 발전했다.

첫째, 그들은 주로 '장부기입센터'의 역할을 한다. 실제 금융 거래는 런던, 뉴욕, 프랑크푸르트 같은 주요 금융센터에서 추진해서 성사되지만, 그 거래가 케이맨 제도에 있는 장부에 기입되므로 거기서 발생하는 이윤 또한 케이맨 제도에서 발생하는 것으로 기입된다(Goodfriend 1988, 50). 그 수치를 보면 바로 알 수 있다. Corporation of London★의 주장에 따르면 시티 오브 런던은 약 100만 명의 사람을 고용하고 있고 영국의 국가회계청에 따르면 세계에서 네 번째로 큰 금융센터인 케이맨 제도는 5,400명을 고용하고 있다.

둘째, 카리브 해의 섬은 1960년대와 1970년대에 금융 시스템이 엄격히 규제되던 미국에서 가깝다는 이점을 갖고 있었다. 더군다나 카리브 해의 섬과 뉴욕은 시차가 없다. 그 지역은 북미 은행에 의해서 유로시장 거래의 도관 역할을 하도록 발전되었다. 카리브 해에 있는 금융센터 중 특히 케이맨 제도, 바하마, 파나마가 유로시장의 급속한 확장에서 혜택을 받았다. 1970년대 후반까지 이 지역은 전체 유럽 화폐 거래의 1/5을 차지했다(Bhattacharya 1980, 37). 1980년대까지 카리브 해에 있는 미국 은행의 지점은 미국 은행의 미주 지역 해외은행이 보유한 자산총액의 1/3 이상을 차지했다(Bhattacharya 1980, 37).

★ 시티 오브 런던을 관할하는 지방자치단체 – 번역자

셋째, 일단 미국 은행이 런던에서 활동하기 시작하자 원래 런던의 역외금융센터를 설립하게 했던 근거가 영국에 근거지를 둔 영국의 은행과 기업에게는 단점이 되었다. 오직 비거주자 간의 거래만 규제와 관리 감독에서 벗어날 수 있었기 때문이다. 일련의 영국 법은 아마도 의도적이지는 않았겠지만, 곧 영국 기업이나 은행이 채널 제도의 지점을 이용해 불리한 위치에서 벗어나도록 했다. 채널 제도에 있는 지점을 통하면 그들은 비거주자의 지위를 이용할 수 있었기 때문이다.

케이맨 제도

1966년 케이맨 제도는 은행과 신탁회사 규제법^{Banks and Trust Companies Regulation Law}, 신탁법^{Trust Law}, 외환거래규제법^{Exchange Control Regulations Law} 등을 포함하는 여러 법률을 제정했고, 1960년에 제정된 회사법을 강화했다. 1976년 금융 전문가들이 보유한 비밀정보의 공개를 방지할 목적으로 기밀관계보호법(Confidential Relationships Presevation Law; 영국의 관습법을 성문화한 법)이 제정되었는데, 이는 역외은행에서 정보를 얻기 위한 미국 당국의 공격적인 행동에 대응하기 위한 것이었다. 1970년대 후반에 모든 외환거래 규제가 철폐되었다. 1979년 전속 보험산업의 성장을 뒷받침하고 규제하기 위해 보험법^{Insurance Law}이 제정되었다(바하마의 정치적 불안정성에 대한 잘못된 걱정 때문에 전속 보험산업이 케이맨 제도로 옮겨오기 시작했다).

케이맨 제도는 놀랄 만한 성공 사례다. BIS의 통계에 따르면 2008년 현재 케이맨 제도는 세계에서 네 번째로 큰 금융센터다. 2006년 말까지 그곳에 등록된 국제비즈니스회사의 수는 8만 1,783개로 증가했으며 이 것은 2005년에 비해 27% 증가한 수치다. 또한 케이맨 제도는 세계에서 가장 많은 헤지펀드와 구조화된 금융 거래를 가진 곳이기도 하다. 전속 보험회사 수는 버뮤다에 이어 두 번째로 많다. 기관 펀드는 이미 14조 달러에 이르렀으며 계속 증가하고 있다(Ridley 2007).

이런 엄청난 성장은 부분적으로 바하마의 정치적 혼란에서 비롯되었다. 케이맨 제도의 역외 부문은 "바하마의 정치적 불확실성과 유로시장의 발전에 도움을 받아 뿌리를 내렸다"(Ridley 2007). 그러나 과연 여러 통계에서 보듯이 케이맨 제도가 세계에서 네 번째, 다섯 번째, 아니면 여섯 번째로 큰 금융센터일까? 그곳이 진정으로 전 세계 신용 배분의 중심지일까? 그렇지는 않다. 케이맨 제도의 역외 부문은 특히 상품 수출에 대한 금융과 같은 단기 무역금융에 집중되어 있다. 좀 더 장기적인 대출 신디케이션은 카리브 해에서 거의 이루어지지 않는다. 예를 들어 1980년에 미국 은행인 시카고 국립은행First National Bank of Chicago만 카리브 해 지역에서 중요한 대출 신디케이션을 실행했다.

1972년 파운드화 재조정법과 채널 제도

두 가지 법률이 채널 제도에 있는 역외경제의 발전에 매우 중요한 역할을 했다. 먼저 잘 알려지지 않은 1972년의 파운드화 재조정법Sterling Rescheduling Act이 특히 중요했다. 비록 헌법적으로 채널 제도는 영국 영토가 아니지만 1947년 제정된 영국의 외환규제법UK Exchange Control Act의 특별규제조항Special Statutary Instrument에 저촉받고 있었다. 그러므로 "채널 제도의 법과 절차는 기업의 설립이나 활동을 과도하게 제한하지 않았지만 실제로 외환 규제법에 관련된 심사 절차나 감독 절차를 통해 영국 중앙은행이 그 지역의 법과 절차보다 우선했다"(Johns and Le Marchant 1993, 58). 이 특별조항을 통해 이 섬들은 영국 본토에서 규제받고 통제된 것이다.

위 법률의 효과 중 하나는 채널 제도의 은행과 지점이 유로시장에 접근하기 어렵게 했다는 것이다. 영국 중앙은행이 특별히 비거주자로 지정하지 않으면, 외환 규제 목적으로 그들은 거주자로 간주되었다. 즉, 그들은 아직은 성숙하지 않은 유로시장에 접근하는 것이 금지되었다. 그들은 '비거주자'의 지위를 얻기 위해서 영국 중앙은행에 신청해야만 했고 주주구조나 다른 금융 문제에 대한 자세한 정보를 제공해야 했다. 존스와 르 마샹(1993)에 따르면 그런 지위를 얻기 위해서는 다음과 같은 조건을 충족해야 했다.

- 자본금은 스위스 프랑이 아닌 다른 외국 화폐로 표시되어야 하고 비거주자가 배당금 수혜자가 되어야 한다.
- 회사는 영국 중앙은행의 조건을 준수해야 한다.
- 회사에 필요한 자본금과 타인자본은 비거주지에서 획득해야 한다.

첫 번째와 세 번째 조건은 앞에서 본 것처럼 유로시장에서 활동하기 위해서 지켜야 하는 것이다. 하지만 두 번째 조건은 영국 중앙은행이 시티 오브 런던에서 활동하는 회사와 달리 유로시장에서 활동하고 있는 채널 제도의 회사를 규제할 수 있게 한다.

1972년 파운드화 재조정법은 채널 제도를 이런 제한에서 자유롭게 만들었다. "채널 제도는 글자 그대로 한 번의 서명으로 전례 없는 특권적 지위를 부여받았다"(Johns와 Le Marchant 1993, 55). 그 이후 상업은행들이 유로시장 활동에 대한 장부기입센터로서 저지와 건지를 발전시키기 시작했다. 존스와 르 마샹에 따르면 1972년부터 1975년까지는 이런 역외금융센터가 '이륙'한 기간이었다.

1979년 영국의 외환 규제는 중단되었고, 영국의 해외 섬에 있던 역외금융센터에 대한 영국 중앙은행의 통제도 끝났다. 그 이후 영국과 이 섬의 거주자는 전 세계 어디든 투자할 수 있게 되었다.

영국이 지배하는 섬들의 특정 분야에 전문화된 발전 (Niche development)

영국의 조세회피처는 서로 경쟁한다. 그들은 서로의 법률을 모방하고 자신만의 틈새시장을 발전시켰다. 지리적으로 두 지역이 경쟁하고 있는데 한 지역은 채널 제도와 더블린의 국제금융센터로 이루어진 지역이고, 다른 한 지역은 카리브 해 지역이다. 콥에 따르면 "각 지역의 경쟁적 우위는 그 지역에만 존재하는 독특한 규제 제도와 법률 제도에서 창출된다"(1998, 19). 그가 주목한 것처럼 회사의 본부가 각 역외금융센터별로 노동의 기능적 분배를 도입함에 따라 역외금융센터는 경쟁보다는 협조를 하게 되었다. 그런데도 각 섬들은 서로 다른 전략을 추구했다. 저지는 주로 역외 프라이빗뱅크의 센터이고, 건지는 전속 보험센터로서 지배적인 위치에 있다. 그리고 맨 섬은 최근 급격하게 성장하는 생명보험 분야를 전문화하고 있으며, 더블린은 대규모 펀드의 운용센터다. 버뮤다는 전속 보험과 재보험에서 세계적으로 선두 주자이며, 케이맨 제도는 대형은행센터다. 영국령 버진아일랜드는 국제비즈니스회사 설립 분야에서 세계적으로 선두에 있으며, 지브롤터는 은행, 보험, 펀드 매니지먼트, 신탁, 컨설팅 사업을 포함하는 광범위한 서비스를 제공한다.

:: 뉴욕과 일본의 역외금융시장

미국 재무부는 상당 기간 유로시장을 상대로 전쟁을 벌여 왔다. 하지만 미국은 1981년 그 싸움을 포기하고 대신 런던의 성공에 대응하기 위해 미국 내에 좀 더 제한이 많은 유로시장을 만들기로 결정했다. 이 결정에 따라 미국 역외금융시장International Banking Facilities; IBF이 등장했다. 이 기관은 미국 내 예금 취급기관이 연방준비제도이사회의 준비금 조건과 주소득세와 지방소득세가 면제된 채로 외국 거주자나 기관을 상대로 예금을 받고 대출을 제공할 수 있게 했다.

모펫과 스톤힐에 따르면 미국 역외금융시장은 "미국 정부의 규제 당국자들이 유로시장을 미국 내 은행 시스템으로 '내부화internalize'하려는 시도를 나타낸다. 미국 역외금융시장의 목적은 미국에 근거지를 둔 은행들과 그들의 역외 고객에게 더 낮은 비용으로 자금을 공급해 미국 은행이 역외에 설립하는 껍데기뿐인 지점shell branches의 규모와 성장을 최소화하는 것이었다"(1989, 89). 일본 정부는 1986년 유사한 형태의 기관인 일본역외시장Japanese Offshore Market; JOM을 설립해 이에 대응했다. 미국 역외금융시장과 일본역외시장은 1968년에 설립된 싱가포르 아시안 통화시장Asian Currency Market; ACM을 본뜬 것이었다. 이어서 1993년 방콕 역외금융시장Bangkok International Banking Facility; BIBF이 설립되었다.

말레이시아는 바레인이 했던 것처럼 라부안에 유사한 제도를 갖고 있다. 몇몇 통계에 따르면 미국의 국제 은행거래의 1/3이 미국 역외금융시장을 통해 이루어지고, 일본의 국제 은행거래의 거의 1/2이 일본역외시장을 통해 이루어진다. 비록 미국과 일본의 역외금융시장에서 소득세는 면제되지만 그들은 조세회피처라기보다는 '규제 천국'이라고 할 수 있다. 그들은 국내 금융 시스템 내에서 유로시장을 모방하여 만들어졌다. 그들이 역내금융기관과 다른 점은 세금을 적게 내는 것이 아니라 느슨한 규제가 적용된다는 것이다.

:: 황금기, 1960~1990년대

1960년대 후반이 되면서 전후 '영광의 시절'은 끝났다. 원유와 원자재 가격의 급격한 상승, 가속도가 붙은 인플레이션과 지속적으로 하락하는 성장률은 기업의 수익률 하락으로 특징되는 위기를 가져왔다. 편의 치적, 수출가공지구, 그리고 앞에서 열거한 조세회피처가 이 시기에 폭발적으로 증가하기 시작한 것은 우연의 일치가 아니다. 유럽과 미국의 다국적기업이 수익성을 높일 방법을 찾게 되고, 조세회피처는 기꺼이 그들을 돕게 되었다.

1960년대와 1970년대에 조세회피처가 증가한 현상을 설명하는 논리적인 이유가 있는데, 통신과 운송의 놀랄 만한 발전도 거기에 포함된다. 특히 제트기의 도입은 매우 중요하다. 뉴욕에서 약 1,300km 떨어진 대서양의 바하마 경우 1930년대에는 지구 반대편에 있는 것처럼 여겨졌을 것이다. 하지만 1959년 보잉707이 도입되면서 카리브 해의 섬들은 뉴욕의 금융시장에서 2시간이면 갈 수 있는 거리가 되었다. 카리브 해의 조세회피처는 미국 동부와 시차가 없다는 또 다른 장점을 가지고 있다. 미국의 여행객은 이런 화창한 섬으로 떼 지어 갈 때 세금이 없는 점을 이용하기 위해 돈을 가지고 갔다. 또한 전후 계속된 성장에 힘입어 안락한 라이프스타일을 즐기던 벨기에 치과의사가 자신이 번 돈을 예금하기 위해 근처 룩셈부르크를 정기적으로 방문하기 시작했다. 그곳에서 그는 프랑스와 독일의 치과의사도 스위스 형태의 비밀보장법을 이용하기 위해 똑같이 행동하고 있음을 발견했다. 룩셈부르크는 치과의사가 룩셈부르크까지 가는 여행을 합리화하는 데 도움을 주기 위해 연료에 더 낮은 관세를 제공하기까지 했다. 어떤 까닭인지는 모르지만 룩셈부르크에서는 지금도 화요일을 벨기에의 날이라고 한다.

또한 저렴한 통신 수단의 발달로 멀리서 쉽게 조세회피처에 접근할 수 있다. 제록스는 1966년 최초의 팩스 기계인 텔레프린터를 발명했고, 1969년 최초의 인터넷 시스템인 아르파넷이 개통되었다. 뒤를 이어 1971년 마이크로프로세서가 등장했다.

식민지 독립도 부분적으로 한몫을 했다. 영국, 프랑스, 네덜란드 제국의 해체는 전 세계의 지리·경제 지도에 엄청난 영향을 미쳤다. 간단히 말해 세계적으로 더 많은 국가가 생겨난 것이다. 각국은 주권을 가지고 있으므로 스스로 결정할 권리가 있다고 주장하며, 1970년대의 냉혹한 경제 환경에서 살아남을 방법을 찾게 되었다. 결과적으로 탈식민지화의 물결이 한 번 칠 때마다 조세회피처 게임에 새로운 참가자가 생겨났다. 카리브 해의 조세회피처는 1960년대에, 남태평양의 산호섬은 1980년대에, 그리고 이행경제, 즉 과거 공산주의 국가 중 조세회피처는 1990년대에 발전했다. 세계경제가 팽창함에 따라 아시아와 중동의 성장하는 지역 근처에 있는 작은 국가들이 조세회피처의 전략을 채택했는데 1960년대 싱가포르, 홍콩, 브루나이가 그랬고, 1970년대 바레인과 두바이가 그랬다. 지금도 아프리카에서는 새로운 조세회피처가 만들어지고 있다. 아프리카 대륙이 드디어 성장 신호를 보여 주면서 아직은 초보 수준이지만 가나가 조세회피처의 리스트에 이름을 올렸다.

독립이 결정적으로 중요한 것은 아니었다. 케이맨 제도, 영국령 버진 아일랜드, 채널 제도, 지브롤터 같은 영국의 해외 영토는 경쟁이 심화되는 조세회피처 시장에서 영국이라는 브랜드가 매우 큰 장점이 된다는 것을 알아차렸다. 그들의 판단은 틀리지 않았고 1990년대 들어 세계에서 가장 선두적인 조세회피처가 되었다.

하지만 이렇게 중요한 조건보다도 1960년대와 1970년대에 조세회피처의 발전을 불러온 가장 즉각적인 원인은, 영국 중앙은행과 영국 상

업은행 간의 행정적 타협의 결과로 세계 최대의 역외시장인 유로시장이
탄생한 것이다.

싱가포르와 홍콩

싱가포르와 홍콩은 조세회피처의 정확한 형태에 부합하지는 않는다.
그들이 제공하는 조세 혜택은 고전적인 형태가 아니고, 가상 창업센터
도 아니다. 하지만 이 두 지역은 유로시장과 아시아의 금융시장을 연결
해 주는 역할을 하는 진정한 의미의 역외금융센터로 발전했다. 싱가포
르는 1968년 최초의 국제사업기구 형태를 보여 주는 아시아통화단위
Asian Currency Unit; ACU를 설립했다.

1960년대 중반 인도차이나전쟁의 확대로 인해 그 지역의 외환 수요
가 증가했으나 1967년과 1968년 신용경색이 발생했고, 그로 인해 유
로달러시장의 이자율이 상승했다. 그 결과 달러화에 대한 수요가 증가
했다. 이에 대응해 싱가포르는 국제은행의 지점을 싱가포르 내에 유치
하기 위해 다양한 인센티브를 제공했다. 뱅크오브아메리카의 지점이
ACU에 비거주자 간의 거래를 목적으로 특수 국제부서를 처음으로 만
들었다. 다른 유로시장의 활동과 마찬가지로 ACU는 비거주자의 모든
거래를 기록하는 별도의 계좌를 만들었다. ACU가 외환거래 규제를 적
용받는 건 아니었지만, 외환규제당국은 매달 은행이 거래에 대한 자세
한 거래보고서를 제출하도록 요구했다(Hodjera 1978).

싱가포르가 조세회피처로 발전하는 과정에서 두 번째 단계는 1998년
시작되었다(Chee Soon Juan 2008). 아시아의 금융위기 이후에 싱가포
르정부는 싱가포르를 아시아의 금융 수도로 만들기로 결정했다. 2001년
당시 부수상으로서 재무부 장관과 싱가포르 화폐청 의장직을 겸직했던
리센룽Lee Hsien Loong은 국제 은행가와 만나 어떻게 법을 만들면 싱가포르

가 최고의 지위를 얻을 수 있을지 논의했다. 이 회의 이후 그는 비밀보장 조항을 고치는 은행법 수정안을 도입했는데, 이는 스위스의 비밀보장법보다 훨씬 엄격한 조항을 포함하고 있었다. 또한 싱가포르의 은행 비밀보장법을 위반했을 때의 처벌이 강화되었다. 즉, 최대 12만 5,000달러의 벌금이나 최대 3년의 징역형 또는 두 가지 모두 적용될 수 있을 정도로 강화된 것이다. 스위스 은행은 현재 스위스의 비밀보장법이 약화되었다는 것을 깨닫고 싱가포르의 강력한 비밀보장법을 이용하기 위해 고객의 많은 사업을 싱가포르로 옮기고 있다.

싱가포르가 조세회피처로 간주되는 또 다른 두 가지 이유가 있다. 첫째, 영국 관습법을 사용하는 국가로서 싱가포르는 여전히 비거주자가 그곳에 유한주식회사를 창업하고 다른 곳에서 관리하는 것을 허용한다. 영국이나 아일랜드가 그런 것을 허용하지 않아 싱가포르는 이 분야에서 선두주자로 떠올랐다. 싱가포르 내에서 발생하는 소득에는 22%의 명목세율이 적용되지만, 외국기업이 벌어들이는 소득은 전혀 과세되지 않는다. 둘째, 보조금이나 후불제 같은 복잡한 제도 때문에 싱가포르는 저세율 국가로 인식된다. 설리번(2004a, 2004b)은 싱가포르에 있는 미국 회사의 계열사에 적용되는 실효세율이 11%라고 했는데, 이는 중급 조세회피처 중에서는 가장 높은 수준이다.

싱가포르는 현재 세계에서 가장 빨리 성장하는 프라이빗뱅킹센터로 떠오르고 있다. 이런 상황에서 싱가포르가 직면한 가장 중요한 문제는, 싱가포르의 금융센터가 약 13만 명을 고용하고 있지만 여전히 전문가가 부족하다는 것이다. 싱가포르 금융센터의 자산 규모는 경이로운 수준으로 증가하고 있는데, 1998년 1,500억 달러에서 2007년 말 11조 7,300억 달러로 늘었다. 싱가포르 정부는 고급 전문 인력 부족을 인식하고, 스위스 은행인 UBS가 설립한 싱가포르 경영대학의 부관리연구소를 후원해 왔다. 이는 프라이빗뱅킹에 전문화된 대학이다. 사실 UBS와 크레디트스위스는 싱가포르 내에 광범위한 트레이닝 프로그램을 제공해 왔다.

이와 대조적으로 홍콩의 식민지 정부는 금융부문에 대해 관용적인 태도를 보였지만 1970년대까지는 적극적으로 금융 자유화를 추구하지는 않았다(Jao 2003, 11). 사실상 홍콩의 식민지 정부는 1960년대 식민지 내에 신생 은행의 설립을 허용하지 않았다. 유로시장이 싱가포르에서 발전한 이유는 단지 홍콩이 자기 지역 내에 미국 은행이 유로시장을 설립하지 못하게 했기 때문이다. 이에 더해서 홍콩 정부는 외화예금 이자에 과세되는 원천징수세의 폐지를 거부했다(Jao 2003, 12). 그 결과 미국 은행에 대해 조세 혜택이나 그 외 다른 유인책을 기꺼이 제공한 싱가포르가 엄청나게 성장하게 된 것이다.

홍콩 내에 은행 신규 설립을 금지한 조치는 1978년 폐지되었다. 1982년 2월 외화예금의 이자에 대한 원천징수세가 철폐되고, 1989년에는 이자에 대한 모든 형태의 세금이 철폐되었다. 1995년부터 1996년까지 홍콩 정부가 좀 더 적극적으로 나서면서 홍콩은 아시아태평양 지역에서 두 번째로 큰 국제금융센터가 되었고, 세계에서도 6~7위의 국제금융센터가 되었다. 싱가포르와 마찬가지로 홍콩 역시 시티 오브 런던과 긴밀히 연결되어 있으며 그 영향권 안에 굳건히 남아 있다.

네덜란드

1970년대 말 중급 조세회피처 중에서 조세회피처 게임의 새로운 참가자가 나왔다. 네덜란드는 조세를 회피하려는 다국적기업의 자본 유출입에 대한 도관국가로서 명성을 얻기 시작했다(Van Dijk et al. 2006). 1970년대 중반 네덜란드 정부는 '조세 효율적'인 지역을 찾는 다국적기업에게 매력적인 곳이 되기 위해 조세 법률 제도를 의도적으로 디자인하기 시작했다. 그 결과 네덜란드는 폭스바겐, 이케아, 구치, 피렐리, 프라다, 후지-지멘스, 미탈 스틸^{Mittal Steel} 같은 회사를 유치한 회사본부 천국으로 떠올랐다.

또한 네덜란드는 명의만 있는 회사설립을 허용했다. 디크 등(2006)은 2005년 현재 네덜란드에 총 4만 2,072개의 금융지주회사가 있고, 그중 5,830개가 신탁회사에 의해 운용되고 있다고 보고했다. 이 중 많은 회사는 명의만 갖고 있을 뿐 실제 활동은 거의 하지 않았다. 가장 큰 자산운용회사는 암스테르담의 55번가에 있는 포티스인터트러스트 B.V.인데 그 주소에만 2,373개의 회사가 등록되어 있다. TMF 매니지먼트 B.V가 있는 로카텔리카데 1번지에는 1,633개의 회사가 등록되어 있다. 이런 명의만 갖고 있는 회사 중 43%가 네덜란드령 안틸레스, 스위스, 키프로스, 영국령 버진아일랜드, 케이맨 제도 같은 지역에 모기업을 가지고 있다. 이것이 의미하는 바는 명백하다. 네덜란드의 우호적인 조세 법률과 광범위한 이중조세 조약의 네트워크를 이용하기 위해 디자인된 도관일 뿐이라는 것이다. 이들의 목표는 알 수 없는 원천에서 유럽으로 투자를 좀 더 쉽게 하고 모기업으로 소득을 송금할 때 세금을 적게 내는 것이다.

네덜란드 샌드위치

조세회피처에 관련된 이야기 중 가장 이상한 에피소드 중 하나는 네덜란드령 안틸레스에 있었던 도관회사들의 부상과 쇠퇴일 것이다. 네덜란드 샌드위치로 알려진 이 회사들은 네덜란드에 있던 회사들이 유럽에 대한 투자 도관으로 사용되는 것처럼 미국, 캐나다 그리고 다른 외국자본의 미국에 대한 투자 도관으로 사용되었다. 1960년대와 1970년대 네덜란드령 안틸레스가 금융도관회사의 근거지로 부상한 이유가 원천징수세를 회피하고, 해외 자금을 더 용이하게 차입하기 위해 미국이 그런 기업의 설립을 장려했기 때문이라는 점은 의외다. 이런 놀라운 상황은 케네디 정부가 1963년 이자율평형세를 도입한 결과였다. 이 법은 막 성장하기 시작한 유로시장으로 미국 달러가 흘러가는 것을 막기 위해 도입한 것이었으나, 시행되자 원래 의도와는 반대로 미국 달러가 유로시장으로 흘러가게 되었다. 이런 결과는 부분적으로 미국 정부가 미국 기업들이 유로시장에서 좀 더 낮은 이율로 자금을 차입하는 것이 더 유리할 수 있다고 생각했기 때문이었다(Papke 2000). 미국 국세청은 이자율평형세를 폐지하는 대신 원천징수세를 회피하기 위해 네덜란드령 안틸레스 회사를 이용하는 것을 승인했다.

네덜란드령 안틸레스의 도관 회사들은 미국 재무부가 네덜란드령 안틸레스와의 조세 협정을 종결하겠다고 발표한 1987년 6월까지 역할을 계속했다. 미국 재무부에는 알려지지 않았지만, 그 당시 발행된 320억 달러의 유로펀드 중 30%를 네덜란드령 안틸레스의 도관 회사를 통해 미국의 회사와 은행이 소유하고 있었다. 엄청난 정치적 압력으로 인해 재무부는 조세 협정을 종결한다는 결정을 수정할 수밖에 없어 조세 면제는 1995년까지 지속되었다(Papke 2000).

아일랜드의 금융서비스센터, 더블린

1959년 설립된 새넌Shannon 수출가공지구의 성공에 이어 아일랜드는 1987년 더블린에 금융서비스센터Irish Financial Service Center; IFSC를 설립했다. 아일랜드 경제학자인 짐 스튜어트(2005)에 따르면 특정 금융 활동에 대한 특혜성 조세 제도, 낮은 법인세율(2008년 12.5%) 그리고 원천징수세 폐지로 인해 IFSC는 전 세계 국채 매매와 국제 펀드 운용, 다국적 기업 내의 자금 이동에 관련된 분야에서 계속 발전하고 있다.

스튜어트에 따르면 2003년 12월 아일랜드 내 전체 외국 투자 금액은 1조 410억 유로에 달하는데 이는 그해 아일랜드 GDP의 8배에 해당한다. 이 금액에서 7,490억 유로(72%)는 IFSC 내의 활동과 관련되어 있다. 2000년까지 400개 대형 회사가 IFSC를 이용했는데 그들 중 50%가 미국 소유다. 그 시기까지 아일랜드는 미국 기업이 해외에서 가장 많은 이윤을 벌어들이는 지역이었다. 이 지역의 세전 신고 이윤은 268억 달러였고 버뮤다가 바로 뒤를 이어 252억 달러를 기록했다. 아일랜드에 있는 미국 기업들이 아일랜드 재무부에 세금 7억 유로를 납부했지만,

IFSC가 직접 고용하는 사람이 1997년 단지 4,500명에 지나지 않을 정도로 아일랜드에 미친 고용 효과는 크지 않았다(ECONFIN 1999, 61). 이와 대조적으로 캐나다, 프랑스, 독일, 이탈리아, 영국에 있는 미국 기업의 자회사는 해외 판매의 44%, 해외 시설과 장비의 44%, 모기업이 지급하는 해외 근로자 보수의 56%를 차지하지만 해외 이윤에서는 단지 21%만 차지한다. 따라서 사람들이 이윤을 아일랜드로 옮길 것을 제안해 왔다는 것은 놀라운 일이 아니다.

IFSC에서 또 주목할 점은 아일랜드로 유입되는 외국인직접투자의 가장 큰 원천이 네덜란드(107억 유로)이며 미국(78억 유로)이 그다음이라는 점이다. 스튜어트는 이것이 서로 다른 조세회피처에 있는 지점의 복잡한 네트워크를 통해 외국인직접투자가 우회하는 결과이고, 각각의 조세회피처들은 세금을 줄이기 위해 옮겨다니는 금융 활동에 대한 도관을 제공한다고 설명하고 있다. 그의 연구는 네덜란드에 있는 513개 기업 중에서 102개는 최종적인 모회사가 영국에 있음을 보여 준다. 이런 회사에는 막스앤드스펜서Marks & Spencer와 BOC 같은 잘 알려진 회사도 포함된다. 또 이 중 93개는 최종적으로 델, IBM, HP 같은 미국 기업이 소유하고 있으며, 프랑스(14개), 독일(9개), 일본(9개) 기업도 소유하고 있다. 이런 수치를 보면 다음과 같은 점이 명백해진다. 기업구조는 세금에 영향을 받고, 도관 기능을 하는 저세율 조세회피처는 투자자본의 흐름을 중대하게 변화시킨다. 그리고 외국인직접투자에 대한 자료는 왜곡되어 있으며 많은 국가에서 보고되는 이윤과 그에 따른 세금은 이러한 조세회피처의 활동에 영향을 받는다.

태평양의 산호섬들

그레그 롤링스, 제이슨 샤먼, 앤서니 반 포센 등 3명의 호주 학자의 연구를 보면 태평양 지역 조세회피처에 대한 기원과 발전에 대해 많은 정보를 얻을 수 있다. 태평양 지역의 조세회피처는 대영제국 모델을 따라 발전했지만 차이가 있다. 호주와 뉴질랜드 정부는 태평양 지역 조세회피처의 발전에 간섭하기를 원했기 때문에 그들만의 독특한 모델이 만들어졌다.

첫 번째 태평양의 조세회피처는 1966년 자치정부를 가진 호주의 외부영토인 노퍽 섬에서 설립되었다. 호주 연방정부는 노퍽 섬이 조세회피처로 발전하는 것을 끊임없이 막으려 했는데, 호주 국민에 대해서는 그렇지 못했다(Van Fossen 2002). 제이슨 샤먼은 다음과 같이 적고 있다.

일단 노퍽 섬이 1966년 선례를 만들자 바누아투(1970~1971), 나우루(1972), 쿡 제도(1981), 통가(1984), 사모아(1988), 마셜 제도(1990) 등이 당시 이 분야에서 선두를 달리던 조세회피처의 법률을 그대로 모방했고, 거의 이윤이 남지 않는 조세회피처 사업에 뛰어들어 격렬하게 경쟁하게 되었다(Sharman 2007).

이런 모든 조세회피처는 성공적인 조세회피처를 모델로 친숙한 법률을 도입했다. 여기에는 면제회사와 비거주기업에 대한 비과세, 스위스 형태의 비밀보장법, 신탁회사법, 역외보험법, 편의 치적, 그리고 21세기 초 이후에는 전자상거래와 온라인 도박을 용이하게 하는 법률을 포함한다.

영국과 호주는 자신들의 속국을 관리하고 유지하는 비용을 줄일 목적으로 그곳에 역외부문을 발전시켰다. 영국 정부의 국제개발부서는 그 정책이 가져올 결과를 예측하지 못하고 자신들이 카리브 해와 태평양의 섬들의 역외부문을 '발전'시키도록 충고했다는 점을 자랑스러워했다. 조세회피처인 바누아투의 기원에 대한 그레그 롤링스(2004)의 연구는 이

점을 잘 보여 준다(추가적인 정보는 Sharman and Mistry 2008 chs. 10~12 참조).

1967년 영국 법률회사가 뉴헤브리디스(나중에 바누아투로 이름이 바뀜)에 사무실을 개설했다. 이집트 델타 원칙을 이용하기 위해 다른 회사들이 이 회사를 뒤따라 들어왔다. 뉴헤브리디스의 금융장관 미첼은 역외부문을 알아보기 위해 버뮤다와 케이맨 제도를 방문해서 다음과 같이 말했다. "광범위하게 논의한 결과 영국 행정부는 민간부문이 빌라Vila★를 국제투자센터로 사용하기로 결정했기 때문에, 상황을 통제하고 급증하는 보조금을 줄이기 위한 추가적인 수입을 확보하기 위해서는 그에 맞는 법률을 제정하는 것 외에 다른 대안은 없다는 결정을 내렸다"(Rawlings 2004, 9). 1970년과 1971년에 영국 행정부는 은행규제법Bank and Banking Regulations, 회사규제법Company Regulations, 신탁회사규제법Trust Companies Regulations을 도입했다. 그 결과 1976년에 이르러 바누아투는 발전하는 역외센터가 되었다(Sharman and Mistry 2008).

샤먼과 미스트리는 바누아투의 경제에서 역외금융부문이 얼마나 공헌했는지를 평가하는 것은 어렵다는 점에 주목한다. 그 지역 산업 대표자들은 역외부문이 GDP의 12% 정도를 공헌하고 있다고 주장한다. 반면에 IMF는 GDP의 3%, 그리고 정부 수입의 1~1.5%라는 수치를 제시한다. 태평양제도포럼 사무국에서 연구비를 받고 수행된 좀 더 자세한 비용ㆍ편익 분석에서는 2004년 중반 역외금융 산업이 GDP의 9.7%를 차지하고 정부 수입의 5.1%를 차지한다고 추정했다. 이런 비중이 앞으로는 분명 하락할 것이다. 왜냐하면 2008년 호주 정부는 바누아투의 탈세에 대해 공격적인 반대 운동을 전개했고 그 섬의 회계법인 사장을 체포하기에 이르렀기 때문이다. 그 결과 바누아투는 금융서비스 센터를

★ 바누아투의 수도

개혁하기로 동의했지만 실제 잘 되고 있는지는 명확하지 않다.

영국이 자신들의 식민지였다가 독립한 지역의 행정 비용을 줄이기 위해 사용한 조세회피처 활동의 유도정책이 원래 예상했던 것과 다른 결과를 낳았다는 것은 분명하다. 상당 부분이 돈세탁에 의한 것으로 보이는(Van Fossen 2002, 2003) 수천억 달러의 돈이 매년 태평양에 있는 조세회피처로 흘러들어 가고 있지만, 이 돈이 이 지역의 소득 수준을 높이는 데는 거의 도움이 되지 않는다. 태평양에 있는 조세회피처는 여전히 세계에서 가장 가난한 국가로 남아 있다.

중동과 아프리카

1975년 10월 바레인은 역외은행지점Offshore Banking Unit; OBU(Gerakis & Roncesvalles 1983)에 대한 허가제를 시작했다. OBU는 싱가포르의 ACU와 경쟁할 목적으로 도입되었는데 OBU나 ACU 모두 박(1982)이 묘사한 것처럼 유로시장에 '자금을 공급하고' 또 그 시장에서 '자금을 조달하는' 지역센터로 발전했다. 제라키스와 론세스바예스는 바레인에 대한 처음의 반응은 무척 긍정적이었다고 보고했다. 4개월 만에 32개의 회사가 OBU에 지원해서 승인받았고, 1979년 바레인 당국은 더 이상의 지원을 받아들일 수 없다고 판단했다(1983, 271). 그 결과 바레인은 주요 지역금융센터로 부상했다. 바레인이 OECD와 협조할 의사가 있다고 발표했지만, OECD는 바레인을 조세회피처로 간주한다.

바레인은 현재 두바이에 추월당했다. 풍부한 원유 매장량을 가진 두바이는 어떤 세금도 부과하지 않으며, 미국 또는 그 어떤 다른 나라와도 상호법적보조조약 혹은 사실상의 어떠한 정보 교환협정도 맺고 있지 않다. 두바이는 조세회피처에 반대하는 OECD의 캠페인에 굴복할 것 같지 않으며, 유럽연합의 저축세 지침에 대한 자발적인 참여를 거부했다.
두바이는 이런 정책과 함께 이 지역의 투자를 뒷받침할 만한 충분한 자
본을 가지고 있기 때문에 오랜 기간 살아남을 수 있는 조세회피처가 될
것이며, 싱가포르와 함께 계속해서 성장하는 몇 안 되는 조세회피처 중
하나가 될 것으로 보인다.

인도양

1980년대와 1990년대 동안 세계의 다른 지역에서도 조세회피처가
확산되었다. 모리셔스는 1990년 조세회피처로서의 사업을 시작했다
(Sharman and Mistry 2008, 41). 그 지역은 항상 한 곳에 초점을 맞추었
는데 바로 인도다. 조세회피처가 되기 이전에 인도와 맺었던 이중과세
협정으로 인해 인도 내에서 모리셔스의 기업이 벌어들이는 자본이득에
대해서는 세금이 면제되었다. 그에 따른 영향은 컸다. 우리가 살펴본 것
처럼 인도에 들어가는 외국인직접투자의 많은 부분이 모리셔스를 통해
우회한다. 그 결과 중 하나로 인도에서 거래되는 주식의 상당 부분을 모
리셔스에 근거지를 둔 기업이 소유하게 된다. 하지만 그렇게 주식을 가
지고 있는 기업이 진정 그곳에 있다고 생각하는 사람은 거의 없다. 인도
내에서는 모리셔스와의 이중과세협정 대신에 보조금을 주는 것이 훨씬
비용이 적게 든다는 주장이 언론 보도에 등장한다. 그런 정책은 시간이
지나면서 다른 국가에서도 나타날 것이다.

구소련권의 역외

러시아는 우크라이나가 그랬던 것처럼 1980년대 후반 조세특례제도
를 제공하는 실험을 시작했다. 러시아 연방에서 칼미키야, 잉구셰티야,
알타이, 부랴티아, 에벤키아, 모르도비아, 추바시야, 그리고 도시인 우

글리치, 쿠르스크, 스몰렌스크 모두가 특별연방규제에 따라 우대조세지역의 지위를 획득했다(Haiduk 2007).

하이둑은 칼미키아 지역이 처음에 지역세를 19%에서 2%로 줄이는 대신 소득세 부분을 6,800달러의 고정세로 대체했다고 보고했다. 또한 이 지역은 여러 종류의 명의만 있는 회사를 허용했다. 많은 회사들이 이른바 행정 빌딩 안에 있었다. 예를 들어 옐리스타에 있는 레니나 249번지에는 145개 회사가 입주해 있었는데 여기에는 루코일Lukoil, 아파티트 트레이딩Apatit Trading(유코스YuKOS의 주요 기업 중 하나), 시브네프트Sibneft의 지점이 포함되어 있었다. 지역당국을 상대하기 위해 특화된 "비서 회사"가 도입되었는데 이들의 기능은 비밀유지였다. 하이둑에 따르면 국내 역외 지역은 해외 조세회피처로 들어간 자본에 대한 환적지로 사용되었다. 보수적인 추정치 중 하나에 따르면 1990년 중반 이후 적어도 20억 달러가 매년 이런 자유경제구역을 통해 외국으로 이전되었다.

:: 결론

영국과 대영제국은 역외경제로서는 두 번째로 발전했지만, 곧 역외경제의 지배적인 중심축이 되었다. 1950년대 후반 유로시장이 등장하면서 시티 오브 런던을 중심으로 한 경제가 등장했는데, 이는 영국의 속국과 밀접히 연결되어 있었다. 대영제국의 경제는 조세 회피와 탈세를 규제 회피와 혼합시켜, 현재의 역외금융센터로 알려져 있는 형태로 발전시켰다. 런던이 중심이 된 역외경제가 강력하게 해외 자본을 유치하자 미국과 일본이 원래 싱가포르에서 고안된 모델을 채택해 그들만의 역외금융센터를 발전시켰다.

현재 조세회피처는 모든 주요 금융센터와 상업센터로서 전 세계에 퍼져 있다. 현대의 조세회피처는 여전히 크게 세 그룹으로 나뉘어 있다. 첫 번째로 여전히 가장 큰 그룹은 영국 혹은 대영제국을 근거지로 하는 조세회피처다. 이 조세회피처는 시티 오브 런던을 중심으로 유로시장에서 자금을 공급받는데, 이 그룹은 크게 왕실보호령, 해외 영토, 태평양 산호섬, 싱가포르, 홍콩으로 구성되어 있다. 두 번째 그룹은 유럽의 조세회피처로서 회사본부센터, 금융계열사, 프라이빗뱅킹에 전문화되어 있다. 세 번째 그룹은 이질적인 지역으로 구성되어 있는데 이들 지역에는 파나마, 우루과이, 두바이와 같이 예전의 조세회피처를 모방한 국가, 이행경제, 아프리카의 새로운 조세회피처가 포함된다.

제 6 장

조세회피처와 선진국의 관계

———

국가 간 조세 경쟁은 이중 제로섬 게임이다.
한 지역이 벌어들이는 조세 수입은 다른 지역이 잃어버린 조세 수입이고,
어떤 지역의 감소된 재정적 부담은
다른 지역의 증가된 재정적 부담으로 연결된다.
결과적으로 경쟁이라는 신고전주의적 용어는
사회의 특정 그룹이나 특정 부분의 지엽적 이익에만 부합할 뿐이다.

———

조세회피처는 미국에서 그 기원을 찾을 수 있지만 지난 100년 동안 국가의 발전 전략 중 하나로 진화해 왔다. 조세회피처는 현재 금융과 경제의 세계화에서 필수적인 부분이 되었으나 그 영향력이 모든 지역에서 동일한 것은 아니다. 우리는 조세회피처가 선진국에 미치는 영향과 개발도상국에 미치는 영향을 구분해서 살펴보겠다. 이 장에서는 선진국에 대한 영향을, 다음 장에서 개발도상국에 대한 영향을 알아본다.

:: 조세회피처와 조세 경쟁

조세회피처는 주로 비거주 기업이나 개인에 대해 낮은 세율로 세금을 부과하거나 혹은 전혀 세금을 부과하지 않는 지역을 의미한다. 지금까지 이런 전략의 가장 확실한 영향은 국가 간의 조세 경쟁의 심화다.

국제적인 조세 경쟁과 조세회피처

1970년대 이후 세계경제의 구조적 변화는 조세 경쟁의 형태를 바꾸어 놓았다. 기술 변화와 금융 혁신과 결합된 자본 자유화는 국제간에 이동되는 자본의 크기를 증가시켰다. 이런 변화에 대응해 점점 더 많은 국가, 지역 조직, 지방정부까지도 그들 영내에 사업을 유치하기 위한 전략을 발전시켜 왔다. 이런 노력에는 특정 산업을 겨냥하는 산업정책, 저렴한 R&D 자금의 공급, 사회공공기반시설의 지원, 그리고 여러 종류의 유인책과 국가 보조금이 포함된다(Palan 1998).

그 결과 각국 정부는 자본이나 기업에 대해 낮은 세금을 부과해야 한다는 압력에 직면하게 되었다. 수전 스트레인지는 새로운 경향에 대해 다음과 같이 쓰고 있다. "국가는 현재 그전과 다른 경쟁 게임에 점점 더 많이 참여하고 있다. 더 큰 부와 더 확실한 경제적 안보를 이루는 가장 확실한 수단인 세계시장점유율을 높이기 위해 경쟁하고 있다(1988, 564)." 1990년대 초 이후 법인세의 명목세율은 전 세계 모든 지역에 걸쳐 감소했다. 예를 들어 유럽연합 전체를 기준으로 평균 명목법인세율은 1995~2007년 사이 35%에서 25%로 평균 10% 하락했다.

조세 경쟁은 국가 간에만 일어나는 것이 아니고 국가 내의 지역 간에도 일어나는데, 특히 미국(bestley and Case 1995; Case 1993; LeRoy 2006)이나 스위스(Feld and Reulier 2005) 같은 연방제 국가에서 그랬다. 유럽 내의 국가 간에, 미국 내 지방정부 간에 만연된 조세경쟁을 보여 주는 증거들이 있다(Brueskner and Saavedra 2001; Heyndels and Vuchelen 1998). 스웽크(2006)는 미국의 명목세율이 감소한 것이 그가 표본으로 한 16개 주의 세율이 감소했기 때문이라고 주장했다. 이와 비슷하게 펠트와 로일러(2005)는 추크 주가 주도한 주 간의 경쟁이 스위스 내의 법인세율과 개인세율의 지속적인 하락의 주요 요인이라고 주장했다.

조세회피처가 선진국의 개인 과세나 법인세를 어느 정도까지 하락시켰는지를 수량화하기는 어렵다. 조세회피처는 조세, 국가, 주권, 자유의 관계에 대한 다양한 의견을 드러내 주는 상징적 역할을 하기 때문에 조세회피처에 관련된 논쟁은 좀 더 광범위하게 윤리적이고 정치적이다. 국가 간 조세 경쟁을 대체로 선호하는 사람들은 조세회피처가 경쟁력을 높여 주어서 바람직하다는 견해를 갖는 경향이 있다. 이런 입장은 헤리티지재단과 자유와 번영을 위한 센터 같은 미국의 우익 싱크탱크가 대표적이다. 그리고 국가 간 조세 경쟁에 대해 비판적인 사람들은 조세회피처가 전 세계경제에 해로우며 기생충과 같은 존재라는 견해를 갖는 경향이 있다. 이는 OECD와 OECD를 가장 적극적으로 후원하는 프랑스와 독일, 그리고 조세정의네트워크 같은 NGO가 가진 견해다. 앞으로 논의하겠지만 이렇게 서로 상반된 입장이 조세회피처에 대항하는 다각적인 노력에 대한 논쟁에서 핵심이 된다.

조세회피처에 대한 찬양

국제 조세 경쟁에 대한 긍정적인 시각은 다음과 같은 두 가지 견해에서 비롯된다. 조세회피처는 무해하다는 주류 경제이론의 이해와, 조세 경쟁이 효율성을 향상시킨다고 주장하는 신고전주의 정치경제학에 연관된 규범적 고려다.

'우울한 과학'이라고 불리는 학파에 속한 주류 경제학자가 일반적으로 조세회피처에 대해 우호적이라는 것은 놀라운 일이 아니다. 국가 간의 조세 경쟁이 관료주의적 정부의 자연 팽창 경향을 제한한다는 것이 그들의 가설이다. 홍과 스마트(2007)는 자주 인용되는 그들의 논문에 '조세회피처에 대한 찬양In Praise of Tax Havens'이라는 제목을 붙였고, 로즈와 스피겔(2005)은 명백히 팰런과 애벗(1996), 슬렘로드와 윌슨(2006)에 대응해 조세회피처는 기생적이라기보다는 공생적이라고 주장했다. 이런 긍정적 시각은 제2장에서 보고된 믿기 어려운 외국인직접투자 통계가 단지 사기일 뿐이고 조세회피처는 자본 흐름에서 단순히 도관에 불과하다는 가설을 내세우는데 우리도 이것이 옳다고 생각한다.

이와 조금 다른 주장도 있다. 홍과 스마트(2007)는 기업이 금융이나 보험과 같이 무형적인 재정 활동만 조세회피처로 이동시키기 때문에 '실물real' 투자를 역외로 옮겨갈 것 같지는 않다고 주장한다. 역설적으로 그들은 "조세축소활동으로 인해 과세 대상 소득이 더 신축적이 되더라도 실물 투자의 위치 결정은 세율 격차와 큰 관계가 없다"는 결론을 내렸다(2007, 3). 따라서 조세 수입에 미치는 전반적인 효과는 사람들이 생각하는 것처럼 그렇게 극단적인 것은 아니다. 이와 유사하게 드사이, 폴리와 하인스(2004a, 2005)는 조세회피처를 도관으로 이용하는 것이 조세회피처가 아닌 지역의 기업 활동 성장률을 상승시켰다고 주장한다. 제9장에서 살펴보겠지만, 이와 같은 견해가 이미 1970년대 조세회피처에 대한 논쟁에서 등장했다. 그 이론은 조세회피처가 실물 투자보다는 가상 투자를 유치하기 때문에 소득세와 같이 실물 투자에서 발생하는 조세 수입이 많은 사람들이 생각하는 정도로 조세회피처의 영향을 받지 않는다는 친숙한 결론을 내린다.

헤자지(2007)의 분석은 캐나다의 기업이 도관 지역을 이용해 큰 이득을 획득했다고 주장한다. 가장 선호되는 도관 지역은 OECD가 투명성이나 협조 측에서 승인을 한 바베이도스다. 헤자지(2007)의 결론은 "바베이도스 같은 도관을 통한 해외 외국인직접투자는 고세율 지역을 통한 외국인직접투자보다 더 많은 수출을 가져왔고 따라서 자본 형성과 고용량 역시 더 높은 수준을 가능케 한다"는 것이다. 헤자지와 이런 생각을 갖고 있는 다른 경제학자들은 자신이 실제로 발견한 것이, 도관이 고용을 유발시킨 증거가 아니라 이전가격 조작을 남용한 증거라는 점을 이해하지 못했다.

로즈와 스피겔(2007)의 분석은 역외금융센터의 효과에 대해 집중하고 있어 금융 안정에 대해 역외금융센터가 미치는 영향을 분석하는 다음 장과도 관련이 있다. 친숙한 신고전주의 모형을 이용해 그들은 "성공적인 역외금융센터가 탈세나 돈세탁을 용이하게 하기 때문에 원천국가의 나쁜 행동을 장려한다"는 점은 인정했다. 그러나 계속해서 "바람직하지 않은 행동을 용이하게 하기 위한 역외금융센터지만 여전히 의도되지 않은 긍정적 효과를 가지고 있다. 특히 역외금융센터가 존재함에 따라 역내 은행부문의 경쟁력이 강화된다"고 주장했다(2007, 22~23). 즉, 경쟁이 효율성을 높이고 혁신을 가져온다는 일반적인 주장을 제시한 것이다. 또 경쟁적인 금융시장은 그 자체로 좋은 것이라고 가정했는데, 이는 2007~2008년 사이 서브프라임 위기에서 배운 것처럼 과장된 가정이다. 로즈와 스피겔은 조세회피처에 있는 역외금융센터가 좀 더 효율적이 되었다는 것을 보여 줄 만한 실증적 증거를 제공하지 못하고 있다.

현재 국가 간 조세경쟁을 찬성하는, 좀 더 잘 정돈된 가설은 위에서 본 주장에 근거한 것이 아니다. 대신에 신고전주의 경제학을 정치라는 범주까지 확대한 정치학 이론에 근거한다. 그러나 이 가설은 치명적 약점을 가지고 있다. 분명 반민주적이기 때문이다. 여기서는 시장 규율이 민주적 정부보다 우선해야 한다고 제안하는데 이는 이미 우리가 본 이론에 내재되어 있던 사고와 크게 다르지 않다.

신고전주의 경제학은 개인이나 기업을 '경제적 주체'로 보고 그들의 행동을 설명한다. 현대 경제학자와 정치학자는 다른 종류의 시장을 가정해 삶의 여러 영역으로 신고전주의 모형을 확장했다. 신고전주의 원리를 공공 정책에 적용한 아주 중요한 논문에서 샤를 티부(1956)는 각 개인의 입지에 대한 선택이 시장에서 하는 소비자의 선택과 다르지 않다고 주장했다. 티부는 1950년대 LA 지역 지방정부 간에 확산된 경쟁에 대해 기술하고 있다. 그는 지방정부가 돈 많은 주민을 유치하기 위해 점점 더 경쟁한다는 증거를 찾았다. 미국 노동자는 쉽게 이동할 수 있기 때문에 각자 서로 다른 지방정부가 제공하는 조세 정책 등과 같은 정책을 서로 비교해 자신에게 가장 높은 가치를 제공해 줄 정책을 펼치는 지방정부를 선택한다고 주장했다. 세금과 공공 서비스 간의 균형을 적절히 유지하는 지방정부는 돈 많은 주민을 좀 더 쉽게 유치할 수 있었고 그 결과 급격히 팽창할 수 있었다. 하지만 그렇지 않은 지역은 쇠퇴하고 가난한 근로자나 실직자의 비중이 증가했다. 티부는 지방정부 간의 경쟁으로 인해 LA 지역에서 지방정부가 더 효율적으로 공공 서비스를 제공할 수 있게 되었다고 설명했다.

현대 정치들, 특히 조지 부시 행정부의 정치가는 국제 조세 경쟁을 지지하는 이유로 종종 티부 이론을 제시한다. 간단히 말해서 국가 간 조세 경쟁이 없었다면 나태했을 정부가 국가 간 조세 경쟁이 생기면서 조세와 공공 서비스 간의 균형에 대해 신중하게 생각하고 소비자의 요구에 응할 수 있게 된다고 주장한다. 이 견해를 기초로 조세회피처들은 각국 정부가 '효율성'을 높이도록 압력을 가한다.

기생충으로서의 조세회피처

반대되는 견해는 국가 간 조세 경쟁이 단지 표면적으로만 신고전주의 경제학의 시장 경쟁 모형과 닮았다는 것이다. 이 견해에 따르면 조세 경쟁에 신고전주의 모형을 적용하는 것은 기업에 대한 미시경제 이론에 성격이 다른 국가에 대한 정치경제학 이론을 합치는 것인데, 조세회피처가 효율성이나 최적성을 높이기보다는 오히려 소득분배에 악영향을 미치기 때문에 이는 잘못된 개념이다. 국가 간 조세 경쟁은 이중 제로섬 게임이다. 한 지역이 벌어들이는 조세 수입은 다른 지역이 잃어버린 조세 수입이고, 어떤 지역의 감소된 재정적 부담은 다른 지역의 증가된 재정적 부담으로 연결된다. 결과적으로 경쟁이라는 신고전주의적 용어는

240

사회의 특정 그룹이나 특정 부분의 지엽적 이익에만 부합할 뿐이다. 이것은 세계경제에 조세회피처가 미치는 영향을 이해하는 데 사용하는 분석적 도구가 아니다.

조세회피처 그 자체를 살펴보자. 조세회피처가 세율을 낮추는 데 선구적이었다거나 공헌했다고 생각하는 것은 잘못이다. 스위스나 룩셈부르크에 사는 평범한 사람에게 적용되는 세율은 다른 나라의 중산층에 적용되는 세율과 비교했을 때 특별히 낮지 않다. 저지와 같은 몇몇 조세회피처는 주민이 다른 조세회피처를 이용하지 못하도록 하는 엄격한 법을 가지고 있다. 저지가 근처에 있는 건지를 통한 조세 회피를 막기 위해 만든 반조세 회피 규정이 여기에 속한다.

만약 조세회피처가 모든 국가의 모든 사람에게 적용되는 세율을 낮출 의도가 있었다면, 그들은 실패했다고 봐야 한다. 지난 30년 동안 미국과 영국에서조차 전반적인 세율은 상승했다. 지난 10년 동안 GDP에 대한 세금의 비율은 OECD 주요 회원국에서 평균 1.3% 정도 상승했다(OECD 2007, 43). 조세회피처는 부자와 다국적기업처럼 전체 인구 중 소수만 이용할 뿐이다. 국제적인 조세 경쟁은 세금을 줄이는 데 기여한 것이 아니라 단순히 소득분배의 변화만 초래한 것이다. 전반적인 조세 부담은 그대로인데 부자나 기업이 조세회피처를 이용해 조세 납부액을 감소시켰다면 분명 다른 누군가가 그 비용을 부담해야만 한다. 조세회피처 게임에서 가장 큰 피해를 보는 사람은 월급으로 생활하는 중산층이다.

OECD 국가에서의 명목법인세와 실질법인세의 감소는 소득세율의 증가뿐만 아니라 부가가치세 같은 소비세나 사회보장 기여금의 상승과 비교되는데(Norregaard and Khan 2007), 소비세와 사회보장기여금은 중산층과 저소득층에 대해서 역진적인 효과를 가지고 있다. 소득에 대한 소비 지출의 비율은 필연적으로 가장 가난한 사람에게서 더 높다. 사회보장 기여금 역시 근로소득에 대해 적용되기 때문에 부자에게 끼치는 영향은 극히 미비하다. 더군다나 대부분의 사회보장제도는 더 이상 기여금을 내지 않아도 되는 소득 상한액을 가지고 있다.[*]

또한 조세 경쟁을 옹호하는 사람들의 주장에도 불구하고 조세 경쟁이 정부를 좀 더 효율적으로 만들지는 않는다. 정부는 이윤 극대화를 추구하지 않기 때문에 기업이 가격을 올리는 것처럼 세율을 올릴 때 서로 담합하지 않는다. 조세 경쟁에서 발생한 것으로 알려진 '혁신'이 실제로 공공 서비스를 더 낮은 비용으로 제공하는 데 의미 있는 향상을 가져오지는 못했다. 정치적 측면에서 민주주의 정부는 세금 수준에 관심이 많은 유권자에 대해서 책임을 느껴야 한다. 조세를 줄이고자 하는 국가 간의 인위적인 경쟁 때문에 유권자는 조세 경쟁이 없을 때 실행 가능한 조세 대안을 선택할 수 없게 되었다.

바닥으로의 경주는 존재하는가

조세회피처와 관련된 또 다른 논쟁은 과연 조세회피처가 전 세계적인 바닥으로의 경주에 공헌하는지 여부다. 바닥으로의 경주는 국가 간에 경제적 경쟁과 자본의 이동으로 인해 규제 제도와 조세 제도가 점차 붕괴되는 현상을 의미한다.

조세와 규제에 대해 조세회피처가 가하는 압력과, 금융과 경제의 세계화가 가하는 압력을 우리가 분리해 낼 수 있는지에 대한 문제를 먼저 살펴보는 것이 중요하다. 만약 바닥으로의 경쟁이 존재한다면 이는 여

---

[*] 예를 들어 2008·2009년 영국에서 피고용자의 소득 상한액은 4만 40파운드였는데, 소득이 이것을 초과하면 기여금 부과율은 11%에서 1%로 감소한다. 영국의 전체 개인 소득자 중 12% 정도가 이 금액 이상의 소득을 얻고 있다.

러 요인에 의해서 유발될 수 있고, 이런 요인을 따로 구분하기란 매우 어렵다. 우리는 이런 요인에 대한 구분을 시도하는 실증적 또는 이론적 연구에 대해 알지 못한다. 하지만 바닥으로의 경주가 처음 보이는 것만큼 그렇게 설득력 있지는 않다는 주장이 있다.

OECD 회원국의 법정 세율은 지속적으로 하락했지만 흥미롭게도 GDP에 대한 법인세 수입의 비율은 하락하지 않았다. 이런 특이성을 설명하는 한 가지 이론은 세율의 하락과 함께 "세금공제나 면세조항이 축소되어 과세 기반이 확대되었기 때문"이라는 것이다(Norregaard and Khan 2007, 8). 즉, 각국 정부는 능숙하게 국제적인 조세 경쟁에 적극적으로 참여하는 것처럼 하면서, 동시에 자신들의 조세 수입을 유지하는 안전장치를 가지고 있었다. 이것은 결코 놀라운 일이 아니다. 정부는 국제적으로 경쟁하기 위해 사회기반시설과 의료 및 교육 시스템, 그리고 정치적 안정을 유지할 필요가 있다. 간단히 말해 현실적 선택이 아니다. 그런데 가장 최근의 연구는 법인부문으로부터의 조세 수입이 일정하게 유지되는 것은 이른바 법인화, 즉 비법인 부문의 소득이 법인부문으로 넘어온 결과라는 점을 보여 준다(Clausing and Clausing 2007; Piotrowska and Vanborren 2008; Sorensen 2006). 이것의 의미는 명백하다. 실질적인 법인세액은 감소했지만 법인세에서 발생한 많은 수입이 더 낮은 세율로 부과되는 과세대상이 되어 결과적으로 크게 변하지 않았다는 것이다.

그러나 아일랜드, 네덜란드, 벨기에 같은 중급 조세회피처에서 유발된 중요한 경쟁 게임이 있다. 이에 대한 가장 명확한 징후는 2008년 봄 영국에서 발생했다. 이는 영국에 있으면서 런던 주식시장에 상장되어 있는 기업이 저지에 다시 등록하면서, 기업 본부는 영국에 두고 런던 주식시장의 상장은 유지되는 동시에 아일랜드의 세금 납부 대상자가 되려

한다는 것이었다. 기업 로비 단체는 이런 기업 이동이 참을 수 없을 정
도로 높은 영국의 법인세율 때문이라고 설명했다. 하지만 처음 이렇게
이동한 샤이어 주식회사와 유나이티드비즈니스미디어 주식회사는 수입
의 대부분을 영국 밖에서 벌어들이고 있으며(샤이어 주식회사는 90% 이상
을 해외에서 벌어들인다), 두 기업 모두 영국에 많은 세금을 내지 않는다
는 점을 주목해야 한다. 샤이어 주식회사는 2000~2004년 동안 세금을
단지 100만 파운드 냈고 유나이티드비즈니스미디어는 2006년 전 세계
적으로 총 500만 파운드를 세금으로 냈다. 여기서 논란이 될 수 있는 것
은 조세회피처로서의 영국의 역할이다. 영국은 전통적으로 런던 주식시
장에 상장된 회사가 해외에서 벌어들이는 소득에 대해서는 느슨하게 과
세해 왔다. 기업이 원해서 세법이 바뀌었지만 이런 변화로 인해 손해 보
는 기업도 생겨났는데, 특히 영국을 조세회피처로 이용하던 기업이 거
기에 많이 포함되어 있었다. 저지와 아일랜드는 이 상황을 이용해 이득
을 취했지만 거래의 경제적 실체는 명백하게 변하지 않았다.

　사실상 조세회피처는 자신들의 경제에 대한 규제를 강화해야 한다는
압력에 직면하면 어쩔 수 없이 바닥으로의 경쟁을 할 수밖에 없다고 주
장한다. 만약 그들이 규제를 강화한다면 돈은 규제가 약한 지역으로 빠
져나갈 것이기 때문이다. "역외금융 서비스에 대한 유용한 정보"를 제
공하는 웹사이트 인베스트인터내셔널www.InvestmentInternational.com에 따르면
"만약 건지가 조세 형평성이나 정보 교환에 대해 동의한다면 잠재적인
탈세자는 그 지역을 떠날 것이다."★

　이 주장은 그럴 듯하지만 적어도 부분적으로 모호하다. 현실에서 케
이맨 제도, 저지, 버뮤다 같은 주요 조세회피처의 세금이나 규제가 워낙

★ "Channel Islands Banking," http://www.investmentinternational.com/channel islands
banking.asp(accessed July 5, 200 8) 참조.

적기 때문에 세금이 다소 증가한다고 해서 영향을 크게 받을 것 같지는 않다. 더군다나 여러 증거에 따르면 조세회피처는 틈새시장을 공략하기 위한 전략을 개발하며 그 시장에만 적용되는 맞춤형 법률을 제공한다. 예를 들어 건지는 PCC를 제공한 첫 번째 지역인데, 이 회사를 통해 재보험펀드를 쉽게 모집할 수 있으며 동일한 법인 내에서 각각의 셀이 별도의 채무를 가지고 있도록 해서 행정 비용을 절약할 수 있게끔 한다. 건지는 1997년 이런 형태의 회사를 도입해 선점자의 우위를 확보했지만 곧 델라웨어, 버뮤다, 영국령 버진아일랜드, 케이맨 제도, 앵귈라, 아일랜드, 저지, 맨 섬, 말타, 세이셸 공화국, 지브롤터 등이 그 뒤를 따랐다. 이런 경쟁 때문에 조세 기반보다는 오히려 상품의 질이 악화되었다. PCC가 도입된 지 11년이 지나서야 건지는 이미 다른 지역에서 흔해진 완화된 보호와 통제를 반영하기 위해 법률을 개정하고 있다. KPMG 맨섬의 회장이 언급한 것처럼 역외 환경은 시간이 지나면서 변하고 있다. 따라서 새로운 해법이 필요한데 그것은 입법제도의 작동을 통해 도출된다. 예를 들어 PCC는 펀드 목적으로 사용되어 왔으나 지금에 와서는 자본이득세 축소활동의 일환으로 사용된다(Huber 2008). 규제 목적으로 만들어진 모형이 지금은 조세축소활동에 사용되고 있는데, 이것이 두 가지 문제가 어떻게 상호작용하는지 보여 준다.

경쟁과 틈새전략은 바닥으로의 경쟁과 혼동되어서는 안 된다. 조세회피처의 소비자, 즉 기업이나 돈 많은 사람은 어디에 투자할지 결정할 때 세금이나 규제의 차이에 대해 민감하게 반응하지만 어느 정도일 뿐이다. 지리적 위치와 관습, 정치적 안정과 명성도 그에 못지않은 역할을 한다. 기업들이 '세금 측면에서 효율적인' 방법으로 자금의 흐름을 재조정하여 적극적으로, 종종 공격적으로 조세축소활동에 몰두하는 것은 분명하다(Desai et al. 2002; Gruber and Mutti 1991; Sorensen 2006;

Sullivan 2004b). 하지만 기업이나 돈 많은 사람이 특별히 최저 세금이나 최소 규제를 제공하는 국가를 목표로 한다는 것을 보여 주는 증거는 많지 않다.

샤먼과 롤링스(2006)는 규제와 세금이 전혀 없는 조세회피처인 태평양 산호섬들이 가장 성공하지 못한 조세회피처라는 것을 보여 준다. 그들은 돈세탁을 위한 자금을 유치하는 데는 성공했지만 대형 금융기관이나 기업의 장부기입센터로서의 역할은 거의 못 하고 있다. 존경받는 다국적기업이나 은행, 헤지펀드는 악명 높은 조세회피처와의 관련성으로 주목을 받을 만큼 그렇게 간절하지는 않다. 견실하고 적어도 규제 환경이 있는 것처럼 보이는 조세회피처에 대해서는 프리미엄이 존재한다. 조세회피처는 좋은 오디오 시스템과 같다. 더 비쌀수록 원래 음향의 왜곡이 최소화된다. 조세회피처는 비밀과 익명성을 제공할 때 가능한 한 왜곡을 최소화하려고 경쟁한다.

비록 조세회피처들이 빠른 상황 판단하에 세밀하게 조정된 게임에 조심스럽게 참여해 규제와 세금을 거의 최소 수준까지 줄였지만, 세계화 과정에서 진짜 역할을 하는 지역은 무규제 게임을 하지 않는다. 그러므로 우리는 대규모의 금융과 자본 흐름에서 지대를 획득하려는 경쟁이 바닥으로의 경주로 귀결되지는 않는다고 본다. 만약 경주를 한다면 그것의 목표는 규제나 세금이 전혀 없는 상태가 아니라 최소한의 규제와 세금이 있는 상태다.

∷ 조세회피처와 금융 안정성

조세회피처 현상에 대한 논의 중 가장 적게 다루어지는 측면 중 하나는 금융 안정성에 관련된 이슈인데, 2007·2008년 금융위기로 인해 상황이 바뀔 것 같다. 조세회피처와 현재 금융위기의 관계에 대한 분석은 여전히 초기 단계에 있으므로* 우리는 주로 1990년대 동아시아 금융위기 이후에 이루어진 연구에 의존한다.

1970년대 초 브레턴우즈 체제를 종식시킨 환율 위기부터 1990년대 후반 아시아 금융위기까지 금융의 불안정성과 위기에 대한 대부분의 설명은 통화 가치, 재정 적자, 무역 불균형, 그리고 관련된 경제의 은행부문 건전성에 집중되어 있었다. 이는 개발도상국뿐만 아니라 선진국에도 해당된다. 그 결과 금융의 불안정성에 대한 제도적 요인들의 역할, 특히 조세회피처의 역할에 대해서는 분석적 연구가 거의 이루어지지 않았다. 금융의 불안정성이 전 세계 많은 경제를 집어 삼키고 시스템 리스크를 발생시킨 1990년 말이 되어서야 애널리스트들은 금융 시스템이 얼마나 불투명해졌는지, 그리고 난해한 금융구조와 복잡한 투자 관습을 이용해서 어떤 종류의 리스크가 감춰져 있고 과장 선전되는지에 관련된 불편한 문제를 제기하기 시작했다(Nesvetailova 2007).

동아시아의 금융위기와 러시아의 금융위기가 일어났고 롱텀캐피털매니지먼트 헤지펀드가 거의 파산 직전이었던 1990년대 후반이 되어서야 여러 전문가는 금융위기에서 조세회피처의 역할과 기능에 관심을 보이기 시작했다. 롱텀캐피털매니지먼트는 역외센터에 등록되어 있었다. 이탈리아의 중앙은행조차 회사가 제공하는 높은 수익률의 유혹을 받고 매우 비밀스러운 헤지펀드에 투자했다. 러시아의 중앙은행 역시 채무불이행을 선언해야 하는 상황에 직면해 자기 자산이 동결될 것이 두려워 1,500억 달러에 달하는 준비금을 저지에 창업된 펀드에 숨겨 놓았다. 즉, 이 두 사건에서 역외 지역이 간접적으로 연루되었다.

동아시아의 위기에서 아루바, 바하마, 홍콩, 싱가포르 같은 금융 중심

★ 원서가 출간된 2009년에는 조세회피처와 금융위기의 관계에 대한 분석이 초기 단계였음. – 편집자

지에서 나간 은행 대출에 대한 자료가 과연 정확한지에 대해 심각한 우려가 제기되었다(CRS Report 1998). 어떤 전문가들은 동아시아 경제권에 대한 대규모의 자본 유출입이 위기의 주범이라고 지목했다. 이 역외금융센터를 통한 은행과 민간부문의 차입 형태로 대규모 자금이 유입된 후, 재빨리 훨씬 더 큰 규모의 유출로 바뀌면서 유입과 유출의 추세를 과장시켜서 결국 금융의 변동성을 가져왔다는 것이다(Radelet and Sachs 1998). 다른 사람들은 특히 역외 헤지펀드 같은 새로운 금융기관의 활동을 비난했는데, 역외 헤지펀드는 역내 펀드와는 다른 방식으로 거래한다고 알려져 있다(KIM and Wei 2001).

1999년 4월 동아시아 위기와 롱텀캐피털매니지먼트의 파산 이후, 국제금융구조 강화 노력의 일환으로 BIS 내에 금융안정포럼FSF이라는 작은 사무국이 설립되었다. 금융안정포럼의 첫 번째 활동 중 하나는 역외금융센터 특별조사위원회를 구성한 것이다. 이 위원회는 조세회피처가 세계경제의 금융 안정성에 미치는 영향이라는 골치 아픈 주제를 다루었다.

조세회피처와 역외금융센터가 금융 시스템에 어떻게 공헌했는지에 대해서는 당연히 서로 다른 의견이 존재한다. 소수 입장은 종종 경제학자들이 하는 주장인데, 조세회피처와 역외금융센터가 금융 시스템을 강화했다는 것이다. 우리는 이미 로즈와 스피겔의 이론을 언급했는데, 그 이론에 따르면 역외금융센터는 역내센터가 성과나 효율성을 향상시키도록 강요하기 때문에 두 저자가 믿는 최적 상태를 가져온다는 것이다. 페렌바흐(1966)는 스위스의 비밀은행 시스템으로 자본이 유입되는 것이 안정성에 도움을 준다는 더 독창적인 주장을 내놓았다. 그는 탈세자, 돈세탁을 하는 사람, 폭력배, 뇌물 수수자, 사람들의 주목을 받고 싶지 않은 일반 사람이 오랜 기간에 걸쳐 저축하는 경향이 있고, 또 그들은 상대적으로 투자에 대해 높은 수익률을 요구하지 않는다고 주장했다. 따라서 이런 자금을 운용하는 스위스의 은행 시스템은 장기적인 관점에서 투자할 수 있다. 또 다른 이론은 싱가포르와 같은 장부기입센터나 지역 센터가 주요 금융센터에서 개발도상국으로 자금이 유입되는 것을 돕기 때문에 경제발전에 중요한 역할을 한다는 주장이다(Park 1982). 하지만 이미 언급한 것처럼 돈이 선진국에서 개발도상국으로 가는 것이 아니라 그 반대로 흘러가고 있음이 여러 연구에서 나타난다(Baker 2005).

한편 더 많은 사람들의 의견은 조세회피처와 역외금융센터가 국제금융 시스템의 건전성이나 역량에 전혀 도움이 되지 않는다는 것이다. 이런 견해를 가진 사람들은 구체적으로 두 부류로 나뉜다. 어떤 사람들은 조세회피처가 금융 시스템 내에 존재하는 긴장과 문제를 악화시킨다고 믿는다(예를 들어 FSF 2000b). 다른 사람들은 조세회피처가 금융 시스템에 금융 불안정성이라는 또 하나의 단계를 추가한다고 주장한다(예를 들어 Summers 2008). 그러나 이런 의견 차이는 충실한 실증적 증거보다는 위험 평가와 더 관련되어 있다.

궁지에 몰린 금융안정포럼은 (이 문제를 떠맡으려는 IMF와의 싸움에서) "적어도 현재까지 역외금융센터가 금융의 구조적 문제를 일으키는 주요 원인은 아닌 것처럼 보인다"는 정치적으로 무난한 결정을 내렸다(FSF 2000, 4). 그렇다면 우리는 금융안정포럼이 외교적 수사법을 통해 조세회피처가 금융 불안정성을 일으키는 하나의 요인이었다는 의미의 발언을 했다고 볼 수 있을까? 금융안정포럼은 조세회피처와 역외금융센터가 관리감독과 시스템 리스크라는 두 가지 근본적인 문제를 일으켰음을 암시했다. 먼저 조세회피처는 이미 불투명한 금융 시스템에 또 다른 단계의 불투명성을 더했다. 하지만 이런 추가적인 불투명성이 더해짐에 따라 발생하는 위험의 정도를 판단하는 것은 어려운 일이다. 두 번째로 그들은 규제나 발각의 위험을 피하기 위해 특별히 고안된 금융기관을 유치한다. 금융안정포럼의 말을 빌리면 "많은 역외금융센터에서 금융기관이 만들어질 때 세심한 주의를 기울이지 않아서 효과적인 감독을 방해하는 부적절한 구조나 소유권이 생겨났다"(FSF 2000, 2). 이 말은 구체적으로 무엇을 의미하는 것일까?

특수목적법인의 이용과 남용

동아시아 금융위기, 닷컴버블, 엔론, 월드컴, 파르말라트와 관련된 스캔들, 그리고 노던록과 2007~2008년 위기는 적어도 부분적으로는 당좌예금 관행의 불투명성과 사기나 불투명한 목적으로 조세회피처의 계열사를 이용하는 기관 때문이다. 불투명성은 엔론 이사 중 1명이 농담 반 진담 반으로 말한 대로 "그 방에서 가장 똑똑한 한 사람에게 혜택을 준다." 소액 투자가는 그 방에서 가장 바보는 아닐지라도 복잡하고 급격히 변하는 정보를 처리할 능력이 가장 부족하다. 하지만 이런 위기는 좀 더 중요한 관점을 드러낸다. 스캔들과 사기는 투자가만 기만하는 것이 아니라 많은 노동자가 연금이나 직장을 잃게 만들며, 결국 전 경제에 영향을 미쳐서 리스크로 인한 프리미엄은 누리지 못한 채 리스크 자체만 부담하게 한다.

대부분의 문제를 야기하는 역외기관은 아마도 특수목적법인이다. 특수목적법인은 심각한 건전성 문제를 일으킨다. 조세회피처는 역외 특수목적법인 설립을 매우 쉽게 만들어 놓았지만 매우 정교한 금융기구인 특수목적법인을 관리 감독할 만큼 충분한 자원과 전문성을 갖추지 못하고 있다. 예를 들어 케이맨 제도의 은행 시스템은 GDP의 500배 이상의 자산을 보유하고 있으며, 저지는 GDP의 80배가 넘는 자산을 가지고 있다. 이런 작은 지역이 그처럼 엄청난 돈을 감시하고 규제할 만큼 충분한 자원을 배분할 수 있는지에 대해 문제를 제기하는 것은 당연해 보인다. 케이맨 제도는 특별한 증거가 뒷받침된 요청에 대해서는 미국 정부와 협상을 잘하는 경향이 있지만 자신들이 먼저 조사에 착수하는 경우는 거의 없다(GAO 2008).

언론

특수목적법인은 엔론 파산 이후 신문의 헤드라인을 장식했다. 엔론 문제를 조사하는 의회위원회는 엔론의 사기행각이 3,000개의 특수목적법인을 통해 이루어졌다는 것을 발견했다. 이들 중 "터크스케이커스 제도에 등록된 약 120개와 케이맨 제도에 동일한 우편사서함 번호를 사용하고 있던 약 600개를 포함해 800개 이상이 잘 알려진 역외 지역에 등록되어 있었다"(U.S.Senate 2002, 23). 역외 지역은 엔론의 파산에 깊이 연루되어 있었다. 윌리엄 파워스가 위원장을 맡은 위원회는 엔론이 임원진에게 불법적으로 보수를 지급하고 채무를 이리저리 옮길 목적으로 복잡하게 금융을 조정해 파트너십과 특수목적법인을 만들었다고 보고했다. 이 보고서는 "엔론이 수행한 대부분의 중요한 거래는 유리한 금융 재무제표 결과를 달성하기 위해 고안되었을 뿐 진정한 경제적 목표를 달성하거나 위험을 이전할 목적은 아니었다"고 서술하고 있다(Powers et al. 2002, 4).

신문 헤드라인에도 불구하고 파워스 보고서나 의회 청문회는 역외구조가 역내구조보다 더 해롭다는 것을 명확하게 보여 주지 못했다. 엔론의 역외 특수목적법인은 어느 정도는 채무를 숨기는 데 이용되었지만 주로 조세 회피 목적으로 만들어졌고, 역내 특수목적법인은 주로 채무를 숨기기 위해 이용되었다. 둘 다 엔론의 사기행각에 공헌한 것처럼 보인다(GAO 2008, 38).

서브프라임 위기가 진행되는 동안 특수목적법인의 또 다른 이름인 불투명한 도관이 은행에 의해 똑같은 방식으로 사용되었고, '그림자 은행 시스템'이라는 꼬리표가 붙은 이후에는 규제와 감독을 회피하는 방법을 이용해 역외에서만큼이나 역내에서도 활동했다.

노던록과 그래닛

역외 특수목적법인과 연관되어 있으며 서브프라임 위기의 결과인 또 다른 흥미로운 사례가 노던록의 파산과 함께 나타났다. 노던록은 영국의 상호주택금융조합으로 1997년 주식회사로 바뀌었다. 주택금융조합은 예금자에게 예금을 수신하는 전통적인 방법으로 대출해 줄 자금을 확보한다. 이와는 대조적으로 은행은 화폐시장에서 더 쉽게 더 큰 액수의 자금을 확보할 수 있는 선택권을 가지고 있다. 노던록은 주식회사로 전환되면서 은행이 되었고 공격적으로 규모를 확대하기 시작했다. 2006년 회계감사보고서를 보면 노던록은 전체 자금 중 22%만 예금 수신을 통해 조달하고 적어도 46%의 자금은 채권 발행을 통해 조달했다는 것을 알 수 있다.

이 채권은 노던록이 발행한 것이 아니라 그림자 회사가 발행한 것이었다. 이 회사의 이름은 그래닛으로 노던록이 설립한 자선 신탁이 소유한 법인이었다. 노던록 파산 이후 자선 신탁은 어떠한 자선 활동도 하지 않았으며, 도움을 받았다고 알려진 자선단체는 그래닛의 존재 자체도 모르고 있었다는 것이 밝혀졌다. 노던록의 금융 구성 요소 중 하나로서 그래닛의 유일한 목적은, 노던록이 법적으로 그래닛과 독립되어 있으며 그래닛이 발행한 채권에 대해서는 그래닛이 모두 책임을 진다는 것을 보장하는 것이다.

물론 이것은 속임수고, 그래닛의 신탁 관리자가 저지의 세인트헬리어에 근거지를 두고 있다는 것도 속임수였다. 기자들이 저지에서 그래닛 직원들의 위치를 파악하려고 했지만 아무도 발견하지 못했다. 계정 조사를 통해 그래닛이 거의 500억 파운드에 달하는 채무를 갖고 있지만 아무도 고용하지 않았다는 사실이 드러났다. 전체 구조는 노던록이 관리했기 때문에 (비정상적으로) 노던록의 '대차대조표'에는 존재하는 것으로 취급되었고 연결계정에도 포함되었다.

이 상황으로 인해 노던록이 직면한 딜레마는 누가 봐도 자명하다. 그래닛은 채권 발행을 통해 화폐시장에서 모기지를 묶어 증권화하는 데 이용되었다. 2007년 8월 화폐시장이 그 증권을 더 이상 매입하지 않게 되자 노던록의 비즈니스 모델은 실패했다. 노던록은 더 이상 채무를 차환할 수 없게 되었고, 그 결과 그래닛이 개념적으로는 독립되어 있는데도 노던록은 그래닛이 채권 보유자들에 대한 채무이행을 하는 것을 금전적으로 지원해야만 했다.

노던록이 역내기업인지 아니면 역외기업인지에 대해서도 혼동이 있다. 실제로 노던록의 위치는 역내와 역외 두 가지 요소를 모두 포함하고 있었다. 노던록이 국유화되었을 때 하원에서는 밤늦게까지 노던록의 국유화가 그래닛의 국유화까지도 의미하는지에 대해 논쟁이 있었지만 그 문제는 해결하지 못했다. 국가가 소유한 기업이 관리하지만 개념상 자선 신탁에 의해서 소유되는 회사가 국가의 통제 아래 있는지 여부에 대해서는 아무도 모르는 것 같다. 하지만 정부는 그래닛의 채권을 갖고 있는 사람에게까지 지불보증을 확대하는 것 말고는 다른 방법이 거의 없었다.

영국의 많은 은행이 이런 자선단체를 이용한 것처럼 보인다. 영국의 또 다른 문제 은행인 HBOS도 190억 파운드의 채무를 가진 채권금융펀드를 저지에 등록해서 유지하고 있었다. 영국 정부는 HBOS의 내부 조직이면서 저지에 등록되어 있던 채무금융펀드인 그램피언을 HBOS 회계 내에 포함시키도록 했다(Hoskin 2007). 미국의 기업과 은행의 소식통은 그런 관행을 미국에서는 들어 본 적이 없다고 주장했지만 케이맨 제도에 대한 미국 회계감사원 조사는 자선신탁으로 위장한 미국의 소유주를 특별히 언급했다(GAO 2008, 19). 미국 재무부의 자료에는 2006년 말 현재 미국 투자가들이 케이맨 제도에서 발행된 자산담보부 증권에 약 1,190억 달러를 투자했다는 내용이 나오는데, 이것은 다른 어떤 나라보다 큰 규모다(GAO 2008, 13).

이런 형태의 구조화된 금융 수단은 2007~2008년에 발생한 금융위기의 핵심이다. 이는 미국 같은 나라에서는 역내에 만들어질 수 있고 영국 같은 나라에서는 역외에 만들어질 수 있다. 이렇게 많은 특수목적법인이 조세회피처에 만들어지는 이유는 명확하지 않지만 역외로 가는 이유는 변하고 있다(GAO 2008). 구조화된 금융시장 중 얼마나 많은 부분이 역외에 만들어지는지도 명확하지 않다. 그리고 안타깝게도 이 주제에 대한 훌륭한 연구 결과가 없다. 아마도 케이맨 제도에 대한 미국 회계감사원(2008) 조사가 현재까지 나온 가장 훌륭한 연구일 것이다. 그 연구에서도 자료를 수집하는 데, 그리고 더 중요하게는 그 자료가 정확한지 확인하는 데 많은 어려움이 있었음을 밝혔다. 예를 들어 미국 회계감사원은 메이플앤드캘더라는 법률회사가 케이맨 제도에 소유한 어글랜드하우스라는 하나의 주소에 1만 8,857개 법인이 등록되어 있는데, 그중 5%는 전적으로 미국 법인 소유이고, 40~50%가 미국에 청구서 발송지를 가지고 있다고 보고했다(2008, 7). 그러나 이렇게 미국과 연관되어 있다는 것이 정확히 무엇을 의미하는지는 미국 회계감사원 연구자도 명확히 알 수 없었다. 또한 이 보고서는 계속해서 "구조화된 금융기관은 일반적으로 회사의 대차대조표에 나타나지 않고, 소유권은 그 법인을 설립한 사람보다는 자선 신탁 같은 법인이 가지고 있거나 혹은 증권화에 관련된 거래에 참여한 많은 증권 보유자 혹은 투자가들 사이에 분산되어 있다고 했다"(2008, 19).

미국 회계감사원 보고서는 미국 법인이 케이맨 제도의 도관 회사를 이용하는 데는 여러 가지 이유가 있다고 밝혔다. 물론 그 이유 중에는 채권자나 투자자를 특별히 보호해 주는 파산법과 조세 측면의 장점 등이 포함된다(2008, 8). 우리는 느슨한 규제, 비용, 그리고 때때로 세금이 중요한 역할을 했다고 추정할 뿐이다.

역외 특수목적법인 혹은 도관 회사가 광범위하게 이용됨에 따라 소유권이나 채무에 대해 심각한 혼동이 발생했다. 그래닛이나 그램피언 같은 특수목적법인은 종종 자선 신탁의 인위적인 이용을 통해 부모에게서 떨어져 '고아가 된' 특수목적법인을 이용할 때 어떤 문제가 생기는지 보여 준다. 이런 구조는 영국 은행 사이에는 일반적인 것이며, 서브프라임 모기지의 증권화와 관련해 광범위하게 사용되어 왔다. 사실상 노던록은 영국의 다른 많은 은행에 비해서는 상대적으로는 깨끗한 경우였지만, 그 회사가 파산하면서 거의 모든 규제자는 그 상황을 제대로 대처하지 못했다. 애매모호한 상태는 노던록이 영국 정부에 의해서 국유화된 이유에도 여전히 남아 있다. 미국 회계감사원 보고서는 조세회피처로 인해 시스템 전반에 걸쳐 소유권의 불투명성이 전염병처럼 번져 있다는 것을 확인시켜 주었다. 우리는 미국 자산담보부 증권시장의 26%를 외국인이 보유하고 있다는 것은 알지만 그 이상에 대해서는 잘 모르고 있다.

특수목적법인, 구조화 투자회사Structured Investment Vehicles; SIV, PCC 같은 복잡한 법인의 이용이 금융시장에 심각한 문제를 일으키는 것처럼 보인다. 은행과 다른 금융기관이 쉽게 합법적으로 역외에 법인을 만들어 그곳에 모든 종류의 채무를 넘길 수 있어 그들의 재무제표는 신뢰할 수 없기 때문이다. 이런 역외 법인과 모기관 간의 연결고리는 은행이 망하고 나서야 과거로 거슬러 올라가 발견되는데, 그것조차도 긴 시간이 걸릴 수 있다. 많은 경우 기관 자체도 어떤 역외 법인이 자신의 것인지 잘 모를 때도 있는데, 그러다 보니 하나의 특수목적법인에 대해 2개의 은행 그룹이 각각 자신의 것이라고 주장하기도 했다. 좋은 시절에는 금융기관이 놀라울 정도로 서로 신뢰한다. 하지만 시절이 좋지 않을 때 각 금융기관은 다른 금융기관이 자신의 채무를 인정할 것을 요구하지만 채무의 정확한 크기는 잘 모른다. 다시 정부는 얼어붙은 시장을 녹이기 위해 대부분 역외에 등록된, 정확한 규모도 알 수 없는 부채를 해결해 주겠다는 일괄적인 보장을 제공할 수밖에 없다. 역외금융센터의 엄청난 금융 활동에 대한 보고가 있지만, 순수한 조세회피처 중 정부의 이런 활동을 지지해서 1센트라도 내놓은 곳은 어디에도 없다. 결국 그들은 이 게임에서 중요한 출연진이 아니고 단지 수수료를 받는 도관일 뿐이다. 실제로 주요 국가의 정부가 불명예스러운 금융기관뿐만 아니라 조세회피처까지도 보조해 주는 꼴이 되었다.

헤지펀드

헤지펀드, 특히 역외 헤지펀드는 금융의 불완전성을 전파하는 또 다른 벨트로 의심받고 있다. 말레이시아 수상 마하티르 모하마드는 헤지펀드를 '글로벌 경제의 노상강도'라는 말로 표현했다. 헤지펀드는 1992년 영국에서의 블랙 수요일에서부터 필리핀 페소, 태국 바트, 인도네시아 루피 같은 여러 종류의 통화에 공격을 시작했을 때인 1999년까지 많은 투기적 통화 공격에 연루되어 왔다. 1998년 롱텀캐피털매니지먼트의 파산 이후 미국 의회는 헤지펀드 산업에 대해 6회 이상 청문회를 개최했다. 또한 몇몇 헤지펀드는 서브프라임 위기에 연루되었는데, 케이맨 제도에 등록된 2개의 헤지펀드가 베어스턴스 파산과 밀접하게 연계되어 있었다.

　헤지펀드에 대한 공식적인 정의는 존재하지 않지만, "여러 종류의 투자 전략을 사용하는 매우 다양한 기관 투자가"라는 의미로 사용된다 (Becker and Doherty-Minicozzi 2000, 3). 헤지펀드에서 가장 논란이 되는 측면은 그들이 일반적으로 등록되지 않거나 등록되더라도 차입을 통해 투자를 실행하는 역외 개인투자 파트너십을 통한다는 점이다. 그들은 대부분의 경우 규제에 따른 감독이나 세금을 최소화하기 위해 의도적으로 구조화되어 있다. 하지만 헤지펀드가 특히 인구가 많은 국가에 있을 경우에는 여전히 규제 대상이 된다. 이로 인해 우리는 미국 헤지펀드의 1/3이 조세회피처에 근거지를 두고 있거나 조세회피처에 지점을 가지고 있다고 믿는다. 케이맨 제도 당국은 전 세계에 등록된 헤지펀드의 85%가 조세회피처에 있다고 주장한다. 어떤 숫자가 정확한지는 모르겠지만 조세회피처는 다음과 같은 세 가지 큰 이점을 제공해서 헤지펀드를 유치한다. 비밀보장, 거래 실적 비공개, 낮은 세율이 바로 그 매력 포인트다.

　헤지펀드 산업의 출발점으로 종종 언급되는 시기는 알프레드 존스가 주식형 펀드를 개설한 1949년이다. 하지만 헤지펀드 산업은 1960년대 이후 비약적으로 성장했다. 헤지펀드의 공통점은 시장에 존재하는 가격 책정의 비정상성을 이용해 돈을 번다는 것이다. 헤지펀드는 리스크를 거래하거나 차익 거래 기술을 이용해 그들만의 전략, 이론, 목적을 비밀스럽게 유지한다. 많은 헤지펀드 매니저는 시장의 평균수익률을 상회할 수 있는 복잡하고 세련된 메커니즘을 발견했다고 주장한다. 이런 비밀스러운 분위기 속에서 헤지펀드들이 버뮤다, 스위스, 케이맨 제도 같은 조세회피처를 선호하는 것은 놀라운 일이 아니다. 그러나 많은 헤지펀드는 형식적으로는 조세회피처에 있지만 런던이나 뉴욕에서 운용되고 있다.

많은 헤지펀드가 역외에 머물고 싶어 하는 또 다른 이유가 있다. 롱텀캐피털매니지먼트의 파산 이후 미국 의회 청문회에서 만약 어떤 나라가 헤지펀드 산업을 규제하려 한다면 결국 그것은 헤지펀드 산업을 역외로 밀어내는 결과를 가져온다는 결론을 내렸다. 여기서 다시 역외는 필수적인 규제를 가로막는 대단한 장애물 역할을 한다는 점이 노골적으로 나타난다(Becker and Doherty-Minicozzi 2000). 롱텀캐피털매니지먼트의 파산으로 인한 엄청난 비용에도 조세회피처에서는 여전히 느슨한 규제 원칙이 남아 있는데, 미국 재무부는 롱텀캐피털매니지먼트의 파산에 대한 조사를 통해 역외펀드에 대한 우려를 제기했다(Becker and Doherty-Minicozzi 2000, 28).

헤지펀드 산업에 대한 또 다른 이슈는 바로 규모에 관한 것이다. 느슨하고 관대한 규제, 위험을 무릅쓰고서라도 수익성만 좇도록 하는 암묵적 인센티브, 그리고 펀드의 규모가 합쳐져서 금융의 불안정성이 심화된다. 이 산업은 크게 주목받아 왔고, 더 큰 수익을 제공할 것이라고 믿는 많은 기관 투자가들이 막대한 자금을 공급했다. 이런 기관 대부분이 사용하는 막대한 수준의 차입 투자는 결과적으로 시장에 상당한 충격을 가져왔다.

시스템 안정성 측면에서 문제가 되는 것은 헤지펀드에 대한 '투자'에는 신뢰와 믿음이 중요하다는 것이다. 하지만 충분한 신뢰와 믿음이 없는 상태에서 은행, 연금 기금, 그리고 다른 금융기관들은 헤지펀드에 돈을 맡기고 있다. 헤지펀드에 투자된 돈의 크기에 대해서는 여러 추정치가 존재한다. 대부분의 사람들은 2조 달러가 조금 안 되는 돈이 헤지펀드에 투자되었다고 생각한다. 그리고 이렇게 많은 돈이 거의 규제가 없는 불투명한 금융시장에서 운용되는 점을 걱정한다.

역외 헤지펀드에 대해서는 극소수의 연구가 진행되었는데 주로 헤지펀드의 실적에 관심이 있었다. 영국의 애널리스트들은 역외펀드가 세금의 영향을 덜 받고 감독이나 규제 수준도 더 낮기 때문에 좀 더 격렬하게 거래하고 그 결과 변동성을 증가시킨다고 주장한다. 김과 웨이(2001)는 이런 주장을 살펴보고 나서 기본적으로 역외펀드가 역내펀드와 다르지 않다는 것을 발견했다. 김과 웨이는 헤지펀드가 역내와 역외로 구분될 수 있다는 잘못된 전제하에 연구를 진행한 것처럼 보인다. 케이맨 제도에 대한 미국 회계감사원의 연구를 보면 우리 생각이 더 정확하다는 것을 알 수 있다. 헤지펀드는 통상 자산을 보유하고 투자 결정을 하는 주체로서 '마스터펀드'를 만들고 이를 통해 규모의 경제를 달성한다. 미국의 투자가들은 케이맨 제도에 있는 역외 펀드에 투자할 때 미국 내 주로 델라웨어 같은 주에 만들어진 '자금 공급용' 펀드를 통해 투자하는 것을 더 선호한다(GAO 2008, 21). 결과적으로 서로 다른 지역에 있는 것처럼 보이는 별개의 헤지펀드라도 사실상 서로 연결되어 있다. 영국 금융서비스국의 고위 공무원은 "영국 내에 등록된 헤지펀드는 없다"는 취지의 말을 했다(Clark 2008). 하지만 런던은 헤지펀드 산업의 주요 허브로 간주된다. 명백히 영국의 모든 헤지펀드는 역외에 등록되어 있으며, 역외 지역의 고전적인 역할이라고 할 수 있는 장부기입센터의 역할이 헤지펀드 산업에서도 유지된다.

역외금융기관이 역내금융기관에 비해 금융 안정성에 더 큰 위협을 가져온다는 실증적 증거는 현재 존재하지 않는다. 문제는 금융의 수재가 자신이 꿈꾸어 왔던 어떤 형태의 금융기관이라도 단 몇 시간 내에 역외에 설립할 수 있다는 점이다. 만약 케이맨 제도에서 안 되면 저지에 세우면 되고, 저지에서 안 된다면 또 다른 역외 지역을 찾아가면 된다. 엄격히 말해 영국이 헤지펀드 산업을 가지고 있지 않지만 아일랜드 정부는 헤지펀드를 등록하는 데 두 시간밖에 걸리지 않는다는 것을 자랑한다. 400쪽의 지원서가 오후 3시에 접수되면 그것은 다음날 오전 9시에 승인될 것이다. 아일랜드의 공무원이 오후 5시에 집에 가는 것을 가정하면, 정확히 두 시간 만에 승인되는 셈이다.

사실상 규제 담당자는 역외 헤지펀드 산업에 대해서는 거의 아는 것이 없다. 헤지펀드가 금융위기를 촉발하는 데 한몫을 했다는 소문이 많지만, 우리는 그런 소문을 뒷받침할 만한 연구 결과를 가지고 있지 않다. 지금까지 미국 연방정부는 헤지펀드 산업의 선의와 "시장규율"에 의존해 왔다. 다른 기관(the SEC, the British FSA, the German Bafin, the European central bank)은 대형 헤지펀드가 파산하면 거기에 대출을 해준 대형 은행이 뒤따라 파산하는 도미노 효과를 두려워했다. 그래서 시스템 리스크에 관련된 우려를 제기했고 더 많은 규제를 추진하고 있다.

산더미 같은 부채

현재 세계 금융 시스템의 가장 큰 걱정거리는 부채 증가, 특히 신용위험에 대한 대비가 없는 부채의 증가다. 신용위험에 대한 대비가 없는 부채란 담보 없이 대출되거나 혹은 정교한 금융 수단을 통해 담보가 제공되어 담보가치가 충분한지 알기 힘들어서 신용위험을 안고 있는 부채다. 오늘날 금융 시스템의 복잡성 때문에 이 문제는 잘 드러나지 않는다.

1990년대 후반 이후 발생한 모든 금융위기는 다음과 같은 기본적 특성을 공유한다. 엄청난 크기의 부채가 주식이나 대출채권 같은 자산을 담보로 보장되어 왔는데(일본의 거품과 서브프라임 위기에서처럼), 그 자산의 가치는 물론 시장 거래를 통해 결정된다. 확신이 사라지면 자산 가치도 사라지게 되어 있다. 2007~2008년 서브프라임 위기가 보여 준 것처럼, 더 나쁜 것은 바로 복잡한 금융 혁신, 증권화, 리스크의 헤지가 합처지면서 이런 신용위험에 대한 대비가 없는 부채의 가치를 파악하기 힘들어졌다는 것이다. 이 문제는 공인된 회계원칙과 국제회계표준 및 유럽의 국제회계기준 규정에 따라 기업의 가치를 시장이 평가함에 따라 더 악화되고 있다. 이러한 평가액은 시장이 좋아질 때는 수익이 상당히 증가한다는 인상을 주지만, 기초자산에 대한 시장의 확신이 사라지면 손실을 더 악화시키는 부정적 피드백 고리를 생성한다. 이는 매우 높은 수준의 차입을 뒷받침할 정도로 계속 상승한 것으로 여겨져 온 주식 가격을 기초로 설정된 사모펀드 분야에서 문제가 되고 있다.

금융안정포럼은 이런 경향에 주목하면서, 불투명성 때문에 라틴아메리카(1994~1995), 동아시아(1997~1998), 앵글로색슨(2007~2008) 경제에 위기가 발생하기 전까지 역외 지역의 계열사에 신용위험에 대한 대비가 없는 부채가 얼마나 많이 쌓여 가고 있는지 아무도 알아채지 못했다는 점을 언급했다. 1990년대 초·중반 태국에서 주로 언헤지된 외화대출을 위한 자금을 국내에서 조달하기 위해 방콕 역외금융시장의 이용을 늘렸는데 이 때문에 외환 리스크와 만기 리스크에 대한 은행 시스템의 취약성이 증가했다. 리스크가 높은 신용의 비율이 증가하는 것을 감지하는 능력은 조세회피처를 이용함에 따라 더욱 심각하게 저하되고, 시스템의 불투명성은 더욱 증대되었다. 또 다른 문제는 헤지펀드 같은 비은행 중개금융기관이 조세회피처에서의 활동에 대해 공개하지 않아도 된다는 것이다.

이에 더해 금융안정포럼은 관리 감독이나 규제를 받지 않는 역외금융센터와 연결된 장외시장 활동의 증가에 대해 다음과 같이 문제를 제기했다. "역외금융센터에 근거한 기관이 대차대조표에 나타나지 않은 의심스러운 활동을 증가시키고 동시에 케이맨 제도와 같은 센터에서 자산과 부채가 증가함에 따라 위기가 전염될 리스크가 증가했다"(JFSC, para

36). BIS 자료는 전체 파생상품시장의 80% 이상이 장외에서 이루어지고 있다는 것을 보여 주는데, 이는 엄청난 금액의 자본이 거의 심사와 감독을 받지 않음을 의미한다.

그러므로 조세회피처를 비판하는 사람들은 조세회피처가 제공하는 불투명성 때문에 큰 리스크가 발각되지 않고 커 나갈 수 있다고 주장한다. 그런데 이 리스크는 드러나기 전까지는 통화당국이나 금융기관이 충분히 알 수 없을 뿐만 아니라 완전히 이해할 수도 없다. 가장 중요한 걱정거리는 헤지펀드와 같이 차입 비중이 매우 높은 금융기관이 투자가에게 정보를 공개하지 않으면 그런 기관의 활동에 대해 정확히 알 수 없다는 점이다.

:: 결론

조세회피처가 선진국에 미친 영향에 대해서는 비교적 최근에서야 연구가 시작되었다. 1990년대 말까지만 하더라도 조세회피처는 조세 회피와 탈세라는 비교적 중요하지 않은 이슈로 취급되었다. 1980년대 초 BIS 자료와 1994년의 중요한 IMF 연구(Cassard 1994)가 결합되면서 조세회피처가 세계경제에 미치는 중요성이 인식되기 시작했다. 논쟁은 아직 초기 단계다. 조세회피처에 관련된 가장 중요한 두 가지 정책적 관심사는 조세와 금융 규제다. 아직 조세회피처가 선진국에 미친 전반적인 효과를 측정하기는 어렵다. 안타깝게도 논쟁은 매우 이념적이 되는 경향이 있다. 시장주의자는 대체로 조세회피처를 좋아하는데, 그들은 조세회피처가 지대를 추구하는 관료나 국가의 팽창주의 경향에 대한 유용한 제어 장치고, 역내금융센터에 대한 유용한 경쟁을 제공하는 것으로 보고 있다. 좌파 활동가와 사회민주주의자는 조세회피처를 압제의 장치로 보고, 세계를 포괄해 돈 많고 힘 있는 사람을 위해서 작동하거나 그들이 직접 좌지우지하는 거대한 '그림자 경제'의 핵심 요소라고 생각한다. 이 그림자 경제는 필요한 법적·정치적 기반과 물류상의 기반시설 공급을 주류 역내경제에 의존한다. 따라서 이러한 조세회피처 경제에 자금을 조달하는 데 드는 비용은 주로 근로소득으로 생활하는 중산층과 하위층이 부담하게 된다.

이런 점에서 조세회피처는 세계화로 발생한 부의 양극화라는 현상에 중요한 영향을 주는 요인이다.

제 7 장

개발도상국에서의 조세회피처 문제

탈세와 부패는 빈곤을 악화시키고
정치적 · 경제적 통치구조의 청렴도에 대한 믿음을 좀먹는다.
또한 특정 집단의 이기주의를 강화해서 공공의 이익을 희생한다.
이런 탈세와 부패의 핵심에는 바로 조세회피처가 있다.

조세회피처는 선진국 경제의 형성에 중대한 역할을 수행했다. 그런데 어쩌면 개발도상국에 사는 사람들의 삶의 모습을 규정하는 데 더 큰 영향을 끼쳤을지도 모른다.

대부분의 개발도상국에는 정교한 조세 시스템이 없다. 전형적으로 그들은 대부분 과소 과세되는 비공식 경제라는 특징을 가지고 있는데, 어떤 극단적인 경우는 전혀 과세되지 않기도 한다. 그동안 연구를 통해 효율적인 조세 시스템이 발전에 중요한 요소라는 점이 밝혀졌다. 조세 시스템은 발전에 필수적인 수입을 확보하는 기능을 수행할 뿐 아니라 장기적인 발전에 필요한 제도적 능력을 구축하고 민간부문과 공공부문 사이에 합의와 정치적 대화를 증진시킨다(Brautigam, Fjeldstad and Moore 2008). 효율적인 조세 시스템을 구축하는 데 극복해야 할 장애물이 많은데 조세회피처는 가장 심각한 장애물로 봐야 한다.

남아프리카공화국 금융장관인 트레버 마누엘은 "역외 조세회피처, 이전가격 조작, 다중의 소득 경로, 복잡한 공급 체인"이 어떻게 개발도상국에 부담이 되는지 표현했다(OECD 2008a). 그러나 조세 회피와 탈세는 현재보다 미래의 걱정거리다. 개발도상국은 개인세율과 법인세율이 훨씬 낮으며 세금 강제 집행이 드물다. 가장 큰 문제는 정교한 조세 회피 수단이나 탈세가 아니라 개발도상국에서 선진국으로의 자본도피다.

:: 자본도피, 돈세탁, 부정부패

국제 자본도피 문제의 선구적 연구자인 레이먼드 베이커는 합법적 자본이동과 불법적 자본도피를 구분한다. 적절한 세금이 지불된 상태에서 상세하게 기록되어 적절하게 보고되는 부의 흐름은 매일 이루어지는 상업 거래의 합법적인 부분이다. 예를 들어 아시아에서 벌어진 1997~1998년의 금융위기 기간 동안 아시아에서 탈출한 자금은 대체적으로 합법적 자본이동에 포함된다(Baker 2005; Beja 2006 참조). 반면에 불법적인 도피는 완전히 다른 문제다.

자본의 불법적인 도피는 간단히 말해 불법적으로 획득 · 이전 · 사용된 돈이 국경을 넘어 이동하는 것이다(Baker 2005, 23). 비록 합법적인 자금의 이전에 사용된 경로와 유사한 경로를 통해 이루어지더라도 불법적인 자본도피는 의도적으로 틀리게 보고한다. 이에 조세회피처가 제공하는 비밀보장과 불투명성이 합쳐지면 관계 당국이 자본도피의 경로를 규명하기가 무척 어려워진다. 기껏해야 우리는 자본도피의 세계적인 규모의 대략적인 추정치만 알 수 있다.

불법적인 돈의 상당량은 분명 개발도상국에서 흘러나온다. 가장 최근의 추정치에 따르면 국가 간에 이동하는 불법 자금의 규모는 연간 1조~1조 6,000억 달러다. 베이커는 이 돈의 절반이 개발도상국과 이행경제 국가에서 유출되어 선진국의 주요 국제은행센터로 유입된다고 본다. 데브와 카트라이트스미스(2008)의 관련 연구는 개발도상국에서의 불법적인 금융 흐름이 2006년까지 조금 더 늘어나 8,000억~1조 달러 사이에 있다고 설명한다. 또한 2002년과 2006년 사이 개발도상국에서의 불법적인 자금 유출이 연평균 18.8% 증가했다고 결론지었다.

만약 이 수치가 옳다면, 개발도상국이 해외 은행으로 이전하는 자금

표 7.1 전 세계 국가 간 불법적인 돈의 흐름(단위 : 10억 달러, 연간)

	최저	최고
범죄	331	549
부정부패	30	50
상업거래	700	1,000
잘못된 가격 책정	200	250
이전가격 조작	300	500
가짜 거래	200	250
합계	1,061	1,599

출처: Baker 2005

총액의 약 5%를 차지하는 것이다. 더 문제가 되는 것은 다각적인 경향이 있는 선진국 간의 불법적 자금 흐름(예를 들어 스위스 기업이 미국으로 불법적 자금 이전을 하고 미국 기업이 스위스로 또 불법적 자금 이전을 하는 것)과는 달리 개발도상국의 불법적 자본 흐름은 개발도상국에서 선진국으로, 또 가난한 국가에서 부유한 국가로만 가는 경향이 있다. 베이커에 따르면 개발도상국을 빠져나간 총 불법 자금의 80~90%는 영원히 돌아오지 않는다. 개발도상국에 돌아오는 것은 무엇이든 간에 외국인직접투자로 분류된다. 대부분의 경우 개발도상국으로 돌아오는 자금은 '왕복 여행'의 형태를 갖는데 이 과정에 대해서는 뒤에서 살펴본다.

더 큰 걱정은 OECD가 발표한 공식 통계에 따르면 개발도상국에 대한 해외원조가 1,000억 달러 정도인데 불법적 자본도피가 이것을 훨씬 능가한다는 것이다. 그러므로 해외원조는 잘해야 불법 자본도피의 20%를 대체한다.

베이커(2005)는 불법 자금 이전을 세 가지 유형으로 구분했다.

1. 부당한 이전가격 조작 기법의 사용: 베이커는 모든 글로벌 불법 자금 이전의 60~65%는 이 형태를 취한다고 추정했다. 이는 1년에

개발도상국에서 유출되는 자금의 절반인 6,000억~1조 달러 사이
의 규모에 해당한다.

2. 마약 거래, 공갈 협박, 화폐 위조, 밀수, 테러 자금 같은 범죄 활동
   수익금 이전: 베이커에 따르면 이런 범죄 행위 부분이 전체 불법자
   금의 약 30~35% 정도를 차지하며 1년에 3,000~5,500억 달러 정
   도다.

3. 뇌물과 정부 관료에 의한 절도에서의 수익금: 뇌물과 정부 관료의
   절도에서 발생하는 불법 자금 이전은 세 가지 유형 중에서 가장 비
   중을 적게 차지하며 전 세계의 불법 자금 이전의 단지 3%만 차지
   한다.

조세회피처의 경우에도 종종 그랬던 것처럼 전체 크기 측면에서 가장
덜 중요한 요인인 부정부패가 언론의 주목을 가장 많이 받아 왔다. 반면
에 제일 중요한 이전가격 조작은 주목을 덜 받았다.

세계적으로 또는 개발도상국으로부터의 불법 자금 이전 중 얼마나 많
은 부분이 조세회피처를 거쳐 갔는지는 정확히 말하기 어렵다. 다국적
기업의 그룹 내 판매(예를 들어 국가 간의 거래지만 동일한 소유권 아래 있는
기업 간에 이루어지는 거래)는 세계 교역의 60% 이상으로 추정되고 있으
며, 우리가 이미 살펴본 것처럼 세계 외국인직접투자의 1/3이 조세회
피처를 거쳐 간다. 이 두 가지 수치가 관련이 없는 것 같지는 않다. 정
말 이 두 가지 수치는 관련이 있을 수밖에 없다. 왜냐하면 매우 많은 수
의 다국적기업 지사가 조세회피처에 존재하기 때문이다. 조세회피처가
제공하는 비밀보장은 이전가격을 잘못된 수준으로 책정하도록 강력히
유도하기 때문에 전부는 아니더라도 대부분의 잘못된 가격 책정을 통한
이전이 조세회피처를 통해 이루어지고 있다는 점은 의심할 여지가 없

다. 베이커는 자본도피와 돈세탁 분야의 다른 전문가와 함께 조세회피
처를 세계적인 그림자 경제의 중심적인 구성 요소 혹은 근본적 기반시
설로 간주한다.

이전가격 조작

한 다국적기업 내의 서로 관련된 기업 사이에서 발생하는 판매에 대
해 가격을 책정하는 과정을 이른바 '이전가격 조작'이라고 한다. 원칙적
으로 이전가격 조작은 완벽히 합법적이다. 하지만 국가에 따라서 가격
을 잘못 책정해 이전하는 것은 불법일 수 있다.

제2장에서 언급한 이전가격 조작을 기억해 보자. 제2차 세계대전 이
후 기업 내의 무역은 공정한 기준하에 이루어졌다. 목적은 이윤이 창출
된 국가로 그 이윤을 공정하게 분배하는 것이었다.

기업은 자신들이 이 결과를 원한다고는 하지만 그게 보이는 것처럼
항상 간단하지는 않다. 국가 간에 이전되는 상품에 대하여 '제3자' 가격
을 책정하는 것은 매우 어려울 수 있다. 예를 들어 시장에서 거래되지
않는 부품이 그렇다. 이런 상품에 대해서는 공정가액이 추정되어야 하
는데, 추정치는 선의(善意)에 의해 도출될 수도 있지만 종종 이익의 재분
배를 위장할 의도로 도출되기도 한다. 마찬가지로 기업은 가격 책정이
조세 당국에 의한 정기적인 조사 대상이 되는 주요 선진국처럼 그들의
가격 정책에 문제를 제기하는 곳에서만 공정가액을 책정한다. 개발도상
국에서는 이런 문제 제기가 드물고 선의의 가격 책정은 더욱 드문 일이
다. 2004년 11월 세계 4대 회계법인 중 하나인 딜로이트는 아프리카에
서 이전가격 조작에 대해 문제를 제기해서 성공한 경우를 본 적이 없다
고 보고했다(TJN 2005). 대부분의 아프리카 국가에는 그들 영토 내에서
활동하는 다국적기업이 행하는 이전가격 조작에 대한 문제를 제기할 수

있는 법률과 전문가, 그리고 상업적 자신감이 없다.

만약 한 회사가 지역 간에 이윤을 재분배하기로 결정한다면, 다음과 같은 몇 가지 방법을 사용한다.

1. 현금을 유출할 국가에서 수출하는 상품의 가격을 실거래가격보다 낮게 책정한다. 이 상품은 수출된 후 실거래가격으로 판매되고 이 과정에서 발생하는 초과 이익분이 자본도피액이 된다. 이 방법이 1990년대 러시아가 자본도피에 사용한 전형적인 방법으로 알려져 있다. 러시아의 석유, 가스, 광물, 다른 원자재는 의도적으로 가격을 낮게 책정한 반면에 수입품은 가격을 의도적으로 높게 책정했다. 티호미로프(1997)는 대략 이런 방법으로 1990~1995년 사이 러시아에서 25억 달러가량이 유출된 것으로 계산했다. 이 과정에 조세회피처의 기업이 깊숙이 연루되었으리라 예상할 수 있는데, 국내 기업 또는 역내 기업 역시 연루되었다. 티호미로프(1997)는 이런 자본도피의 대부분이 러시아 동부 지역 기업과 미국 서부 해안 지역 기업 사이의 무역을 통해 발생했다고 보았다.

2. 현금을 유출할 국가에서 수입하는 상품의 가격을 실거래가격보다 높게 책정하고 그 초과분을 자본도피시킨다.

3. 실거래가격보다 가격을 높게 책정하거나 낮게 책정할 때 도움이 되도록 상품의 질이나 등급을 틀리게 보고한다.

4. 실거래가격보다 가격을 높게 책정하거나 낮게 책정할 때 도움이 되도록 상품의 양을 틀리게 보고한다.

5. 허구의 거래를 만들어 금액을 지불한다. 이 기법은 실체가 존재하지 않는 상품에 적용된다.

천연자원 채굴산업—발전의 어두운 그림자

개발도상국에서 가장 문제가 되는 산업 분야는 천연자원 채굴산업이다. 이 산업에 참여하는 기업은 조세회피처의 자회사를 이용하고 뇌물 또는 그와 유사한 방식을 통해 개발도상국에서 낮은 비용을 확보하는 전문가로 떠올랐다(Shaxson 2007). 주요 기업이 관련된 사례에서 기업이 이런 방식을 결합해 세금을 조금만 내거나 혹은 종종 전혀 내지 않았다는 것이 드러났다.

사업을 시작하면서 다국적기업은 광물 채취권 혹은 석유 시추권을 확보하는 과정에서 특별 조세 대우에 대한 협상을 통해 유리한 위치를 선점하려 했다. 기업은 일반적으로 사업 기간 중 처음 몇 년 동안은 세금이 부과되지 않는 면세 기간에 대해 협상한다. 이제 10년의 면세 기간은 흔한 일이 되었다(Global Witness 2006).

게다가 기업은 투자에 대한 특별 세금 공제를 협상하는데, 예를 들어 사업 초기에 교역 손실을 발생시키기 위해 자본비용 전액을 손실 처리해서 세금을 상당 기간 지불하지 않는다(Christian Aid 2008,11). 그들은 종종 보조금 또는 장려금을 확보하고 세금을 내지 않으며 이윤을 본국으로 가져오기 위해 배당금에 대한 원천징수세의 면세를 요구한다(Global Witness 2006). 많은 경우 특별 조세 규정은 다국적기업의 현지 활동에서 발생하는 비용을 거의 다 인정해서 과세 대상이 되는 이윤을 감소시킨다.

동시에 다국적기업은 시장가격보다 낮은 가격으로 광석이나 석유의 수출을 허용해 특별 이전가격 조작을 의도한다. 원자재의 시장가격에 관계없이 종종 생산비용에 일정한 내수율이 더해진 고정된 수준으로 가격을 결정한다. 많은 경우에 조세법에는 이전가격 조작에 대한 조항이 없다.

다국적기업은 현지 작업에 투자되는 자본 대부분을 대출 형태로 조달하려고 하는데, 그렇게 하면 '과소 자본'이 발생하고 이윤은 이자 지급을 통해 해당 국가에서 빠져나온다(Riesco et al. 2005). 사전 협상을 통해 이자율에 대한 제한을 없애서 해당 국가의 이윤은 최소한으로 유지하며 로열티와 라이선스 사용료에 대한 제한 역시 두지 않는다.

이런 방식의 문제점은 해당 국가가 이렇게 양보하다 보면 다국적기업의 본사가 있는 주요 금융센터와 이중과세 협정의 이득이 사라진다는 것이다. 정상적인 협정이라면 협정 당사국 중 어느 국가가 특별히 양보하지 않고 국내 조세법이 적용되어야 한다. 이 경우라면 기업은 해당 국가에서 유출되는 이윤을 상당히 좋은 조건으로 이중과세협정을 맺은 저세율 국가(유럽연합의 정식 회원국인 키프로스가 가장 선호되는 지역으로 떠올랐다)로 우회시키기 위해 법인을 설립하고, 그 법인에서 네덜란드와 같은 지역으로 이른바 '지분 참여 합의'를 통해 자금이 유출된다(Van Dijk, Weyzig, and Murphy 2006). 낮은 수준의 세금이 부과되거나 세금이 부과되지 않아 발생하는 이득은 모기업 혹은 참여 합의를 맺은 국가의 자금 조달 그룹에 흘러들어 가는 이윤이 된다(네덜란드, 스위스, 아일랜드 같은 중급 조세회피처가 이 일에 전문화되어 있다). 자금 조달 그룹은 실질적으로 그룹 내의 은행이다. 그들은 낮은 세율로 과세된 이윤이 더 높은 세율의 국가로 가지 않고, 보통 높은 이율로 그들에게 대출되도록 한다.

이는 단지 시작에 불과하다. 그룹 내부에서는 서비스와 자본장비를 공급해서 이윤을 불법적으로 이전할 수 있는 추가 기회를 제공한다. 서비스와 자본장비에 책정되는 가격은 저세율 국가로 이윤이 유입되도록 정상적인 수준보다 높게 조작될 수 있다. 이런 가격조작은 해당 국가의 활동에서 발생하는 과세 소득을 감소시키는 동시에 광물이나 석유 생산 비용을 부풀린다는 일거양득의 이점을 가지고 있는데, 거기에 더해 로열티를 줄이는 효과도 있다. 일반적으로 해당 국가 활동에 투입되는 자본장비는 사업을 수행하는 다국적기업 내의 다른 회사에서 구입하거나 임대한다. 그런데 그 회사는 '이중 수령'으로 알려진 과정, 즉 두 지역에서 비용을 청구해 대여한 장비비용에 대해 이중의 세금 공제가 가능한 조세회피처나 저세율 지역 혹은 국가에 등록되어 있을 가능성이 높다. 이게 가능한 이유는 어떤 나라는 장비 대여 비용을 임차인이 청구하는 것을 허용하는 반면에, 다른 나라는 그 비용을 임대인이 청구하는 것을 허용하기 때문이다. 이렇게 서로 다른 규정을 가진 나라 간에 장비 대여는 양쪽 국가 모두에서 세금을 감소시킨다.

관리직 직원은 해당 지역에서 고용비용에 따라 부과되는 세금을 낮추기 위해 역외 지역에서 공급하기 때문에 해당 국가가 얻는 이득은 줄어든다. 또한 해당 국가에 판매되는 노동 서비스에는 부풀려진 가격이 책정될 수 있으므로 이런 고용 형태에 따라 발생하는 이득은 저세율 국가로 이전된다(Stockman 2008). 이에 더해 그 직원이 조세회피처에서 보수를 지급받기 때문에 지불 급여세가 줄어들 수 있다.

더욱이 다국적기업이 조세회피처에서 소유한 특허권, 저작권, 경영 노하우에 대해 일종의 사용료가 부과된다. 그런데 이런 지적재산의 가치를 파악하기란 어려운 일이고 이전가격 조작 여부를 판단하는 것은 특히 더 어렵다. 이 책을 쓸 당시 이런 활동을 수행하는 조세회피처 지사는 영국 법인세 관리에 주요한 위기를 몰고 왔다(Hink 2008).

마지막으로 채굴 활동에 필요한 자금은 이자 수입에 대해 낮은 세율이 부과되는 네덜란드, 아일랜드, 스위스 같은 지역에 있는 그룹 금융 회사가 제공할 것이다. 이런 기법은 조세회피처에 대한 대규모 외국인 직접투자의 원인 중 하나지만 개발도상국에 대해서는 심각한 비용을 초래한다(Van Dijk, Weyzig, and Murphy 2006).

2002년 엑손은 안데스(Andes)에서 운영했던 중간 규모의 구리 광산(Disputada de Las Condes)을 런던에 있는 런던 주식시장의 상장회사인 앵글로아메리칸(Anglo-American plc)에게 18억 달러에 판매하는 계약을 체결했다고 발표했다. 엑손은 1970년 중반 7,000만 달러에 그 광산을 사서 표면상으로는 손실을 보며 23년 동안 운영해 왔다. 엑손은 이 광산에 대해 세금도 내지 않고 5억 달러에 달하는 부채를 떠안고 있었지만, 그것은 앵글로아메리칸에 세액공제 형태로 이전되는 것으로 매각 합의 사항에 포함되었다. 또한 엑손은 칠레에 대한 약 3억 달러의 자본이득세 납부를 피하기 위해 앵글로아메리칸과의 거래는 다른 국가에서 체결하기로 했다고 발표했다.

방송 해설자인 마누엘 리에스코는 어떻게 지속적으로 손실이 발생한 광산이 그렇게 높은 가치로 평가되었는지 질문했다. 이 질문은 역으로 매각가격을 정당화할 정도로 틀림없이 수익성 있는 기업에 대해 엑손이 어떻게 회계상의 손실을 보고해서 그렇게 오랫동안 칠레 당국의 세금을 피할 수 있었는지 의문을 제기한 것이다. 엑손 회장은 주주를 상대로 한 연설에서 이 광산에서 얻는 순이익이 매출의 20~21%에 달한다고 밝히면서 그 정도로 광산 사업의 수익성이 높다는 것을 인정했다.

엑손은 앞에서 설명한 방법을 사용해 성공할 수 있었다. 칠레에서 자금을 회수하는 데 사용된 가장 중요한 기술은 역외의 조세회피처에 있는 금융 계열사가 실행한 대출에 대해 이자를 지급하는 것이었다. 엑손은 버뮤다에 근거지를 둔 자신의 금융 자회사인 엑손 파이낸셜에 진 채무 때문에 기술적인 파산 상태에 도달할 정도로 이 광산의 채무를 과도하게 증가시켰다. 엄청난 이자가 이 광산에서 엑손 파이낸셜로 송금되었는데, 이렇게 버뮤다로 유입된 소득에는 거의 세금이 부과되지 않았을 것이다.

이런 관행은 칠레의 민간 광산업에서 흔한 일이었다. 어느 한 회사는 자본에 대한 부채 비율이 1,690%를 기록할 정도였다. 리에스코는 빌리턴의 광산 에스콘디다 하나만 제외하고 모든 민간 광산이 세금 납부액을 줄이기 위해 이 메커니즘을 이용했다고 주장한다.

★ Box 7.1은 리에스코 등(2005)을 주로 참조했다.

범법 행위, 암시장 화폐 거래, 잡다한 밀수출입

자본도피에 사용되는 방법으로 사람들이 선호하는 것은 전신환을 통해 은행 또는 비은행 금융기관이 불법적으로 돈을 해외로 빼돌리는 것이다. 또 다른 방법은 현금과 다이아몬드, 보석류, 금, 은 같은 고가의 귀금속을 밀수출하는 것이다. 대표적인 경우 하나를 예로 든다면 "기니는 1993년부터 1997년까지 벨기에에 공식적으로 1캐럿당 평균 96달러의 가격으로 다이아몬드를 총 260만 캐럿 수출했다고 보고했다. 하지만 벨기에는 다이아몬드협회를 통해 캐럿당 평균 167달러의 가격으로 총 480만 캐럿을 수입했다고 발표했다"(Campbell 2002). 또 호화 요트는 주기적으로 거래되면서 자본을 다른 나라로 옮기는 데 이용되는데, 많은 사람들은 이러한 방법이 인종차별 정책 아래 남아프리카공화국에서 자본을 도피하는 데 이용되었다고 보고 있다. 그 외에 미술품, 골동품, 희귀 동전 같은 고가의 물건도 가난한 국가에서 자본을 도피하는 데 사용된다.

정도는 덜하지만 마약 역시 범죄 자금 이전의 주요 원천이고 조세회피처는 의심할 여지없이 이런 산업에서 중요한 역할을 담당한다.

부정부패 산업

자본도피는 종종 부정부패, 절도, 횡령과 연관되어 있다. 부패한 지도자의 리스트 상위에는 나이지리아의 사니 아바차, 자이레의 모부투 세세 세코, 필리핀의 페르디난드 마르코스, 우크라이나의 파블로 라자렌코가 포진해 있다. 물론 국가수반만 부패에 연루된 것은 아니다. 부패는 모든 정부 관료를 자본도피에 참여하게 한다. 많은 경우 정부 계약이나 허가권을 주선해 주는 대가로 외국 은행계좌로 입금을 요구하는 중개인이 관련되어 있다.

스위스는 전통적으로 횡령한 돈의 최종 목적지로 선호되어 왔지만, 스위스 사람들은 최종 목적지 역할에서 런던이 스위스를 추월했다고 주장한다. 우리는 이 주장이 어느 정도 근거가 있다고 믿는다. 안타깝게도 개발도상국의 국민들이 스위스 은행에 얼마나 많은 예금을 보유하고 있는지에 대해 믿을 만한 자료는 존재하지 않는다. 우리가 아는 것은 세계의 부자들이 소유한 부의 적어도 16%는 매우 높은 수준의 자본도피가 일어나고 있는 아프리카와 라틴아메리카에서 왔고, 22.5%는 역시 이런 관행이 보편화되어 있는 아시아－태평양 지역에서 왔다는 것이다. 전 세계 부의 38%라는 비율은 이 지역 경제가 세계경제에서 차지하는 비율보다 높은 것이며, 이 지역이 선진국 은행에 보유한 예금 비율도 이 비율보다 높은 것으로 나타나고 있다(Capgemini 2007).

부패지수 논란

부패 문제를 논의하는 데 한 가지 큰 걸림돌은 부패 문제가 너무 좁게 정의되었다는 것이다. 이렇게 정의된 이유는 자본도피와 탈세를 용이하게 하는 조세회피처의 역할이 무시되었기 때문이다. 비밀 유지와 부패는 공생 관계를 갖고 있다. 조세회피처는 비밀을 보장해 부패를 촉진시키므로 부패 논쟁의 중심에 있어야만 한다.

　베를린에 있는 국제투명성기구는 1990년대에 개발 의제에 부패를 포함시켰고 그 기구가 발표한 부패지수는 현재 부패 정도를 나타내는 데 널리 쓰이고 있다. 이 지수는 부패를 "부여받은 권력을 사적 이익을 위해 남용하는 것"이라고 정의한다. 그리고 세계은행은 부패를 "사적 이익을 위해 공직을 남용하는 것"이라고 좀 더 좁게 정의한다. 조세정의네트워크는 공공부문에 초점을 맞춘 이 정의가 정말 잘못된 것이라고 주장했다.

　다른 모든 형태의 경제적 거래와 마찬가지로 부패 역시 공급 측면과 수요 측면을 갖고 있다. 수요 측면은 부패를 실행하는 사람을 포함한다. 반면 공급 측면은 부패의 기회를 제공하고 가능하게 하는 사람을 포함한다. 현재 세계은행과 국제투명성기구는 부패를 순전히 수요 측면의 문제로 정의한다. 그런데 만약 공급 측면을 간과한다면 이상한 일이 일어날 수 있다. 하나의 예를 들면 국제투명기구의 뇌물 제공지수는 횡령 자금의 최종 목적지 중 세계에서 선두에 있는 스위스를 세계에서 가장 '청렴한' 국가로 순위를 매기고 있다. 사실상 부패지수에서 가장 덜 부패한 국가순으로 상위 20% 중 반 이상이 역외 조세회피처다. 하지만 모든 증거를 살펴보면 부패 수익금의 대부분이 이런 국가로 흘러들어 가고 있음을 알 수 있다.

　위와 같은 문제는 분석의 연속성이 담보되지 않아 발생한다. 현재의 인식 아래에서는 한 국가의 비밀보장과 조세회피처적 정책이 다른 국가에 부정적인 영향을 미친다는 사실이 무시된다. 이를 고려하면 부패의 본질과 지형에 관한 이해의 폭이 넓어진다. 부패의 지형을 더 광범위하게 이해하려면 부패 문제에서 중심 역할을 하는 역외은행, 변호사, 회계사에 대한 이해가 필요하다.

탈세는 전통적으로 정의되는 형태의 부패와 동일한 효과를 가지고 있으며, 이 둘은 같은 정치적 · 사회적 역학 관계를 공유한다. 또 자신들을 지탱해 주는 사회에 대한 책임을 회피하는 엘리트와 관련되어 있다. 이 '엘리트들의 반란'은 두 가지 주요 구성요소를 갖는다. 첫째, 그들은 건강한 사회를 유지하는 데 필요한 비용을 부담하지 않는다. 둘째, 주로 로비를 통해 적극적으로 정부의 민주적 (혹은 다른) 과정에 참여한다. 탈세와 부패는 빈곤을 악화시키고 정치적 · 경제적 통치구조의 청렴도에 대한 믿음을 좀먹는다. 또한 특정 집단의 이기주의를 강화해서 공공의 이익을 희생한다. 이런 탈세와 부패의 핵심에는 바로 조세회피처가 있다.

왕복 여행

개발도상국을 빠져나간 자본이 모두 국외에 계속 머물지는 않는다. 그중 일부는 외국인직접투자의 형태로 위장해 되돌아온다. 이런 과정을 '왕복 여행'이라고 한다. 외국인 투자자에게 적용되는 많은 특혜 조치가 이 과정을 일으키는 유인을 제공한다. 예를 들어 중국의 경우 외국인 투자자는 일반적으로 낮은 세율, 유리한 토지 이용 권리, 편리한 행정 지원, 그리고 유리한 금융서비스의 혜택을 누린다.

이런 유인으로 인해 매년 자본도피의 형태로 중국에서 유출되는 1,000억 달러 중 1/4이 왕복 여행을 하는 외국인직접투자의 형태로 되돌아오는 것으로 추정된다(Dev and Cartright-Smith 2008). 영국령 버진아일랜드에서 신규 등록하는 회사 중 중국계 회사가 가장 많은 수를 차지하고 있으며(Sharman 2007), 홍콩과 영국령 버진아일랜드는 중국에서 가장 큰 외국인 투자자다. 브라질, 러시아, 인도에도 같은 현상이 벌어지고 있다. 확인되지 않은 보고에 따르면 1990년대 라틴아메리카 신흥시장 투자의 상당 부분이 '왕복 여행' 형태였다.

:: 발전 전략으로서의 조세회피처

몇몇 경우에는 조세회피처가 되는 것이 국가의 성공적인 발전 전략이 될 수 있다. 예를 들어 룩셈부르크는 현재 1인당 국민소득 기준으로 가장 부자 국가라고 할 수 있다. 아일랜드와 스위스가 그 뒤를 바짝 쫓고 있고 싱가포르는 순위가 급부상하고 있다. 저지, 버뮤다, 케이맨 제도 같은 더 작은 나라는 GDP를 측정하는 데 문제가 있어서 결과가 왜곡될 수는 있지만 잘사는 국가로 볼 수 있다.

그러나 어떤 조세회피처는 세계에서 가난한 국가에 속한다. 가장 성공하지 못한 조세회피처는 태평양의 섬들이다. 비교적 성공하지 못한 또 다른 지역은 식민지 관계를 단절하고 독립한 카리브 해의 섬들과 이행경제 국가들이다.

여기에서 "왜 조세회피처만 성공할 수 있었는가"라는 질문이 제기된다. 서스 등은 조세회피처의 경우 전체 경제에서 역외부문의 공헌 정도가 매우 작다는 것을 관찰했다(2002, 13). 하지만 우리는 조세회피처 전략이 매우 성공적이라고 판명된 세 가지 유형의 국가를 소개한다.

1. 유럽의 중급 역외 · 역내 지역: 룩셈부르크, 스위스, 아일랜드, 키프로스, 벨기에, 네덜란드
2. 식민지 통치를 받는 지역: 케이맨 제도, 버뮤다, 채널 제도, 지브롤터, 네덜란드령 안틸레스
3. 아시아의 중개 센터: 싱가포르, 홍콩, 아부다비, 파나마, 우루과이

왜 조세회피처는 성공하는가: 집적의 경제

경제지리학자들은 경제성장의 대들보로서 지역 경제의 중요성을 강조한다. 이탈리아 남동부 지역, 바덴뷔르템베르크, 실리콘밸리, 보스턴

의 128번가 시티 오브 런던과 같이 극소수의 성공한 경우를 대상으로
한 연구에서는 유사한 업종의 기업이 인접해 있기 때문에 긍정적인 집
적의 경제 효과가 발생한다는 것을 보여 준다.

아드리안 최글(1989)은 동일한 이론을 이용해 성공적인 조세회피처
는 집적 효과를 발생시키는 지역이라고 주장한다. 초기에 많은 조세회
피처의 역외부문은 각 국가가 무차별적으로 외국자본을 끌어오면서 퍼
져 나갔다. 조세회피처 활동에서 수익이 증가하면서 세금을 좀 더 줄여
줄 수 있거나 현대적인 사회기반시설을 제공할 수 있게 된 국가는 그들
영토에 중요한 산업을 유치하기 시작했다. 그러자 더 많은 은행과 금융
기관이 그 나라에 진입하면서 경쟁이 심화되고 결과적으로 효율성과 경
쟁력을 갖춘 중심지라는 명성을 높이게 되었다. 즉, 집적의 경제가 전문
가 지역을 발생시켜 조세회피처는 특정 시장에서 명성을 얻게 된 것이다.

이 이론은 몇몇 지역의 성공과 틈새시장 발전 경향을 설명할 수 있을
지도 모른다. 예를 들어 스위스, 특히 제네바는 프라이빗뱅킹 시장에서
세계적 리더로 발전해서 여전히 시장의 40%를 장악하고 있다. 룩셈부르
크 역시 마찬가지로 특정 분야에 집중해서 성공했지만 외국인 전문 인
력에 크게 의존한다는 차이가 있다. 이 이론은 특히 시티 오브 런던에
잘 적용된다. 다른 성공적인 예로는 재보험의 건지, 헤지펀드의 케이맨
제도, 증권화의 저지를 들 수 있다.

도일과 존슨(1999)은 이런 집적 효과에는 현지 인력도 포함된다고 주
장한다. 그들의 연구에 따르면 바하마와 케이맨 제도에서 초기에 외국
기관은 낮은 직급에만 현지 직원을 고용하고 전문적인 업무는 해외 인력
에 의존했다. 하지만 시간이 지나면서 현지 직원을 훈련시켜서 전문적
인 업무를 맡게 하는 것이 이득이라는 것을 깨달았다.

집적 이론은 그럴 듯하지만 체계적 비교 연구가 부족해서 우리는 사

282

실도 증명되지 않은 주장과 추측만 가지고 있다. 도일과 존슨은 역외부문에서 트리클 다운^{trickle-down} 효과★에 대한 통계를 제공하지 않는데, 그들의 주장을 의심할 만한 충분한 이유가 있다. 케이맨 제도 정부는 주민의 거의 50%가 주로 영국, 아일랜드, 캐나다, 호주, 남아프리카공화국, 뉴질랜드에서 온 해외 인력이라고 주장한다. 저지와 건지도 마찬가지다. 그런데 2004~2005년의 공개된 예산에서 케이맨 제도 정부가 모든 주민에게 적어도 최저 생활 수준의 소득을 보장한다는 목표를 세웠다는 것은 주목할 만하다. 왜냐하면 이런 목표를 세웠다는 것은 1인당 국민소득 기준으로 세계에서 가장 부유한 국가인 케이맨 제도에서 트리클 다운 효과가 작동하지 않는다는 것을 의미하기 때문이다.

유출 효과

가장 성공적인 조세회피처 중 몇몇은 역외부문이 발전한 시기에 인기 관광지가 되었다. 여기에는 어떤 연관성이 있을까? 팰런과 애벗(1996)에 따르면 관광, 건설, 역외부문 간에는 시너지 효과가 있다. 관광산업처럼 역외부문도 통신, 운송, 호텔산업, 요식업 같은 사회적 생산기반에 의존한다. 또한 이 두 분야는 작은 국가의 인지도를 높여 서로 도움이 된다. 이런 방식으로 역외부문의 발전은 다른 산업에 유출 효과를 발생시킨다. 이론은 그럴 듯하지만 이 주제에 대한 실증적 연구는 거의 없다. 저지와 같은 지역에서는 정반대의 효과를 보여 주는 증거가 있다. 즉, 금융 서비스 부문의 수요 때문에 많은 시설이 관광객이 이용하기에는 너무 비싸져서 관광산업이 피해를 보고 있다.

유출 효과 이론에서 좀 더 논쟁이 되는 부분은 세련되고 정교한 역외 은행부문이 투자와 성장을 가능하게 하는 매우 효율적인 국내 자본시장

★ 사회의 부유층이 부유해지면 그 부가 아래층인 서민에게 확산되는 효과 - 번역자

의 발전을 가져온다는 주장이다. 이런 유출 효과 역시 뒷받침할 만한 증거는 거의 없다. 사실 이스트 카리브 주식시장의 형성에 대한 데이비드 테일러(David Talyor, 2006)의 연구는 역외부문이 카리브 해 지역의 국내 금융부문을 현대화하는 데 아무 역할도 하지 않았음을 보여 준다.

선택 불능 이론: 배후지의 부족

또 다른 주장은 조세회피처 대부분이 세계에서 인구와 영토가 작은 국가에 포함된다는 현상을 기반으로 한다. 선택 불능 이론은 면적이 넓고 인구가 많은 국가는 경쟁할 때 사용할 수 있는 도구가 많지만 초소형 국가는 현실적으로 대규모 생산시설이나 고부가가치 분야에서 경쟁할 수 없다는 것을 전제로 한다. 관광객을 유혹하는 황홀한 모래사장의 해변과 아름다운 산 같은 지리적 이점을 제외하고 그들이 가진 단 하나의 경쟁력은, 크기가 작다는 것과 자신들의 법률을 제정할 수 있는 주권을 가지고 있다는 것이다.

많은 조세회피처가 중간 규모의 도시보다 인구가 많지 않은데, 이렇게 규모가 작기 때문에 비용이 많이 드는 군대를 보유할 수 없어서 사실 안보를 국제법과 규범에 의존한다. 또 대부분 충분한 도로망이나 대학, 큰 병원이 없기 때문에 상당히 낮은 수준의 사회기반시설 비용만 부담한다. 영국 정부의 보호 아래 있는 영국의 해외 영토는 1인당 명목소득이 영국보다 높더라도 기본적인 사회기반시설 비용에 대해 영국에서 보조금을 받는다.★ 그러므로 국가와 정부를 유지하는 데 드는 비용이 상대적으로 낮다.

★ 예를 들어 영국 하원 공공회계위원회(Committee of Public Accounts)의 외국과 속령실(Foreign and Commonwealth Office) 2007~2008년 회기의 17번째 보고서인 〈해외 영토에서 리스크 관리〉는 다음과 같이 지적한다. "영국은 영국령 버진아일랜드의 민간 항공 분야에 60만 파운드의 보조금을 지급했는데 그해 영국령 버진아일랜드의 1인당 국민소득은 영국보다 매우 많았다."
http://www.publications.parliament.uk/pa/cm200708/cmselect/cmpubacc/176/176.pdf

　발다키노(2006)는 잘 알려진 많은 조세회피처가 1960년과 1970년 사이에 독립했는데, 그들은 스스로 생존하는 것이 얼마나 어려운지 금방 깨달았다고 지적했다. 하지만 영국 국민은 그들의 이전 속국에 대한 지원을 달가워하지 않았다. 영국 정부는 영국 식민지를 위한 실행 가능한 해결책을 찾는 임무를 국제무역부에 맡겼다. 국제무역부는 다시 심도 있는 보고서를 의뢰했고, 그 결과 역외부문에 대해 계속적인 지원을 권고한 이른바 《에드워드 보고서》가 1998년에 출간되었다.

　《에드워드 보고서》는 이런 지역들이 직면한 주요한 문제로, 실질적인 배후 지역hinter land이 없어서 발전을 위한 대안이 부족하다는 점을 지적했다(Edwards 1998). 이 보고서는 역외부문은 중요한 국내 거래가 거의 존재하지 않는 주로 '가상' 부문이며 많은 인적 자원을 요구하지 않는다고 주장한다. 케이맨 제도를 세계 4~5위 규모의 금융센터로 만든 그 지역의 역외부문조차도 단지 5,000명의 인력만 고용하고 있다(NAO 2007). 2005년 33만 8,000명을 직접 고용하고 있는 런던과 비교해 보라(Corporation of London 2005). 또 다른 조세회피처는 더 적은 인력을 고용하고 있고 어떤 경우에는 일자리 자체가 역외로 가게 되는데, 다시 말해서 선진국에 있는 외국기업에 일자리가 하도급된다. 역외부문의 가장 큰 장점은 지역 경제에 의존하지 않는다는 것이다. 그것은 주로 지대 획득 활동을 하는 상업화된 통치권이다. 물론 이런 작은 국가는 배후 지역이 부족하기 때문에 조세회피처로서의 정책이 가져오는 치명적인 영향에서 피해를 덜 보게 된다. 복지 분야에 큰 지출을 할 필요도, 대규모 사회기반시설을 유지할 필요도 없다. 고드프레이 발다키노는 "좀 더 큰 국가 속에 고립된 지역으로서 세금을 적게 내거나 전혀 내지 않아도 되는 섬들에 있는 은행과 보험회사는 관련 비용을 부담하지 않으면서 자신들의 이익은 챙기려 한다"고 했다(2006, 52).

또한 부족한 배후 지역은 이 국가의 사회적·정치적 구조 형성에 영향을 미친다. 싱가포르, 홍콩, 룩셈부르크 또는 심지어 버뮤다, 말타와 같이 땅은 부족한데 인구가 많은 도시국가는 어쩔 수 없이 역외금융을 포함해서 중개무역으로 경제를 지탱한다. 배후 지역이 없기 때문에 저렴한 농산품의 수입을 제한해서 소비자가 높은 식료품 비용을 지불하게 하는 소작농이나 대지주도 존재하지 않는다(Baldacchino 2006). 그 결과 많은 국가는 수출입 사업에서 금융 서비스를 제공하는 사업으로 쉽게 이동한 국제 지향적인 상업 계층의 지배를 받게 된다(Marshall 1996). 또한 이 중 많은 지역은 규모가 작다는 이유로 몇몇 부유한 집안에 의해 지배되는 소수 독재정치 체제인데 경제적·법적 측면이 불투명하기 때문에 그런 체제가 큰 문제 없이 지속된다.

집적 이론: 비판

역외부문은 장기적으로 발전에 부정적인 영향을 미칠 수도 있다. 특히 가장 성공적인 금융센터에서 찾아볼 수 있는 문제는 역외부문이 농업이나 작은 규모의 제조업 같은 산업을 밀어내는 경향이 있다는 것이다. 동시에 집적 경제와 상업화된 주권은 가카즈가 설명한 투자 수당에 의존하는 경제, 즉 유동자본의 포획을 지향하는 경제를 만들어 낸다. 문제는 전체 경제(그리고 사회)가 이미 매우 유동적인 자본 중에서도 가장 유동적인 부분을 지향했을 때 취약해진다는 것이다. 역외부문은 역내부문의 권력과 훨씬 더 강력한 유대관계를 창조하고 조세회피처가 경기변동의 영향을 많이 받도록 한다.

이런 경향은 섬 경제에 큰 취약점이 된다. 그들은 유럽연합과 OECD가 그들의 역외부문에 압력을 가하고 있다는 것을 깨닫기 시작하면서 어쩌면 골드러시 혹은 신흥도시 증후군을 앓고 있는지도 모른다. 그들의 막대한 부는 한 부문에만 지나치게 의존하고 있어 그 부문이 어떤 이유(예를 들어 더 인기를 끄는 다른 센터의 존재 혹은 선진국의 압력 같은 이유)로 잘못된다면, 대안 부재로 큰 곤란을 겪게 될 것이다. 예를 들어 유럽연합 행동강령으로 인해 저지와 건지는 매우 어려운 딜레마에 직면했다. 그들은 비거주자 사업에 대해 세금을 올리거나 모든 사업에 대해 세금을 줄여야만 했다. 이 두 지역은 후자를 선택해 영토 내에서 거래하는 회사에 대해 표면적으로는 0%의 소득세를 부과하게 되었다. 그러나 이 섬들은 조세회피처로 알려졌지만 지역 기업에만 부과되는 20%의 법인세에 크게 의존해 왔기 때문에, 0%의 소득세율을 부과한 결과 상당한 재정적자가 발생할 위험에 빠지게 되었다. 결국 그들은 복잡하지만 전혀 소용이 없는 지역 기업들의 자발적인 기부 시스템을 통해 세금 손실을 만회하려 했다.

사실 많은 조세회피처가 런던과 뉴욕 같은 금융센터의 위성도시 역할을 하기 때문에 이 지역의 변화에 매우 취약하다. 영국과 미국의 법과 관행의 변화는 위성도시에 치명적인 영향을 빠르게 미칠 수 있다. 예를 들어 레빈, 콜맨, 오바마 상원의원(Levin 2007)이 2007년 2월 조세회피처에 대한 미국의 여론을 실질적으로 변화시키기 위해 상정한 Stop Tax Haven Abuse Act가 제정되자 그 영향을 그대로 받았다. 또한 2008년 5월 유럽연합은 유럽연합 저축세 지침을 개혁하기로 약속했는데, 이것 역시 몇몇 조세회피처에는 중대한 영향을 미칠 수 있다.

한편 집적 효과는 부동산 가격을 치솟게 하고 빈부 격차를 심화시킨다. 햄프턴과 크리스텐슨(1999)은 런던의 가장 부유한 자치구를 앞지를 정도로 치솟은 저지의 부동산 가격이 현지 주민에게 미친 끔찍한 영향을 지적한다. 이들은 높은 주택가격 때문에 제대로 된 집에서 살 수 없게 되고 결국 가난에서 벗어날 수 없다. 이와 유사하게 〈케이맨 뉴스〉의

2007년 사설에서는 "일반적으로 생활비가 런던보다 15~20% 높다"는 점을 지적했다. 또한 빈부 격차가 심화되는 현상도 지적하면서 다음과 같이 쓰고 있다. "이 현상은 전 세계에 걸쳐 나타나지만 케이맨 제도와 다른 조세회피처에서는 부동산 가격의 상승 효과를 상쇄할 수 있는 조세가 누진도의 여부를 떠나 존재하지 않기 때문에 문제가 더 악화되고 있다."

집적 효과는 잘해야 현지의 전문 서비스를 유치하고 발전시킬 수 있으며 역외부문에 전적으로 의존하지 않는 중간 규모의 경제와 국가에서 작동한다. 아주 작은 국가에서 집적은 양날의 칼이다. 많은 조세회피처에서는 빈부격차가 심화되면서 사회 갈등이 늘어나는 조짐을 보이고 있다. 이 문제는 저지, 케이맨 제도, 영국령 버진아일랜드, 터크스케이커스 제도에서 발견된다. 이에 대해서 논의되지 않고 있지만, 이는 조세회피처의 기반을 약화시킬 것이다(Murphy 2008a).

국가의 포획

햄프턴과 크리스텐슨은 많은 조세회피처의 규모가 작고 고립되어 있어서, 국제 은행과 대형 회계법인 같은 국제 금융자본이 '지역정부를 포획'하는 현상이 벌어진다고 주장한다(Hampton and Christensen 1999). 크리스텐슨은 저지 정부 고문으로 체류하는 동안 외국 은행가와 금융가가 금융법의 초안 작성에 참여하거나 때때로 직접 법률안을 작성한다는 점을 보고했다.★ 스위스 정치과학자도 이와 비슷하게 스위스 정치에서 비민주주의적인 세력으로서의 금융부문의 역할을 비난했다(Guex 1998). 이미 우리가 살펴본 것처럼 1960년대 버뮤다와 다른 카리브 해 지역의 역외센터 발전에 미국의 조직범죄가 관여했다는 점은 계속 지적

★ 이 내용은 크리스텔슨과의 사적 대화에서 발췌한 것이다.

된다(Naylor 1987).

이런 조세회피처는 자신들의 주권을 주장하지만 실제로는 그렇게 독립적이지 않다. 그들의 발전과 사회적 목표가 변덕스러운 외국자본에 달려 있기 때문이다. 일반적으로 조세회피처에서는 단지 금융 문제에만 투명성이 부족한 것이 아니다. 주민 대다수가 종종 보이지 않는 소수의 과두정부에 의해 통제된다.

> "큰 상어가 죽어서 썩으면,
> 주위의 물고기들이 이득을 본다."

거의 주목받지 못했지만 매우 중요한 것은 조세회피처가 금융 범죄에 깊숙이 연루되어 있어 그 영향이 인근 지역에 퍼질 위험성이 있다는 점이다. 메인고트는 그들 사회에 규칙 위반이 얼마나 광범위하고 깊게 퍼져 있는지 관찰했다. 그는 바하마를 "깊은 사회적 해악을 경험하는 사회"로 표현했다(Maingot 1998, 173). 케이맨 제도는 최근에 와서야 술, 마약, 아동 학대, 성폭력 같은 사회적 해악을 공개적으로 논의한다. 이런 해악은 풍요 속의 빈곤, 부패한 관행을 신경 쓰지 않는 정권의 무능함에서 비롯된다. 어떤 사람들은 이미 저지에서 수년 전에 발생했지만 2008년에서야 보고된 아동 성학대 스캔들이, 조세회피처 세계의 비밀스러움이라는 특성 때문에 발생 당시 보고되지 않았다고 주장한다. 이 주장은 증명할 수는 없지만, 어느 지역이든 조세회피처의 지위를 갖게 되면 유해한 영향을 받는다는 것은 명백하다.

:: 결론

조세회피처는 제3세계가 발전하는 데 심각할 정도로 유해한 영향을 끼쳐 왔다. 레이먼드 베이커와 동료들의 최근 연구에 따르면 개발도상국에서 불법적으로 유출되는 금융 자금이 매년 8,500억~1조 달러에 달하는데, 이 금액의 대부분이 조세회피처를 통해 유출되었다고 본다. 이는 현재 세계 원조액의 8~10배에 해당되는 금액으로, 1970년대와 1980년대에 인기가 있었던 저개발 이론이 추정한 금액보다 매우 큰 것이다.

제3세계 부채의 상당 부분(어떤 추정치에 따르면 1980년대 초 남미의 국가 대출의 절반 이상)은 스위스 은행과 다른 주요 역외금융센터에서 관리하고 있다. 이 사실은 대부분의 경우 IMF를 포함해 당시 대출기관에 알려졌지만 그들은 제3세계 국가가 부채 상환의 부담을 져야 한다고 주장했다. 그동안 제3세계 '핫 머니'를 주로 유치했던 대형 스위스 은행은 1957년 제3세계 국가에 대해 자신들의 자산 중 극히 일부만 투자한다는 전략적 결정을 내렸다.

아이러니하게도 조세회피처 전략은 세계에서 가장 작고 가난한 섬 경제 중 몇몇에 대해서는 성공적인 발전 정책이 되었다. 적어도 이론적으로 그들은 세계에서 가장 높은 1인당 국민소득을 기록하는 국가에 포함된다. 하지만 케이맨 제도, 버뮤다, 저지 같은 성공적인 조세회피처조차도 극도로 취약한 위치에 있다. 즉, 그들의 경제는 역외부문과 상대적으로 큰 외국인 사회에 지나치게 의존하고, 사회 내부적으로 보상이 불평등하게 배분되면서 사회적 갈등이 커지고 있다. 이렇듯 조세회피처가 국가 발전에 기여한 정도는 다양한 측면에서 살펴봐야 한다.

제 8 장

불만의 조짐

1980년대부터 큰 산업국가와 개별 조세회피처 사이에서,
허드슨이 국경의 작은 전투라고 이름 붙인
새로운 현상이 나타나기 시작했다.
처음에는 미국이 주도하고 그다음에 독일이 이어받은
이런 전투들은 몇 차례 성공하기도 했다.
그럼에도 1980년대와 1990년대는 조세회피처의 황금기였다.

조세회피처의 등장이 그동안 주목받지 않은 것은 아니었다. 조세 남용에 대항하기 위한 정책은 제1차 세계대전 이후 조세회피처의 등장과 함께 나타났다. 조세 남용, 자본유출, 돈세탁과의 전쟁은 다음과 같은 세 가지 전선에서 동시에 수행되었다. 국내 법정, 국내 입법, 국가 간 조약이 그것이다. 하지만 1990년 후반까지 "역외부문에 대한 정부의 관심은 주로 큰 국가의 조세 담당부서가 우려하는 면에 한정되었다"(Hampton and Christensen 2002, 1658). 그 기간은 도덕적 신념이 없는 정치의 시기, 간헐적인 행동만 있던 시기, 명확한 성공이 없던 시기였다. 그러나 되돌아보면 오늘날 정치 형태를 만든 가장 중요한 전쟁은 그 시기에 정의되었다.

:: 이전가격 조작에 대한 규제

역사적으로 첫 번째 국제적 관심사는 이중과세 문제와 이전가격 조작 관행에 관련된 조세회피처를 다루는 것이었다. 이전가격 조작은 정상적으로 이루어진다면 합법적인 것이다. 이는 동일한 통제하에 있는 두 법인이 국제무역을 하면 언제든 발생한다. 하지만 이전가격 조작을 통해 시장에서 결정되는 것과 다른 방식으로 이윤이 분배되도록 가격을 책정할 수 있다. 따라서 조세 납부액이 거래에 참여하는 법인의 소유자가 원하는 대로 국가 간에 재분배된다. 만약 이 행위가 이런 활동을 통제하기 위해 만들어진 규제를 위반한다면 탈세에 해당한다.

이런 형태의 탈세에 대한 국제적인 정책 합의는 국제연맹 초기까지 거슬러 올라가서(Godefroy and Lascoumes 2004), 1920년 브뤼셀에서 개최된 국제금융회의 기간 중에 이루어졌다. 이 회의에서는 국제연맹이 이중과세 문제를 다룰 것을 요청했는데, 이 주제는 라다엘리와 크래머(2005)가 보기에는 본국과 근무국 두 군데 모두에서 세금을 내게 될 수도 있는 대사들이 큰 관심을 가진 것이었다. 1922년 4월 제노바에서 개최된 회의에서는 국제연맹의 권한이 자본유출과 탈세 문제까지 확장되었다.

기술 전문가위원회가 연맹의 자문에 응하기 위해 구성되었고, 그 위원회의 권고안은 조세 당국 간에 효과적인 정보 교환 문제에 집중되었다. 그리고 수세기에 걸쳐 계속 반복된 게임이 그 뒤를 따랐는데 이를 통해 각 국가의 입장을 쉽게 추측할 수 있었다. 특히 프랑스는 탈세에 대한 강력한 조치를 밀어붙였다. 스위스는 이와 반대되는 의견을 주도했는데 곧 네덜란드와 독일, 국제상업대의원(International Chamber of Commerce; 국제 거래를 하는 기업들의 로비단체)이 이 진영에 합류했다. 전문가 회의의 제안은 '조세 문제에서의 행정적 지원'과 '조세 징수에서의 사법적 협조'에 관한 두 가지 초안으로 축소되었다(Rixen 2008).

1929년의 금융위기와 그 뒤를 이은 대공황은 선진국이 단독으로 법을 제정하도록 만들었는데 이는 매우 중요한 것으로 판명되었다. 1930년대 후반 영국 정부는 1929년 이집트 델타 판례를 이용하는 수법을 인식하게 되자 조세 회피 목적으로 거주자 지위를 조작하는 것을 규제하기 위한 새로운 법을 도입했다(1936년과 1938년의 The Finance Acts가 그

것이다). 한편 미국 의회는 1921년에 벌써 미국 기업이 조세 회피 목적으로 외국인 보조금을 이용하는 데 대해 우려를 나타냈다. 1920년대에 중요한 법률이 제정되지는 않았지만 미디어와 의회는 조세회피처에 자산을 이전한 개인에 관한 중요한 논란을 지켜보았다.

루스벨트 대통령은 뉴딜 정책의 일환으로 조세 사기에 대항하는 도덕적 운동을 시작했다. 1937년 금융장관인 헨리 모겐소가 제출한 보고서는 아마도 처음으로 미국인이 바하마, 파나마, 뉴펀들랜드(Newfoundland, 당시에는 미국인들을 위한 조세회피처로 기능함) 같은 조세회피처를 통해 조세 회피를 하고 있음을 보여 주었다. 미국 사업가 중에 잘 알려진 알프레드 슬론, 멜론, 듀폰이 여기에 연루되어 조사를 받았다. 모겐소의 보고서에서는 전문가가 담당한 역할을 특히 강조해서 다음과 같이 쓰고 있다. "우리 조사에서 드러난 사실 중 가장 비양심적인 것은 높은 지위에 있는 변호사가 고객에게 기만적인 조세 회피 방법을 알려 주고 또 그 자신도 그런 방법을 많이 사용한다는 점이다"(Morgenthau 1937, 10, 2006년 Morgenthau가 인용). 이에 대응해 미국은 미국 내 납세자가 미국 조세 당국에 소득을 숨기기 위해 이용하는 '해외개인지주회사'를 금지하는 법률을 제정했다(Picciotto 1992, 97~109). 그러다 전쟁이 일어났고 실제로 성사된 것은 거의 없었다.

1943년 멕시코시티에서 열린 국제회의는 다시 조세 회피를 주제로 삼았다. 1946년 런던의 또 다른 국제회의에서는 국가 간의 조세 문제를 다룰 위원회가 만들어졌다. 하지만 탈세에 대항하는 지금의 정책이 전개된 것은 OECD의 재정업무위원회가 국제연맹의 노력을 따르기로 한 1960년 이후의 일이다. 미국의 경쟁력 하락에 대한 반성과 우려 속에서 미국의 다국적 기업은 조세 회피 목적으로 미국 내 과세소득을 역외의 계열사로 이전하고 계열사 간의 판매가격을 조작한다고 비난받았다.

1962년 미국 의회는 재무부에 이전가격 조작에 대해 새로운 가이드라인을 발표하도록 명령했다. 1968년 내국세법^{Internal Revenue Code}에 대한 수정이 발표되었고, 1979년 OECD가 이것을 모델로 해서 그 뒤를 따랐다.

OECD 가이드라인과 오늘날의 이전가격 조작

OECD는 동일한 소유권 아래에 있는 법인 간에 이전되는 상품과 서비스의 가격을 책정할 때는 공정거래원칙을 사용해 달라고 요구했다. 논란이 되고 있는 이 원칙은 거래 참여자가 아무런 관련이 없다는 가정 하에 경쟁시장에서 협상을 통해 책정되는 가격을 적용해야 함을 의미한다. 이런 식의 가격 책정은 논리적인 것처럼 보이지만 그룹 내의 거래량이 엄청나므로 그룹 내에서 사용되는 이전가격이 국제 거래의 표준이 된다. 왜냐하면 적절한 가격을 책정하는 데 사용할 수 있는 시장에서의 비교 대상 재화의 수가 제한될 수밖에 없기 때문이다. 더군다나 어떤 재화가 오직 그룹 내에서만 거래된다면 적절한 가격을 결정하는 데 도움을 주는 비교 대상 시장 자체가 존재하지 않는다. 예를 들면 반제품의 형태로 거래되는 부품의 경우나 지적재산권 또는 경영 서비스가 거래되는 경우다.

유형의 상품이 거래되는 경우에는 앞에서 설명한 문제를 극복하기 위한 모형이 개발되었고 그 모형 내에서 어떤 관행이 수용 가능한지의 여부에 대해 오랫동안 검증되어 왔다. 그 결과 국가 간에 유행 상품의 효과적인 이전가격 제도에 관한 논란은 줄어든 것 같다.

지적재산권과 관련된 상황은 유형 상품의 상황과는 다르다. 지적재산권 같은 자산은 실제 활동이 거의 일어나지 않는 조세회피처나 저세율의 국가로 쉽게 이전될 수 있기 때문이다. 2007년 영국 국세청은 이런 이전에 대하여 문제를 제기했는데 이는 심각한 반발을 불러일으켰

296

다. 어떤 회사들은 본사를 조세회피처인 아일랜드로 이전하겠다고 협박했다. 이는 널리 퍼져 있는 관행을 더 이상 못 하게 하는 어떤 조치가 회사에는 비용을 초래하지만 조세 당국에는 효과적임을 보여 준다(box 5.2 참조). 모겐소가 이 이슈를 다룬 이후에도, 금액이 달라지고 이슈가 복잡해졌다는 것을 제외하고는 거의 달라진 것이 없다. 언스트앤드영은 2007년 《글로벌 이전가격 조작 보고서》에서 다국적기업의 40%가 그들이 직면한 가장 중요한 조세 관련 사항으로 이전가격 조작을 꼽았고, 상품 공급과 관련된 것보다 서비스 거래가 도전에 직면할 가능성이 더 크다고 한 점을 언급했다(Ernst & Young 2008). 이런 이슈 중에서 상당 부분이 조세회피처를 통한 공급과 관련이 있다.

조세회피처에 있는 다국적기업에게 이전가격 조작은 아마도 그들이 직면한 이슈 중에서 가장 큰 이슈이며, 평판의 측면에서도 그렇게 작은 이슈가 아니다. 베이커(2005)는 나름대로 조세회피처를 통한 이전가격 조작으로 발생하는 상당한 수준의 탈세 비율을 찾아냈다. 2008년 영국의서 자선단체인 크리스천 에이드(2008)는 이런 탈세로 인해 개발도상국 정부가 재정 수입을 확보할 수 없게 되고, 그 결과 1년에 35만 명의 아이들이 희생된다고 주장했다. 이 이슈에 대한 논쟁은 금방 끝나지 않을 것이다.

이 논쟁은 통합법인세하한기준을 창설해야 한다는 유럽연합 20개 회원국의 제안으로 탄력을 받고 있다. 이는 사실상 상당수의 유럽 국가 간에 단일 과세표준을 만들어야 한다는 제안으로, 여기에 참여하지 않은 국가는 영국, 아일랜드, 몰타, 키프로스, 에스토니아, 라트비아다(이들 국가가 조세회피처라는 사실을 주목하라). 제안된 단일 과세표준은 관련된 유럽연합 국가 내에 등록된 대형 다국적기업들이 제3자 고객, 직원, 유형자산의 위치에 상당한 비중을 부여하는 공식에 기초해 그들이 활동

중인 조세 관할 지역에 이윤을 배분할 것을 요구할 것이다. 이런 식으로
과세하면 조세회피처는 수입 감소를 피할 수 없으므로 그룹의 내부거래
에 사용되는 무형자산의 위치를 바꿈으로써 발생하는 조세 수입에 의존
하는 국가는 도전에 직면하게 된다. 만약 통합법인세하한기준이 채택된
다면 과세표준에 대해 서로 경쟁하지 않고 그것을 방어하기 위해 협조
할 것에 동의하는 다국적 블록을 형성해 조세 경쟁을 근본적으로 변화
시킬 것이다. 그리고 공개적으로 세율을 통한 경쟁만 할 수 있게 된다.
이런 접근 방식하에서 조세회피처에 대한 위협은 심각해지므로 유럽에
서 가장 중요한 법인세 천국들이 이 제안에 반대하는 것은 당연하다.

피지배 외국회사(서브파트-F 법)

두 번째 관련된 대책은 '피지배 외국회사'법이다. 미국 정부는 기업이
조세회피처에 있는 해외 자회사를 통해 활동해 과세표준이 침식되는 것
에 불만을 가지고 있었다. 케네디 정부의 목표는, 대통령의 말을 빌리자
면 "선진국과 조세회피처 사이의 조세 이연 혜택을 제거하는 것"이었다
(Kennedy, 2001).

1961년 의회에 제출된 초안은 산업계의 로비와 공화당의 반대라는
저항에 직면했다. 이 초안에 비판적인 사람들은 만약 미국 기업이 이윤
을 조세회피처로 옮기지 못해서 글로벌 조세 부담을 줄일 수 없다면 외
국 기업에 비해 열위에 놓일 것이라고 주장했다. 결국 타협이 이루어져
본국에서 과세할 수 있는 이른바 피지배 외국회사의 '조세회피처 소득'
이라는 것이 탄생했다. 1962년에 제정된 법률은 외국 자회사에서 발생
한 모든 소득을 과세 표준에 포함하지는 않았고, 미국인이 최소한 50%
이상의 지분을 가지고 있는 외국 자회사가 벌어들이는 수동적 소득만
대상으로 삼았다. 토머스 릭슨(2008)에 따르면 법률은 조세 이연 혜택을

계속 누릴 수 있는 '좋은' 능동적인 사업소득(능동적인 사업 기능을 외국으로 이전하는 것에 대해 실질적인 경제적 논리가 존재한다는 가정 아래에서)과 단지 조세 회피 목적으로 이전한 '나쁜' 수동적 소득으로 구분하는 해답을 제공했다. 그리고 동일한 해결책이 계속 사용되고 있다. 2007년 영국은 이 구분을 정확히 이용해 자신의 영역 내에 등록되어 있는 회사의 해외소득을 과세하기 위해 법률 제정을 시도했다(HMRC 2007).

피지배 외국회사법은 미국에서 여러 번 개정되고 많은 논란이 있었지만 다른 많은 국가에서 채택했다. 1987년 OECD는 모든 회원국이 단독으로 탈세 방지 대책을 도입해야 하고 다자간 협조를 강화해 그 대책을 지원해야 한다고 제안했으며(Eden and Kudrle 2005), 많은 국가가 그 제안을 따랐다. 영국 내에 본부가 있는 다국적기업의 수동적 소득에 대한 과세를 늘리기 위해 영국도 관련 규정을 개정하고 강화했다(HMRC 2007). 많은 회사가 피지배 외국회사법에 대응해 기업 도치 테크닉을 사용했다(제2장 참조). 잉거솔랜드Ingersoll-Rand, 스탠리워크Stanley Works, 프룻오브더룸Fruit of the Loom, 타이코Tyco, 쿠퍼인더스트리Cooper Industries를 포함해 많은 미국 기업이 이 테크닉을 사용했다(Desai et al. 2002). 의회는 2003년 이런 기업의 기업 도치 전략에 대항해 일자리와 성장세금 구제화해 법률Jobs and Growth Tax Relief Reconciliation Act of 2003의 한 부분으로 새로운 탈세방지법을 제정했다. 이 법안에 따르면 도치 기업 소득 대부분은 국내 과세표준에 포함된다. 이 이슈는 아직 완전히 해결되지 않았다. 피지배 외국회사법은 오랜 기간 유지되지 않을 수 있는데 만약 그렇다면 신중한 대안이 필요할 것이다.

조약 쇼핑

1980년대 초가 되어서야 각국 정부는 그들의 이중과세 조약이 점점 더 제3국 국민의 조세 쇼핑 대상이 되고 있다는 것을 깨닫기 시작했다. 국제적인 거래를 계획하는 사람은 단지 그들의 경제 활동에 대한 이상적인 위치뿐만 아니라 수익에 대한 과세가 최소화되는 거래 경로도 찾았다. 중국에 투자하기를 원하는 미국 기업은 영국령 버진아일랜드 같은 곳에 세워진 자회사가 투자하는 방식을 택해 투자를 우회시켰다(이것에 관해서는 Vleck 2008 참조). 이 기술로 인해 광범위한 이중과세 조약의 네트워크를 가지고 배당, 로열티, 기타 투자 수익에 대해 우호적인 조세 제도를 운영하는 스위스나 네덜란드 같은 나라의 중요성이 증가했다. 우호적인 조세 규정 중 한 예는 이른바 '참여 면제'인데, 이 규정에 따르면 다른 국가에서 이미 과세된 소득은 그들의 영토를 통과해 우회할 때 거의 과세되지 않으며 원천징수세도 부과되지 않는다. 이 현상에 대항하기 위해 가장 처음 노력한 국가는 미국이다. 많은 조세회피처는 이중과세 조약 자체를 체결하지 않았는데, 정보 교환을 금지하는 비밀유지 조항 때문이었다. 하지만 그들은 식민지에서 벗어난 지 얼마 지나지 않아서 체결한 조약 또는 여러 다른 지역에 있는 법인의 조합을 통해 동일한 효과를 거둘 수 있었다. 예를 들어 네덜란드와 영국이 미국과 맺은 조약은 이들 국가의 예전 해외 영토가 조약에서 제외되는 것을 특별히 규정하지 않는 한, 예전 영토에도 그대로 적용되었다(예를 들어 케이맨 제도가 1960년대 말에 했던 것과 같은 방식이다).

카터 행정부는 미국 다국적기업의 탈세와 횡령을 조사하는 책임자로 최고위 조세 관료인 리처드 고든을 임명했다. 1981년 출간된 《고든 보고서》는 처음으로 조세회피처를 심도 있게 조사한 보고서였다. 특히 이 보고서에서는 조약을 통한 탈세를 막기 위해서 조약의 일방적 종결을 제안했다. 체이스맨해튼은행Chase Manhattan Bank을 비롯한 반대론자들은 이 보고서가 채택되는 것을 막는 데 성공했다. 같은 해 미국은 역외금융시장(유로시장)에 대한 반대를 철회하고 자신들의 역외시장을 설립했다. 그런데도 미국은 실질적인 정보 교환에 대한 조약을 체결하려 했는데 그중 1983년 카리브 해 계획이 가장 의미가 있다. 또한 이 보고서는 미국과 네덜란드, 네덜란드령 안틸레스 간의 조세조약을 미국이 재협상할 것을 권고했다.

유럽에서의 신탁에 대한 공격

1980년대에 큰 우려를 낳은 또 다른 이슈는 역외 신탁의 이용이었다. 특히 영국은 조세를 피하기 위해 영국에 거주하고 있지만 주소지가 없는 사람이 역외 신탁을 이용한다는 것을 알게 되었다. 사실 영국 내에서 세금을 내야 할 사람이 특히 자본세를 회피하기 위해 역외 신탁을 이용했다. 짧은 기간에 영국은 과세를 위해 거주지 규정과 주소지 규정을 모두 바꾸겠다고 위협했지만 그 변화에 대한 반대가 강력해서 1989년 영국 내에 항시 거주하는 사람이 누릴 수 있는 신탁의 혜택 범위가 축소되는 것으로 바뀌었다. 이 조치를 다른 나라도 채택했다. 이런 이슈가 조세회피처 자체 때문에 제기된 것이 아니라 영국의 조세법이 가진 문제점 때문에 제기된 것으로 비친다는 것은 주목할 만하다. 그리고 이슈가 구조적인 것이라는 점에 대한 공감대는 아직 형성되지 않았다.

:: 조세 행정 태도의 변화

조세회피처의 발전에 대한 또 다른 대응은 국내 법정과 국내법을 통해 일어났다. 조세회피처 때문에 조세당국은 두 가지 유형의 문제에 직면하게 되었다. 하나는 조세 회피에 관한 것이고 다른 하나는 탈세에 관한 것이었다. 조세 회피 면에서 조세회피처는 종종 세금 납부를 미루거나 원천징수세를 회피하는 데, 또는 다른 규제 회피와 함께 자본 수익률을 높이는 데 사용된다(Belotsky 1987). 이미 영국 내의 조세 회피를 용이하게 하는 데 채널 제도가 어떤 역할을 하는지에 대한 논의가 있었다(Likhovsky 2007). 세수 손실을 막기 위해 1960년대에 시작된 많은 작업은 이런 조세 회피 행동을 찾아내 제거하는 데 초점을 맞추었다. 이와 달리 탈세는 주로 조세회피처가 제공하는 엄격한 비밀 보장 조항에 따라 이루어지며 노골적이고 의도적으로 세금을 내지 않는 것이다.

이 두 가지 유형의 문제에 대해 《고든 보고서》는 다음과 같이 설명한다. "의회는 결코 조세회피처를 이용한 미국 납세자의 탈세 행위를 완전히 없애려 하지 않았다. 대신 가끔 그들이 저지르는 탈법 사례를 찾아내 그것을 없애기 위한 법률을 제정했다"(*Gordon Report* 1981, 42). 이런 미국식 접근은 부분적으로 언론의 관심에 떠밀려서 나온 단편적인 것이었다. 벨롯스키는 일방적으로 취할 수 있는 대책 중에서 가장 성공적인 것은 다른 나라들과 소득세 조약을 체결하는 것이라고 믿었다. 이는 "조세회피처 문제와 관련해서 매우 중요한 것이다"(Belotsky 1987, 61). 이 언급은 특히 미국적 맥락에서 유효하다는 점을 주목해야 한다. 미국은 단순히 경제력을 발판으로 조세회피처에 대해 그 어떤 나라보다도 많은 소득세 조약을 맺고 있는데, 어떤 조약은 독특한 조항을 포함한다. 예를 들어 미국과 케이맨 제도 간의 조약에 따르면 세금 사기나 허위 세금 보고서가 관련된 경우 케이맨 제도는 은행 기록을 넘겨주어야 한다. 하지만 이 조약은 단순한 탈세에는 효력을 발휘하지 못한다. 왜냐하면 케이맨 제도에는 조세법이 없기 때문이다. 어떤 이슈에 대해 미국 내부에서 관심을 보이지 않으면 정보 교환은 거의 이루어지지 않는다. 소득세가 없는 케이맨 제도는 기업이나 개인의 소득에 대한 기록을 보관할 필요가 없어서 그런 기록은 교환될 수 없다. 조세회피처의 법인세율이 0%

수준에 근접하면서 이런 관행은 점점 더 흔한 것이 되고 있다. 예를 들어 저지는 모든 회사는 대한 법인세율을 0%로 정하면서 모든 회사가 세금 신고를 해야 한다는 의무조항을 폐기해 버렸다. 동시에 저지는 조세정보교환협정에 참여하면서 다른 나라에서 필요할 것 같은 정보를 더 이상 보관하지 않고 있다. 이게 의도적인 정책의 결과인지 아니면 우연의 일치인지는 명확하지 않지만 어떤 것이든 조세회피처를 이용하는 사람에게는 유리한 일이다(Belotsky 1987).

국경의 작은 전투

1970년대와 1980년대에 새롭게 전개된 사건 중에서 가장 흥미로운 것은 허드슨(1998)이 '국경의 작은 전투'라고 부른 것으로, 이는 국가 간에 어디까지가 법적 주권하에 있는지에 대한 분쟁을 의미한다. 미국은 주권에 대한 확장된 해석을 채택해 카리브 해의 역외금융센터와 스위스가 은행 비밀보장법을 완화하도록 압력을 가하는 선두적인 역할을 맡았다.

1965년 미국 국세청의 정보부서는 바하마에서 미국 범죄자의 불법적인 활동에 대한 정보를 모으기 위해 무역풍 작전을 수행했다. 이 작전에서 가장 중요한 성공은 바하마와 케이맨 제도에 지점을 가지고 있는 소형 은행인 캐슬은행Castle Bank에 침투한 것이었다. 캐슬은행은 마이어 랜스키와 연계된 돈세탁 망에 연루되어 있었다. 케이맨 제도의 캐슬은행 현지 관리자인 토니 필드는 1976년 1월 12일 마이애미 공항에서 케이맨 제도행 비행기를 탑승하기 위해 기다리는 중에 소환되었다. 그는 케이맨 제도의 법률을 근거로 대법정에서의 증언을 거부했다. 결국 케이맨 제도 당국이 한발 물러서면서 그가 증언하는 것을 허용했다. 이런 미국의 행동은 비밀 천국이라는 케이맨 제도의 명성에 타격을 주었다. 이에 대응해 케이맨 제도는 은행의 비밀보장 약속을 강화하기 위해 1976 년 기밀관계(보호)법Confidential Relationship(Preservation) Law을 통과시켰다.

다음으로 중요한 전투는 미국 대 노바스코티아은행(Bank of Nova Scotia, 1982) 간의 것인데, 이는 1987년 영화 〈월스트리트〉를 통해 영원히 남아 있다. 마이애미에 있는 이 캐나다 은행의 지점은 바하마 지점이 보관 중이던 미국 납세자의 은행 거래 기록을 대배심에 제출할 것을 요구받았다. 미국 당국은 이 서류를 받기 위해 노바스코티아은행의 마이애미 지점을 소환했는데, 이 역외 지점이 바하마의 비밀보장법을 이유로 서류 제출을 거부하자 법정모독죄로 하루에 5만 달러의 벌금형에 처했고, 이 벌금이 나중에는 10만 달러로 인상되었다. "사실상 마이애미 지점은 몸값을 받기 위해 인질로 잡힌 것이었다"(Hudson 1998, 550). 18개월 동안 180만 달러의 벌금이 쌓이자 그 은행은 뒤로 물러섰다. 이 사건을 비롯한 유사한 사건을 통해 미국은 국제법이 허용하는 정도 이상으로 작은 카리브 해 지역 조세회피처에 압력을 가할 용의가 있다는 것을 보여 주었다.

이 경향은 계속되었다. 2008년 5월 마르틴 리히티라는 UBS의 프라이빗뱅킹 부서의 고위 임원이 마이애미 공항에서 체포되었다. 그와 리히텐슈타인의 신탁회사 임원인 마리오 슈타글, 그리고 몇몇 사람이 미국의 억만장자인 이고르 올레니코프의 탈세를 도운 혐의로 기소되었다. 고발장에 따르면 약 2억 달러(1억 2,900만 유로)가 조세 당국을 피해서 "스위스와 리히텐슈타인의 비밀계좌에 숨겨져 있었다." 검사는 지브롤터에 있는 슈타글의 변호사 올레니코프가 길이 약 45m짜리 요트의 소유권에 관한 상세한 내용을 숨기는 데 도움을 주었으며, 기소된 사람들은 스위스 은행이 미국 국세청에 미국 고객의 자본이득을 신고할 때 사용하는 특별 양식을 위조했다고 주장했다. 이와 같은 사건으로 UBS는 딜레마에 빠졌다. 은행에 대한 신뢰를 지키려면 자기 직원을 보호할 필요가 있었다. 또한 비밀도 보장해 주면서 미국 내의 영업 허가권도 유지해야 했다. 하지만 은행의 비밀보장에 대항하는 움직임 때문에 글로벌 은행의 직원이 희생양이 되는 단계로 접어든 것처럼 보인다.

법률에 의한 돈세탁 금지

돈세탁은 탈세보다 대중의 분노를 더 일으키는 것으로 보인다. 그래서 '표면적으로는 반역외금융센터 운동의 가장 강력한 주제'로 여겨진다(Van Fossen 2003, 251). 전통적인 범죄자만큼이나 은행가, 변호사, 회계사, 그리고 전문적인 고문(고객을 위해 역외구조를 만든 사람)도 '범죄에서 이윤을 얻기 위해' 뛰고 있다.

미국은 다시 한 번 앞서 나갔다. 1980년대 초·중반 미국 상원의 조사영구소위원회는 북 마리아나의 역외은행이 범죄용으로 이용되었음을 폭로했다(U.S. Senate 1983). 소위원회의 조사가 언론의 큰 주목을 받지는 못했지만 1986년 돈세탁 통제법^{Money Laundering Control Act of 1986}의 통과를 촉발했다. 이 법안(세계 최초로 돈세탁을 법률로 금지한 법안)의 뒤를 이어 더 확장되고 훨씬 더 포괄적인 2000년 국제 반돈세탁법^{International Counter-Money Laundering Act of 2000}이 제정되었다.

이런 새로운 움직임은 큰 반대에 부딪혔는데, 민주당은 마약과 (러시아의) 조직범죄의 새로운 냉전이라는 면에서 문제를 들여다봐야 한다고 공화당에 호소했다. 전 CIA 국장인 제임스 울시는 의회 청문회에서 러시아의 자본도피와 돈세탁이 미국의 기관들을 부패시키고 러시아를 불안정하게 만들며 러시아 내에서 반미감정을 고조시킬 잠재력을 갖고 있다고 증언했다. 러시아의 돈세탁에 대한 청문회는 "어떻게 새로운 러시아의 위협이 KGB나 USSR 없이도 생겨날 수 있는지 보여 주었다"(Van

Fossen 2003, 249). 돈세탁에 대항하는 노력은 이후 미국에서 테러 자금과의 투쟁과 연결되었다.

영국 재무부 대 영국 국세청

영국은 우리가 언급했던 것처럼 조세회피처 발전에 중요한 역할을 했다. 몇몇 성공적인 조세회피처는 영국의 속국이었고, "새로운 정부가 들어설 때마다 그들은 해외 영토와 속국이 조세회피처로 자리 잡기를 권장했다"(Hampton and Christensen 1998, 1659). 재무부와 외교부는 영국의 속국이 조세회피처로 발전하기를 원했지만 국세청은 다른 입장이었다. 1981년 국세청은 《자문 보고서》를 발간했는데, 이는 조세회피처와 관련된 공식 정책 제안서였다. 이 보고서가 발간되자 여론이 분열되었다. 그리고 많은 변화가 제안되었는데, 여기에는 영국 내에서의 거주지 개념과 조세회피처의 신탁을 이용할 권리에 대한 제안도 포함되었다. 전자는 이루어지지 않았고 후자는 이루어졌다. 통제센터가 있는 곳―보통 이사회가 열리는 곳―이 그 회사가 있는 곳이라고 보는 이집트 델타 판례에서 만들어진 규정에도 중요한 변화가 있었다. 영국 내에서 창업한 회사는 세금을 계산할 때 영국에 거주하는 것으로 법이 개정되었다. 영국 국세청 매뉴얼은 다음과 같이 쓰고 있다.

일반적인 세법하에서 무엇이 한 회사의 거주지를 결정하는지에 대한 명시적인 정의는 결코 없었다. 오래전부터 한 회사의 거주지는 그 회사의 중심적인 관리와 통제를 하는 곳이라고 인식되어 왔다. 1988년 이래로 영국에서 창업한 회사는 몇몇 경우를 제외하고는 조세법하에서 영국에 거주하는 것으로 간주하는데도 여전히 그 방식으로 인식되고 있다. 1988년부터 적용된 규정이 중심적인 관리와 통제에 따른 거주지 결정보다 우선시되고 있지만 여전히 이전 방식의 거주지 결정은 남아 있다(HMRC 2008).

어떤 경우에 1988년 규정이 적용되지 않는지 주목하는 것은 중요하다. 만약 영국 회사가 영국과 이중과세 조약을 맺고 있는 국가의 완전한 과세 대상이 된다고 국세청을 설득할 수 있으면 영국의 거주자가 되지 않는다는 것이다. 어떤 조세회피처는 영국과 그런 조세 협약을 맺고 있기 때문에 적어도 이론적으로는 여전히 애매모호한 부분이 남아 있다.

독일의 반응

미국 다음으로 전통적으로 조세회피처에 강하게 대항한 국가는 독일이다. 1980년대 독일은 자국의 자본이 이웃 국가인 스위스나 룩셈부르크로 광범위하게 유출되는 것을 막기 위해 일련의 법률을 도입했다. 독일 정부는 양면 정책을 추진했다. 먼저 탈세를 가능하게 하는 허점을 제거하고 동시에 특정 조세회피처로 다국적기업의 자금이 빠져나가는 것을 막기 위해 추가 규제를 도입했다. 미국에서는 과세되지 않는 부동산 투자 신탁과 규제 투자 회사가 독일에서는 문제로 간주되었다. 또한 독일은 더블린 금융서비스센터와 아일랜드의 여러 다른 조세 인센티브로 인해 발생하는 탈세 기회를 방지하기 위해 아일랜드와의 이중과세 조약을 재협상했다. 1994년 독일은 국가 간의 경쟁을 근거로 법인세 인하를 결정했다. 이 과정은 계속되고 있으나 독일 조세 제도의 복잡성은 여전히 독일에서 발생하는 탈세의 원인으로 언급되고 있다. 2008년 리히텐슈타인 사건이 독일과 독일 조세제도를 훼손하는 데 사용되는 서비스를 제공하는 인근 국가에서 주요 정치적 이슈가 되면서 이 문제의 중요성이 부각되었다. 2008년 5월 스위스 프라이빗뱅크인 베겔린Wegelin & Co.의 파트너인 콘라드 훔블러는 《슈피겔》지에서 다음과 같이 말했다. "독일의 탈세는 부분적으로 재앙에 가까운 사회복지국가의 재정 정책 지배를 벗어나려는 독일 시민의 합법적인 방어였다. 시스템 외부에 존재하는 스위스 스타일의 저축은 부유층뿐만 아니라 생산적인 중소기업도 할 수 있는 권리가 있다. 이 사람들은 보호되어야 한다"(Balzli and Hornig 2008에서 인용). 어떤 사람들은 전선이 형성되었다고 말할지도 모른다.

프랑스의 정책

프랑스는 이미 1933년에 조세 회피를 방지하기 위한 법률을 채택했다(Godefroy and Lascoumes 2004). 그러나 돈세탁과 조세회피처에 대항하는 심각한 정치적 움직임은 1990년대 말이 되어서야 일어났다. 1981년 사회주의 정부가 출현하자 프랑스에서 심각한 자본유출이 일어났으며 파리에서 룩셈부르크로 현금 보따리를 등에 지고 운반하는 사람의 이야기가 생겨났다. 그 당시 프랑스 의회보고서는 룩셈부르크, 스위스, 그리고 채널 제도에 있는 유령회사가 자본을 도피시키는 데 주요한 통로가 되고 있음을 보여 준다.

1996년 유럽 판사 7명은 조세회피처에 대한 관대함을 비판하기 위해 지금에 와서 유명해진 '제네바 상소appel de Genève'를 했다. 이 상소의 뒤를 이어 2명의 의회 의원이 리히텐슈타인, 모나코, 스위스, 룩셈부르크와 영국에 대한 의회 조사를 시작했다(Peillon and Montebourg 2000, 2001). 1998년 프랑스는 조세회피처에 대항하는 OECD 캠페인의 주요 지지자 중 하나가 되었다. 프랑스 금융장관이면서 IMF 총재였던 도미니크 스트로스 칸은 조세회피처에 대한 국제적인 제재를 공공연히 요구할 정도로 강경한 입장을 취했다(Lesparadis fiscaux, 1999).

:: 결론

조세 회피와 탈세는 1920년대 대부분의 산업국가에서 국내 정치의 중
요한 이슈로 떠올랐다. 1930년대까지 탈세와 조세 회피를 연구하는 전
문 분야가 등장했다(Likhovsky 2007, 207). 그러나 탈세와 조세 회피는
주로 국내적인 관점에서 논의되었다. 드물게 법률적 사례, 그리고 더 드
물게 일반인에게 엄청난 논란이 된 경우를 제외하고 조세회피처는 1980
년대 이전까지는 크게 주목받지 못했다. 그때까지만 하더라도 조세회피
처에 대한 비판은 주로 한 국가 단위 혹은 지역 단위로 이루어졌다.

1980년대부터 큰 산업국가와 개별 조세회피처 사이에서, 허드슨이
국경의 작은 전투라고 이름 붙인 새로운 현상이 나타나기 시작했다. 처
음에는 미국이 주도하고 그다음에 독일이 이어받은 이런 전투들은 몇
차례 성공하기도 했다. 그럼에도 1980년대와 1990년대는 조세회피처의
황금기였다.

제 9 장

조세회피처에 대한 제도적 대응

유럽연합이 조세회피처와의 국제적인 전투에서
가장 핵심적인 선수로 부상했다.
유럽연합의 사업과세 행동강령이 유럽의 조세회피처와
유럽 국가의 속국 중의 조세회피처에
중대한 영향을 미치기 시작했음을 보여 주는
증거가 점차 늘어나고 있다.

1990년대 후반까지 미국, 프랑스, 독일 정부는 국제기구를 통해 역외금융센터에 대해 훨씬 더 적극적으로 공격을 가했다. 우리가 살펴본 것처럼 미국은 앞장서서 20세기 동안 조세회피처들, 특히 카리브 해 지역에 있는 조세회피처에 대항하는 일방적인 조치를 내놓았다. 클린턴 정부는 같은 방법과 전략을 다자간으로 확장하려 했다.

1998년에서 2000년까지 조세회피처가 미치는 유해한 효과와 싸우기 위한 국제적인 노력이 새로운 국면에 접어들기 시작했다. 각 국제기구들이 세 가지 형태의 상호조정된 대응책을 만들었다. OECD는 G7의 요구로 유해한 조세 경쟁에 대항하는 캠페인을 전개했고, 금융안정포럼은 금융 안전성을, 그리고 국제자금세탁방지기구는 돈세탁을 목적으로 했다. 특히 클린턴 정부는 돈세탁과 탈세가 명확하게 연결되어 있다는 것을 발견하고 국제자금세탁방지기구의 캠페인과 OECD 캠페인을 연계했다.

반돈세탁 전략에 대한 미국 재무부와 법무부의 첫 번째 중요한 합동 보고서가 2000년에 공개되었다. 이 보고서는 돈세탁, 조세 회피, 글로벌 금융구조의 약화가 명백히 서로 연결되어 있으며, 이 문제가 역외센터와 관련되어 해결되어야 한다는 것을 보여 준다. 국제자금세탁방지기구 사무국이 파리 OECD 본부에 있기 때문에 이미 이 두 기구는 밀접히 연결되어 있으며, 2000년 발표된 OECD 보고서는 은행의 비밀보장, 돈세탁, 탈세가 서로 연결되어 있음을 보여 주었다.

이런 관행을 해소하기 위해 OECD는 국제 문제에서는 잘 사용되지 않는 기법을 선택했는데, 바로 이웃 국가에 해를 끼치는 국가와 지역을 블랙리스트에 올리는 것이었다. '이름을 공개하고 창피를 주는' 정치를 통해 조세회피처에 정치적 압력을 행사한 것이다.

2000년 4월 OECD의 재정문제위원회가 '유해한 조세 경쟁'에 대한 보고서를 통해 조세회피처에 대한 공격을 이어받았다. 이 보고서는 해외 자본을 유치할 목적으로 사용되는 관행을 규탄했다. 1999년 말 47개의 조세회피처가 유해한 조세 경쟁을 하는 것으로 확인되었지만 2000년 6월 OECD가 공개한 리스트에는 단지 35개 지역만 포함되었다. 다음 6개 지역은 즉각적인 개혁을 약속한 후 발표 전 리스트에서 제외되었다. 버뮤다, 케이맨 제도, 키프로스, 몰타, 모리셔스, 산마리노가 그곳이다(그 외 6개 지역이 제외된 이유는 알려지지 않았다).

1990년대의 위기 이후 새로운 금융구조를 구축하는 데 도움을 주기 위해 설립된 금융안정포럼은 비협조적인 지역에 대한 리스트를 만들었다. 2000년 금융안정포럼의 리스트에는 42개국이 포함되었는데 이들 국가는 추정 리스크의 정도에 따라 세 그룹으로 나누어졌다.

같은 해에 국제자금세탁방지기구가 세 번째 리스트를 공개했다. 이 기구는 마약 거래에 대항하는 국제적인 싸움에서 금융 분야를 담당하는 기구로서 1989년에 설립되었다. 국제자금세탁방지기구는 1999년 말 29개 지역을 찾아냈고, 2000년 6월 '비협력 국가 및 지역' 15개를 리스트에 올렸다.

:: 국제자금세탁방지기구: 이름을 공개해 창피를 주는 정치

돈세탁의 불법화는 1980년대 초에 시작되었고, 곧 다자간 노력이 뒤따랐다. 1988년 유엔은 이른바 비엔나 협정으로 알려진 마약과 향정신성 물질의 불법 거래를 방지하는 협정을 채택했다. 이는 마약 관련 돈세탁을 범법 행위로 규정할 것을 요구하는 첫 번째 국제 합의였다. 그리고 1년 뒤 국제자금세탁방지기구가 창설되었다.

국제자금세탁방지기구는 G7 국가의 후원으로 설립된 전문가 집단인데, 돈세탁과의 전쟁에서 법적·규제적 대책에 대한 권고안을 마련하는 임무를 맡았다. 이 기구는 신중히 숙고해 돈세탁과 맞서 싸울 때 현재의 협조 체제가 가진 어려움을 두 가지 유형, 즉 협조에 대한 직접적인 법적·실질적 장애물과 간접적인 장애물로 구분했다(FATF 2000b, 2). 국제자금세탁방지기구는 간접적인 장애물 중 "감독권과 조사권을 제약하도록 디자인된 장애물"에 대해 경보를 울렸다(2000b, 2). 이런 장애물을 만들기 위해 비상한 노력을 한 대부분의 국가는 물론 조세회피처다. 국제자금세탁방지기구는 특히 금융 규제의 허점, 과도한 비밀 조항, 의심스러운 거래에 대한 효율적이거나 의무적인 보고 체계의 부족, 조세회피처의 중추적인 전략이라고 할 수 있는 유령회사와 대리인에 대해 우려를 표명했다. 이 기구는 범죄 수익을 세탁하는 데 광범위하게 사용되는 메커니즘인 이런 전술을 핵심적인 이슈로 간주했다(2000b, 5).

국제자금세탁방지기구는 1990년대 동안에는 큰 진전을 이루어 내지 못했다. 2000년대에 들어서자 이 기구는 미국의 유도 아래 관련 당사자가 동의하는 솔선수범의 접근 방식을 탈피해서 이름을 공개해 창피를 주는 방식을 채택했다(Wechsler 2001). 샤먼은 이것을 "바람직한 것을 리스트에 올려 능력을 기르게 하는 것에서 블랙리스트에 올리는 것으로의 변화"라고 일컬었다. 1999년 국제자금세탁방지기구는 최소한의 기준을 충족하지 못해 비난받는 지역인 자금세탁방지비협조국가의 리스트를 만들기 시작했다. 2000년 6월 첫 자금세탁방지비협조국가 리스트가 발표되었는데, 계속해서 돈세탁 문제를 처리하는 데 '심각한 구조적 문제'가 있다고 알려진 국가가 더해졌다. 리스트에 오른 지역 중 적절한 조치를 취하지 않은 지역에 대해서는 제재가 가해졌다. 구체적으로 명시된 법률과 규제를 도입해 시행한다는 것을 보여 주는 지역만 그 리스트에서 제외될 수 있었다.

40개 권고안과 조세회피처의 반응

국제자금세탁방지기구가 추진해 온 과정의 중심에는 1990년에 작성되고 그 이후 여러 차례 수정된 40개 권고안의 리스트가 있었다. 권고안은 매우 상세하고 포괄적이며 명확하다. 또 돈세탁과의 싸움에서 국가 입법기관의 역할을 강조했는데, 여기에는 조세회피처의 입법기관 역할도 포함된다. 국제자금세탁방지기구는 적절한 주의를 다해 계획을 수립하고 수행해야 한다는 명확한 원칙을 마련하고 조세회피처에 있는 비금융기관으로 인한 문제점을 찾아내어 해결할 수 있는 대책을 제안했다. 특히 국제자금세탁방지기구는 무기명 증권과 역외 신탁의 사용에 따른 문제점을 찾아냈다. 1937년에 모겐소가 언급한 것처럼 국제자금세탁방지기구는 "조직범죄집단과 그 외 범죄자들이 변호사, 공증인, 회계사 같은 전문가를 이용하는 데" 대해 우려를 나타냈고 "많은 국가에서 이런 전문가가 돈세탁을 하는 데 유용한 서비스를 공급하는 전문화된 법인을 만들어 관리하고 있다"는 점을 덧붙였다(2006, 1~2). 국제자금세탁방지기구가 조세회피처에만 특별히 초점을 맞춘 것은 아니지만 조세회피처에 대한 삼각 공격에서 가장 성공한 이유는 바로 돈세탁이라는 한 가지 문제에 공격의 초점을 맞추었기 때문이다.

문제는 국제자금세탁방지기구에 대한 조세회피처의 반응이 단순히 의례적인 것이 되었다는 점이다. 유사한 캠페인에 대해 그들이 보여 주었던 전형적인 단계별 반응을 그대로 밟아 나갔던 것이다. 초기 반응은 부정적이고 비판적이었으며, 국제자금세탁방지기구는 '제도적인 제국주의'로 비판받았다. 케이맨 제도의 금융장관이자 카리브 해 지역 국제자금세탁방지기구의 전 총재였던 조지 매카시는 케이맨 제도가 비협력국으로 분류되어야만 한다는 점에 무척 놀랐다고 말했다. 그는 케이맨 제도가 오랫동안 국제기구와 협력하는 정책을 채택해 왔다고 주장했다. 예를 들어 1996년 40개 권고안에 응하여 범죄행위수익금법Proceeds of Criminal Conduct Act을 도입하고 이 법과 관련된 반돈세탁 규제를 수립했으며, 케이맨 제도 통화 당국을 설립했다고 주장한 것이다. 그러나 국제자금세탁방지기구는 설득당하지 않았고 변함없이 케이맨 제도를 리스트에 올렸다.

그 이후 한두 지역을 제외하고 대부분의 조세회피처가 국제자금세탁방지기구에 협력할 준비가 되어 있다고 선언했다. 스위스, 케이맨 제도, 저지 같은 상황 판단이 빠른 조세회피처는 국제자금세탁방지기구 권고안을 법률화해 가능한 한 빨리 통과시켰다. 스위스는 1988년부터 내부 거래, 1990년부터 돈세탁, 1997년부터 주식시장 조작, 2000년부터 외국 관리에 대한 뇌물 공여에 대해 처벌했다(Chaikin 2005, 100). 국제자금세탁방지기구의 압력으로 스위스는 돈세탁법을 2003년 개정해 현재 스위스 은행은 외국으로 돈을 이체할 때 고객의 이름을 확인할 것을 요구한다(2005, 102). 이와 비슷하게 케이맨 제도는 2001년의 증권투자 사업법Securities Investment Business Law을 포함해 새로운 법률과 규제를 도입했고, 이에 따라 투자 관리자와 투자 자문가에 대해 허가 제도를 도입했다. 2001년 케이맨 제도는 국제자금세탁방지기구 리스트에서 간신히 제외되었다. 또한 태평양의 섬들 중에서 쿡 제도, 나우루, 마셜 제도 등이 블랙리스트에서 빠져나오기 위해 신속하게 행동을 취했다(Van Fossen 2003, 256).

하지만 현실은 그렇게 긍정적이지만은 않다는 것이 우리 의견이다. 규정은 집행되지 않았거나 집행될 수 없는 것이었다. 햄프턴과 크리스텐슨은 "급하게 법률을 만드는 것은 겉치레에 불과하다"고 넌지시 말했다(2002, 1662). 그들이 정곡을 찌른 셈인 영국 해외 영토에 대한 2007년 국가 회계감사보고서 역시 그런 시각을 가지고 있었다(NAO 2007). 이 보고서는 겉으로는 법률을 제정하고 규제를 시행하기 위해 많이 노력한 것처럼 보이지만 "모든 영토가 가장 심각하게 받아들인 도전은 돈세탁과 테러리스트의 자금 공급을 막기 위한 국제적 압력에 적절히 대응하는 것이었다"고 결론을 내리고 있다(NAO 2007, 5). 의심스러운 활동에 대한 보고는 여전히 '의심스러울 정도로 낮은' 수준이었다(NAO 2007, 23). 이 보고서의 자료를 이용해 작성된 〈표 9.1〉에 이 사실이 잘 나와 있다.

표 9.1 의심스러운 금융 활동에 대한 감시와 조사의 수준

지역	2005년 의심스러운 것으로 보고된 활동의 수	직원 추정치	금융 활동에 대해 정보를 수집하고 조사할 능력이 있는 직원의 수	성공적인 기소 (prosecution)의 수
버뮤다	313(2006)	4,000	11	0
케이맨 제도	244	5,400	21	2
영국령 버진아일랜드	101	1,600	5.5	0
지브롤터	108	1,500	8	0(1 계류 중)
터크스케이커스 제도	17	700	5	0(3 계류 중)
앵귈라	2	150	1	0
몬트세랫	1	150	1	0
저지	1,162	11,800	22(2003)	
맨 섬	1,652	7,010	22	

자료: NAO 2007, 23

이 보고서는 표면적으로 성공한 것처럼 보이게 하는 수치, 즉 의심스러운 돈세탁 사건이라고 저지가 보고한 1,162건, 그리고 맨 섬이 보고한 1,652건이 잘못된 것이라고 주장했다. 이 보고서는 "매우 많다고 보고하는 것은 자신을 보호하기 위해 사소한 것을 보고하는 것일 수 있다"고 덧붙였다(NAO 2007, 23). 이 사실은 2006년 저지 경찰 보고서 〈부록 3〉을 통해 확인할 수 있는데(Jersey Police Report 2006), 이 부록에는 2006년 그 지역에서 범죄적인 돈세탁이 1건도 보고되지 않았으며 따라서 어떠한 사건도 조사받지 않았다고 적혀 있다. 세계에서 네다섯 번째로 큰 금융센터인 케이맨 제도는 1997년 이래로 돈세탁과 관련해서 단지 다섯 번 성공적으로 기소했고, 스위스의 경우 "제네바 검사들은 아직 러시아와 관련된 돈세탁을 포함하는 다양한 사건에서 성공적인 기소를 하지 못했다"(Hampton and Christensen 2002, 1662). 현실은 그렇게 고무적이지 않았다.

국제자금세탁방지기구가 추진한 정책은 또 다른 두 가지 측면에서 어려움을 겪었다. 먼저, 안토니 반 포센은 태평양의 역외센터가 자신들이 영향력 있는 엘리트가 부족해서 상대적으로 더 많이 비난받는다는 인식을 갖고 있다고 보고했다.

프랑스의 강력한 로비 덕분에 모나코가 국제자금세탁방지기구 블랙리스트에서 제외되었다고 알려져 있다. 영국은 버뮤다, 영국령 버진아일랜드, 지브롤터, 건지, 맨 섬, 저지가 리스트에서 빠져야 한다고 주장했지만 케이맨 제도는 양보할 수밖에 없었다(케이맨 제도는 2000년 6월 리스트에 포함되었지만 2001년 6월 리스트에서 제외되었다). 캐나다는 자신이 IMF에서 대표하고 있는 카리브 해 연안 국가들 안티과, 버뮤다, 벨리즈, 세인트루시아가 리스트에서 제외되도록 개입해 성공했다. 비역외금융센터 중 주요 돈세탁 거점의 하나로 종종 고려되는 국제자금세탁방지기구 회원국 중 하나인 멕시코는 파나마에 대해 선처를 호소했고 파나마는 2001년 6월 리스트에서 빠졌다(Van Fossen 2003, 247).

그는 국제자금세탁방지기구의 추진 과정에서 가장 이례적인 점을 덧붙였는데 그것은 많은 사람들이 돈세탁의 가장 중요한 경로가 세계에서 가장 큰 금융센터인 런던과 뉴욕이라는 견해를 가지고 있다는 점이다.

정치적 편파주의에 대한 주장이 전혀 허무맹랑한 것으로 보이지는 않는데, 미국 국제마약및법집행사무국의 매우 자세한 보고서 내용을 보면 특히 그렇다. 이 보고서는 "주요 우려 국가"로 고려되는 57개 국가 및 지역의 리스트를 포함한다(2008, 70). 여기에는 미국, 영국, 독일, 일본, 중국 등 대부분의 주요국이 포함되어 있다. 조세회피처는 주요 우려 대상국 중에서 소수자 위치에 있지만 그중에서도 몇몇은 정치공작으로 인해 국제자금세탁방지기구 리스트에서 빠졌다. 사무국이 주요 우려 대상 국가로 고려하고 있는 조세회피처는 앤티가바부다, 바하마, 벨리즈, 케이맨 제도, 코스타리카, 키프로스, 건지, 홍콩, 맨 섬, 저지, 라트비아, 리히텐슈타인, 룩셈부르크, 파나마, 싱가포르, 스위스다. 그런데 이 리스트가 국제자금세탁방지기구의 리스트와 일치하지는 않는다. 아마도 국제자금세탁방지기구는 힘없고 작은 지역에만 집중한 것으로 보인다.

블랙리스트를 통한 정치는 캠페인에 상당한 악영향을 끼쳤다. 대부분의 전문가는 전 세계적으로 돈세탁이 줄어들지 않았으며 돈세탁이라는 범죄를 조장하는 데 조세회피처의 역할 역시 줄어들지 않았다는 점에 동의한다.

테러리스트 자금 공급에 대한 9개 권고안

국제자금세탁방지기구는 오사마 빈 라덴이라는 뜻밖의 협력자를 얻었다. 2001년 테러리스트의 공격에 대응해 미국은 특히 조세회피처를 통해 이루어진다고 의심되던 '테러리스트의 자금 공급'을 차단하려 했다. R. T. 네일러(2002)는 미국이 조세회피처를 통한 테러리스트 자금 공급을 걱정할 충분한 이유가 있다고 말했다. 결국 CIA는 오랜 기간에 걸쳐 조세회피처를 이용해 비밀작전을 수행했다. 1990년의 국제자금세탁방지기구 40개 권고안을 차용한 9개 테러리스트 자금 공급에 대한 특별 권고안이 2001년에 발표될 때 국제자금세탁방지기구는 이 과정에 편승했다.

국제자금세탁방지기구는 돈세탁, 테러리스트 자금 공급, 조세 범죄를 동일한 것으로 분류했다(Masciandaro 2004). 현실에서는 부시 행정부가 바르게 지적한 것처럼, 반돈세탁 대책이 9·11 테러 공격을 막을 수 없었는데, 그 이유는 9·11 테러 공격에 사용된 자금이 원래 불법적인 자금이 아니어서 돈세탁이 필요 없었기 때문이다(Rawlings 2005, 296). 지금까지 미국에서 기소된 테러리스트 자금 공급 건은 국내의 은행과 관련되어 있었다(INCSR 2008, 52~58). 하지만 해외관계협의회의 보고서는 "수년간 알카에다는 특히 은행 감독이 제한적이고 반돈세탁법이 없으며 무능한 법집행기관과 질문 없이 비밀을 지켜 주는 문화를 가진 곳으로 모여들었다"고 지적했다(2002,9). 또 이런 특징을 가진 지역 중에서 두바이, 쿠웨이트, 바레인, 레바논 같은 중동의 지역은행센터와 파키스탄, 카리브 해의 역외센터, 리히텐슈타인과 미국을 지목했다(2002, 9).

이런 모순된 메시지와 마찬가지로 미국 애국법U.S. Patriot Act에는 조세회피처가 전혀 언급되지 않았고 대신 국제자금세탁방지기구의 40개 권고안에 포함된 내용이 다시 한 번 강조되었다. 또한 이는 돈세탁의 주요 우려 지역과의 거래를 금지한 재무부 장관의 힘을 확인시켜 주었는데, 주요 우려 지역 대부분은 우리가 살펴본 것처럼 전통적인 조세회피처로 인정되어 온 지역이 아니었다.

"고객을 알아야 한다는 개념"의 도입

돈세탁과 탈세 문제를 해결하기 위해 가장 기본적으로 요구되는 것은 금융 거래에서 "고객을 알아야 한다는 것"이다. 2006년 국제자금세탁방지기구가 언급한 것처럼 "돈세탁을 목적으로 기업이 잘못 사용되는 것을 방지하려면 최종적으로 수익을 챙기는 기업의 소유주가 누구인지 알거나 혹은 적절한 방식으로 그 소유주를 결정할 수 있는 위치에 있어야 하며, 신탁의 경우에는 수탁자, 설정자, 수익자를 알아야 한다"는 것은 명백해 보인다(FATF 2006, 21). 이 보고서는 "이론적으로는 최종 수익자의 정보가 존재한다면 기업에 대한 필요한 정보를 누가 가지고 있는가는 큰 문제가 되지 않는다"라고 덧붙였다(2006, 21).

:: 금융안정포럼

금융안정포럼[FSF]은 1997~1998년 아시아 금융위기 이후 '새로운 국제 금융구조'의 설립을 돕기 위해 창설되었다. 금융안정포럼의 업무는 조세회피처와 직접적으로 관련되어 있지는 않았고 유해한 조세 경쟁을 대상으로 하는 OECD의 계획과도 거리가 있었다(Sharman 2006). 그러나 우리가 살펴본 바와 같이 금융안정포럼은 역외금융센터들에 대한 임시 워킹 그룹이었기 때문에 결국은 조세회피처에 집중하게 되었다.

금융안정포럼은 전 세계적인 기준과 비회원 국가들의 관할권을 정하는 부유한 대국들의 선별된 그룹이다. 이 기구는 투명성과 좋은 통치구조라는 폭넓은 원칙에 대한 지지 이외에도 다음과 같은 세 그룹으로 국가와 지역을 구분해서 발표하는 정책, 즉 "이름을 공개해 창피를 주는 정책"을 채택했다. (1) 질적으로 수준 높은 감독을 하면서 협조적인 지역, (2) 감독 절차가 있고 협조적이지만 실제 시행 수준이 국제 기준에 못 미치는 지역, (3) 질적으로 수준 낮은 감독을 하면서 비협조적인 지역(금융안정포럼 2000, 46). 금융안정포럼은 2000년 5월 세 번째 그룹에 해당하는 나라의 리스트를 발표했다. 앵귈라, 앤티가바부다, 아루바, 바하마, 벨리즈, 영국령 버진아일랜드, 케이맨 제도, 쿡 제도, 코스타리카, 키프로스, 레바논, 리히텐슈타인, 마셜 제도, 나우루, 네덜란드령 안틸레스, 파나마, 사모아, 세이셸 공화국, 세인트키츠네비스, 세인트루시아, 세인트빈센트그레나딘, 터크스케이커스 제도, 바누아투. 그런데 금융안정포럼은 이 지역이 리스트에서 제외되려면 어떻게 해야 하는지를 제시하지 않았다. "그 기구는 어느 정도 IMF에 책임을 전가시켰다"(Tranoy 2002, 14).

이런 역외센터들은 금융안정포럼이 "대도시 역내금융센터를 규제하는 사람들의 입증되지 않은 견해를 수렴했다"고 비난했다(Van Fossen 2003, 255). 한 가지 심각한 문제는 자료 수집 시 금융안정포럼이 사용한 방법론이다. 그들은 정보와 감독의 질에 대해 판단할 때 거의 전적으로 해당 국가의 감독관에 의존했다. 고양이에게 생선을 맡긴 꼴이다.

금융안정포럼은 아직 국제자금세탁방지기구나 OECD가 보여 준 성과를 이루지 못했다. 그리고 조세회피처에 대해서는 IMF가 역외금융센터의 평가 결과를 조정하는 책임을 져야 한다고 권고했다.

:: 유해한 조세 경쟁에 대항하는 캠페인

조세회피처와의 전투에서 가장 중요한 사건은 OECD가 1998년 《유해한 조세 경쟁: 떠오르는 글로벌 이슈》라는 기념비적인 보고서를 출간한 것이다(OECD 1998). OECD와 국제자금세탁방지기구 보고서가 거의 같은 시기에 발간되었고 그 이후 곧 금융안정포럼 보고서가 나왔다. 이렇게 연이어 보고서가 발간되면서 사람들은 탈세에 대항하는 캠페인이 세계적으로 합심해 이루어지고 있다는 인상을 받게 되었다. 이 세 권의 보고서는 미디어와 학계에 큰 관심을 불러일으켰다. 그 당시 유럽연합 의회가 기업 과세에 대한 행동강령도 발표했지만 이 보고서의 그늘에 가려 큰 이목을 끌지 못했다. 어쨌든 이 보고서와 유럽연합 의회의 발표는 조세회피처가 누리던 삶이 새로운 단계로 진입하기 시작했음을 보여 주었다.

1998년 OECD 보고서는 유럽연합 행동강령을 광범위하게 언급한다. 하지만 OECD 보고서와 유럽연합 행동강령은 어느 정도 다르고 — 그 차이는 나중에 설명하겠지만 — 유럽연합이 조세회피처와의 전투에서 핵심적인 기구로 떠오른 반면, OECD는 열외로 취급받고 있는 이유를 어느 정도 설명해 준다.

OECD 보고서의 시작은 주요 선진국에서 좌파정부가 정권을 잡은 1990년대 초로 거슬러 올라간다. 이 정부들은 공공의료와 공공교육, 부의 재분배, 빈민층의 생활 수준 향상에 전념했다. 하지만 이 과정에서 그들은 낮은 수준의 인플레이션, 재정적자 축소, 감세라는 이른바 신자유주의적 목표를 희생할 준비가 되어 있지 않았다. 조세 규정을 제대로 집행해 탈세나 조세 회피를 제거하는 것이 분명히 서로 모순적인 좌파정부의 목표와 신자유주의 목표를 조화롭게 추구할 수 있는 논리적인 해결책으로 보였다.

우리가 제8장에서 살펴본 바와 같이 클린턴 정부는 돈세탁, 범죄, 탈세가 명확하게 연결되어 있음을 확인하고 이 세 가지 문제를 해결하기 위해 다각적으로 노력했다(Kudrle 2003). 1990년대 초까지 이 목표를 달성하기 위해서는 진지하고 일치된 국제적인 노력이 요구된다는 것이 명확해졌다(Kudrle and Eden 2003; Eden and Kudrle 2005). 1996년 리옹 정상회담에서 G7 국가의 재무장관은 OECD에 "투자와 금융 결정에 미치는 유해한 조세경쟁의 왜곡 효과에 대응하는 대책을 마련하고 그것을 1998년에 제출할 것"(OECD 1998, 3)을 요구했는데, 이것이 전환점이 되었다(Radaelli 2003; Sharman 2006).

논의를 진행하기 전에 그동안 종종 간과되어 온 다른 중요한 이슈를 살펴볼 필요가 있다.

OECD 캠페인과 신자유주의의 종말

OECD는 두 가지로 구분되는 이론적 틀을 통해 보고서를 구성했다. 첫째, OECD는 보고서의 시의성과 논거를 국제 환경의 변화, 특히 세계화와 연결하려 했다. 이 보고서에서는 세계화가 긍정적인 발전으로 폭넓게 간주되지만 어떤 보완책 없이 세계화만 진행되면 특히 과세와 재정 정책 분야에서 부정적인 효과를 가져올 수 있다고 경고했다. 둘째, 국제적인 조세 경쟁의 원칙이 수용되어야 할 뿐 아니라 그것이 확산되어야 한다고 주장했다.

세계화에 대한 언급은 중요하다. 이 보고서에서는 다음과 같이 명확히 제시한다. "OECD는 국가 간 교역과 투자의 점진적인 자유화는 경제 성장과 생활 수준 향상을 가져오는 가장 강력한 요인이라고 믿는다"(1998, 9). 그러나 "세계화는 또한 기업과 개인이 조세를 최소화하거나 피할 수 있는 새로운 방법을 만들 수 있게 하고 많은 국가가 금융과 이동 가능한 자본을 유치하기 위한 조세 정책을 개발하게 된다는 부정적 효과 역시 가지고 있다"고 경고한다(1998, 14). 경제 자유화로 인해 "금융과 이동 가능한 활동을 유치하기 위한 유해한 조세 경쟁이 심화되고 그 결과 국가의 과세 기반이 잠식되었는데," 이는 경쟁이 양날의 칼이 될 수 있음을 보여 준다(OECD 1998, 7).

OECD는 자유화와 세계화를 지지하는 대책으로서 유해한 조세 경쟁에 대한 제안을 명확히 제시하려 했다. OECD는 "개방적인 다자간 무역 시스템을 보호하고 촉진하기 위해" 국제 시스템의 보완이 필요하다고 역설했다(1998, 9). 또한 이 보고서는 국제적인 조세 경쟁의 원칙에 관련해서 신자유주의적 기조를 분명히 보여 주었다. 그런데 비평가들은 이 보고서와 이 보고서로 인해 시작된 캠페인을 다자간 체제에 근본적인 변화의 신호로 받아들였다. 세계화의 이득을 유지한다는 명목으로 다자간의 노력은 규제 완화, 민영화, 낮은 인플레이션, 낮은 세율이라는 좁은 범위의 신자유주의적 관심사에서 시장의 재규제와 '굿 거버넌스'로 옮겨갔으며 현재는 기후 변화와 규제받지 않는 자본주의에 관심을 집중하고 있다(Chavagneux 2009).

이런 정책적 변화는 유럽과 미국의 좌파 정부에서 전형적으로 나타났다. 미국에서 공화당 소속의 대통령이 취임하자 OECD 캠페인을 폐기한 것은 결코 놀라운 일이 아니다. 이후 이 캠페인은 흔들리기 시작했고 결국 OECD에 대한 자기반성과 비판에 이르렀다(Sharman 2006). 하지만 OECD 캠페인은 별도의 사안이 아니었다. 부시 행정부에서 미국은 다자주의를 버리고 적어도 조세회피처에 대해서는 공격적인 일방주의라는 전통적 정책으로 전환했다. 폭을 좁혀서 돈세탁, 탈세, 조세 회피, 범죄 측면에서 살펴보면 비틀거리는 OECD 캠페인은 잘 조직된 조세회피처와 그들의 지지자들이 자행한 정치적 쿠데타로 해석될 수 있다. 그러나 부시 행정부와 유럽의 포스트 신자유주의 간의 전투라는 좀 더 넓은 시각에서 보면 유해한 조세 경쟁에 대항하는 캠페인이 비틀거리고 있다는 것이 전혀 명확하지 않다. 반대로 유럽연합이 임무를 이어받아 조세회피처에 대한 국제 정책을 이끌고 있다.

OECD와 유해한 조세 경쟁

OECD의 1998년 보고서는 조세회피처가 주도한 유해한 조세 경쟁 때문에 발생한 효과를 강하고 명확한 어조로 남다르게 표현했기 때문에 출간 당시에는 국제자금세탁방지기구 및 금융안정포럼의 보고서와는 다르게 보였다. 이 보고서는 유해한 조세 경쟁이 다음과 같은 효과를 가져온다고 주장한다.

1. 금융과 다른 서비스의 위치 결정에 영향을 미친다.
2. 다른 국가의 과세 기반을 잠식한다.
3. 무역과 투자 패턴을 왜곡한다.
4. 글로벌 복지 수준을 하락시킨다.
5. 조세 시스템의 공정성을 훼손하고 청렴성에 대한 납세자의 신뢰를 떨어뜨린다.

이 보고서는 두 종류의 우려를 제기했다. 하나는 거시경제적 성격을 가진 것이고 다른 하나는 민주주의, 정의와 관련되어 있다. OECD 보고서가 제기한 거시경제적 우려는 조세회피처가 시장을 왜곡시키는 효과와 관계가 있다. 이 우려에는 어떤 종류의 시장 왜곡도 최선의 결과를 달성하는 시장 능력을 훼손하고 글로벌 복지 수준을 하락시킨다는 가정이 전제되어 있다. 또 다른 우려는 조세 시스템에 대한 자신감 결여로 발생하는 불평등, 불공정과 관련된다.

이 보고서는 두 가지 이슈를 구분하고 있지는 않지만 OECD는 분명히 두 번째 이슈보다 첫 번째 이슈를 훨씬 더 우려한다. 두 번째 이슈는 자주 언급되지 않으며 언급되더라도 부차적인 것으로 취급된다. 그리고 OECD의 제안은 시장 왜곡이 해결되면 불평등 문제도 해결될 것이라는 믿음 아래 주로 거시경제적 이슈에 초점을 맞춘다. OECD가 조세회피처를 반대하는 가장 중요한 근거는 "다국적기업의 위치가 세금 요인이 아닌 경제적 고려에 따라 결정되어야 하지만"(1998, 9), 조세회피처의 유해한 조세 경쟁 때문에 시장 왜곡과 그에 따른 위치 결정 왜곡이 발생한다는 것이다. 이것이 시사하는 점은 낮은 수준의 과세는 자유주의와 같은 것이 아니라 국가가 주도하는 시장 왜곡 관행과 같다는 것이다.

OECD가 제안한 해결책은 "공평한 경쟁의 장"을 준비하는 것이었다. 그런데 공평한 경쟁의 장이라는 개념이 애매모호했다. 이것은 윤리적인 것으로 들리지만 OECD는 정치적 개입이 없는 시장이라는 거시경제적 용어로 사용했다. 외국인직접투자나 기업의 이전은 경제적 목표에 따라 결정되어야 한다. 여기서 우리는 OECD를 비난하는 사람들과 같은 의견을 가지고 있다. OECD는 어쩌면 시장 왜곡 이론과 재정 경쟁 이론을 실제 정책으로 전환하는 데 결코 성공하지 못한 유럽연합의 오랜 경험에서 교훈을 얻었어야 한다(Radalli 2003). 유럽연합은 1996년 사건에 결정적으로 관련된 이후에야 정책의 가속도가 붙기 시작했다(Radalli 2003; Sharman 2006).

블랙리스트의 정치

OECD와 유럽연합은 우리가 1장에서 논의한 바로 그 다루기 힘든 정의와 관련된 문제에 직면했다. 그들은 국가를 조세회피처와 유해한 조세특례제도를 시행하는 국가라는 두 종류로 구분해서 문제를 해결했다(OECD 1998, 8). OECD는 조세회피처를 '완벽한' 조세회피처라는 용어를 통해 정의했지만 조세특례제도는 훨씬 복잡하다. 조세특례제도 국가는 자국 투자가에게는 적용되지 않고 외국 투자자에게만 적용되는 다양한 특례 조항을 제공한다(OECD 1998, 57~79). 토머스 릭슨(2008)은 이런 구분이 유해한 관행에 대한 반대의 정도 차이에서 비롯되는 것으로 본다. 금융이나 산업 활동의 지배층에게 조세특례제도가 아무리 돈이 되더라도 조세회피처는 역외부문에서 대부분의 수입을 올린다. OECD는 처음부터 조세회피처가 훨씬 더 어려운 문제일 것으로 예상했고 그에 따라 정책을 발전시켰다.

조세 경쟁에서 유해한 것과 유해하지 않은 것을 구분하는 객관적인 기준은 없다. 우리가 앞에서 살펴본 것처럼 독일은 전통적인 조세회피처보다 미국의 투자기관, 벨기에의 협력센터, 그리고 이른바 아일랜드의 유령회사를 더 우려했다. 그리고 부자 국가의 단체인 OECD는 회원국에 유리한 것이라고 비난받는 방법으로 좋은 조세 경쟁과 나쁜 조세 경쟁을 구분했다. 광범위한 투자 인센티브와 우대 조건이 조세 경쟁으로 간주될 수 있다고 인식했지만 그것을 유해한 조세 경쟁의 관행에서 제외했다(1998, 15). 또한 OECD는 서로 다른 조세 제도 때문에 발생하는 의도되지 않는 허점, 즉 '불일치'의 문제를 인지했지만 이를 유해한 조세 경쟁을 의미하는 '가로채기'와 구분하려 했다(1998, 16).

OECD는 스위스와 룩셈부르크가 조세회피처라는 것은 인정했지만 그들의 정책을 바꿀 의향이 없거나 능력이 없는 것으로 보인다. OECD의 중간 보고서는 각국의 관행에 대한 유용한 설명을 포함하고 있었다. 그 관행은 '잠재적인 유해 특성을 제거하도록 개정', '유해하지 않은', '유해한'이라는 세 가지 항목 중 하나에 표시하도록 되어 있었다. 스위스와 룩셈부르크의 경우에는 아무런 설명도 없이 어떤 관행에 대해서는 아무런 표시가 되지 않았다. 이들 국가가 법률을 개정했을 때만 표시되었다. 어떤 관행을 전혀 건드리지 않았기 때문에 2004년 중간보고서는 매우 좋은 뉴스라는 인상을 줄 수 있었다.

조세회피처는 다른 국가에 비해 취약한 입장에 있는데 특히 그들이 사용하는 테크닉이 잘 드러나기 때문이다. 최소한의 과세, 용도 제한조치, 면제회사, 은행 비밀보장법, 투명성 부족, 효과적인 정보 교환 부족 등을 조세회피처가 이용한다는 점에 대해서는 별다른 논란이 없다. 사실 어떤 조세회피처는 거리낌 없이 그들 스스로를 '조세를 최소화하는 지역'으로 광고하면서 다른 국가의 조세 수입을 가로챌 의도를 가지고 있다고 분명하게 밝힌다. OECD는 조세회피처가 "비조세회피처가 생산하는 공공재에 무임승차하고 있으며"(1998, 15) 이를 '가로채고' 있다고 묘사한다. OECD는 "많은 조세회피처가 그들의 세금산업에 깊이 의존하고 있다"고 말하면서 세금산업이라는 새로운 '산업 분야'를 만들어 내기까지 했다(1998, 10). '세금산업'은 '지대'를 나타내는 창의적인 용어다.

OECD는 유해한 제도를 찾아낼 때 사용되는 세 가지 기준을 세웠다. 이것은 모두 조세회피처의 관행과 잘 맞아떨어진다.

1. 조세 제도가 새로운 경제 활동을 발생시키기보다는 조세특례제도를 제공하는 국가로 경제 활동을 이동시키는가?
2. 현지에서 경제 활동의 존재 여부, 경제 활동의 수준이 그곳에서의 투자, 소득과 상응하는가?
3. 조세특례제도가 경제 활동의 위치를 결정하는 데 일차적인 이유인가?

(OECD 1998, 34~37).

OECD는 하나의 싱크탱크일 뿐이어서 현실적으로 유해한 조세 경쟁 관행을 가진 국가들의 이름을 공개해 창피를 주는 식으로 사회적 압력을 가하는 것 말고는 특별히 할 수 있는 것이 없었다(Webb 2004). OECD의 추진 과정에서 핵심적인 것은 비협조 지역의 리스트를 2001년 말까지 공개하겠다는 약속이었다. 1998년 보고서는 OECD 회원국이 비협조 국가에 대항하는 중요 대책을 채택할 것을 권고했다. 이 대책에는 비협조 지역과의 거래에서의 소득 공제나 세액 공제 그리고 면세를 허용하지 않도록 조세 조약을 폐기하는 것, 그 지역과의 거래를 거부하는 것, 그 지역에 대한 비핵심 원조를 중단하는 것이 포함되었다. OECD는 조세회피처가 협조해야 하는 시한에는 엄격한 데드라인을 설정했지만 조세특례제도의 제거에는 5년이라는 느슨한 데드라인을 설정했다.

:: 캠페인의 무력화

OECD는 조세회피처에 대해 심각한 도전을 제기했다. OECD 보고서가 출간되자 일단 조세회피처들은 약자에 대한 괴롭힘, 제국주의, 약소국에 대한 주권 침해라고 비난하는 등 그동안 해 온 방식으로 대응했고 그다음 어떤 의도를 갖고 협조하겠다고 발표했다. 2001년이 되어서 OECD는 자신들이 어느 정도 성공했다고 발표했고, 6개국이 자신들의 권고를 준수하기로 했다고 보고했다. 2000년 보고서는 2001년 7월 31일까지 조세 제도의 변경에 대해서 OECD와의 양해각서에 서명하도록 요청받은 35개 국가와 지역의 리스트를 보여 주었다.

　반 포센(2003)은 조세회피처의 반응이 서로 매우 달랐다는 점을 지적했다. 영국과 네덜란드의 속국은 준수하는 경향을 보이거나 준수하고 있다고 시끄럽게 떠들고 다닌 반면, 많은 독립국과 아마도 요령이 부족한 태평양의 섬들은 강하게 저항했다. 작은 역외센터를 가지고 있던 소수의 조세회피처는 싸울 의지를 버리고 OECD 요구에 항복했다. 통가는 2001년 8월 역외은행법을 폐지했고 네덜란드령 안틸레스, 맨 섬, 세이셸 공화국도 그랬다. 그러나 곧 OECD는 흔들리기 시작했는데 그 이유에 대해서는 오늘날까지 계속 논쟁이 되고 있다.

　성공한 조세회피처는 포기하지 않고 투쟁할 준비가 되어 있었다. 바베이도스 당국은 조세회피처를 대변하는 압력단체인 국제조세투자기구를 조직해 공격의 선봉에 섰다. 태평양의 섬 중에서 3개의 블랙리스트에 모두 포함된 쿡 제도가 지역적인 대응을 이끌었고, 이는 또 다른 저항으로 작용했다(Van Fossen 2003). 국제조세투자기구는 OECD 캠페인을 궤도에서 벗어나게 하는 데 큰 성공을 거둔 것으로 판단된다.

　공평하게 말하면 OECD에 대항하는 전투는 1998년 보고서가 출간되기 전 이미 시작되었다. 룩셈부르크와 스위스는 "산업 활동과 상업 활동은 제외한 채 금융 활동에만 국한해서 1998년 보고서가 편파적이며 불균형적인 접근 방식을 채택했다"고 불평하면서 그 보고서를 받아들이지 않았다(OECD 1998, 74). 두 국가는 실제로 모든 OECD 회원국이 사용하는 전통적인 유인책은 그대로 두고 자신들이 전문화하고 있는 매우 유동적인 자본만 문제 삼는 것은 편파적이라고 지적했다. 이 두 국가가 은행의 비밀 보호와 유해한 조세 관행 간에 필연적인 연결고리를 인식하지 못해서 OECD의 요구 사항에서 은행 비밀보장에 대한 언급은 삭제하기를 원했다는 것은 놀라운 일이 아니다. 스위스는 이 보고서가 "세금 유치를 경제의 근간으로 삼는 지역에게 경쟁 조건을 규제하도록 유도하는 인센티브를 제공하지 않는다"고 불평했다(OECD 1998, 78). 룩셈부르크처럼 조세회피처임을 부정한 스위스는 같은 시기에 자신들이 조세회피처가 아니라고 주장한 싱가포르와 케이맨 제도와의 경쟁이 격화되는 데 우려를 나타냈다.

국제조세투자기구는 룩셈부르크와 스위스의 주장 중 많은 것을 채택했다. 어떤 사람들은 제1차 세계대전과 제2차 세계대전 사이의 기간과 1980년대에 그랬던 것처럼 OECD 캠페인을 궤도에서 벗어나게 한 배경에는 재계의 이익이 관련되어 있다고 믿는다. 자유주의자 그룹들은 이런저런 이유로 조세회피처가 자유주의자의 주장에 도움이 된다고 믿기 때문에 OECD와의 전투에 분명 깊숙이 관련되어 있었다. 하지만 매우 상세하고 조심스러운 조사에서 제이슨 샤먼(2006)은 캠페인에 대한 재계의 일치된 로비 활동을 보여 주는 사실적 증거들을 거의 발견하지 못했다. 다른 연구자들은 OECD 회원국의 정치적 의지가 부족한 것과 함께 OECD의 메시지가 분명하지 않고 공정성이 부족했다는 점을 비판했다(Godefroy and Lascoumes 2004; Maillard 2001). 이 점에 대해 샤먼은 한 가지 요인을 추가했는데 그것은 바로 조세회피처가 사용한 세련된 정치공작과 수사학적인 전략이다.

국제조세투자기구는 세 가지 반론을 내놓았다. 첫째, 조세회피처는 초기에 OECD 정책이 만들어지는 기간에는 고려 대상이 아니었다. 즉, 외부적으로 부과된 기준은 OECD 회원 자격과 관심을 반영했다. 이는 제국주의와 신식민주의를 비난할 때 흔히 사용되는 것이다. 둘째, 국제조세투자기구는 블랙리스트에 올라간 비협력국에 대해 OECD가 경제적 제재를 하겠다고 위협한 반면에 OECD 회원국에 대해서는 어떠한 위협도 하지 않았다는 점을 지적했다(Van Forssen 2003, 257). 또한 국제조세투자기구는 협력 시한으로서의 2년은 매우 짧으며 OECD는 조세회피처와의 협력을 중요하게 여기지 않는다는 점도 지적했다. 더군다나 OECD 요구를 위반한 것으로 보이는 역외은행법을 1997년과 1999년에 각각 통과시킨 미국의 몬태나와 콜로라도 주에 대해서는 OECD가 눈에 띄게 거의 관심을 보이지 않았다(Van Fossen 2003, 259)는 점도 지적했다.

국제조세투자기구는 OECD가 조세회피처와 조세특례제도를 구분하고 있기 때문에 국제무역법의 차별금지조항을 위반했다고 주장했다. 여러 태평양 섬과 카리브 해의 역외센터들은 세계무역기구에 이 문제를 제기하겠다고 위협했다. 이것은 OECD의 정책 발의가 금융 규제가 완화되고 이동성이 증가하는 시기에 상대적으로 조세 측면에서 우위를 가진 금융센터의 갑작스러운 등장에 대항해 자신들의 금융센터(예를 들어 파리, 프랑크푸르트, 뉴욕)의 우월적 지위를 보호하기 위해 시도되었다는 주장의 신빙성을 높여 주었다. 즉, 그들은 OECD가 자유시장의 규칙을 바꾸려 하고, 여러 징벌적 제재를 통해 포괄적인 보호주의 시스템을 강요하고 있다고 주장했다(Sharman 2006).

특히 마지막으로 어떤 조세회피처에 대해서는 IMF나 세계은행 같은 국제기구가, 영국과 네덜란드 속국에 대해서는 영국과 네덜란드가 그들에게 금융산업을 전문화할 것을 권고했다고 주장했는데 이 주장은 틀리지 않다. 지금 환경은 변했고 그들은 먹고살 길이 막막해졌기 때문이다.

이런 주장은 강력하다. 하지만 아마도 OECD 캠페인이 흔들리게 된 가장 중요한 이유는 지금까지의 주장과는 큰 관련이 없고 2001년 미국에서 일어난 변화와 더 큰 관련이 있다.

부시 정부

앞에서 살펴본 것처럼 클린턴 정부는 OECD 프로젝트를 지원했고 법률 제정을 통해 OECD 권고안의 실행 계획을 가지고 있었다. 리스트에 오른 35개의 조세회피처에 대한 모든 송금 내역은 미국의 조세 당국에 보고되어야 했다. 또한 정부는 이런 국가에서 원천징수된 세금을 더 이상 환급해 주지 않을 것을 고려했다(Kudrle 2003; Rixen 2008). 그런데 백악관에 조지 부시가 입성하면서 정치적 상황은 변했다.

2001년 5월 신임 재무부 장관인 폴 오닐은 급격한 정책 변화를 시사했다. 그는 OECD 프로젝트가 "너무 광범위하고…… 이 정부의 조세와 경제의 우선순위에 포함되지 않는다"고 발표했다. 그는 미국이 "어느 국가에 대해 특정 세율이나 조세 시스템을 강요하는 노력을 지지해서는 안 되며 세계 각국의 조세 시스템을 유사하게 만드는 어떠한 정책 발의에도 참여하지 않을 것"을 선언했다(U.S. Department of Treasury 2000).

어떤 사람들은 우익인 헤리티지 재단과 재단 내의 자유와 번영을 위한 센터가 미국의 정책 변화에 핵심 역할을 했다고 믿는다. 다른 사람들은 부시의 대통령 선거 운동에 크게 기여했던 은행과 금융기관이 정부가 정책을 변화시키도록 설득할 수 있었다고 본다. 한편 공화당 의원들은 미국이 OECD 정책 발의에서 빠질 것을 촉구하기 위해 카리브 해의 지역과 밀접한 관계를 유지하고 있는 흑인 이익단체와 연합전선을 형성했다.

폴 오닐의 개입이 결정적이었다는 점이 증명되었다. OECD 프로젝트가 완전히 포기된 것은 아니지만 거의 알아보기 힘들 정도로 바뀌었다. 먼저 실체가 존재하지 않는 경제 활동에 대한 기준이 불공평한 조세 관행의 정의에서 제외되었다. 그래서 OECD 프로젝트는 수동적인 증권 투자 영역에서의 해로운 관행에 대항하는 싸움으로 한정되었다(Rixen 2008). 둘째로 미국의 재촉으로 인해 그 프로젝트는 국제자금세탁방지기구와 더욱더 보조를 맞추게 되었고 주로 투명성과 효과적인 정보 교환에 대한 이슈에 관심을 갖게 되었다.

게다가 OECD는 조세회피처와 조세특례제도를 동일하게 취급해야 한다는 국제조세투자기구의 지적을 받아들여, 조세특례제도가 제거되기 전까지는 조세회피처에 대한 조치를 취하지 않을 것이라고 양보했다. 조세특례제도를 없애는 데 5년의 시한이 주어졌고 스위스와 룩셈부르크는 거의 관심을 보이지 않았기 때문에 이러한 결정은 사실상 프로젝트를 가사 상태로 만들었다(Rixen 2008). 영리한 조세회피처들은 OECD 프로젝트에 동참하겠다고 선언했지만 조세특례제도가 계속 존재한다는 이유로 아무 일도 하지 않았다. 2004년까지 단지 5개 조세회피처만 자신들에게 주어진 기회를 활용하지 못해 리스트에 남아 있었다, 안도라, 리히텐슈타인, 리베리아, 모나코, 마셜 제도가 그곳이다.

미국이 개입한 이후 OECD는 매우 성공적이지 못한 전통적 방법인 대화와 설득의 방법을 택할 수밖에 없었다(Sharman 2006). 2004년 OECD 중간보고서는 대부분의 조세특례제도가 더 이상 유해하지 않다는 낙관적인 뉴스를 발표했다. 그러나 웹(Webb, 2004)은 변한 것이 거의 없다는 것을 보여 주었다. 왜냐하면 실제로 대부분의 국가는 OECD의 승인을 얻기 위해 단지 조세특례제도를 재조정했기 때문이다. 룩셈부르크와 스위스는 OECD 안을 완전히 준수할 준비가 되지 않은 상태여서 추가 조사 대상으로 분류되었다. 2006년 5월 OECD는 다음과 같은 더 좋은 소식을 보고했다. "현재 대부분 국가는 적어도 범죄 문제에 관해서 은행과 기업의 소유권에 대한 정보에 접근할 수 있다."

이에 뒤질세라 국제자금세탁방지기구는 가장 좋은 뉴스를 보고했다. "2005년 10월 이후 국제자금세탁방지기구의 정책이 효과적으로 작동한 덕분에 단지 2개 지역만 남게 되었는데, 그 지역은 미얀마와 나이지리아다." 이 보고서 결과는 영국의 국가회계보고서(NAO 2007)와 돈세탁에 대한 미국의 보고서(INCSR 2008)를 통해 우리가 논의한 우울한 평가 결과와 극명하게 대조된다.

OECD 중간보고서의 가장 큰 서명 당사자인 미국과 유럽연합은 이런 좋은 뉴스를 어느 정도 확신하지 못한 것처럼 보였다. 미국은 다자간 협상에 대한 노력을 포기하고 각각 앤티가바부다, 아루바, 바하마, 영국령 버진아일랜드, 케이맨 제도, 저지, 건지, 맨 섬, 네덜란드령 안틸레스와 체결된 양자간 협상에 대한 노력을 배가시켰다. 이런 협상이 효과가 있었는지에 대해서는 논란이 있다. 예를 들어 2003년에 바하마는 엄청난 압력을 받고 미국 조세정보교환협정법U.S Tax Information Exchange Agreement Act을 제정했다. 하지만 지금까지 저지, 버뮤다, 영국령 버진아일랜드 같은 선두적인 조세회피처는 선진국 대부분과 조세정보교환협정을 체결했다.

2001~2002년 첫 번째 국면의 끝:
OECD, 국제자금세탁방지기구, 금융안정포럼

공개된 여러 블랙리스트를 통해 조세회피처에 오명을 씌우려는 시도와 연계된 조세회피처에 대한 정치권과 언론에서의 광범위한 논의는 2002년 말 교착 상태에 빠졌다. 국제자금세탁방지기구는 3개 기구 중에서 성공적인 것처럼 보였고 OECD는 급속도로 신뢰를 상실했다. 많은 국가가 조세회피처에 대해서 OECD가 권고한 가혹한 정책을 시행할 정치적 의지가 부족했다는 것이 명백해졌다.

겉으로 보이는 것과 달리 각 기구들은 서로 다른 목표를 추구했다(Godefroy and Lascoumes 2004). OECD 지지자 중 몇몇은 조세 수입 감소를 걱정했지만 사실상 OECD의 목표는 국제적인 조세 경쟁을 통해 전 세계적으로 세율을 낮추는 것이었다. OECD는 전 세계적으로 세율을 낮추기 위해 조세회피처와 조세특례제도로 인해 발생하는 시장 왜곡의 제거를 목적으로 했다. 반대로 금융안정포럼은 국제금융구조에 대해 관심이 있었고 조세회피처를 개혁하는 데는 거의 관심이 없었다. 그리고 국제자금세탁방지기구는 성과를 거둔 것처럼 보이지만 돈세탁에 대한 새로운 법률이 거의 실질적인 성과를 가져오지 못한 것으로 판단된다.

2001년 이후 새로운 역할을 찾고 있던 IMF와, 뒤이어 세계은행이 조세회피처와의 다자간 논의를 이끌고 있다. 이 기구들은 복잡하고 민감한 문제를 다루는 데 국제자금세탁방지기구나 금융안정포럼보다 훨씬 뛰어난 자원을 가지고 있었다. IMF는 즉각 50명의 연구자에게 조세회피처에 관한 연구를 배정했는데, 이 규모는 국제자금세탁방지기구 전체 연구 인력의 5배에 해당한다. 하지만 IMF가 관련된다는 것은 조세회피처와의 다자간 협상 노력에 근본적으로 불확실성이 존재함을 보여 준다. 왜냐하면 결국 IMF는 신자유주의 이데올로기, 금융 규제 완화, 세율 인하를 추구하는 기구이기 때문이다. 과연 이 기구가 기꺼이 조세회피처에 대항하는 강력한 정책을 추구할까?

IMF는 평가 절차를 수립하고 2005년까지 41개 지역을 검토했다. 이 연구는 국제적 협력과 정보 교환 그리고 규제 정책 같은 나름의 중요 이슈는 여전히 문제가 있다는 것은 인정했지만 많은 조세회피처에서 중대한 개혁이 착수되었음을 보여 주었다. 2005년 3월 금융안정포럼은 이 연구 결과에 대해 "2000년에 발표된 리스트가 그 목적을 달성했다"고 기쁜 마음으로 논평했다. 하지만 어떠한 목표도 달성되지 않았으며 금융안정포럼과 IMF는 자신의 임무에 소홀한 것처럼 보인다. 2008년 발생한 금융위기는 여전히 문제가 있었음을 극명하게 보여 주었다.

IMF 역시 국제자금세탁방지기구의 영역을 침범했다. IMF는 자신

들이 국제자금세탁방지기구가 작성한 비협력국 리스트를 평가할 수 있
도록 리스트 발표를 보류해 달라고 국제자금세탁방지기구에 요청했다.
2004년 국제자금세탁방지기구 관리들은 IMF의 압력에도 불구하고 범
죄 행위와 돈세탁을 처리하는 권한이 연장될 것이라는 사실을 눈치챘다.
국제자금세탁방지기구는 아마도 IMF와의 영역 다툼 때문에 스스로 성
공을 거두었다고 주장한 듯하다. 그러나 금융안정포럼과 국제자금세탁
방지기구가 내놓은 좋은 뉴스는 상식을 벗어난 것이었다. 왜냐하면 미국
과 유럽연합 그리고 조세회피처에 대해 자신만의 대책을 강구하기 시작
한 개발도상국이 설득되거나 아니면 이런 좋은 뉴스에 대해 관심을 보였
다는 증거가 거의 없기 때문이다.

　사람들은 조세회피처와의 전투 첫 번째 단계에서 엇갈리는 결과가 나
왔다고 생각한다. 이 전투는 조세회피처의 폐해에 대한 경각심을 높였
지만 역설적으로 조세회피처를 합법화하는 결과를 가져왔다. 역사상 처
음으로 금융 시스템과 재정 정책의 미래에 대한 국제적인 논의에서 조
세회피처가 거의 동등한 파트너로 취급받았기 때문이다. 모나코나 룩
셈부르크 그리고 런던 또는 뉴욕에 대해서는 아무 말도 못 하면서 몇몇
조세회피처, 특히 태평양의 작은 섬 국가를 규탄하는 결정은 조세회피
처의 폐해를 제거하겠다는 세 기구의 결심이 과연 얼마나 진정성을 가
지고 있는가에 대해 의구심을 갖게 만들었다. 특히 시티 오브 런던은
BCCI 사건★ 이후 여러 금융 스캔들에 연루되었지만 조세회피처에 대
항하는 캠페인에서 결코 그 이름이 지목되지 않았다. 반 포센이 제시한
것처럼 블랙리스트의 정치는 정치적 희생양을 찾는 것이었다. 금융 시
스템은 2007년 신용경색이 닥칠 때까지 여전히 이동성, 투명성 부족,

★ the Bank of Credit and Commerce International(BCCI)은 1991년 파산 당시 세계에서 일
　곱 번째로 큰 프라이빗뱅크였다. 조사 결과 BCCI는 주요 규제당국인 영국 중앙은행(Bank of
　England)이 찾아내지 못한 엄청난 횡령을 저지른 것으로 밝혀졌다.

규제 회피와 조세 회피라는 토양에서 번창했다.

좋은 쪽으로든 나쁜 쪽으로든 역사상 처음으로 조세회피처는 세계무대에서 고려해야 할 합법적인 파트너로 대우받았다. 캠페인이 시작되기 전 조세회피처는 국제금융의 이단자이자 정치적으로는 중요하지 않은 주변 지역으로 간주되었다. 그런데 이제 그들은 다자간 포럼에서 '참가 파트너'가 되었다. 또 자신들이 세계경제에서 긍정적인 역할을 할 수 있다는 새로운 기준을 설정하는 데 성공했다. 이런 흥정을 통해 그들이 존재할 권리와 자신의 국익을 추구할 권리가 있다는 일반적인 인식이 생겨났다.

또한 조세회피처는 협력하는 법을 배웠다. 그들이 OECD에 대항하기 위해 모였을 때 서로가 경쟁자지만 함께 지켜야 할 공공의 이익이 있다는 것을 이해했다. 그들은 대응책을 계획하고 조정하는 데 관련 전문가, 대형 법무법인과 회계법인, 그리고 홍보회사의 도움을 받았다. 또한 그들은 보수적인 미국의 싱크탱크, 특히 미국 의회에서 가장 강력한 로비스트로 인정받는 자유와 번영을 위한 센터와 유용한 관계를 맺었다. 그 센터는 OECD를 소수의 고세율 국가의 이득을 위해 활동하는 글로벌 조세 카르텔이라고 낙인찍었다.

조세회피처의 목적은 단순하지만 효과적이다. 가능한 한 느슨한 규제를 유지하는 대가로 가능한 한 높게 인정받는 것이다. 네덜란드령 안틸레스의 경우를 예로 들 수 있다. 네덜란드령 안틸레스 의회는 '새로운 재정 체계'를 통과시켰고 네덜란드와의 조세조약을 개정하기로 했다. 개정 내용에는 외국기업에 대해 특혜 조항을 없애고 점진적으로 2002년부터 이윤에 대해 34.5%의 세율을 적용하는 것이 포함되어 있었다. 동시에 국회의원은 외국기업에 대해 2019년까지는 2.4~3.0%라는 이전 세율을 유지하는 "예외규정" 또는 "경과조치"를 도입했다. 그리고 새로운

제도 아래 설립되는 기업이 0%의 세율을 선택할 수 있게 됨에 따라 그
런 형태의 기업이 생겨나게 되었다. 하지만 "OECD 고위 관리와의 비
공식적인 논의는 OECD가 네덜란드령 안틸레스의 변화에 만족하고 있
음을 보여 준다"(Cavalier 2005, 16).

그러나 모든 것이 어둡고 암울하지는 않다. 지금까지 우리는 새로운
대책의 효과에 대해 단지 하나의 독립적이고 체계적인 연구를 한 것뿐
이다. 롤링스(2005)는 국제적 정책 발의가 역외부문의 여러 면에 영향을
미쳤는데, 가장 중요한 영향은 성실보고 의무와 고객을 알아야 한다는
기준과 관련해 역외부문의 기업과 규제 담당기관이 기준을 준수하지 않
았을 때 부담해야 하는 비용을 높였다는 점이다. 조세회피처에 대한 대
책은 역외센터를 운영하는 비용을 증가시켰지만 그 외에 실질적인 변화
는 거의 없었다.

:: 유럽연합이 싸움에 뛰어들다

OECD가 유해한 조세 경쟁에 대한 보고서를 준비하고 있을 때 유럽
연합 의회는 1997년 12월 1일 유럽연합 내에서의 유해한 조세 경쟁을
막을 수 있는 대책에 대해 합의했다(ECOFIN 1999). 이 대책들은 기업
소득의 과세에 대한 행동 수칙, 저축 소득에 대한 과세, 그리고 기업들
간에 국경을 넘는 이자와 로열티 지급에 대한 원천징수세 등을 포함한
다. 우리가 살펴본 것처럼 유럽연합과 OECD의 논의는 서로 연결되어
있지만 그들 각각의 동기와 궁극적인 목적에는 중요한 차이가 있다.

유럽의 행동강령

유럽경제공동체와 유럽연합의 형성을 가져온 여러 조약은 조세 협력

측면에서는 제공하는 것이 거의 없다. 여러 국가가 단일 시장으로 통합되기 위해서는 국가 간의 경제활동에 대한 조세가 중립적이어야 한다는 것이 일반적인 견해다. 유럽연합 집행위원회는 1960년대에 이 문제를 제기하기 위해 끊임없이 노력했지만 크게 성공하지 못했다(Radaelli and Kraemer 2005). 집행위원회는 재정 및 금융위원회를 만들었는데 그 위원회의 1962년 보고서에서는 유럽경제공동체 국가 간 세금이 동등할 것을 요구했다. 또한 1975년과 1985년에는 조세 규정을 일치시키려고 했지만 성공하지 못했다.

1997년 유럽연합의 사업과세 행동강령이 모두 바뀌었다. 이 강령은 법적인 역할을 하지는 않지만 규제에 대해 매우 효과적이라고 판명된 비공식적인 접근을 제공한다(Radaelli 2003). 이를 채택하면서 회원국은 기존의 여러 가지 유해 조세 경쟁을 제거하고 새로운 유해 조세 경쟁을 피하려고 했다. OECD 캠페인이 금융 및 관련 서비스에 한정된 반면, 유럽연합 강령은 이동 가능한 활동을 조금 더 강조하면서 일반적인 사업 활동을 고려한다. 따라서 이 강령은 OECD의 1998년 보고서에 대한 반대 서한에서 룩셈부르크와 스위스가 제기한 이동 가능한 자본에 대한 편견이라는 비난을 피하고 있다.

또한 사업과세 행동강령은 조세회피처가 내세우는 또 다른 전통적인 반대 논리를 뒤엎었다. 제국주의라는 비난을 피하기 위해 '공정 과세'의 원칙을 상술하지 않으며 이에 저항하는 국가에 강요도 하지 않았다. 대신 OECD의 입장과 마찬가지로 각국이 조세 문제에서 자유로운 선택을 허용하는 조세 경쟁 원칙을 받아들였다. 그러나 유럽연합은 지역 내 기업에 대해서는 국내 기업이든 외국 기업이든 상관없이 조세 제도 규정을 동일하게 적용해야 한다고 주장했다. 사실 이 강령은 일반적으로 비거주자를 조세 측면에서 우대하는 회원국의 관행을 제거할 목표를 가지고 있었다. 그래서 다음과 같은 상황을 만들어 내는 공식적·비공식적 규정을 뿌리 뽑으려 했다.

- 실효 과세 수준이 관련 국가들보다 현저히 낮다.
- 비거주자에 대해 조세 혜택을 제공한다.
- 국내 경제와 분리되어 있어 국내 조세 기반에는 아무런 영향을 미치지 않는 활동에 대해 조세 인센티브를 제공한다.
- 어떠한 실질적 경제 활동이 존재하지 않는데도 조세 측면에서의 이점을 허용한다.
- 다국적기업 집단에 속한 기업의 이윤 결정이 국제적으로 수용되는 규정, 특히 OECD가 승인한 규정에서 벗어난다.
- 투명성이 부족하다.

거주자와 비거주자를 구분해 과세해서 세계경제에서 그들 스스로 틈새시장을 개척했던 지역이 이 강령에 직면했다. 예를 들어 유럽연합 집행위원회는 2006년 이 수칙을 근거로 룩셈부르크가 1929년 지정된 지주회사법을 폐기하도록 했다. 또한 저지, 건지, 맨 섬은 2008년부터 새로운 조세 제도(특히 기업 소득에 대해 0% 세율 적용)를 채택한다면 이 강령을 존중하지 않는 것으로 비난받을 수 있는 여지를 남겼다.

유럽연합에서 사업과세의 일치

유럽연합은 대륙 간의 사업과세 일치를 밀어붙였다. 둘 이상의 유럽 국가에 자회사를 가진 다국적기업은 자회사가 활동하는 국가에 세금을 납부하고 있지만 복잡한 이전가격 시스템을 통해 가장 적은 세금을 부과하는 국가로 이윤을 이전하는 경향이 있다.

유럽연합은 '공식에 따른 할당 방식'을 적용해서 이윤을 이전할 인센티브를 줄이는 과세 기준을 제안했다. 이 할당 방식을 따르면 다국적기업의 전체 이윤에 대해서 유럽연합 내에서 단 한 번 과세되고 조세 수입은 동의된 기준(예를 들어 투자된 자본의 양 혹은 매출액)에 따라 국가 간에 배분되는데, 이 방식은 이미 미국의 주와 캐나다의 지방정부 사이에 사용되고 있다. 이 제안에 모두가 동의하기까지는 오랜 시간이 걸리겠지만 독일과 프랑스는 이를 지지한다. 영국과 아일랜드는 이 제안을 반대할 것으로 예상된다. 왜냐하면 그들은 과세 기준의 일치 이후 세율이 일치될 것을 두려워하기 때문이다. 발틱 국가와 슬로바키아 역시 반대하는데 제안이 채택되면 과세 기준이 축소되고 현재의 조세 제도보다 더 많은 면세가 허용되는 것이 두렵기 때문이다. 유럽연합 집행위원회는 2008년까지 기업 과세에 대한 지침을 제시하기로 했지만 2008년 실시된 아일랜드의 국민투표에서 유럽연합이 아일랜드의 조세 시스템을 위협할 수 있다는 주장이 지지를 얻으면서 리스본 조약을 반대하기로 표결 결과가 나옴에 따라 그 지침의 제시가 미루어졌다.

유럽의 원천징수세

어떤 국가든 저축에 대해 비과세하면 실질적으로 조세회피처의 역할을 할 수 있다. 유럽연합은 이런 방식으로 세금이 빠져나가는 것에 대처하는 명확한 제안을 내놓았다. 1989년 첫 번째 초안은 유럽연합 내의 비거주자들에 의한 투자를 포함해 저축에서 발생하는 모든 소득에 대해 범유럽적인 15%의 원천징수세를 제안했다. 하지만 은행의 비밀보장법을 포기하지 않으려는 룩셈부르크의 압력 때문에 채택되지 않았다. 두 번째 초안은 1998년에 제시되고 조세회피처에 대한 국제적인 대공세의 일환으로 2000년 6월 다시 논의되었다. 유럽의 원천징수세 지침은

2001년 7월 도입되고 2005년 7월 최종적으로 시행되었다.

2005년 7월 이후 모든 회원국은 관련 국가 당국과 정보 교환을 해야 한다. 오스트리아, 벨기에, 룩셈부르크는 은행의 비밀보장법을 유지했지만 2005~2007년에는 15%, 2008~2010년에는 20%, 그 이후에는 35%의 세율로 이자소득에 대한 원천징수세를 부과하도록 요구받았다. 그들이 이를 준수할지 여부는 주요한 비유럽연합 경쟁자(안도라, 리히텐슈타인, 모나코, 산마리노, 스위스)과 회원국의 속국과 관련 영토(채널 제도, 맨 섬, 카리브 해의 속국들)가 동일한 대책을 적용하는가에 달려 있다. 이 제안에 대해 일반적으로 비관론이 퍼져 있었지만 합의는 이루어졌다.

유럽재판소

유럽재판소는 1980년대 중반부터 유럽 조세 변화의 주요한 원동력이었다. 1985년의 중요한 판결은 직접과세를 각 회원국의 책임으로 남겨 놓았지만 각 회원국이 조약의 의무사항을 존중하는 방향으로 조세 규정을 개정하도록 요구했다. 그 후 20년 동안 유럽재판소는 이런 내용을 담은 50건 이상의 판결문을 내놓았다.

유럽재판소는 2005년 이후로 훨씬 더 공격적인 자세를 취했다. 그때까지 유럽재판소는 개인과 기업의 편이었지 조세 수입을 방어하려는 회원국 정부 편이 아니었다. 그런데 2005년 4월 기념비적인 판결인 Halifas 판례(C-255/02)에서 재판소는 유럽 법률이 오직 세금축소가 목적인 거래는 금지해야 한다고 결정했다. 이런 법률적 해석은 2006년 5월 캐드베리 슈웹스Cadbury Schweppes가 관련된 소송에서 더욱 확고해졌는데, 당시 재판소는 조세회피처의 완전히 인공적인 계열사들을 비난했다. 또 다른 중요한 판결(이른바 thin cap 사건)은 2007년 3월 13일에 이루어졌는데 재판소는 이 판결에서 국가가 경제적 실체 없이 조세 회피를 주요 목적으로 하는 완전히 인공적인 법인을 설립할 수 있는 자유를 제한할 수 있다고 결정했다. 또한 같은 해 7월 이런 입장을 재확인했다.

이렇게 전선은 설정되었으나 투쟁이 갈 길은 멀다. 유럽연합은 진전을 뜻하는 여러 가지 긍정적인 모습을 보여 주었다. 미국도 오바마 정부가 들어섬에 따라 조세와 규제에 관련된 남용을 저지하기 위해 유럽연합의 행동에 합류할 가능성이 커졌다.

:: 결론

1990년대 후반 조세회피처에 대한 정책이 양자주의에서 다자주의로, 이목을 끌지 않고 압력을 행사하는 정치에서 국제기구가 채택한 이름을 공개하여 창피를 주는 전술로 뚜렷하게 변했다. 1990년대 후반 가장 중요한 계획은 유해한 조세 경쟁에 대한 OECD의 캠페인인 것처럼 보였다. 다른 많은 계획의 정책 발의는 중요한 국제금융기구에 의해 추구되었다. 그러나 조세회피처에 대한 국제적인 계획은 특히 부시 정부의 정책 때문에 5년 혹은 6년 후 흐지부지되었다. 그동안 유럽연합이 조세회피처와의 국제적인 전투에서 가장 핵심적인 선수로 부상했다. 유럽연합의 사업과세 행동강령이 유럽의 조세회피처와 유럽 국가의 속국 중의 조세회피처에 중대한 영향을 미치기 시작했음을 보여 주는 증거가 점차 늘어나고 있다.

조세회피처를 이용하는 돈이 워낙 많기 때문에 필연적으로 조세회피처를 옹호하는 집단과 반대하는 집단이 있을 수밖에 없다. 우리는 특히 많은 조세회피처가 자신의 법률을 제정할 주권을 가지고 있는 상태에서 국제기구들이 조세회피처에 심각한 영향을 미칠 수 있는 정책을 추구할 능력, 의지 혹은 합법성을 가지고 있는지에 대해 의문을 품고 있다. 그러나 자본주의 경제가 경험한 심각한 불황 중 하나를 겪고 있으며 소비자의 수요에 영향을 미치지 않으면서 고갈된 정부 수입을 증대시키려는 유럽연합과 미국은 명확히 조세회피처를 반대한다. 우리는 조세회피처에 대해 좀 더 전통적인 양자주의 접근으로 되돌아왔다. 하지만 이 시기에 세계에서 가장 큰 두 경제, 즉 미국과 유럽연합은 훨씬 더 공격적인 자세를 취할 것 같다. 조세회피처의 전성기는 이미 끝났다.

제 10 장

21세기의 조세회피처

————

영국이 주도하고 다수 국가에 지부를 둔 조세정의네트워크는
안정적이고 민주적인 국가를 지탱할 수 있는
효과적인 조세 시스템을 발전시키는 데 조세회피처가
해가 된다는 근거 아래 학계 금융 서비스 분야의 관심 있는 전문가,
개발 NGO등과 함께 조세회피처에 대항하는 캠페인을 전개했다.

————

조세회피처에 대한 이야기 중 반복해서 나타나는 주제는 바로 기회와 반대에 직면하면서도 조세회피처가 끊임없이 발전해 왔다는 것이다. 사실상 지난 10년 동안 조세회피처는 계속 발전해 왔다. 조세회피처에서 사업을 영위하는 기업에 대한 롤링스의 조사에 따르면 지금까지 조세회피처에 대항하는 여러 가지 캠페인의 순효과는 조세회피처를 이용하는 데 드는 비용을 증가시키는 것 말고는 거의 없다(Rawlings 2005; Sharman and Mistry 2008). 그렇지만 조세회피처에 대한 반대는 계속 증가하고 있다. 주요 국가들은 여러 국제기구를 통해 조세회피처 활동을 반대한다.

조세회피처에 대한 반대가 점차 커지는 이유는 사람들이 조세회피처와 관련된 경제 활동의 규모와 범위에 대해 더 많이 알게 되었기 때문이다. 예산이 얼마나 필요한지 정확히 알고 있는 정책 입안자에게 조세 회피나 탈세는 중요한 주제다. 시민사회단체 또한 조세회피처에 대항하는 싸움에 대한 관심을 불러일으키는 데 결정적인 역할을 하고 있다. 이런 주제는 간단하게나마 앞으로 어떤 일이 벌어질 것인가를 생각할 수 있는 기회를 제공한다.

:: 조세회피처와 시민사회

탈세에 대한 경각심을 깨우치는 데 시민사회단체의 역할을 무시할 수 없다. 21세기가 되면서 영국에 본부를 둔 세계 최대 개발 NGO 중 하나인 옥스팜이 《조세회피처: 빈곤 퇴치를 위해 숨겨진 수십억 달러를 방출하다》라는 보고서를 발간했다. 이 보고서의 주장은 단순하면서 직접적이다. 옥스팜은 조세회피처 때문에 많은 개발도상국에서 경제 성장을 위해 필요한 기본적 서비스와 사회간접자본에 투자할 수 있을 만큼의 수입이 없어지고 있어 개발도상국이 빈곤을 극복하는 게 점점 더 어려워진다고 언급했다. 이 보고서는 개발도상국에서 탈세와 조세 회피로 발생하는 비용이 1년에 적어도 500억 달러에 달한다고 추산했다. 처음 출간되었을 때는 잘 몰랐지만 이 보고서는 엄청난 영향을 미쳤는데, 그 이유는 보고서 작성에 관여한 사람 중 몇몇이 훗날 조세정의네트워크를 창설하는 데 도움을 주었기 때문이다.

조세회피처에 대한 첫 번째 반응은 다른 곳에서 나왔다. 제9장에서 살펴본 것처럼 2000년 선거에서 조지 부시가 대통령이 되면서 공화당이 집권했다. 조세회피처에 대항하는 OECD와 그 외 다른 기구의 계획에 대한 미국의 지지는 항상 민주당 출신 대통령에 달려 있는 것처럼 보였다. 헤리티지 재단은 자신들이 추구하는 자유시장경제, 낮은 세금, 조세 경쟁을 달성하는 데 조세회피처가 도움을 주고 있다고 보는데, 이 재단이 정권 교체에 따른 기회를 잡았다. 그들은 자유와 번영을 위한 센터를 만들었는데 그 센터의 유일한 목적이 바로 조세회피처에 대항하는 OECD의 계획에 도전하는 것이었다(더 자세한 내용은 Sharman 2006 참조).

이 센터가 조세회피처의 지지를 받았을 뿐 아니라 조지 부시 행정부 내에 많은 친구를 만들었다는 것은 놀라운 일이 아니다. 자유와 번영을 위한 센터는 OECD와 그 회원국을, 작은 경쟁자인 조세회피처를 억눌러 자신들의 특별한 지위를 유지하려는 경제적 독점자 혹은 지대추구 정부로 규정했다. 그들은 공화당이 차지한 백악관이 독점자와 높은 세금을 부과하는 국가의 편에 서서는 안 된다고 주장했다(Sharman 2006).

어떤 조세회피처는 국제조세투자기구를 만들었고 이 기구에 대해서 영연방 사무국이 지지를 보냈는데, 이는 영국의 많은 해외 영토가 이 기구의 회원임을 반영한다. 그들은 이른바 '공정한 경쟁의 장'에서 대우받기를 요구했다. 이 요구는 핵심적으로 두 가지를 의미한다. 먼저, 그들은 OECD가 회원국에 대해 동일한 규칙을 적용할 것을 요구했다. 그들이 목표로 하는 대상(혹은 어느 정도 불편한 동맹국)은 스위스와 좀 더 광범위하게는 중급 조세회피처, 그리고 델라웨어 같은 미국 내의 작은 주들이었다. 두 번째로 그들은 자신들이 규제 과정에서 역할을 하고 있지만 OECD가 자신들을 배제하고 있다고 주장했다.

2001년 7월 조세회피처와 자유와 번영을 위한 센터는 자신들이 원하는 것을 얻었다. 미국 재무부 장관인 폴 오닐이 의회 청문회에서 조세특례제도의 억제를 지지하기보다는 조세회피처와 정보를 공유할 상호조약을 원한다고 말했을 때 백악관은 OECD의 계획에 대한 지지를 철회했다. 그렇게 하면서 그는 조세회피처에 대항하는 OECD의 대책은 모든 OECD 회원국 내에서 시행되기 전까지는 실행되어서는 안 된다고 OECD에 요구했음을 밝혔다.

효과는 즉각적으로 나타났다. OECD의 계획은 수면 아래로 가라앉았고 조세회피처의 자신감은 치솟았다. 국제자금세탁방지기구의 영향을 받은 규정을 법령집에 포함시켜야 한다는 요구와 함께 엔론 파산의 여파, 미국의 불완전 판매 스캔들, 9·11 이후 법률 제정의 영향 등이 모두 조세회피처의 활동을 제약하는 것처럼 보인다. 그러나 실제로 조세회피처에서 역외금융센터를 움직이는 은행가, 법률가, 변호사, 회계사들은 외부 규제에서 벗어나는 새로운 자유를 얻었다고 믿었다. 이 주장을 가장 잘 보여 주는 증거는 2008년 6월 전직 UBS 직원의 고소와 양형 거래 폭로 이후 발표된 진술서에서 찾을 수 있다. 브래들리 버켄펠트의 증언을 보면 2001년부터 2006년까지 UBS가 미국 납세자에게 이 책에 묘사한 가짜 신탁 또는 명의뿐인 기업을 이용해 미국 세법상 위반 행위인 자산의 역외 보유를 의도적으로 권유했다는 것을 알 수 있다. 적어도 다음과 같은 두 가지 이유로 은행이 그런 행동을 했을 것이라고 본다.

첫 번째 이유는 상당한 돈을 벌 수 있다는 점이다. 버켄펠트는 UBS가 이 사업을 통해 약 200억 달러에 달하는 자산을 운영했고, 그 과정에 매년 적어도 2억 달러의 수입을 올렸다고 추정했다. 두 번째 이유는 그런 활동은 발각되지 않거나, 혹은 발각되더라도 UBS에 대한 어떤 처벌로 이어지지는 않을 것이라는 믿음이 있었다는 것이다. 하지만 이는 은행의 잘못된 믿음이었다. 2001년의 전투에서 조세회피처가 승리를 거두었을지는 모르지만 조세회피처에 대한 전쟁은 지금도 계속되고 있다.

시민사회는 이런 방식의 탈세 행위를 부각시키는 데 중요한 역할을 해 왔다. 유럽 국가의 NGO들이 2002년 11월 플로렌스에서 회담을 가진 이후, 조세정의네트워크가 만들어졌다. 영국이 주도하고 다수 국가에 지부를 둔 조세정의네트워크는 안정적이고 민주적인 국가를 지탱할 수 있는 효과적인 조세 시스템을 발전시키는 데 조세회피처가 해가 된다는 근거 아래 학계 금융 서비스 분야의 관심 있는 전문가, 개발 NGO 등과 함께 조세회피처에 대항하는 캠페인을 전개했다. 이 캠페인은 상당한 영향을 미쳤고 많은 조세회피처와 자유와 번영을 위한 센터가 주목했다. 더 중요한 것은 2008년까지 이 캠페인이 영국과 유럽에 걸쳐서 주요 NGO의 지지를 받았고, 그 결과 조세회피처의 로비가 영향을 미치기 힘들 정도로 광범위한 지지기반이 확보되면서 주류 언론이 이 문제를 다루기 시작했다는 것이다.

모이세스 나임(2005, 201~208)에 따르면 이런 시민사회단체의 동원은 불법적 금융 관행에 대항하는 싸움에 영향을 미쳤다. 물론 재정적인 면에서 제약이 있었지만, 시민단체의 네트워크는 정보를 수집하고 아이디어를 퍼뜨리며 언론 매체가 이 분야에 관심을 갖도록 하는 데 도움을 주었다. NGO 회원들은 주요 국가를 대상으로 그 국가의 조세 관료에게 조언을 제공했을 뿐만 아니라, 기업과 비록 큰 성과는 없었지만 조세회피처 현상의 중심을 형성하는 전문가도 대상으로 삼았다. 특히 기업의 사회적 책임이라는 개념이 어느 정도 관심을 끌었던 것으로 보인다. 2005년 후반에 영국 회사의 재무담당 최고책임자 223명을 대상으로 실시한 설문조사에서 57%의 응답자가 조세축소활동을 세우는 데 윤리적 측면을 중요 요인으로 고려하고 있다고 응답했다. 이와 동일하게 KPMG가 250개의 대형 다국적기업을 대상으로 실시한 조사는 응답 기업이 조세 회피 책략에 대한 일반인의 인식이 변하고 있다는 것을 알고 있음을 보여 주었다. 이런 시대상을 명확히 보여 주는 것은 4대 대형 회계법인인 KPMG, 언스트앤드영, 딜로이트, 프라이스워터하우스쿠퍼스가 2005년에 의심스러운 조세 관행을 가진 기업이 직면하는 평판 리스크가 점점 증가하고 있음을 강조하는 논문을 발표했다는 점이다(Sullivan 2007b). KPMG 조세 부서 책임자인 로플린 히키가 2005년 9월 조세 회피와 탈세 간에는 명확한 차이가 없다고 발표해 센세이션을 일으킨 바 있다. 그러나 우리는 이 변화를 너무 과장해서는 안 될 것이다.《택스 비즈니스 매거진》 2005년 호에서 로플린 히키는 자신의 회사가 모든 주요 조세회피처에서 활동하는 것을 자랑스럽게 여기며, 또한 조세 전문가들이 제대로 대접받지 못하고 있다고 말했다. 이와 비슷하

게 언스트앤드영의 스위스 지점 CEO인 피터 아타나스는 2006년 1월
에 열린 다보스포럼 패널 토의에서 조세회피처의 문제는 더 이상 그렇
게 중요한 이슈가 아니라고 말했다. 하지만 조세회피처에 대한 이슈가
다보스에서 토의되고 있다는 사실 자체가 중요하다.

PWYP 캠페인

조세정의네트워크와 원유수입 지불액 공개The Publish What You Pay;PWYP
가 연합해 공헌한 것 중 하나는 새로운 회계 개념을 주창한 것이었다.
PWYP는 국가별 회계보고를 요구하고 있다. 이 책의 저자 중 1명인 리
처드 머피가 제안한 것으로 국가별 회계보고는 천연자원 채굴산업에서
좀 더 확실한 투명성을 확보하기 위해 필요하다. 많은 사람은 이 산업에
서 뇌물 공여나 국제 규약을 위반하는 원유 담보부 대출, 이전가격 조작
에 조세회피처가 광범위하게 개입하고 있다고 믿는다.

국가별 보고는 세 가지를 요구한다. 첫째, 기업은 자신의 행동에 대
해 책임을 질 수 있도록 활동하는 모든 국가와 그 국가에 있는 자회사의
명단을 공개해야 한다. 이 조치는 즉각적으로 조세회피처를 기업구조
의 한 부분으로 사용하는 기업의 주목을 끌었다. 둘째, 어떠한 예외 없
이 다국적기업은 활동하는 모든 국가별로 단축 손익계산서와 대차대조
표를 발표해야 한다. 직원의 수와 보수, 채굴된 광물 자원을 추가로 공
개할 것을 요구하는데, 이를 통해 하나의 다국적기업이 사용하는 일원
화된 배분 형태를 계산할 수 있다. 그리고 계산을 통해 국가 간의 이윤
이나 조세의 배분이 기업이 수행하는 경제적 실체의 거래와 일치하는지
여부를 알 수 있다. 이런 방식의 회계 보고는 기업의 행동 방식에 큰 영
향을 미칠 수 있다. 셋째, 이전가격 조작의 통제에 관해서는 국가별로
구분해 보고할 때 판매와 구매에서 제3자와의 거래와 기업 내부 간의 거

래를 확실히 구분할 것을 요구한다.

PWYP는 다음과 같은 사실을 보여 줌으로써 또 다른 주목을 끌었다. 천연자원 채굴산업을 유치하는 많은 국가에서 정보 공개가 거의 이루어지지 않고 있으며 계약조건에 종종 비밀보장 조항이 포함되어 있다는 점이다. 이런 계약 조건은 오직 국제적 관행에 따라 필요하다고 인정될 때만 무효화될 수 있다. PWYP와 조세정의네트워크는 국제회계기준이사회가 국가별 보고를 채택하도록 로비를 벌였다. 그렇게 하면 천연자원 채굴사업에서 투명성이 획기적으로 향상될 수 있고 기업 내부거래의 본질을 볼 수 있으며, 기업이 노출되어 있는 지정학적 리스크를 더 잘 이해할 수 있다고 주장했다. 지금까지 PWYP 캠페인은 성공을 거두어 왔는데 가장 큰 성공은 2007년 11월 유럽의회가 국제회계기준이사회에게 천연자원 채굴산업에 적용될 기준 개발을 요구한 것이었다. 논의는 현재도 진행 중이다. 바로 시민사회단체들이 게임의 규칙을 바꾼 것이다.

:: 조세회피처에 대항하는 정책: 발전하는 전술

다각적 노력 1: OECD의 서울 선언

OECD는 조세회피처에 대항하는 계획의 많은 부분을 할 수 없게 되자 투명성과 책임성을 높이는 방향으로 캠페인을 변화시켰다. OECD는 주로 회원국과 조세회피처 간의 조세정보교환협정을 통해 캠페인을 전개했다.

또한 OECD는 역외금융센터에서 활동하는 조세전문가의 역할을 주목했다. 2006년 OECD는 서울선언문을 발표했는데 이는 탈세구조를 형성하는 데 세금 중개자(OECD가 붙인 이름)들의 역할을 조사하는 결과를 가져왔다. 최근 OECD 회의에서는 분위기의 변화가 눈에 띄게 나타난다. 현재 OECD는 조세 회피 관행이 중요하고 그 관행이 점점 정교해진다는 것을 인식하며, 특히 금융 중개인, 법률·조세·회계 전문가의 역할에 주목한다. 이 모든 사람은 법률적 제재라는 위협을 받고 있다. 또한 OECD는 부적절한 이전가격 조작이 수행하는 역할도 알고 있다.

그 결과 공격적인 조세 축소 방법에 대한 목록이 만들어졌고 2008년 요하네스버그에서 열린 OECD 회의에서 관련 보고서가 제출되었다. 그런데 여기에는 복잡한 구조가 회계사나 변호사의 책임이 아니라는 내용을 담고 있는데, 이 주장은 잘못된 조세 관행의 정교함을 전문가들이 공급한 것이 아니라 납세자들이 요구한 것이라는 이해하기 힘든 근거에서 비롯되었다. 이 보고서에서 제시한 모든 공격적인 조세 축소 방법의 예는 분명 이런 전문가들이 제안해서 공급한 것이었다. 사람들은 대부분 OECD가 이렇게 모순적인 견해를 보여 주는 것은 국가의 조세 시스템을 효과적으로 운영하는 데 전문가들의 협조가 필요하기 때문이라고 생각한다. 하지만 은행가에게는 별로 호의적이지 않다. 복잡한 조세구조를 만드는 데 일조한 그들의 역할이 좀 더 명확히 드러나고 그 결과가 당시 재검토 중에 있었기 때문이다.

OECD를 제외한 나머지 기구들은 회계사나 변호사에게 그렇게 친절하지 않았다. 우리가 살펴본 바와 같이 특히 미국 상원의 영구조사소위원회의 의장인 칼 레빈 상원의원이 조세회피처의 활동에 대한 여러 조사를 이끌었다. 관련 조사보고서는 2006년 8월 발표되었는데 이 보고서는 거의 전적으로 맨 섬에서 이루어지는 미국 시민의 활동을 집중적으로 다루고 있다. 칼 레빈 상원의원은 조사 대상인 탈세구조의 조직화에 관련된 기업의 역할에 대해 이렇게 말했다.

미국 사람들은 변호사, 브로커, 은행가, 역외 서비스 제공자 등의 도움을 받으면서 미국의 세금, 증권, 반돈세탁에 관련된 요구사항을 피하기 위해 조세회피처의 역외 신탁과 유령회사를 이용한다(2006, 9).

우리는 다른 곳에서 똑같은 태도를 발견할 수 있는데 2008년 2월 리히텐슈타인에서 중대한 탈세 사건이 폭로된 후 특히 그랬다. OECD 사무총장은 이 폭로에 대해 이렇게 말했다.

독일 사람들이 리히텐슈타인을 통해 광범위하게 탈세를 저지른다는 혐의와 관련된 폭로는 오늘날 세계화된 경제에서 훨씬 더 폭넓은 도전 과제를 부각시킨다. 즉, "어떻게 다른 국가 국민들의 탈세 행위에서 이윤을 취하려는 국가 또는 지역에 대응할 것인가"라는 것이다(OECD 2008b).

조세회피처로 인해 손실을 본 수입을 환수하려 한 독일의 대응은 실제로 과거 몇 년 동안 보여 준 주요국의 노력과 크게 다르지 않았다. 미국은 케이맨 제도, 영국령 버진아일랜드, 그 외의 카리브 해 지역의 금융센터를 근거로 행해진 신용카드 사기를 해결하기 위해 노력해 왔다. 아일랜드는 영국 왕실보호령 지역에 대한 공격에서 특히 성공을 거두었고, 2007년 영국도 아일랜드의 뒤를 이어 동일한 지역과 그 지역에 있는 영국의 5개 대형 은행의 지점이 보유한 영국 거주자의 계좌를 파고 들었다. 그 결과 6만 명 이상이 비밀은행계좌를 가지고 있다고 인정했다.

다각적 노력 2: 도하로 가는 길

OECD가 노력을 재개하는 동안 개발기구들은 개발과 조세회피처 간의 연관성을 찾기 시작했다. 2005년 이후 영향력 있는 NGO인 국제투명성기구는 부정부패에 대한 조사의 초점을 바꾸었다. 이 기구는 현재 부정부패에 대한 조세회피처의 역할을 인식하고 있으며, 자신들이 발표하는 부패인식지수에서 매우 좋은 점수를 받는 국가들이 개발도상국에서 훔친 돈을 숨기는 데 이용되는 조세회피처라는 앞뒤가 맞지 않는 사실도 알고 있다. 또 다른 NGO인 크리스천 에이드는 조세회피처로의 자본도피와 조세회피처로 인한 조세 수입 감소로 개발도상국에서 매년 25만 명 이상의 어린이가 목숨을 잃고 있다고 주장했다. 노르웨이 정부는 이 문제를 면밀히 살펴보기 위해 태스크포스팀을 구성했고, 2008년 11월 개발 자금을 조성하는 혁신적인 방법을 조사하기 위해 도하에서 개최된 유엔 공식회담의 의장국이 되었다. 준비 과정에서 노르웨이 정부는 이 분야에서 활동하는 NGO의 의견을 구했고 조세정의네트워크에 보고서 발간을 주문했다. 이 보고서는 조세회피처의 불법적 탈세 행위로 사라지는 조세 수입을 집중적으로 다루었다.

도하 선언문은 탈세, 돈세탁, 부정부패를 포함해 이 책이 다루는 모든 이슈를 제기했지만 조세회피처에 대해서는 전혀 언급하지 않았다. 이 선언문은 단순히 조세회피처에서 벌어지는 탈세 행위에 대항해 싸우는 다양한 국제적 노력에 대한 지지만 확인시켜 주었다(UN 2008). 이 선언문은 꽤 온건하게 보이지만 세기가 바뀌는 시점에서는 상상할 수 없는 것이었다. 비록 조세회피처에 대해 문제를 제기한 몇몇 직접적인 계획이 큰 성공을 거두지는 못했지만 많은 사람이 조세회피처 활동에 대해 알게 되었다. 또한 조세회피처가 야기하는 조세 수입 손실과 자본 유출에 대한 분노가 차오르면서 많은 것들이 바뀌고 있다.

유럽연합 집행위원회의 국제 금융외교

간섭주의와 제국주의라는 혐의에 대한 집행위원회의 반응은 독창적이었다. 집행위원회는 조세 수준에 관련된 귀찮은 논쟁에 휩쓸리기보다는 조세상 비거주자에 대한 우호적인 대우를 대상으로 삼았다. 각국은 여전히 자신들만의 조세 수준을 선택할 수 있지만, 조세 규정은 자국민을 포함해 모든 사람에게 동일하게 적용되어야 한다. 따라서 아일랜드는 모든 아일랜드 기업에 대해 12.5%라는 단일 세율을 적용했고 키프로스 역시 같은 방식을 선택했다. 저지와 맨 섬은 처음에는 좀 더 약삭 빠른 정책을 시도했다. 그들은 법인세율을 0% 수준까지 낮추는 대신 현지 기업은 소득의 10%를 '자발적으로 내도록 하는' 제도를 도입했다. 하지만 이와 같은 정책은 성공할 것 같지 않다.

유럽연합은 유럽의 조세회피처에서 세계의 다른 지역으로 자금이 이전될 때 발생하는 위험에 대해 완벽히 알고 있다. 그래서 유럽의 금융외교 노력은 비유럽 조세회피처를 대상으로 삼아 왔다. 2006년 초 케이맨 제도와 몬트세랫은 원칙적으로 정보 교환에 대해 동의했고, 영국령 버진아일랜드와 터크스케이커스 제도는 원천징수세를 채택했다.

유럽연합 집행위원회는 그들이 도입한 지침의 결과로 유럽의 많은 역외 자본이 단순히 아시아로 이전될 것이라는 사실을 인정했다. 그래서 자신들의 계획이 적용되는 지리적 범위를 확대하기 위해 홍콩, 싱가포르, 마카오, 일본, 캐나다, 바레인, 두바이, 바하마 간의 협상을 시작했다. 2007년 3월 이후 집행위원회는 탈세를 가능하게 하는 허점을 제거하기 위해 노력하고 있다. 2008년 초반 리히텐슈타인 사건으로 인해 프랑스와 독일은 유럽의 저축세 지침 범위를 확대하겠다는 결심을 강화했다.

유럽연합은 조세회피처가 원래의 지침과 마찬가지로 저축세 지침도 따르도록 설득해야 한다. 조세회피처와의 투쟁은 여전히 멀고 험하다. 하지만 우리는 유럽연합이 이미 여러 긍정적인 움직임을 보여 주었고, 앞으로 진전을 보여 줄 것을 기대한다.

가능한 또 다른 미래: 부에노스아이레스의 대응

많이 알려지지 않았지만 중요한 발전이 아르헨티나에서 일어났는데, 그것은 부에노스아이레스 당국에서 나왔다(자세한 내용은 Meinzer 2005 참조). 2001년 아르헨티나의 금융위기 시기에 여러 역외의 유령회사가 악성적인 남미 버전의 왕복 게임에서 국내 투기꾼의 대리인 역할을 했다고 의심받았다. 그 이후로 부에노스아이레스 시 당국은 조세회피처에 있는 유령회사로부터의 투자를 금지하는 대담한 조치를 취했다. 이런 새로운 규제는 2003년 발표되고 2005년 발효되었다. 검찰총장은 "저세율 지역 혹은 비과세 지역에 있는 모든 회사는 그곳에서 실제로 경제 활동을 하고 있다는 사실을 증명해 보이거나 아니면 아르헨티나 국적의 회사로 변환해야만 한다"고 발표했다. 더불어 역외 우루과이 회사 같은 모든 익명의 회사가 검찰총장에게 사업 허가를 받기 위해서는 반드시 그들의 주주와 최종 소유자 그리고 주식 수에 대한 자세한 정보를 제공해야 한다.

2009년에는 이런 새로운 규제가 도입된 지 얼마되지 않아 그 효과가 명확하지 않았다. 하지만 부에노스아이레스 시 당국이 취한 접근 방식은 하나의 모델이 될 수 있을 것이다. 이 방식은 세금을 적게 내고 규제를 피하기 위해 다른 나라에 선박을 등록하는 행위인 편의 치적으로 인한 문제를 해결할 때도 사용할 수 있다. 편의 치적의 경우 주요 선진국은 그들의 항구에 정박을 원하는 편의 치적 선박에 대해 안전과 노동 규제 목적으로 검사를 요구한다. 즉, 선진국은 전 세계 선박 항해에 대한 기준을 높였다. 동일한 방법이 조세회피처에 적용된다면 기업이 조세회피처 또는 역외 지역에 회사를 설립할 수는 있겠지만 역내 거래나 투자를 위해서는 장부를 공개해야 할 것이다. 그리고 이렇게 될 경우 불법

행위의 범위는 매우 축소될 것이다.

:: 미래

지금 일어나는 변화는 과연 어떤 결과를 가져올까? 이 분야에 관한 미래를 예측하려면 조세회피처의 발전 과정에서 항상 존재해 온 요인이 예측 불가능이라는 것을 받아들여야 한다. 2008년 영국 의회의 재무소위원회는 조세회피처의 활동에 대한 조사 초점을 투명성에 맞추겠다고 발표했다. 이는 복합적인 반응을 가져왔다. 어떤 조세회피처는 이 발표를 인정해 유럽연합의 저축세 지침과 그 외 다른 정보교환협정의 준수를 중요하게 여겼다. 그러나 동시에 우리가 이 책에서 결론지었던 것처럼 저지는 그들의 은행 비밀보장을 강화하기 위해 10만 유로를 쓸 계획이 있다고 발표했다. 이렇게 어떤 일이 벌어질지 예측하기는 힘들지만 다음과 같은 세 가지 상황이 일어날 것이라고 본다.

첫째, 서브프라임 위기가 계속 진행되면서 기업에게 투명성과 신뢰성을 높여야 한다는 압력이 엄청나게 가해질 것이다. 하지만 이 압력이 뚜렷한 결과를 가져오리라고 예상하지 않는다. 증권화, 파생상품, 역외금융센터는 국제금융 흐름에서 마의 삼각지대다. 부분적으로 불투명성을 유지하는 능력으로 이윤을 창출하는 금융 중개기관에게 훨씬 더 투명해지라고 요구하는 것은 비현실적이다.

둘째, 리히텐슈타인 사건의 결과로서 정보 교환에 대한 압력이 점차 증가할 것이다. 이 압력은 유럽연합의 저축세 지침 도입에 대한 경과조치가 2013년 말에 끝나면서 더욱 심화될 것이다. 그때가 되면 이 조치를 적용받는 모든 국가는 35%의 원천징수세를 부과하거나, 아니면 자신의 지역 내에서 발생하는 모든 이자소득에 대해 완벽한 정보를 교환해야 한다. 이 정도 세율로 원천징수하게 되면 역외 자본의 원천을 공개하기 싫어하는 몇몇 탈세자를 제외한 모든 사람이 완벽한 정보 공개를 선택할 가능성이 높아질 것이다. 유럽연합은 다른 소득원에 대해서도 이 조치를 확대할 수 있는데 실제로 그렇게 될 것이라고 믿는다. 또한 이 조치가 확대되어 민간기업과 신탁에까지 적용된다면 대부분의 조세회피처는 더 이상 매력적인 존재가 아닐 것이다. 즉, 영국과 네덜란드의 보호 아래 활동하던 조세회피처처럼 유럽에 있는 조세회피처는 더 이상 기능하지 못하고 조세회피처의 지형이 변할 것이다.

셋째, 조세회피처를 찾는 자금은 미국(오바마가 대통령 자리에 있는 동안은 그럴 것이다)과 유럽의 규제가 닿지 않는 몇몇 국가로 흘러갈 것이다. 오바마는 이미 상원의 Stop Tax Haven Abuse Act에 상원의원 칼 레빈과 놈 콜맨과 함께 서명했다.

물론 이것은 미래에 대한 낙관적인 시각이고 성공하기까지는 시간이 걸릴 것이다. 하지만 많은 조세회피처가 더 이상 자신들의 미래를 자신할 수 없다는 사실은 명확해졌다. 평론가 매티어슨은 이렇게 말한다.

"스위스 은행 시스템의 미래가 미국 대통령 선거 결과에 달려 있는가? 당연히 그렇다"(Mathiason 2008).

결론

조세회피처는 변두리적인 현상이 아니라
오늘날 세계경제의 핵심 요소다.
교묘하게 수사학적으로 표현하더라도 극도의 경제 위기
상황에서 경제를 유지하기 위해 많은 돈을 빌려 와야 했던
국가들이 조세회피처 때문에 수십 억 달러의 세금을
잃어버렸다는 사실은 변하지 않는다.

이 책의 중심이 되는 주장은 조세회피처가 조세 회피와 탈세의 도관일 뿐 아니라 넓게 보면 하나의 조직 또는 국가, 그리고 개인의 화폐적 자산을 운용하는 금융 세계에 속해 있다는 것이다. 개별적으로는 조세회피처가 작고 별 볼일 없어 보일 수 있지만 다 합치면 그들은 세계경제에서 이른바 신자유주의 세계화를 떠받치는 중요한 기둥 중 하나의 역할을 하고 있다.

우리는 조세회피처를 "그 지역에 거주하지 않는 사람이 조세나 규제를 피할 목적으로 수행하는 거래가 좀 더 쉽게 이루어질 수 있도록 의도적으로 법률을 제정하고, 수혜자가 누구인지를 알지 못하도록 법적으로 보장된 비밀의 장막을 제공해 세금이나 규제를 좀 더 쉽게 피할 수 있도록 하는 지역"으로 정의한다. 우리는 이 책을 통해 의도성을 강조했다. 즉, 비거주자에게 낮은 세금이 부과되고 거의 규제되지 않는 비밀 공간을 제공하기 위해 조세회피처로 알려진 국가들이 의도적으로 법률이나 정책을 만들어 내는 것을 강조한 것이다. 조세회피처는 회계사, 변호사, 은행가, 조세 전문가 집단의 적극적인 지지 아래 위와 같은 활동을 수행하고 있다.

물론 대다수 국가가 특정 산업이나 분야를 우대하기 위해 많은 재정적 인센티브를 제공하는데 이는 조세특례제도에 해당한다. 일반적으로 조세특례제도는 거주자와 비거주자 간에 차이를 두지 않는다. 이와 반대로 조세회피처는 의도적으로 비거주자 시장을 목표로 삼고 있다. 역설적으로 저지나 리히텐슈타인 같은 몇몇 조세회피처는 세금을 회피하기 위해 다른 조세회피처를 이용하는 자국민에 대해 특별히 강력한 제제를 가한다.

우리는 OECD 회원국에 의해 강화된 규정에 대응하고 또 인터넷과 월드와이드웹에 의해 열린 새로운 기회에 대응하기 위해 조세회피처는 새로운 형태의 법률이나 법인 혹은 새로운 영역을 개발하면서 계속 끊임없이 진화할 것이라고 주장한다.

프로이트의 유명한 '빌려 온 주전자 주장'(나는 작년에 주전자를 돌려주었다. …… 어쨌든 그것은 부서져 있었다. …… 어쨌든 나는 결코 그것을 빌려 가지 않았다)처럼 조세회피처는 끊임없이 다음과 같이 주장해 왔다.

1. 여기는 조세회피처가 아니다.
2. 사람들이 이곳을 조세회피처로 이용하는 것이 우리 잘못은 아니다.
3. 우리는 탈세를 뿌리 뽑기 위해 최선을 다해 다른 나라에 협조한다.
4. 우리는 규제가 잘 이루어지는 경제를 가지고 있다.

이 책에서 우리는 많은 지역이 정말 조세회피처라는 것을 보여 주는 증거를 제시했다. 그리고 그 현상이 비록 복잡하고 때로는 무계획적인 방식에서 시작되었지만 긴 시간에 걸쳐 모든 조세회피처는 의도적인 정책 결정의 결과물이 되었다. 또한 조세회피처는 항상 시간을 질질 끌면서 마지못해 협조하고 오직 지속적인 압력에 대해서만 조치를 취했다. 그리고 그때 조치란 종종 과거의 법률이나 규제를 동일한 효과를 달성할 수 있는 새로운 법률과 규제로 대체하는 것이었다.

1990년대 후반 시작된 다각적인 캠페인을 감안해서 다음과 같은 새로운 형태의 주장이 개발되었다.

1. 조세회피처는 효율적인 정부와 낮은 조세 수준을 유지할 수 있는, 훌륭하고 질서 있는 국가다.
2. 조세회피처는 OECD 회원국이 가하는 새로운 형태의 제국주의에 시달린다.
3. 모든 국가가 조세회피처다.

최근의 이런 주장 중 어떤 것은 정곡을 찌르기도 한다(Sharman 2006). 하지만 아무리 영리하게 수사학적으로 표현하더라도 본질은 변하지 않는다. 현재 우리가 가지고 있는 데이터가 그렇게 상세하지는 않지만 피할 수 없는 결론은 조세회피처가 변두리적인 현상이 아니라 오늘날 세계경제의 핵심 요소라는 것이다. 교묘하게 수사학적으로 표현하더라도 극도의 경제 위기 상황에서 경제를 유지하기 위해 많은 돈을 빌려 와야 했던 국가들이 조세회피처 때문에 수십 억 달러의 세금을 잃어버렸다는 사실은 변하지 않는다. 또한 영리한 정치공작 때문에 벼랑 끝 혹은 그 이상까지 내몰린 금융 시스템을 규제할 수 없고, 조세회피처가 아무리 오리발을 내민다고 해도 다국적기업, 범죄단체, 부패한 폭군이 자본이 정말 필요한 국내에서 수십억 달러의 자금을 스위스, 런던, 케이맨 제도의 계좌로 빼돌리는 것도 막을 수 없다.

조세회피처에 대한 정책은 변해야만 했고, 유럽연합의 사례에서 본 것처럼 독창적인 방법으로 변해 왔다. 앞서 살펴본 것처럼 조세회피처에 관한 논쟁은 세 가지 핵심 요소에 집중되어 있다. 첫째, 조세 회피, 탈세, 둘째 규제, 특히 금융 규제와 면밀한 감독, 셋째 돈세탁, 마약 자금 거래, 횡령 등을 포함하는 범죄 행위다. 이 책을 통해서 우리는 이런 이슈 중 어떤 것도, 그 이슈에 대항하는 어떠한 정책도 현재 국제 질서 구성 요소의 맥락을 벗어나서는 이해할 수 없다는 것을 강조해 왔다. 조세회피처는 소국의 주권에 관해서 다음과 같은 문제를 제기했다. 즉, 그들은 한 국가의 주권이 다른 국가의 주권을 실제로 침해하거나 혹은 침해하는 것으로 인식되는 경우 발생하는 주권의 본질에 관련된 문제를 제기한 것이다. 이어서 시장의 효율성과 국가 규제에 관한 이념적이고 실질적인 중요한 문제도 제기했다. 그리고 최종적으로 점점 더 통합되어 가는 세계경제 내에서 권력과 부에 관한 문제를 제기했다.

만약 조세회피처에 대한 정책에 근본적인 변화가 있고 그런 변화가 실제로 일어나고 있다고 본다면, 그 변화는 바로 국제질서의 본질을 향한 좀 더 깊은 변화를 예고하는 것이어야 한다. 이 변화는 이른바 신자유주의 형태의 세계화에서 포스트 신자유주의 세계화라고 표현되는 것으로의 변화다.

:: 리히텐슈타인 효과 그리고 변화의 이유

2008년과 2009년은 전 세계 조세회피처에게 특별한 시기였다. 오랜 기간 미국과 유럽연합은 조세회피처에 대항해 싸우는 데 협조하는 것을 탐탁지 않게 여겼다. 하지만 버락 오바마가 미국 대통령에 당선되면서 어느 정도 이 문제가 의제에 계속 머무르는 것이 보장되었다. 오랜 기간 OECD의 조세 관련 분야의 책임자로 있으면서 조세회피처 문제를 앞장서 해결하려 했던 제프리 오웬스가 2008년 12월 〈파이낸셜타임스〉에서 "조세회피처에 관련된 이슈에 대한 정치적 기후가 지난 3개월 동안 극적으로 바뀌었다"고 했을 때 우리가 끌어낼 수 있는 결론은 잠정적인 것일 뿐이었다.

그러나 몇 가지 결론은 이끌어 낼 수 있다. 조세회피처는 지난 10년 동안 끊임없이 비판받았다. 그 결과 (여전히 더 많은 것을 알아야 하지만) 이제 많은 것을 알게 되었다. 2008년 새롭게 전개된 두 가지 사건이 변화가 일어나고 있다는 결론을 뒷받침한다.

첫 번째 사건은 리히텐슈타인에서 LGT 은행(공국의 왕족 소유)의 전직 직원이, 은행의 비밀보장으로 인해 신원이 드러나지 않을 것이라고 믿던 4,000명 이상의 고객 정보가 담긴 컴퓨터 디스크를 훔친 사건이었다. 그는 400만 유로가 넘는 돈을 받고 독일 조세당국에 팔았는데, 독일 조세당국은 다른 국가들과 이 정보를 공유했다. 이 사건은 어느 정도 공동 책임을 지고 있던 조세회피처에게 위기감을 불러왔다.

리히텐슈타인 사건은 비밀보장이 조세회피처를 정의하는 특징임을 명확히 보여 주었다. 미국에서 제안된 Stop Tax Haven Abuse Act에서 이런 지역을 비밀지대라고 하는 것은 전혀 우연이 아니다. 지난 몇 년 동안 조세회피처에 대항하는 그룹 중 선두로 부상한 조세정의네트워크 같은 단체 역시 이들 지역의 비밀보장을 문제 삼고 있다. 이런 주장의 논리는 낮은 세율이 유일한 미끼가 아니라는 것이다. 오히려 비밀보장이 가장 중요한 매력 포인트고, 만약 비밀보장이 되지 않는다면 조세상의 이점은 가능하지 않다고 주장한다. 리히텐슈타인이 조세회피처로 성공한 요인이 바로 비밀보장이다. 은행의 절대적인 비밀보장, 조세정보교환협정 거부, 조세회피처 이슈에 관해서 OECD와 협조를 거부하겠다는 의사 표시 등과 같은 정책은 리히텐슈타인처럼 작은 국가에서 은행의 비밀보장이 유일한 장점이고 금융산업의 기반이 된다는 믿음에 기초하고 있다. 리히텐슈타인은 어느 누군가가 침묵 규정을 깨고 정보를 누설할 것이라고는 전혀 상상하지 못했다.

사실 이는 이런 비밀스러운 지역을 연구해 온 사람에게는 크게 새로운 것도 아니다. 그러나 이번에는 달랐다. 비밀지대가 '인공적인 생산요소'를 창조하고 있음을 보여 주는 명확한 증거가 발견된 것이다. 그들이 제공하는 구조는 주로 비거주자가 원래 거주하는 국가의 규제를 회피하기 위해 이용한다. 이게 가능한 것은 규제 회피 대상 국가들이 조세회피처에서 어떤 일이 벌어지는지, 누가 그것을 하는지 알 수 없게 만드는 비밀보장을 법적으로 제공하기 때문이다.

리히텐슈타인이 비밀보장을 너무 강력하게 밀어붙였는지는 모르겠지만, 다른 조세회피처도 정도의 차이일 뿐 원칙적으로는 다르지 않다. 2008년 동안 몇몇 조세회피처, 특히 맨 섬이 미국, 스칸디나비아 국가들 같은 주요 거래 파트너와 OECD의 영향을 받은 조세정보교환협정을 맺은 것은 사실이다. 그러나 가장 오랫동안 유지되어 온 협정 중 하나인 2002년에 맺은 미국과 저지 간 협정도 2008년까지 단지 네 차례 사용되었다(Houlder 2008a). 이 의미는 명백하다. 많은 조세회피처는 자신들이 투명하며, 모든 필요한 정보 조약에 서명했고 잘 규제되고 있으나 세계가 그것을 몰라 준다고 주장해 왔던 것이다. 하지만 현재 우리가 가진 증거를 보면 그들이 주장하는 선의는 전혀 근거가 없다.

유럽연합 집행위원회는 유럽연합 저축세 지침에서 얻은 경험을 토대로 조세회피처의 주장을 의심의 눈으로 바라보게 되었다. 2008년 11월 집행위원회는 저축세 지침 수정안을 제출하면서 다음과 같이 발표했다. "2008년 11월 13일 유럽연합 집행위원회는 현재 존재하는 세법상의 허점을 제거하고 탈세를 더 잘 방지하기 위해 저축세 지침의 수정안을 채택했다." 즉, 유럽연합은 탈세 문제만 해결하겠다는 목적 아래 만장일치로 제안한 지침이 뚜렷한 성공을 거두지 못했는데, 그 이유가 유럽연합 내의 조세회피처와 유럽연합 밖 조세회피처의 담합에 기인했음을 인정한 것이다. 케이맨 제도와 룩셈부르크는 모두 저축세 지침하의 의무 조항을 피할 수 있는 기회를 투자가에게 제공하는데, 이것은 저축세 지침에 저촉되는 양도 가능한 증권에 대한 단체 투자 인수[UCITS]를 고려하는 법인이 그렇지 않은 법인으로 재등록하게 하여 저축세 지침을 회피할 수 있도록 처리해 주는 것이다. 이와 같은 방법은 최근에 와서야 알려졌다. 스위스의 프라이빗뱅크가 파나마 기업을 대량으로 사들이고 이 기업을 통해 고객이 저축세 지침을 회피할 수 있다는 소문이 무성하다. 왜냐하면 회사법인처럼 보이면 개인에만 적용되는 저축세 지침을 피할 수 있기 때문이다. 우리가 앞에서 설명한 것처럼 스위스의 2대 은행인 UBS와 크레디트스위스는 싱가포르에 프라이빗뱅킹 운영을 위한 대규모 훈련시설을 세웠는데, 이런 활동이 아시아로 이동할 것이라고 예상했기 때문일 것이다. 영국의 왕실보호령 국가와 해외 영토들의 신탁 제도도 동일한 기능을 한다는 소문이 있다. 이 지침이 요구하는 자동적인 정보 교환에 기꺼이 참여하겠다는 조세회피처는 하나도 없다. 이유는 당연히 자신들의 금융산업을 보호하고 탈세를 시도하려는 고객을 보호하기 위함일 것이다. 이 지침을 뒷받침하는 정보 교환과 투명성에 대해 아무도 약속하지 않았다는 것은 주목할 만하다.

자신들의 영역 밖으로 영향을 미치는 역외구조에 초점을 맞추자 조세회피처의 비판자들은 강력한 새로운 무기를 가지게 되었다. 조세회피처 내부에만 초점을 맞추면 조세회피처는 감정적인 측면에서 주권을 강조하면서 자신을 방어할 수 있는데, 특히 이렇게 함으로써 1998년 OECD 계획에 효과적으로 대항했다(Sharman 2006). 그들은 외부 간섭 없이 세율을 정하는 것이 그들의 권리라고 주장했고, 워싱턴 합의[Washington Consensus]를 지지하는 국가에게 낮은 세금이 마법의 주문과 같았던 시기에 조세회피처의 주장을 반대하기란 쉽지 않은 일이었다.

비밀주의는 완전히 다른 문제다. 비밀주의는 다른 국가의 주권을 침해하는 데 사용되는 하나의 무기로 인식된다. 오랫동안 조세회피처의 보호막이 되었던 주권론은 이제 이들의 아킬레스건이 되었다. 유럽연합의 뒤를 따라 조세회피처를 공격하는 국가들은 그들이 어떤 세율을 선택하든 관계없이 그런 권리를 문제 삼지 않는다. 다만 그들은 다른 국가역시 자신들만의 세율을 결정할 권리가 있는데, 조세회피처의 불투명성 때문에 각국이 세율을 정할 수 있는 주권적 권리 행사가 방해를 받는다고 주장한다. 주권에 대한 이런 역전된 주장은 조세회피처에 대한 국제정치에서 하나의 티핑 포인트로 판명될지도 모른다. 현재까지 어떠한 조세회피처도, 조세회피처를 옹호하는 누구도 이 부분에 대해서는 견고한 방어 논리를 제시하지 못한다.

:: 금융위기의 교훈

두 번째로 중요한 사건 전개는 글로벌 금융위기인데 이 일로 사람들이 조세회피처를 주목하게 되었다. 여기서 우리는 조세회피처가 이 위기를 일으킨 것은 아니라고 할 수 있다. 하지만 그렇다고 해서 조세회피처가 안도할 일은 아니다. 그들이 위기를 용이하게 했다는 것은 의심의 여지가 없기 때문이다.

이 책을 통해 우리는 조세회피처가 진정한 의미의 금융센터로서의 기능을 하는지 여부에 대한 충실한 연구가 거의 없다는 점을 밝혔다. "케이맨 제도에 1만 2,000개의 기업이 입주한 건물이 있다면, 그것은 세계에서 가장 큰 건물이거나 아니면 가장 큰 조세 사기가 벌어지는 건물이다"라고 한 오바마의 말은 오히려 현실을 과소평가한 것인지도 모른다. 미국 회계감사원은 "어글랜드하우스(그랜드케이맨 섬 조지타운 중심지의 주소)의 유일한 입주자는 법률회사이면서 기업 관련 서비스를 제공하는 메이플앤드캘더Maples and Calder인데, 이 회사는 2008년 3월 기준 자신이 설립한 1만 8,857개 회사의 등록 사무실 역할을 한다"고 보고하고 있다(GAO 2008, 2). 그러나 어떤 조세회피처(특히 뉴욕과 연결된 케이맨 제도, 런던과 연결된 저지, 그리고 뉴욕 및 런던과 모두 연결된 스위스처럼 주요 금융 센터와 밀접히 연결된 조세회피처)는 단순한 장부기입센터 이상으로 투자은행업에서도 중요한 접속점이 되었다고 믿을 만한 이유가 있다. 저지의 무런트Mourants 같은 몇몇 전문 법무법인과 회계법인은 아직은 소수에 지나지 않지만 다른 조세회피처에 지점을 세웠다. 아직은 금융산업에서 보조적인 역할에 머물러 있지만 금융 혁신을 창조하거나 모방하는 능력을 개발해 왔다. 즉, 위기 발생 원인이 되었던 세 분야인 증권화, 고아 회사orphan company, 헤지펀드에서 능력을 발휘했다.

증권화는 매우 다양한 금융 수단을 의미하는 포괄적 용어다. 현재의 금융위기에 연루된 증권화의 형태는 여러 종류의 채권을 모아서 새로운 금융증권을 만들어 특수목적법인에 공급하는 것인데, 이런 특수목적법인 중 상당수가 역외부문에 등록되어 있다고 본다. 이 법인은 채권 발행을 통해 최초 대출을 실행했던 기관의 자금 확보에 도움을 주었다. 그런데 이런 모든 활동은 대체로 고객의 채무를 추심하는 데 책임이 있는 법인의 대차대조표에 포함되지 않았다. 이는 역내의 최초 대출 실행기관과 역외의 특수목적법인이 관련된 상황에서 채권의 '진정한 판매'라고 완곡하게 불리는 법적 관행에서 매우 중요하다. 이 관행은 최초에 실행된 채권의 채무불이행 위험과 특수목적법인이 발행한 채권의 채무불이행 위험을 구분하기 위한 것이다. '진정한 판매'는 신용평가기관의 사업에 매우 중요하다. 이 기관은 특수목적법인이 발행한 채권이 거래되고 시장에서 유동화될 수 있도록 채권의 순위를 매기기 때문이다.

최초에 대출을 실행하는 회사는 역내에 있지만 저비용, 약한 규제, 지배구조와 법률적 이슈에 대한 느슨한 접근으로 인해 역외 환경은 이 시장의 급속한 팽창을 가능하게 했다. 특히 중요한 것은 서로 다른 국가 간에 이런 활동을 적절히 분리하면 상당한 규제적 이점을 누릴 수 있다는 점이다. 증권화 시장의 얼마나 많은 부분이 역내와 역외가 혼합된 형태로 작동하고 있을까? 여러 사례가 대다수 활동이 역외에서 일어나고 있음을 보여 주지만 정확한 수치를 알 수는 없다. 제7장에서 논의한 이유들을 통해 우리는 영국 은행 대부분이 분명히 이 기법을 사용한다고 본다. 케이맨 제도에 대한 미국 회계감사원 조사보고서에 따르면 미국 증권화 시장의 상당 부분 역시 이 기법을 이용했다. 유럽의 은행도 이런 현상을 뒷받침하는 증거를 보여 준다. 이 방식이 가진 이점은 세 가지로 요약할 수 있다. 바로 신속하게 처리할 수 있고 비용이 덜 들며 어떤 규제 담당자도 거래 전체를 볼 수 없다는 점이다.

채권을 발행하려는 사람에게 저지가 전문화하고 있는 고아 회사의 경우보다 더 유용한 것은 없지만, 그런 형태의 회사가 미국 시장에서도 광범위하게 사용되는지 여부는 명확하지 않다. 자신의 대차대조표에 존재하는 대출채권을 다른 사람에게 떠넘길 목적이나 새로운 유동화 증권을 발행하기 위해 대규모 자금을 모으려는 목적(두 경우 메커니즘은 동일하다)을 가진 기관은 항상은 아니지만 종종 조세회피처에 자선 신탁을 설립한다. 그 신탁의 수탁인은 명목적으로 최초에 대출을 실행한 회사와 관계가 없지만 실제로는 그 회사가 원하는 대로 행동한다. 그리고 그 수탁인은 최초에 대출을 실행한 기관에 자금을 공급해 주는 채권을 발행하는 특수목적법인을 만드는 작업을 하는데, 이는 종종 여러 지역에 존재하는 법인의 네트워크를 통해 이루어진다.

우리는 이런 증권화에 참여하는 사람들이 증권화의 각 단계가 무엇을 목적으로 하는지 정확히 안다고 생각하지 않는다. 이 중 대부분은 어떠한 경제적 실체도 갖고 있지 않다는 점은 명백하다. 그들을 정확히 파악하는 것은 사실상 불가능하다. 대출을 받은 고객이나 수익을 받기로 되어 있는 자선 신탁도 이 사실을 모른다. 그런데 이제 불투명성 때문에 증권화와 그것을 가능하게 했던 지역이 세상의 주목을 받게 되었다. 조세회피처는 부채 규모를 쉽게 늘렸고, 대부분의 사람이 가늠하기 힘든 방법을 사용했다는 이유 때문에 가혹한 비판에 직면해 왔는데, 변화가 필요하다. 그리고 단지 세금만 관련된 것은 아니고 지배구조가 증권화에 의존한다는 문제가 제기되어 왔다. 즉, 어떻게 이런 인공적인 조직이 정말로 좋은 지배구조를 가질 수 있는가 하는 것이다.

금융위기를 초래한 금융의 또 다른 측면을 연구하다 보면 이런 경향은 확실해진다. 헤지펀드 산업은 주로 역외 지역에서 활동하는 것처럼 보인다. 이미 우리가 언급한 것처럼 2008년 8월, 영국의 금융 서비스 당국의 대변인은 이렇게 말했다. "아무도 영국에 헤지펀드를 등록하지 않았다. 만약 누군가 했다면 우리는 그것을 어떻게 상대할지 고민해야만 했을 것이다. 그리고 무언가 새로운 것을 고안해 내야만 했을 것이다"(Clark 2008). 이 문제는 정치가나 일반인 모두에게 너무나 명확해졌다. 구조화된 역외가 어떤 심각한 영향을 역내에 미치는가. 그 영향에 대한 인식은 맞든 틀리든 간에 부정적이다. 헤지펀드는 의심할 나위 없이 미국, 영국, 프랑스, 그리고 다른 은행의 주식을 팔았고, 적어도 HBOS라는 한 은행을 국가의 지원이 필요하고 강제적인 인수합병의 대상이 될 수밖에 없는 위치로 내몰았다. 이 분야는 "어떤 책임성도 없고 수익은 높은데 세금은 거의 내지 않는다"는 오명을 얻었다.

:: 금융위기가 조세회피처에 미친 영향

우리가 서문에서 주목했던 것처럼 2007년부터 2009년 사이에 발생한 위기는 조세회피처에 대한 규제 대응의 전개에서 또 다른 분수령이 될 수 있다. 2009년 4월 런던에서 개최된 G20 회의에서 금융 시스템의 여러 분야에 걸친 개혁에 관한 중요한 성명서가 발표되었는데 우리에게 중요한 조세회피처에 대한 개혁도 포함되어 있었다. G20 성명서는 "비협조적인 지역이 일으킨 리스크에 대항해 공공 금융과 국제 기준을 보호하는 것이 필수적이다"라고 천명한다. 그래서 "정보 교환에 대한 국제 기준을 충족하지 못하는 지역에 대항해 합의된 액션을 취할 준비를 해야 한다"고 선언한다(G20 2009). 이 목적을 달성하기 위해 G20 국가들은 "고려 대상이 되는 국가에 대항해 사용할 수 있는 효과적인 정책에 대해 동의했다.

G20 성명서는 이 책에서 자세히 다룬 조세의 많은 불법적 행위를 넌지시 암시하고 있는데, 그런 의미에서 1년 전에는 불가능한 것처럼 보였던 것을 이미 달성한 셈이다. 가장 중요한 것은 G20 국가들이 오랫동안 세계경제에서 조세회피처가 자행하는 지속적인 불법 행위를 지적해 온 헌신적인 학자와 운동가의 관심과 걱정을 인정했다는 점이다. 그렇다고 G20의 제안이 만족스러운 것은 아니다. 먼저 조세회피처의 명단을 작성하는 데 G20이 제안하는 기준은 전반적으로 부적절하다. OECD는 단순히 조세정보교환협정에서 자신들이 제시한 12개 기준에 동의할 것만 요구한다. 우리가 제9장에서 주장한 것처럼 이 방식은 네덜란드나 델라웨어 주 같은 OECD에 포함되는 지역이 조세회피처임을 인식하지 못한다. 중국의 압력으로 홍콩과 마카오가 조세회피처 의심 지역의 리스트에 포함되지 않고 저지, 건지, 맨 섬 같은 영국의 조세회피처도 소

위 화이트리스트에 포함될 것이라는 점은 예측할 수 있다. 왜냐하면 적용 기준이 이런 결과가 나올 수밖에 없도록 만들어진 것이기 때문이다. 아일랜드 또한 매우 이상하게도 도덕적인 국가로 취급된다. 시티 오브 런던, 델라웨어, 네바다가 G20의 정책에서 제재를 받을 가능성이 없다는 것은 말할 필요도 없다. 이를 암시하는 정치적 타협은 의심할 여지없이 이 과정이 진행되는 데 긴장을 조성하고 목표로 하는 결과를 지연시키거나 희석시킬 것이다.

더 문제가 되는 것은 G20이 조세정보교환협정 시스템을 통해 제재 여부를 판단하는 것이다. 이 책에서 우리가 주장하는 것처럼 조세정보교환협정을 구축하는 시스템은 매우 번거롭고 시간이 오래 걸리며 비용이 많이 드는데도 효과는 거의 없다. 현재 조세정보교환협정을 활용하려면 조세 당국은 먼저 정보를 요구하는 지역에 대해 탈세나 사기가 그 지역에 거주하는 사람과 명확히 연관되어 있다는 증거를 제시해야 하는데, 이는 조세회피처의 비밀보장 특성 때문에 획득하기 어렵다. 조세회피처에 대항하는 운동에 참여하는 사람들은 유럽연합이 도입한 것과 같은 자동 정보 교환 시스템만 필요한 억제 효과를 가질 수 있고 동시에 조세정보교환협정 시스템에 필요한 명백한 증거를 제공한다고 주장한다. 이런 일이 일어날 때까지 혹은 이런 일이 일어날 날짜가 정해질 때까지는 G20 성명서가 주장했던 것과는 반대로 은행의 비밀보장 시대는 끝나지 않을 것이다.

:: 비밀주의와의 전투

조세회피처와의 전투에서 다음 단계는 무엇인가? 이 시점에서 해답은 비밀보장에 대해 문제를 제기하는 것이다. 조세회피처가 제공하는 의도된 비밀의 장막이 없다면 세금이나 규제를 피할 목적으로 조세회피처를 이용하는 사람의 신원을 쉽게 확인할 수 있을 것이다. 그렇게 되면 그들은 자신의 명성에 미칠 효과나 고소되는 것이 두려워서 스스로 그런 행동을 하지 않거나 그들이 실제로 경제 활동을 수행하는 국가가 그런 행동을 하지 못하도록 할 수 있다. 하지만 비밀보장에 대해 문제를 제기하는 것만으로는 충분하지 않을 수 있다. 국가 간의 관계에서 발생하는 유산 문제는 여전히 남아 있다. 우리의 제안은 다음과 같은 두 가지 주제를 중심으로 한다.

비밀주의는 원하는 대로 법률을 제정할 수 있는 것이 주권이라는 구실하에 조세회피처 내부에서 만들어진다. 그런데 비밀주의는 조세회피처 밖으로 영향을 미친다. 비밀주의에 대해 고민하는 사람은 다음과 같은 선택을 할 수 있다. 그들은 이런 지역이 내부에서 비밀주의를 무너뜨릴 시도를 하거나 아니면 비밀주의가 영향을 미치는 곳에서 그것을 무너뜨릴 시도를 할 수 있다. 세 번째 선택은 이 문제를 피해 가는 것이다. 시민사회단체가 엄청난 압력을 가하고 있지만 조세회피처는 비밀주의 포기를 극도로 꺼려 왔다. 우리는 조세회피처가 단기간에 입장을 바꿀 것이라고 생각하지 않는다. 특히 영국, 델라웨어, 네바다 같은 지역에서 먼저 개혁하지 않는 이상 그들의 입장 변화는 이루어지기 힘들 것이다.

결과적으로 외부에서부터 비밀주의를 깨뜨리려는 시도가 주목받고 있다. 하나의 공격 라인은 유럽연합의 저축세 지침을 확대하는 제안이다. 이 지침이 처음 도입되었을 때는 실질적인 진일보가 있었지만, 개인 소유의 신탁과 회사가 그 지침의 적용 범위에서 제외되었기 때문에 영향력은 제한적이었다. 유럽연합의 2008년 12월 개정안은 강력한 효과를 갖고 있다. 이 개정안은 은행이 거래하는 법인의 실질적 소유자에 관련된 정보를 은행 계좌의 실질적 소유자가 거주하는 국가에 제공하거나 아니면 수입의 35%까지 원천징수해야 한다는 의무를 함께 묶은 것이다. 이런 의무조항은 유럽연합 내에서, 그리고 지침이 지정하는 추가적인 지역 내에서 활동하는 모든 기관에 적용될 것이다. 사실상 이 개정안은 조세회피처에 근거지를 둔 법인의 실질적 소유자가 신원이 확인, 공개되어야 하고, 평상시 거주하는 국가에 세금을 내야 함을 의미한다. 결과적으로 국제비즈니스회사 같은 역외 법인과 역외 신탁은 정보 교환 여부를 결정할 때 무시될 것이다. 정보 교환은 그런 법인이 등록된 지역을 우회해 실질적 소유자가 거주하는 국가 간에 이루어질 것이다.

이것은 굉장한 돌파구다. 이로 인해 역외에서 수행되는 모든 조세축소활동은 완전히 소용없게 되고 문제가 되는 법인이 받은 소득에 대해서는 그 법인의 실제 소유자가 거주하는 국가가 과세하면 된다. 물론 장애물도 있다. 이 지침은 모든 유럽연합 국가의 지지를 받아야 하는데, 특히 룩셈부르크가 강력히 반대하고 있어 완벽한 지지가 이루어질지는 명확하지 않다. 하지만 이런 제안의 존재 자체가 유럽연합이 가고자 하는 방향을 명확히 보여 준다.

유사한 징조는 미국에서도 발견할 수 있다. 오바마 대통령은 상원의원으로 활동하던 때 Stop Tax Haven Abuse Act의 제정에 참여했다. 이 법안의 기본 전제는 조세회피처의 법인을 관리하면서 거기서 소득을 얻고 있는 사람은 그렇지 않다는 것을 증명하지 않는 한 미국 조세 당국에 그 소득을 보고할 의무가 있다는 것이다. 2009년 1월 독일에서도 유사한 의도의 법률이 제출되었다. 독일은 동일 그룹 내의 회사들 간 거래라 할지라도 조세회피처에 있는 법인에 지불된 금액에 대한 조세 경감을 없애려 한다. 이 두 가지 법안 모두 납세자가 자신들이 결백하다는 것을 증명할 때까지는 죄가 있음을 전제하는 세련되지 못한 법안이다. 이 부분이 비판의 중심이 되는 것은 의심의 여지가 없다.

　비밀주의의 문제를 해결하는 또 다른 접근은 다국적기업에 대해서 제안되었다. 몇 가지 사소한 예외가 있지만 대부분의 다국적기업은 국제회계표준이사회 혹은 미국의 연방회계표준이사회가 요구하는 기준에 맞는 회계보고를 해야 한다. 두 단체의 규정하에서 다국적기업은 연결재무제표를 제출해야 한다. 이 과정을 통해 이전가격 조작이 개입된 그룹 내의 거래가 제거된다. 따라서 두 기구가 마련한 새로운 일반 규정하에서는 법인의 거래를 지역으로 구분해 보고할 필요가 없어졌다. 그 결과 다국적기업이 거래하는 곳, 이윤을 창출하는 곳, 자산을 보유하는 곳, 세금을 내는 곳에 별개 회사를 설립하는 것이 거의 불가능해졌다.

　PWYP 연합과 조세정의네트워크가 주축이 된 시민사회 단체는 이런 다국적기업이 국가별로 회계 처리를 해야만 한다고 주장하는데, 이는 이 책의 저자 중 1명이 최초로 제안한 것이었다. 국가별 회계 처리는 다국적기업이 그룹 내부 판매를 포함해 지역별로 매출액을 보고해야 하고 비슷한 방법으로 비용을 구분해야 하며, 직원을 어디서 고용했는지, 그들에게 얼마나 많은 보수를 지불했는지, 그들이 활동하는 각 나라에서 얼마나 많은 이윤을 벌어들였는지, 그 이윤에 대해 얼마나 많은 세금을 지불했는지, 그리고 각국이 얼마나 많은 자산을 보유하고 있는지를 보고해야 함을 의미한다. 앞에서 언급한 시민단체들은 이런 개혁이 주주의 위험을 상당히 줄여 줄 것이라고 주장한다. 즉, 자산 배분의 효율성을 높여 그룹 내 기업의 자본비용을 감소시키고 결과적으로 경제적 이득을 가져온다고 주장한다. 또한 이를 통해 각 기업이 거래하는 국가에서 수행하는 활동에 대해 책임을 지게 된다고 주장한다. 이런 방식의 공개가 지역 간에 나타나는 거래의 규모나 양의 차이를 고려하지 않고 모든 지역에서 동일하게 이루어지면 제3자 거래와 기업 내부거래에 비밀주의를 사용하는 지역이 노출될 것이다. 또한 이런 공개는 개발도상국에서 탈세 도구로 많이 사용되는 이전가격 조작 문제에서 특히 중요하다.

이 제안은 유럽연합, 미국, 독일의 제안과 같이 조세회피처가 제공하는 비밀주의를 직접 공격하지 않고 간접적으로 공격하는 방식을 취하고 있다. 왜냐하면 이 정책을 시행하거나 기업회계를 일반에 공개하는 데는 비밀주의를 채택한 지역의 동의가 필요없기 때문이다. 이렇게 정책 방향을 바꾼 것은 조세회피처의 비밀주의를 제거해 나가기 위한 협상이 계속 실패해 왔다는 것을 보여 주는 것이기도 하다. 조세회피처와 주요 국가 간의 정보 교환을 보장해 주기로 되어 있던 조세정보교환협정이 실제로 의미 있는 정보 교환을 가져오지 못했다는 인식이 널리 퍼지고 있으므로 조세회피처의 동의를 요구하지 않으면서 비밀주의를 공격하는 수단이 필요하다.

조세회피처 내부적으로도 상당한 문제가 있다는 것 역시 설명할 필요가 있다. 이들 지역에서는 은행 규제에 관련해서 지속적이고 명확한 문제가 발생했다. 아이슬란드, 아일랜드, 맨 섬에서의 은행 실패가 보여 준 것처럼 작은 규모의 정부는 은행이 실패했을 경우 예금자를 보호하는 능력이 매우 제한적이다. 이 경우 선의를 가지고 행동한 사람이 불필요한 위험에 노출되며, 잠재적으로 그 지역 사람에게 합리적으로는 해결할 수 없는 규모의 채무를 부담하도록 한다. 따라서 최종적으로 특정 은행의 실패에 따른 리스크가 나머지 전체 은행 시스템으로 전가된다.

같은 맥락에서 규제 개혁은 이런 은행의 모기업 이사진이 조세회피처에 있는 계열 은행의 행동에 책임을 져야 할 것을 요구하고 있다. 이에 더해 주요 금융센터는 펀드 운용이 자신들의 지역에서 이루어진다는 것을 근거로 규제를 받으려 한다면 명목적으로만 조세회피처에 있는 자금을 자신들의 지역으로 이동시킬 것인지 여부를 결정해야 한다. 베어스턴스가 운용했던 헤지펀드의 청산 과정에서 드러난 것처럼, 케이맨 제도에서는 헤지펀드 운용에서 실질적으로 이루어진 것이 아무것도 없었고, 모든 결정은 뉴욕에서 이루어졌다. 만약 청산 목적에서 모든 결정이 뉴욕에서 이루어졌다면 규제 목적에서도 똑같아야 할 것이다. 이 점을 명확히 해서 펀드를 규제할 권리가 있다고 주장할지 여부는 규제 담당자에게 달려 있다. 물론 이렇게 하면 이런 펀드는 실질적으로 더 투명해질 것이다. 이런 형태의 모든 개혁은 앞에서 언급한 것처럼 조세회피처를 외부에서 통제하는 방식이다.

어떤 지역은 협조하지 않을 것이다. 많은 조세회피처는 예전처럼 그들을 규제하려는 시도에 대해 훨씬 더 정교하고 불투명한 금융기구를 제공해 비밀주의를 더 강화하는 방향으로 대응해 왔다. 이런 경향은 주로 다른 국가들의 정치적 통제권 밖에 있는 파나마나 두바이 그리고 싱가포르 같은 지역에서는 계속될 것 같다. 그들은 자신의 금융 서비스 산업의 근간이 비밀주의임을 명확하게 보여 주었다.

이들 국가에 대해서는 국제적으로 합의된 행위 규범을 준수하게 하기 위한 제재가 필요하다. 지금에 와서 금융 실패에 따른 비용의 크기가 확인되었고 전 세계의 일반적인 납세자에게 돌아가는 부담은 앞으로 수치로 표시될 것이다. 그 결과 리스크를 줄이기 위한 정치적 의지는 큰 힘을 받을 것이다. 그리고 국제적으로 합의된 규범에 참여하기를 거부하는 작은 국가들은 상당한 압력에 직면하고, 많은 국가들이 큰 저항 없이 무릎을 꿇게 될 것이다. 예를 들어 영국의 영향력 아래 있는 모든 지역은 유럽연합의 행동 결과로 규제 환경 내에 들어올 것이 거의 확실하다. 미국은 버뮤다와 스위스 같은 국가를 주목하고 있다. 그들이 목표가 되면서 비밀주의를 유지하는 나머지 지역에 대한 압력도 커질 것이다. 제재는 잠시 동안만 가해질 텐데, 자본도피가 가능한 지역의 수가 감소함에 따라 다른 지역으로의 자본도피 자체가 사라질 것이기 때문이다.

이런 상전벽해 같은 변화는 과연 언제 일어날까? 사실 알 수 없다. 2008년 비밀주의의 폐해에 대한 전투에서 진전이 있거나, 그런 전투가 수행되도록 정치적 환경이 변할 것이라고 예상한 사람들은 거의 없었다. 오바마 행정부는 이미 선두에 서서 조세회피처에 대해 추가 압력을 가하고 있다. 2009년 5월 오바마 대통령은 돈 많은 미국인과 다국적 기업의 조세회피처 이용에 대항해 여러 수단을 제안했다. 유럽에서는 2009년 6월 프랑스와 독일이 그들의 행동을 조정할 목적으로 또 다른 회의를 계획하는 등 조세회피처에 대한 압력을 계속 강화하고 있다. 그 와중에 고든 브라운 수상은 영국의 해외 영토에 대해 상당히 강인한 의지를 담은 서신을 보냈다. 거기에는 그 지역이 탈세를 방지할 때 OECD가 정한 최소한의 기준을 훨씬 초과하는 조치를 취할 것을 요구하며, 동시에 G20이 정한 대로 신속히 행동하지 않는다면 그들에 대한 압력을 증가시킬 것이라고 협박하는 내용을 담고 있었다. 또한 그는 조세회피처가 조세 회피 문제를 해결하기 위해서도 행동할 것을 요구했지만 아직은 그가 기대했던 행동의 변화는 나타나지 않고 있다.

또 다른 압력도 존재한다. 예를 들어 많은 정부들은 은행을 보유하게 되면서 비밀주의를 유지하는 지역을 지원하기 위해 자금을 제공하는 것이 자신들의 이익과는 부합하지 않음을 깨닫게 될 것이다. 이제 우리는 변화를 기대할 수 있다. 어쩌면 그 변화는 예상했던 것보다 훨씬 빨리 올지도 모른다. 행동을 이끌어 내는 데 이기심만 한 것은 없기 때문이다.

용어 해설

- **47조**(Article 47) : 1934년 제정된 스위스 은행법의 한 조항으로, 은행이 비밀을 누설한 경우 형사 처벌할 수 있도록 한 조항

- **공격적 조세 회피**(aggressive tax avoidance) : 조세 전문가들이 조세납부자에게 대가를 받고 조세납부액을 축소하기 위해 수행하는 다양한 수법을 의미함. 주로 세법상의 허점을 이용하며 드러나는 불법성은 없음.

- **구조화 투자 회사**(structured investment vehicle) : 특수목적법인이 단기 대출과 장기 상환의 기간 차이에서 발생하는 이윤을 획득할 목적으로 사용하는 투자수단

- **국제비즈니스회사**(International Business Corporation; IBC) : 조세회피처와 역외 금융센터에 독립적인 회사 혹은 역내 회사의 자회사 형태로 설립된 유한 책임 회사. 여러 목적을 가지고 설립되는데 가장 중요한 목적은 수입이 발생하는 사업 부문을 세금이 적은 국가로 이전하는 것임.

- **도치**(inversion) : 모회사(parent company)가 본부의 등록지를 자신이 역외지역에 보유하고 있는 자회사로 바꾸는 행동, 즉 모회사가 자회사가 되고 반대로 자회사가 모회사가 되면서 모회사가 역외지역에 위치하기 때문에 세금이 감소함.

- **무형 재산**(incorporeal property) : 물리적 형체는 없지만 재산권의 교환을 통해 시장에서 거래될 수 있는 재산

- **미국 역외금융시장**(International Banking Facility; IBF) : 은행들이 해외거주자 혹

은 해외 거주기관들에게 국내 규제의 적용을 받지 않고 예금과 대출 서비스를 제공할
수 있는 법적인 공간

• **바닥으로의 경쟁**(race to the bottom) : 자본을 유치하기 위한 국가 간의 경쟁으로 인
해 세율이 계속 낮아지고 자본에 대한 규제가 계속 약해지는 현상

• **신탁**(trust) : 신탁 재산에 대해 법적 소유권을 가지고 있는 수탁자(trustee)가 수익자
(beneficiary)에게 혜택이 가도록 신탁재산을 관리해야 하는 관계. 다른 말로 자산의
소유자의 수익자를 분리하는 계약적 동의

• **아시아통화단위**(Asian Currency Unit; ACU) : 싱가포르의 IBF(아래에서 설명).
1968년에 도입됨.

• **역외**(offshore) : 각종 규제를 회피할 목적으로 실제 거래가 발생한 곳과 법적으로 거
래가 발생한 곳을 분리시켜 주는 법적인 공간. 역외금융센터, 역외편의치적 등이 있음.

• **역외금융센터 공동체** : 역외 세계의 하부구조를 공급하는 회계법인, 변호사, 은행가,
조세전문가, 금융거래자를 의미함.

• **역외금융센터**(OFC) : 여러 규제를 회피할 목적으로 비거주 고객에게 금융서비스를
제공하는 금융센터로서 모든 국가에서 가능함. 박(Y.S. Park)에 따르면 다음과 같은
4가지 형태가 있음. ① 전 세계 고객을 대상을 하는 은행과 금융시장을 가지고 있는 센
터, ② 자본시장은 없고 은행으로 이루어진 장부기입센터(booking center), ③ 자금
유입센터(funding center), ④ 자금유출센터(outward center)

• **영조물**(anstalt) : 리히텐슈타인이 전문으로 하는 분야로서 재단과 신탁이 혼합된 복
잡한 형태의 법인

• **왕복 여행**(rounding-tripping) : 조세특례제도의 혜택을 누리기 위해 자금이 역외를
통해 원래 속해 있던 국가로 투자되는 것

• **원천징수세**(withholding tax) : 어느 한 사람이 외국에서 받는 수입에서 세금을 공제
하는 것. 일반적으로 이자수입, 배당, 로열티와 같은 투자소득에 적용됨.

• **유럽연합의 사업과세 행동강령**(EU Code of Conduct on Business Taxation) :
1997년 12월 1일에 열린 경제 금융 장관 회의(Council of Economics and Finance
Ministers; ECOFIN)에서 결정된 것으로서 법적인 구속력을 가지고 있지는 않지만
정치적 영향력은 가지고 있음. 이 강령을 채택하면서 유럽연합 회원국은 현재 유해한
조세경쟁을 부추기는 각종 조세 정책을 거두어들이고 향후 그런 정책의 도입을 자제하
게 되었음. 이 강령은 유럽연합 내에서 기업의 입지에 영향을 미치는 법적, 규제적, 행
정적 조세 정책을 대상으로 함.

• **유럽연합의 저축세 지침**(EU Savings Tax Directives; STD) : 탈세문제를 해결하고

유럽연합 내 시장의 적절한 작동을 확립하기 위해 채택된 지침. 이 지침은 2003년 승인되었고 2005년 7월 1일부터 효력이 발생했음. 가장 중요한 수단은 조세당국 간의 정보교환임. 그러나 몇몇 국가에 대해서는 임시로 원천징수 협약이 이를 대신할 수 있도록 되어 있음.

- **유로달러**(Eurodollars) : 미국 이외의 지역에서 예금되고 대출되는 미국달러. 이것이 거래되는 시장을 유로시장이라고 함. 어떤 화폐든지 그것이 발행된 국가 이외에서 거래되면 그 시장은 유로시장이 됨.

- **은행의 비밀보장법**(baking secrecy laws) : 계좌소유주의 동의 없이 은행이 계좌 정보를 공개했을 때 형사 처벌할 수 있도록 한 법률로, 은행과 고객 간 비밀보장에 관한 일반적인 계약의무를 강화한 것

- **이전가격 조작**(transfer pricing) : 다국적기업이 국가 간의 내부거래에 대해 가격을 책정하는 것

- **이중과세협정**(double tax treaty) : A라는 국가 또는 지역에서 발생한 소득이 B라는 국가 또는 지역에서 취득되었을 때 가급적 한번만 과세되도록 하기 위해 A와 B 간에 맺은 조약

- **자본도피**(capital flight) : 거주국에서의 세금을 회피하기 위해 불법적 수단을 통해 해외로 자금을 빼돌리는 것

- **장외거래**(over the counter) : 공식시장을 통하지 않고 딜러의 네트워크를 통해 주식, 채권, 파생금융상품이 거래되는 것

- **재단**(foundation) : 유한 책임회사와 유사하게 독립적인 법적 존재로서 인정받는 신탁의 한 형태. 이것은 소유자 혹은 주주를 가지고 있지 않음. 재단이 관리하는 자산에서 발생한 소득은 재단 약관이 명시하는 특정 목적에 사용되도록 되어 있음.

- **조세 격차**(tax gap) : 납세자가 납부해야 하는 세금액과 실제로 납부하는 세금액의 차이

- **조세정보교환협정**(Tax Information Exchange Agreement; TIEA) : 조세에 관련된 정보를 교환하기 위해 양자 간에 맺은 협정

- **조세축소활동**(tax planning) : 조세 전문가의 도움을 받아 조세 관련 규정의 허점을 이용하여 조세 납부액을 축소하려는 행위 또는 방법

- **조세특례제도**(Preferential Tax Regime; PTR) : 해외 자본을 유치하기 위해 고안된 다양한 정책과 규제들

- **조세회피처**(tax haven) : 다음과 같은 3가지 환경 중 어느 하나라도 제공하는 국가. ① 비거주자에게 세금을 전혀 부과하지 않거나 아주 적은 세금만 부과, ② 엄격한 비밀

보호와 익명성 보장, ③ 쉽고 빠른 창업

- **조세 회피**(tax avoidance) : 탈세나 사기와 달리 불법적 행위 없이 조세 납부액을 최소화하려는 관행

- **특수목적법인**(Special Purpose Vehicle; SPV) : 대기업이 위험관리수단으로 설립한 지점이나 자회사. 이것은 규제를 피해 복잡한 금융상품을 발행하거나 채무를 감출 목적으로도 사용됨. 역내와 역외에서 모두 설립이 가능함.

- **파생상품**(derivatives) : 실물상품, 금융수단 혹은 지수, 부도나 파산과 같은 사건을 기초로 만들어진 소위 2차 금융 수단을 의미함. 원래는 설탕이나 밀의 가격을 이정 수준으로 유지하기 위해 개발되었으나 오늘날에는 금융시스템의 위험을 거래하기 위한 핵심수단이 되었음.

- **헤지펀드**(hedge fund) : 공격적이며 리스크가 큰 투자 전략을 다양하게 사용하는 여러 종류의 투자자들을 의미함. 그들은 일반적으로 규제감독과 세금을 최소화하기 위해 미등록 상태 에 있거나 역외금융센터에 등록되어 있음.

참고문헌

Altman, Oscar L. 1969. Eurodollars. In *Reading in the Euro-Dollar*, ed. Eric B. Chalmers. London: W.P. Griffith.

Avery Jones, John F. 1996. Tax law: Rules or principles? *Fiscal Studies* 17(3):63–89.

Baker, Raymond W. 2005. *Capitalism's Achilles heel: Dirty money and how to renew the free-market system*. London: John Wiley and Sons.

Baldacchino, Godfrey. 2006. Managing the hinterland beyond: Two ideal-type strategies of economic development for small island territories. *Asia Pacific Viewpoint* 47(1):45–60.

Baldwin, R., and P. Krugman. 2004. Agglomeration, integration and tax harmonization. *European Economic Review* 48(1):1–23.

Balzli, Beat, and Frank Hornig. 2008. Europe, US battle Swiss bank secrecy. *Der Spiegel Online International*, May 20.

Beauchamp, A. 1983. *Guide mondial des paradis fiscaux*. Paris: Grasset.

Becht, Marco, Colin Mayer, and Hannes F. Wagner. 2006. Where do firms incorporate? CEPR Discussion Paper no. 5875, October.

Becker, Brandon, and Colleen Doherty-Minicozzi. 2000. Hedge funds: A reprise of 1999's 'Where do we go from here' program. Panel Discussion, ABA Section of Business Law, Columbus, Ohio.

Beja, Edsel L. Jr. 2005. Capital flight: Meanings and mea sures. In *Capital flight and capital controls in developing countries*, ed. Gerald Epstein. Cheltenham, UK: Edward Elgar.

______. 2006. Was capital fleeing Southeast Asia? Estimates from Indonesia,

Malaysia and the Philippines and Thailand. *Asia Pacific Business Review* 12(3):261–83.

Belotsky, Vincent P. 1987. The prevention of tax havens via income tax treaties. *California Western International Law Journal* 17:43–101.

Beltran, Daniel O., Laurie Pounder, and Charles Thomas. 2008. Foreign exposure to asset-backed securities of U.S. origin. Board of Governors of the Federal Reserve System, International Finance Discussion Papers, 939. August 6. http://www.federalreserve.gov/pubs/ifdp/2008/939/ifdp939.pdf.

Bertrand, Benoit, and Vanessa Houlder. 2008. Trounced on tax. *Financial Times*, March 6.

Berle, A. A. 1950. Historical inheritance of American corporation. In *Social meaning of legal concepts*. Vol. 3: *The power and duties of corporate management*. New York: New York University School of Law.

Bestley, T., and A. C. Case. 1995. Incumbent behavior: Vote- seeking, tax-setting, and yardstick competition. *American Economic Review* 85:25–45.

Bhattacharya, Anindya. 1980. Offshore banking in the Caribbean. *Journal of International Business Studies*. 11(3):37–46.

BIS. 1995. The BIS statistics on international banking and financial market activity. Monetary and Economic Department, Basle, Switzerland.

———. 2000. Guide to the international banking statistics. Monetary and Economic Department. Basle, Switzerland.

———. 2003a. Shell banks and booking Offices. Basel Committee on Banking Supervision, Basle, January.

———. 2003b. Parallel-owned banking structures. Basel Committee on Banking Supervision. Basle, January.

———. 2005. 75th annual report. Basle, June.

Blum, Jack A., Michael Levi, R. Thomas Naylor, and Phil Williams. 1998. Financial havens, banking secrecy and money laundering. A study prepared on behalf of the United Nations under the auspices of the Global Programme against Money Laundering. Office for Drug Control and Crime Prevention, Vienna, December.

Blum, R. H. 1984. *Offshore haven banks, trusts, and companies: The Business of crime in the Euromarket*. New York: Praeger.

Boyrie, Maria E., Simon J. Pak, and John S. Zdanowicz. 2001. The impact of Switzerland's money laundering law on capital flows through abnormal pricing in international trade. CIBER Working Paper.

———. 2005. Estimating the magnitude of capital flight due to abnormal pricing in international trade: The Russia–USA case. *Accounting Forum* 29(3):249–70.

Braäutigam, Deborah, Odd-Helge Fjeldstad, and Mick Moore, eds. 2008. *Taxation and state-building in developing countries: Capacity and consent*. Cambridge: Cambridge University Press.

Brittain-Caitlin, William. 2005. *Offshore: The dark side of the global economy*. New

York: Farrar, Strauss and Giroux.

Browning, Lynneley. 2008. A one-time tax break saved 843 U.S. corporations $265 billion. *New York Times*, June 24.

Brueckner, J. K., and L. A. Saavedra. 2001. Do local governments engage in strategic property tax competition? *National Tax Journal* 54:203–29.

Burn, Gary. 1999. The state, the city and the Euromarket. *Review of International Po litical Economy* 4(2):225–60.

———. 2005. *Re-emergence of global finance*. London: Palgrave.

Burton, John. 2008. Singapore: From guns to bankers in colonial bungalow. *Financial Times*, June 20.

Calcutta Jute Mills, Limited v. Nicholson (Surveyor of Taxes), Cesena Sulphur Company, Limited v. Nicholson (Surveyor of Taxes), (1876) I TC 83, 88 (HL).

Campbell, Greg. 2002. *Blood diamonds: Tracing the deadly path of the world's most precious stones*. Boulder, CO: Westview Press.

Capgemini, and Merrill Lynch. 2007. World wealth report 2007. http://www. ml.com media/79882.pdf.

Case, A. C. 1993. Interstate tax competition after TRA86. *Journal of Policy Analysis and Management* 12:136 – 48.

Cassard, M. 1994. The role of offshore centers in international financial intermediation. IMF Working Paper no. 107, Washington, DC.

Cavalier, G. A. 2005. Tax havens and publics international law: The case of the Netherlands Antilles. *Bepress Legal Series*. Working Paper 567. http://law. bepress.com/expresso eps/567.

Cayman Island Government. 2004. Bud get 2004/5, Tabled in the Legislative Assembly 16 March 2004. Strategic Policy Statement, Caymans Islands. http://www.radiocayman.gov.ky/pls/portal30 docs/FOLDER/SITE83/ LOCALISSUES/BDGTSPSOSX.PDF.

CBO. 2005. Why does U.S. investment abroad earn higher returns than foreign investment in the United States? Economic and bud get issue briefs. November 30. http://www.cbo.gov/ftpdocs/69xx/doc6905/11-30-Cross-BorderInvestment.pdf.

Chaikin, David. 2005. Policy and fi scal effects of Swiss bank secrecy. *Revenue Law Journal* 15(1):90–110.

Chambost, Eduard. 1977. *Guides des paradis fiscaux*. Paris: Fabre.

Chavagneux, Christian. 2001. Secret bancaire: une légende helvétique. *Alternatives Economiques* no.188, January.

———. 2004. *Economie politique internationale*. Paris: La Découverte.

———. 2009. *Les dernières heures du libéralisme*. Paris: Editions Perrin.

Chavagneux, Christian, and Ronen Palan. 2006. *Paradis Fiscaux*. Paris: La Découverte(Edition Repères).

Chee Soon Juan. 2008. Singapore's future as a financial centre. Singapore's Democrats. http://yoursdp.org/index.php/perspective/special-feature/1513-singapores-future-as-a-financial-centre-part-i.

Christian Aid. 2008. Death and taxes. London. http://www.christianaid.org.
uk/getinvolved/christianaidweek/cawreport/index.aspx.

Clark, Andrew. 2008. How to set up a hedge fund. *Guardian*, August 6.

Clarke, William M. 2004. *How the City of London works*. London: Sweet &
Maxwell.

Clausing, K., and A. Calusing. 2007. Closer economic integration and
corporate tax systems. Paper presented at the conference Tax Havens and
tax competition, Universita Bocconi.

Clegg, David. 2006. The morality of taxation. Ernst & Young. http://www.
schmidtreport.co.uk/Subscribers/offshore/offshore4.html.

Cobb, Corkill. 1998. Global finance and the growth of offshore financial
centers: The Manx experience. *Geoforum* 29:7–21.

Commons, John. [1924] 1959. *The Legal foundations of capitalism*. Madison:
University of Wisconsin Press.

Corporation of London. 2005. *The competitive position of London*. http://www.
zyen.com/Knowledge Research/LCGFC.pdf.

Council on Foreign Relations. 2002. Terrorist financing. Task Force Report,
Washington, DC.

Couzin, Robert. 2002. *Corporate residence and international taxation*. Amsterdam:
IBFD.

Crombie, Roger. 2008. Bermuda in-depth series part I: lighting and fire. *Risk
and Insurance*, January 1.

CRS Report. 1998. The 1997–98 Asian financial crisis. http://www.fas.org/
man/crs/crs-asia2.htm.

Desai, Mihir, A. C. Fritz Foley, and James R. Hines Jr. 2002. Dividend policy
inside the firm. NBER Working Paper no. 8698.

______. 2004a. Foreign direct investment in a world of multiple taxes. *Journal of
Public Economics* 88:2727–44.

______. 2004b. Economic effects of tax havens. *NBER Working Paper* no. 10806.

______. 2005. The degradation of reported corporate profits. *Journal of Economic
Perspectives* 19(4):171–92.

______. 2006. The demand for tax haven operations. *Journal of Public Economics*
90:513–31.

Dev, Kar, and Devon Cartwright-Smith. 2008. *Illicit financial flows from
developing countries: 2002–2006*. Washington, DC: Global Financial Integrity.
www.gfip.org.

Devereux, M., R. Griffi th, and A. Klemm. 2002. Corporate income tax reforms
and international tax competition. *Economic Policy* 35:449–96.

Dharmapala, Dhammika A., and James R. Hines. 2006. Which countries
become tax havens? *NBER Working Paper* no. 12802.

Diamond, Walter, and Dorothy Diamond. 1998. *Tax havens of the world*. New
York: Matthew Bender Books.

Dill, T. M., and L. M. Minty. 1932. Bermuda laws and franchise. *J. Comp. Legis.*

& *Int'l L.* 3d ser. 216.

Dinmore, Gary, and Hugh Williamson. 2008. Italy gripped as names of Liechtenstein accounts holders leak out. *Financial Times,* March 20.

Dixon, Liz. 2001. Financial flows via offshore financial centers. *Financial Stability Review* 10:104–15.

Doggart, Caroline. 2002. *Tax havens and their uses.* 10th ed. London: Economist Intelligence Unit.

Doyle, Michelle, and Anthony Johnson. 1999. Does offshore business mean onshore economic gains. Central Bank of Barbados Working Papers 1999, pp. 95–111.

Dum.nil, Gerard, and David L.vy. 2004. *Capital resurgent.* Cambridge, MA: Harvard University Press.

Dupuis- Danon, M. C. 2004. *Finance criminelle,* 2nd edition. Paris: PUF.

ECOFIN. 1999. Code of conduct business taxation council of the European Union. Brussels. http://ec.europa.eu/taxation customs/resources/documents/primarolo en.pdf.

Eden, Lorraine, and Robert Kurdle. 2005. Tax havens: Renegade states in the international tax regime? *Law & Policy* 27:100–127.

Edwards, Andrew. 1998. Review of financial regulation in the Crown Dependencies: A report." The Edwards report, London, Home Office.

Epstein, Edwin. 1969. *The corporation in American Politics.* Englewood Cliffs, NJ: Prentice Hall.

Ernst & Young. 2008. Global transfer pricing report for 2007. http://www.ey.com/.European Commission. 2006. Taxation papers: A history of the "tax package." The Principles and issues underlying the community approach. Working Paper no. 10.

Evans, N. 2002. Bermuda: The new standard setter?" *Euromoney,* January.

Federal Reserve Bank of New York (FRBNY). 2007. International Banking Facilities.

FedPoints. http://www.newyorkfed.org/aboutthefed/fedpoint/fed20.html.

Fehrenbach, R. R. 1966. *The gnomes of Zürich.* London: Leslie Frewin.

Feld, Lars P., and Emmanuelle Reulier. 2005. Strategic tax competition in Switzerland: Evidence from a panel of the Swiss cantons. Cesifo Working Paper no. 1516 Category 1: Public Finance, August.

Financial Action Task Force on Money Laundering (FATF). 2000. Report on noncooperative countries and territories. February 14, OECD, Paris.

Financial Stability Forum (FSF). 2000. Report of the Working Group on Offshore Centers. www.fsformum.org/Reports/RepOFC.pdf .

____. 2005. FSF Announces a New Process to Promote Further Improvements in Offshore Financial Centers (OFCs). Press Release. Ref 11/2005. March 11. http://www.fsforum.org/press/pr 050311b.pdf?noframes=1.

Fleming, Donald M. 1974. The Bahamas tax paradise. *Tax Executive* 27:217–24.

Frank, Robert. 2007. *Richistan: A journey through the 21st century wealth boom and the lives of the new rich*. London: Piatikus.

G-20. 2009. Declaration on strengthening the financial system—London, 2 April. http://www.g20.org/pub communiques.aspx.

Garretsen, Harry, and Jolanda Peeters. 2006. Capital mobility, agglomeration and corporate tax rates: Is the race to the bottom for real? De Nederlandsche Bank(DNB) Working Paper no. 113.

Gates, Carolyn L. 1998, *The merchant republic of Lebanon: Rise of an open economy*. Oxford: I.B. Tauris.

Genschel, Philip. 2002. Globalization, tax competition, and the welfare state. *Politics and Society* 30(2):245–75.

————. 2005. Globalization and the transformation of the tax state. *European Review* 13:53–71.

Gerakis, A. S., and A. G. Roncesvalles. 1983. Bahrain's offshore banking center. *Economic Development and Cultural Change*, 31(2):271–93.

Ginsburg, Anthony S. 1991. *Tax havens*. New York: New York Institute of Finance.

Global Witness. 2006. Heavy mittal? A state within a state: The inequitable mineral development agreement between the government of Liberia and Mittal Steel holdings NV. A Report by Global Witness, October. http://www. globalwitness.org/media library detail.php/156/en/heavy mittal.

Glos, George E. 1984. Analysis of a tax haven: The Liechtenstein Anstalt. *International Lawyer* 18(4):929–36.

Godefroy, T., and P. Lascoumes. 2004. Le *capitalisme* clandestin. L'illusoire régulation des places offshore. Paris: La Découverte.

Goodfriend, Marvin. 1998. Eurodollar. In Instruments of money market, ed. Timothy Q. Cook and Robert K. Laroche. 7th ed. Richmond, VA: Federal Reserve Bank of Richmond.

Gordon Report. 1981. Tax Havens and their use by U.S. taxpayers. Report prepared for the Internal Revenue Ser vice Washington, DC.

Gorton, G., and N. S. Souleles. 2005. Special purpose vehicles and securization. Federal Reserve Bank of Philadelphia Working Paper no. 05–21.

Gourvish, T. R. 1987. British business and the transition to a corporate economy: Entrepreneurship and management structures. *Business History* 29(4):18–45.

Government Accounting Office (GAO). 2000. Suspicious banking activities: Possible money laundering by U.S. corporations formed for Russian entities. Report to the Ranking Minority Member, Permanent Subcommittee on Investigations, Committee on Governmental Affairs, U.S. Senate Washington, DC.

————. 2004. Tax administration comparison of the reported tax liabilities of foreign and U.S.-controlled corporations, 1996–2000. Report to Congressional Requesters,

February. http://www.gao.gov/new.itemsUnited States General Accounting

Office/d04358.pdf.

______. 2008. Cayman Islands: Business and tax advantages attract U.S. persons and enforcement challenges exist. Report to the Chairman and Ranking Member, Committee on Finance, U.S. Senate, July.

Gray, Simon. 2005. Vista trusts allow BVI to sough off past and attract global business. *The Lawyer.com*, 17 January.

Gruber, H., and J. Mutti. 1991. Taxes, tariff and transfer pricing in multinational corporate decision making. *Review of Economics and Statistics* 73(2):285–93.

Grundy, Milton. 1987. *Grundy's tax havens: A world survey.* London: Sweet and Maxwell.

Guex, Sebasiten. 1998. *L'argent de l'état: Parcours des finances publiques au xxe siécle.* Lausanne : Réalités sociales.

______. 1999. Les origines du secret bancaire suisse et son rôle dans la politique de la confédération au sortir de la Seconde Guerre mondiale. *Genèses* 34.

Gutcher, Lianne. 2006. Banks braced for demands to hand over offshore information. *The Scotsman,* May 4.

Haiduk, Kiryl. 2007. The political economy of post-Soviet offshorization. In *After deregulation: Global finance in the new century,* ed. Libby Assassi, Duncan Wigan, and Anastasia Nesvetailova. London: Palgrave.

Hampton, Mark. 1996. *The offshore interface: Tax havens in the global economy.* Basingstoke: Macmillan.

______. 2007. Offshore finance centers and rapid complex constant change. Kent Business School Working Paper no. 132.

Hampton, M. P., and John Christensen. 1999. Treasure island revisited. Jersey's offshore finance centre crisis: Implications for other small island economies. *Environment and Planning* 31:1619–37.

______. 2002. Offshore pariahs? Small island economies, tax havens and the reconfiguration of global finance. *World Development* 30(9):1657–73.

Hanzawa, Masamitsu. 1991. *The Tokyo offshore market. In Japan's Financial Markets.* Tokyo: Foundation for Advanced Information and Research.

Hedge Fund Research Inc. 2006. HFR industry report—Year end 2006. http://www.hedgefundresearch.com.

Hejazi, Walid. 2007. Offshore financial centres and the Canadian economy. http://www.rotman.utoronto.ca/facBios/file/canadianeconomy.pdf.

Helleiner, Eric. 1994. *States and the reemergence of global finance.* Ithaca: Cornell University Press.

Her Majesty's Revenue & Customs (HMRC). 2007. Taxation of the foreign profits of companies: a discussion document. http://customs.hmrc.gov.uk/channelsPortal WebApp/downloadFile?contentID=HMCE_PROD1_027592.

______. 2008. Company residence: Guidance originally published in the International Tax Handbook. http://www.hmrc.gov.uk/manuals/intmanual/INTM120150.htm.

Herbert, Christine. 2008. £100,000 PR campaign. *Jersey Evening Post,* June 27.

Heyndels, B., and J. Vuchelen. 1997. Tax mimicking among Belgian municipalities. *National Tax Journal* 51:89–101.

Higonnet, Ren. P. 1985. Eurobanks, eurodollars and international debt. In *Eurodollars and international banking*, ed. Paolo Savona and George Sutija. Basingstoke: Macmillan.

Hines, J. R. 1999. Lessons from behavioural responses to international taxation. In *Location and competition*, ed. S. Brakman and H. Garretsen. London: Routledge.

Hines, James R., and Eric M. Rice. 1994. Fiscal paradise: Foreign tax havens and American business. *Quarterly Journal of Economics* 109:149–82.

Hinks, Gavin. 2008. UK corporations moving overseas: Will they stay or will they go? *Accountancy Age*, May 14.

Hodess, Robin. 2004. Introduction: Transparency International. Where did the money go? Global Corruption Report 2004. London: Pluto.

Hodjera, Zlatan. 1978. The Asian currency market: Singapore as a regional financial centre. International Monetary Fund Staff Papers, 252: 221–53.

Hong, Qing, and Michael Smart. 2007. In Praise of Tax Havens: International Tax Planning and Foreign Direct Investment. http://www.fatf-gafi.org/doc ument/9/0,2340,en_32250379_32236920_34032073_1_1_1_1,00.html.

Hoskins, Patrik. 2007. HBOS bails out own fund as effect of credit crisis spreads. *Times*, August 22.

Houlder, Vanessa. 2008a. Accord puts suspected tax evaders in spotlight. *Financial Times*, October 29.

____. 2008b. Harbours of resentment, *Financial Times*, December 1.

Huber, Nick. 2008. Offshore tax havens: Crackdown. *Accountancy Age*, November 27.

Hübsch, Marc. 2004. Economic development policy in the context of EU enlargement: The case of Luxembourg. Paper presented at the workshop on small states, University of Iceland, September.

Hudson, Alan C. 1998. Reshaping the regulatory landscape: Border skirmishesaround the Bahamas and Cayman offshore financial centers. *Review of International Political Economy* 5(3):534–64.

Hug, Peter. 2000. Les vraies origines du secret bancaire, démontage d'un mythe. *Le Temps*, April 27.

IFSL. 2007a. 2007 Hedge Funds. International Financial Services, City Business Series. http://www.ifsl.org.uk/upload/CBS Hedge Funds 2007.pdf.

____. 2007b. International Financial Markets in the UK. www.IFSL.org.uk/ research.

IMF. 2000. Offshore Financial Centers. IMF Background Paper. Prepared by the Monetary and Exchange Affairs Department, June.

INCSR. 2008. U.S. International Narcotics Control Strategy Report, vol. 2, U.S. Department of State, Bureau for International Narcotics and Law Enforcement Affairs. March 2008.

Irish, Charles R. 1982. Tax havens. Vanderbildt Journal of Transnational Law pp. 49–510.

Ise, William H. Boston College. Indus. & Com. L. Rev. 194 1969–1970, Secret Swiss Bank Accounts as a Mechanism for Violating United States Securities Laws: An Analysis of Proposed Solutions legislation, *J. Comp. Legis. & Int'l L.* 3d ser. 216.

Jao, Y. C. 2003. Shanghai and Hong Kong as international financial centres: Historical Perspective and contemporary analysis. Hong Kong Institute of Economics and Business Strategy, no. 1071. http://www.hiebs.hku.hk/working paper updates/pdf/wp1071.pdf.

Jersey Financial Services Commission (JFSC). (no date). Report of the Working Group on Offshore Centres. http://www.jerseyfsc.org/the commission/international co-operation/evaluations/independentreportofworkinggroup.asp#7.

Jersey Police Report. 2006. http://www.taxresearch.org.uk/Documents/Statesof JerseyPoliceAnnualReport2006.pdf.

Jeune, Philip. 1999. Jersey hits back over tax haven allegations. *Financial Times*, September 25.

Johns R. A. 1983. *Tax havens and offshore finance: A study of transnational economic development*. New York: St. Martin's Press.

Johns, R. A., and C. M. Le Marchant. 1993. *Finance centres: British isle offshore development since 1979*. London: Pinter.

Kane, Daniel R. 1983. *The eurodollar market and the years of crisis*. London and Canberra: Helm.

Kakazu, H. 1994. *Sustainable development of small island economies*. Oxford: Westview Press.

Kim, Woochan, and Shang-Jon Wei. 2001. Offshore Investment funds: Monster in Emerging Markets? HKIMR Working Paper no. 05/2001. http://papers.ssrn.com/sol3/papers.cfm?abstract_id=1009446#PaperDownload.

KPMG. 2005. Transfer Pricing Surveys 2005–2006.

_____. 2007. *The KPMG Corporate Tax Rate Survey 1993 to 2006*. http://www.kpmg.com/NR/rdonlyres/D8CBA9FF-C953-45FA-940A-FAAC86729554/0/KPMG CorporateTaxRateSurvey.pdf.

Kurdle, Robert T. 2003. Hegemony strikes out: The U.S. global role in antitrust, tax evasion, and illegal immigration. *International Studies Perspectives* 4(1): 52–71.

Kurdle, Robert T., and Lorraine Eden. 2003. The campaign against the tax havens: Will it last? Will it work? *Stanford Journal of Law, Business and Finance* 9:37–68.

Kuenzler, Roman. 2007. Les paradis fiscaux. M.A. thesis, University of Geneva.

Kynaston, D. 2001. *The city of London. A club no more, 1945–2000*. London: Chatto & Windus. Les paradis fiscaux. 1999. *L'economie politique*. vol. 4.

LeRoy, Greg. 2006. The great American jobs and tax scam. *Tax Justice Focus* 2(4).

Levin, Carl. 2003. U.S. tax shelter industry: The Role of accountants, lawyers and financial professionals. Statement by Senator Carl Levin before U.S. Senate Permanent Subcommittee on Investigations, November 18. http://levin.senate.gov/newsroom/release.cfm?id=216379.

———. 2006. Tax havens abuses: The enablers, the tools and secrecy. Senate Permanent Subcommittee on Investigations. U.S. Senate. Committee on Homeland Security and Government Affairs, August 1. http://levin.senate.gov/newsroom/supporting/2006/PSI.taxhavenabuses.080106.pdf.

———. 2007. Levin, Coleman, Obama introduce Stop Tax Haven Abuse Act. Press Office of Senator Carl Levin. http://levin.senate.gov/newsroom/release.cfm?id=269479.

Likhovski, Assaf. 2007. The law and public opinion explaining IRC v. Duke of Westminster. In *Studies in the history of tax law*, ed. John Tiley, vol. 2. Oxford: Hart.

Lindholm, Richard W. 1944. *The corporate franchise as a basis of taxation*. Austin: University of Texas Press.

Looijestijn-Clearie, Anne. 2000. Centros LTD: A complete u-turn in the right of establishment for companies? *International and Comparative Law Quarterly* 49(3):621–42.

Maillard, De J. 1998. *Un monde sans loi. La criminalité financière en image*. Paris: Stock.

———. 2001. *Le March. fait sa loi. De l'usage du crime par la mondialisation*. Paris: Mille et une nuits.

Maingot, Anthony P. 1995. Offshore secrecy centers and the necessary role of states: Bucking the trend. *Journal of Interamerican Studies and World Affairs* 37(4):1–24.

———. 1998. Laundering drug profits: Miami and Caribbean tax havens. *Journal of Interamerican Studies and World Affairs* 30(2):167–87.

Marias, Saul G. 1957. Liechtenstein—A corporate home away from home. *Business Lawyer* 1956–57.

Marshall, Don D. 1996. Understanding late-twentieth-century capitalism. *Government and Opposition* 31:193–214.

Masciandaro, Donato, ed. 2004. *Global financial crime: Terrorism, money and offshore centers*. London: Ashgate.

Mathiason, Nick. 2008. Tax scandal leaves Swiss giant reeling. *Observer*, June 29.

Maurer, Bill. 1998. Cyberspatial sovereignties: Offshore finance, digital cash, and the limits of liberalism. *Indiana Journal of Global Legal Studies* 52:493–519.

McClam, Warren D. 1974. Monetary growth and the euro-currency market. In *National monetary policies and the international financial system*, ed. Robert Z. Aliber. Chicago: Chicago University Press.

Meinzer, Marcus. 2005. Buenos Aires bans investment from offshore companies. *Tax Justice Focus* 1(2):10.

Merrill Lynch, Gapgemini, Ernst & Young. 2002. *World Wealth Report 2002*. New York.

Moffett, Michael H., and Arthur Stonehill. 1989. International banking facilities revisited. *Journal of International Financial Management and Accounting* 1(1):88–103.

Morgenthau, Henry. 2006. Note du Trésor sur la fraude et l'évasion fiscales. *L'economie politique*, no. 19, July.

Murphy, Richard. 2006. The price of offshore. TJN Briefing Paper. http://www.taxjustice.net/cms/front content.php?idcatart=134.

———. 2007. UK subsidises the Isle of Man to be a tax haven. Tax Justice Network. http://www.taxresearch.org.uk/Documents/TRIoM3-07.pdf.

———. 2008a. *The missing billions: The UK tax gap*. Touch Stone Pamphlets. www.tuc.org.uk/touchstonepamphlets .

———. 2008b. The Direct Tax Cost of Tax Havens to the UK. Tax Research. http://www.taxresearch.org.uk/Documents/TaxHavenCostTRLLP.pdf.

Na.m, Mois.s. 2005. *Illicit: How smugglers, traffickers, and copycats are hijacking the global economy*. New York: Doubleday.

National Audit Office (NAO). 2007. Managing Risk in the Overseas Territories. Report by the Comptroller and Auditor General. London: The Stationery Office.

Naylor, R. T. 1987. *Hot money and the politics of debt*. London: Unwin Hyman.

———. 2002. *Wages of crime: Black markets, illegal finance and the underworld economy*. Ithaca: Cornell University Press.

Nesvetailova, Anastasia. 2007. *Fragile finance: Debt, speculation and crisis in the age of global credit*. Basingstoke: Palgrave.

Neveling, Nicholas. 2007a. Mass opposition to HMRC's disclosure changes as a head. *Accountancy Age*, January 18.

———. 2007b. Darling on the offensive against UK "tax havens" claims. *Accountancy Age*, July 19.

Norregaard, John, and Tehmina S. Khan. 2007. *Tax policy: Recent trends and coming challenges*. International Monetary Fund: IMF Working Paper, WP/07/274.

Novack, J., and L. Saunders. 1998. The hustling of rated shelters. *Forbes*, December 14.

OECD. 1987. International tax avoidance and evasion: Four related studies. Issues in International Taxation. no. 1. OECD Committee on Fiscal Affairs. Paris: OECD.

OECD. 1998. *Harmful tax competition: An emerging global issue*. Paris: OECD. http://www.oecd.org/dataoecd/33/0/1904176.pdf.

———. 1999. *OECD benchmark definition of foreign direct investment*. 3rd ed. http://www.oecd.org/dataoecd/10/16/2090148.pdf.

———. 2000. *Improving access to bank information for tax purposes*. Paris: OECD. http://www.oecd.org/dataoecd/24/63/39327984.pdf.

OECD. 2001. Transfer pricing guidelines for multinational enterprises and tax administrations. Paris: OECD. http://www.oecd.org/document/34/0,3343, en_2649_33753_1915490_1_1_1_1,00.html.

———. 2002. Intra-industry and intra-firm trade and the internationalisation of production. OECD Economic Outlook 71. June. http://stats.oecd.org/Index. aspx?DataSetCode=EO71_MAIN.

———. 2004. *The OECD's Project on harmful tax practices: The 2004 progress report.* Paris: OECD.

———. 2006. Third meeting of the OECD forum on tax administration, 14–15 September, 2006, Final Seoul Declaration. Paris: OECD.

———. 2007. *Revenue statistics, 1965–2006.* Paris: OECD.

———. 2008a. 4th Meeting of the forum on tax administration. Cape Town, 10 January 2008. Address by Trevor Manuel, MP, Minister of Finance of the Republic of South Africa.

———. 2008b. Tax disclosures in Germany part of broader challenge, says OECD Secretary-General. http://www.oecd.org/document/34/0,3343,en_2649 _201185_40114018_1_1_1_1,00.html .

Olson, P. 2002. Testimony of Pamela Olson before the House Committee on ways and means on corporate inversion transactions. Office of Public Affairs, U.S. Trea sury.

Oppenheimer, Peter M. 1985. Comment on Aliber, Robert Z. Eurodollars: An economic analysis. In *Eurodollars and international banking,* ed. Paolo Savona and George Sutija. Basingstoke: Macmillan.

Oxfam. 2000. Tax havens: Releasing the hidden billions for poverty eradication.

Policy Paper. http://www.taxjustice.net/cms/upload/pdf/oxfam_paper_-_ final version__06_00.pdf.

Pack, S. J, and J. S. Zdanowicz. 2002. US Trade with the world. An estimate of 2001 lost U.S federal income tax revenues due to over- invoiced imports and underinvoiced exports. Study for Senator Byron Dorgan.

Palan, Ronen. 1998. Luring buffaloes and the game of industrial subsidies: A critique of national competitive policies in the era of the competition state. *Global Society*2(3):323–41.

———. 2002. Tax havens and the commercialisation of state sovereignty. *International Organization* 56(1):153–78.

———. 2003. *The offshore world: Sovereign markets, virtual places, and nomad millionaires.* Ithaca: Cornell University Press.

Palan, Ronen, and Jason Abbott. 1996. *State strategies in the global political economy.* London: Pinter.

Palan, Ronen, and Richard Murphy. 2007. Tax subsidies and profits: Business and corporate capitalisation. In *After deregulation: Global finance in the new century,* ed. Libby Assassi, Duncan Wigan, and Anastasia Nesvetailova. London: Palgrave.

Papke, Leslie E. 2000. One-way treaty with the world: The U.S. withholding tax and the Netherland Antilles. *International Tax and Public Finance* 7:295–313.

Park, Y. S. 1982. The economics of offshore financial centers. *Columbia Journal of World Business.* 17(4):31–35.

Paris, Roland. 2003. The globalization of taxation? Electronic commerce and the transformation of the state. *International Studies Quarterly* 47(2):153–82.

Payne, P. L. 1967. The emergence of the large-scale company in Great Britain, 1870–1914. *Economic History Review* 20(3):519–42.

Pearson, Robin. 2006. Introduction to *The history of the company: The development of the business corporation 1700–1914,* ed. Robin Pearson, James Taylor, and Mark Freemen. London: Pickering and Chato.

Peillon, V., and A. Montebourg. 2000. La Principaut. du Liechtenstein: paradis des affaires et de la délinquance financiére. *Rapport d'information de l'Assemblée nationale,* no. 2311, 18/2000.

———. 2001. La Cité de Londres, Gibraltar et les Dépendances de la Couronne: des centres offshore, sanctuaires de l'argent sale. *Rapport d'information de l'Assemblée nationale,* no. 2311. 52/2001.

Picciotto, Sol. 1992. *International business taxation.* London: Weindenfeld and Nicolson.

———. 1999. Offshore: The state as legal fiction. In *Offshore finance centres and tax havens: The rise of global capital,* ed. Mark Hampton and Jason Abbott. Basingstoke: Macmillan.

Piketty, Thomas. 2001. *Les hauts revenus en France au XXe siècle: inégalités et redistributions, 1901–1998.* Paris: Grasset.

Piotrowska, Joanna, and Werner Vanborren. 2008. The corporate income tax raterevenue paradox: Evidence in the EU. European Commission taxation papers. http://ideas.repec.org/p/tax/taxpap/0012.html.

Powers, William C., Raymond S. Troubb, and Herbert S. Winokur. 2002. Report of investigation by the Special Investigative Committee of the Board of Directors of Enron Corp. Austin, TX, February 1.

President Kennedy appeal to the Congress for a tax cut. 1961. http://www.national center.org/JFKTaxes1961.html.

President's Commission on Organized Crime. 1984. Organized Crime of Asian Origins. Record of Hearing III—October 23–25, New York, NY. Washington DC: Government Printing Office.

Quiet flows the dosh: A piece on capital flight out of Russia. 2000. *Economist,* December 7.

Radaelli, Claudio M. 2003. The code of conduct against harmful tax competition: Open method of coordination in disguise? *Public Administration* 81(3):513–31.

Radaelli, Claudio M., and Ulrike S. Kraemer. 2005. *The rise and fall of governance legitimacy: The case of international direct taxation.* http://huss.exeter.ac.uk/politics/research/readingroom/.

Radelet, Steven, and Jeffrey Sachs. 1998. The onset of the East Asian financial

crisis. Harvard Institute for International Development, March 30. http://
www.cid.harvard.edu/archive/hiid/papers/eaonset2.pdf.

Ramati, U. E. 1991. *Liechtenstein's uncertain foundation: Anatomy of a tax haven.*
Dublin: Hazlemore LTD. tax publications.

Rawlings, Greg. 2004. Laws, liquidity and eurobonds: The making of the
Vanuatu tax haven. *Journal of Pacific History* 393:325–41.

——. 2005. Mobile people, mobile capital and tax neutrality: Sustaining a
market for offshore finance centres. *Accounting Forum* 29:289–310.

Rawlings, Greg, and Brigitte Unger. 2005. Competing for Criminal Money.
Utrecht School of Economics discussion paper series 05–26.

Ridley, Timothy. 2007. What makes the Cayman Islands a successful
international financial services centre? Background paper presented at
the Caribbean Investment Forum, Montego Bay, Jamaica, June. *BIS Review*
72/2007 1.

Riesco, Manuel, Gustavo Lagos, and Marcos Lima, 2005. The "pay your taxes"
debate: Perspectives on corporate taxation and social responsibility in the
Chilean mining industry. UN Research Institute for Social Development.
http://www.taxjustice-usa.org/index2.php?option=com_content & do_
pdf=1& id=151.

Rixen, Thomas. 2008. *The political economy of international tax governance.*
Basingstoke: Palgrave.

Robbie, K. J. H. 1975/6. Socialist banks and the origins of the euro-currency
markets. *Moscow Narodny Bank Quarterly Review* (Winter):21– 36.

Rob., J-P. 1997. Multinational enterprises: The constitution of a pluralist legal
order. In *Global law without a state*, ed. Gunther Teubner. Aldershot, UK:
Dartmouth.

Roberts, Susan. 1994. Fictitious capital, fictitious spaces: The geography of
offshore financial flows. In *Money, power and space*, ed. Stuart Corbridge, Ron
Martin, and Nigel Thrift. Oxford: Blackwell.

Rose, Andrew K., and Mark M. Spiegel. 2007. Offshore financial centres:
Parasites or symbiotics? *Economic Journal* 117(523):1310–55.

Schenk, Catherine R. 1998. The origins of the eurodollar market in London,
1955–63. *Explorations in Economic History* 21:1–19.

Schmidt Report. 1999. General principles relating to the use of offshore tax
havens. http://www.schmidtreport.co.uk/Subscribers/offshore/offshore4.
html.

Select Committee on Trade and Industry. 1998. Examination of Witnesses
Questions 112–122, Professor P. Sikka, Tuesday 1 December 1998. http://
www.parliament.the-stationery-Office.co.uk/pa/cm199899/cmselect/
cmtrdind/59/81201a19.htm.

Sharman, Jason C. 2005. South Pacific tax havens: From leaders in the race to
the bottom to laggards in the race to the top? *Accounting Forum* 29:311–23.

——. 2006. *Havens in a storm: The struggle for global tax regulation.* Ithaca, NY:

Cornell University Press.

_____. 2007. The future of offshore. Paper Presented at the International Studies Association Annual Conference, San Francisco, March.

Sharman, Jason, and Percy S. Mistry. 2008. *Considering the consequences: The development* implications of initiatives on taxation, anti-money laundering and combating the *financing of terrorism*. London: Commonwealth Secretariat.

Sharman, Jason, and Greg Rawlings. 2006. National tax blacklist: A comparative analysis. *Journal of International Taxation* 17(9):38–47.

Shaxson, N. 2007. *Poisoned wells: The dirty politics of African oil*. Basingstoke: Palgrave Macmillan.

Sikka, Prem. 2003. The role of offshore financial centres in globalization. *Accounting Forum* 27:365–99.

Slemrod, Joel. 1994. Free trade taxation and protectionist taxation. NBER Working Paper no. 4902.

_____. 2004. The economics of corporate tax selfishness», *NBER Working Paper* no. 10858, October.

Slemrod, Joel, and John D. Wilson. 2006. Tax Competition with Parasitic Tax Havens. Ross School of Business Working Paper Series, no. 1033, Michigan State University, March.

Sorensen, P. B. 2006. Can capital income taxes survive? And should they? *CESifo Economic Studies* 53(2):172–228.

Srinivasan, Kannan. 2005. Capital flight recycling in India. *Tax Justice Focus* 1(4):1–2.

State of Jersey. 2005. Survey of financial institutions 2005, Statistics Unit. St. Peter Port, State of Jersey.

Step Survey 2004. 2004. *STEP Journal*. www.step.org.

Stewart, Jim. 2005. Fiscal incentives, corporate structure and financial aspects of trea sury management. *Accounting Forum* 29:271–88.

Stockman, Farah. 2008. Shell firms shielded U.S. contractor from taxes. *Boston Globe*, May 4.

Strange, Suzan. 1988. *States and markets: An introduction to international political economy*. New York: Basil.

Sullivan, Martin A. 2004a. Data show dramatic shift of profits to tax havens. *Tax Notes*, September 13:1190–1200.

_____. 2004b. Economic analysis: Profit shift out of U.S. grows, costing treasury $10 billion or more. *Tax Analysts*, September 28.

_____. 2007a. Lessons from the last war on tax havens, *Tax Notes* 116: 327–37.

_____. 2007b. Tax analysts offshore project. *Tax NotesToday*, October 10. http://www.taxanalysts.com/www/features.nsf/Articles/C3C3ACF3CB7036-37852573770076 DFAD?OpenDocument.

Summers, Lawrence. 2008. A strategy to promote healthy globalization. *Financial Times*, May 4.

Sunderland, Ruth, and Nick Mathiason. 2007. Into the lion's den. *Observer*, June.

Suss, E., O. Williams, and C. Mendis. 2002. Caribbean offshore financial centers: Past, present, and possibilities for the future. IMF Working Paper, wp/02/88, Revised 6/26/02.

Swank, Duane. 2006. Tax policy in an era of internationalization: Explaining the spread of neoliberalism. *International Organization* 60:847–82.

Sylla, Richard. 2002. United States banks and Europe: Strategy and attitudes. In *European banks and the American challenge: Competition and cooperation in international banking under Bretton Woods,* ed. Stefano Battilossi and Youssef Cassis. Oxford: Oxford University Press.

Taylor, David. 2006. A political technology of information technology: Assessing the developmental impact of the Eastern Caribbean Securities Exchange. PhD diss., University of Sussex.

Tiebout, Charles M. 1956. A pure theory of local expenditure. *Journal of Political Economy* 64:416–24.

Tikhomirov, V. 1997. Capital flight from post-Soviet Russia. *Europe-Asia Studies* 49(4):591–615.

TJN. 2005. Tax us if you can. http://www .taxjustice.net/cms/upload/pdf/ tuiyc_-_eng_-web_file.pdf.

Tolley's Tax Havens. 1993. Croydon: Tolley.

Toniolo, Gianni. 2005. *Central bank cooperation at the Bank for International Settlements, 1930–1973.* Cambridge: Cambridge University Press.

Tranoy, Bent Sofus. 2002. Offshore finance and money laundering: The politics of combating parasitic strategies. SNF project no. 1370, Institute for Research in Economics and Business Administration, Bergen, April.

Tschoegl, Adrian E. 1989. The benefits and costs of hosting financial centres. In *International banking and financial centres,* ed. Yoon S Park and M. Essayyad. Amsterdam: Kluwer.

UNCTAD. 2005. *World Investment Report 2005.* Geneva: UNCTAD.

United States Department of Trea sury. 2001. Treasury Secretary O'Neill statement on OECD tax havens. Office of Public Affairs for Immediate Release May 10, 2001 PO-366, Washington, DC.

U.S. Senate. 1983. *Crime and secrecy.* Washington, DC: U.S. Government Printing Office.

——. 2002. The role of the board of directors in Enron's collapse. Report Prepared by the Permanent Subcommittee on Investigations of the Committee on Governmental Affairs, United States Senate, 107th Congress, 2nd Session, 107–70. Washington, DC: U.S. Senate.

——. 2003. U.S. Tax shelter industry: The role of accountants, lawyers and financial professionals, U.S. Senate Committee on Homeland Security and Governmental Affairs, Permanent Subcommittee on Investigations. http://hsgac.senate.gov/public/index.cfm?Fuseaction=Hearings.Detail

&HearingID=f5bce0f9-8780-456e-bb1b-c2e6b6ad525.

United States of America v. Bradley Birkenfeld. 2008. United States District Court, Southern District of Florida, Case no.*08-CR-60099-ZLOCH.* http://www.gfip.org/storage/gfip/documents/birkenfeld%20statement%20of%20facts.pdf.

UN. 1999. International convention for the suppression of the financing of terrorism. http://untreaty.un.org/english/Terrorism/Conv12.pdf.

______. 2008. Follow-up international conference on financing for development to review the implementation of the monetary consensus, Doha, Qatar, November 29—December 2.

Van Dijk, Michiel, Francis Weyzig, and Richard Murphy. 2006. *The Netherlands: A tax haven.* Amsterdam: Centre for Research on Multinational Corporations (SOMO).

Van Fossen, Anthony B. 2002. Norfolk Island and its tax haven. *Australian Journal of Politics & History* 48(2):210–25.

______. 2003. Money laundering, global financial instability, and tax havens in the Pacific Islands. *Contemporary Pacific* 15(2):237–75.

Vleck, William. 2008. *Offshore finance and small states: Sovereignty, size and money.* London: Palgrave Macmillan.

Warf, Barney. 2002. Tailored for Panama: Offshore banking at the crossroads of the Americas. *Geografi ska Annaler* 84(1):33–47.

Warner, Philip, J. 2004. *Luxembourg in international tax planning.* Amsterdam: IBFD publication.

Webb, Michael. 2004. Defining the boundaries of legitimate state practice: Norms, transnational actors and the OECD's project on harmful tax competition. *Review of International Political Economy* 11(4):787–827.

Wechsler, William F. 2001. Follow the money. *Foreign Affairs* 80:40–57.

Weichenrieder, Alfons. 1996. Fighting international tax avoidance: The case of Germany. *Fiscal Studies* 171:37–58.

World Bank. 2006. Utilization of repatriated Abacha loot. www.gov.je/statistics. Yeandle, Mark, Michael Mainelli, and Adrian Berendt. 2005. *The competitive position of London as a global financial centre.* London: Corporation of London.

Zorom., Ahmed. 2007. Concept of offshore financial centers: In search of an operational definition. IMF Working paper no. 07/08.

Zuill, L. 2005. Bermuda lags behind Cayman as hedge fund domicile. *Royal Gazette*, September 21.